DES

EXCUSES LÉGALES

EN DROIT PÉNAL

(Article 65 du Code Pénal)

DES
EXCUSES LÉGALES
EN DROIT PÉNAL

PAR

Aurélien DE SARRAU DE BOYNET

Avocat

« *Pœna potest demi, culpa perennis erit.* »
OVIDE.

« La justice et l'intérêt social veulent que
» l'homme coupable soit puni : c'est là l'œu-
» vre de la loi. Mais cette loi diminue, sup-
» prime même tout châtiment, quand il existe
» une excuse à la faute commise. »
J.-B. GAGE DE MARTIGNAC

BORDEAUX
IMPRIMERIE CENTRALE A. DE LANEFRANQUE
23-25, rue Permentade, 23-25

1875

PRÉFACE

Toute bonne action mérite une récompense; toute faute appelle un châtiment. Cette vérité, inscrite au fond de toutes les consciences, s'impose à la raison par l'évidence. Mais la justice qui nous l'inspire n'est pas de ce monde; et si, tous tant que nous sommes, elle nous a soumis à ses lois, elle n'a chargé personne ici-bas d'en faire l'application.

Dans toutes les sociétés, pourtant, et à toutes les époques, la justice pénale a été exercée par le pouvoir, comme un droit fondamental et constitutionnel, et personne n'a jamais mis en doute la légitimité de cet exercice. C'est que l'idée du juste n'est pas la seule base sur laquelle s'appuie ce droit redoutable. La société, dont l'existence est nécessaire à la vie de l'homme, a le devoir de veiller à sa propre conservation. Si donc un fait quelconque la menace ou la trouble, elle a le droit d'y mettre obstacle ou de le réparer; et, lorsque ce fait intéresse la morale, en même temps que sa conservation, elle peut évidemment, dans la limite de son intérêt, se prévaloir des lois de la justice, pour infliger au coupable un châtiment calculé sur la double base du juste et de l'utile.

Tel est, en effet, le fondement rationnel du droit de punir.

L'un des problèmes les plus importants que soulève son application, est celui de savoir à qui et dans quelle mesure la société doit demander compte de l'acte coupable qui l'a troublée. A qui? Un précepte nous répond : « *Quiconque a fait du mal doit en* » *souffrir.* » Dans quelle mesure? Le châtiment sera proportionné à la faute. Mais, diront les pessimistes et certains philosophes égarés, croyez-vous que le criminel, frappé par l'équitable rigueur de la loi va rentrer en lui-même, réfléchir à sa faute, et rendre intérieurement hommage à la sainteté de la justice qu'il a violée? Oui certes, nous le croyons, mais la peine ne présentera ces divers avantages qu'à une condition, c'est qu'elle soit juste et méritée.

Isolée de la justice, elle n'est plus que la vengeance ou la menace de la force sociale en présence de la faiblesse individuelle; elle excite la sympathie pour le condamné, la crainte et la colère envers le juge ; elle épouvante ou elle irrite, mais elle ne corrige pas.

Toutefois, ainsi que la faute, la peine a ses degrés; tantôt rigoureuse et tantôt douce, elle varie suivant les circonstances. La loi qui peut pardonner peut aussi modérer le châtiment. Et ce n'est pas nous qui blâmerons jamais la clémence dans la loi, surtout quand un sentiment généreux l'inspire ; car s'il est au monde quelque chose d'implacable même dans sa solennelle grandeur, à coup sûr, c'est la loi. Pour arriver jusqu'à celui qu'elle poursuit, elle agit froidement, résolûment; elle va droit devant elle, sans détourner la tête, brisant des existences, broyant des cœurs sous chacun de ses pas, au fur et à mesure qu'elle avance vers celui qu'elle veut atteindre.

Sans doute, la grande idée sociale qu'elle représente lui commande cette action presque brutale qui peut s'appeler encore puissance, sécurité ou refuge... Sans doute, la loi doit être plus forte que tout et que tous, mais par cela même qu'elle a confiance dans sa force et dans sa puissance, elle doit être également clémente et généreuse; elle

doit punir et non se venger, et toujours renoncer
à sa vengeance quand la punition naturelle lui
paraît certaine.

Dura lex, mais elle a cependant distingué l'auteur d'un premier délit du monstre endurci dans le
crime. Tout coupable est admis à se défendre devant
son tribunal et à prouver son innocence. La loi,
dirons-nous enfin, a sagement distribué ses grâces
et ses sanctions, et nous la voyons, à côté de peines
rigoureuses, établir des excuses en faveur de ses
justiciables.

ORDRE DISTRIBUTIF DU SUJET

L'étude du Droit exige de celui qui s'y livre beaucoup de méthode et une grande clarté dans l'argumentation. Quiconque aborde une question juridique doit, avant tout, se faire une idée nette et précise du travail entrepris, et réunir en un cadre bien ordonné toutes les classifications, tous les principes que peut comporter la discussion. Or, on procédera toujours sûrement en dressant un TABLEAU SYNOPTIQUE de son sujet. Telle sera notre entrée en matière.

Une INTRODUCTION HISTORIQUE, L'ORIGINE de l'*excusabilité* dans nos lois pénales, et des NOTIONS GÉNÉRALES sur les *excuses,* feront l'objet d'un CHAPITRE PRÉLIMINAIRE.

Un PREMIER CHAPITRE traitera des EXCUSES LÉGALES ABSOLUTOIRES.

Dans un DEUXIÈME CHAPITRE seront expliquées les EXCUSES LÉGALES ATTÉNUANTES.

Ces deux chapitres comprendront un nombre déterminé de SECTIONS, ayant chacune pour objet un ou plusieurs articles du *Code Pénal* et contenant différents cas d'excuse.

Enfin, nous réunirons dans un TROISIÈME CHAPITRE quelques QUESTIONS CONTROVERSÉES, dont l'examen présente un certain intérêt.

TABLEAU SYNOPTIQUE DES EXCUSES LÉGALES EN DROIT PÉNAL

CHAPITRE PRÉLIMINAIRE	CHAPITRE PREMIER — Des excuses légales absolutoires	CHAPITRE DEUXIÈME — Des excuses légales atténuantes	CHAPITRE TROISIÈME
Introduction historique. — Origine des excuses légales — Notions générales. I Introduction historique Causes d'exemption et d'atténuation des peines dans le Droit Romain, chez les Gaulois, les Francs et dans la Législation Française. § 1 Dans le Droit Romain. § 2 De l'époque gauloise au XIIIe siècle : À l'époque gauloise. Aux temps de l'ère vulgaire. Sous les Rois Francs de la 1re et 2me race. À l'époque féodale. § 3 Dans notre ancien Droit criminel. § 4 État de la justice et caractère des peines avant 1791. § 5 Système du Code de 1791. § 6 Système du Code du 3 brumaire, an IV (25 octobre 1795). § 7 Droit actuel. II Quelle est l'origine des excuses légales ? III Notions générales sur les excuses légales.	**SECTION Ire** Préambule. Excuse en faveur des révélateurs. Art. 108 (Loi du 28 avril 1832, art. 19). Art. 138 (Loi du 13 avril 1832). — (C. D. P. du 3 brumaire, an IV, art. 545, 546 et 547). Art. 144 (Loi du 28 avril 1832, art. 19). **SECTION IIe** Excuse en faveur de ceux qui, n'étant point chefs dans une bande armée, se sont retirés au premier avertissement de l'autorité. Art. 100, 213 (Loi du 3-9 juin 1848, art. 6, p. 3.) **SECTION IIIe** Excuse en faveur du ravisseur épousant la fille enlevée. Art. 357. **SECTION IVe** Excuse en faveur des parents qui ont recélé ou fait recéler un des leurs coupable de crime. Art. 248, par. 2. **SECTION Ve** Excuse en faveur de la femme adultère dans le cas où le mari a entretenu une concubine dans la maison conjugale. Art. 336-338. **SECTION VIe** Excuse en faveur des personnes qui, par suite d'une provocation, auraient proféré des injures. Art. 471, par. 11 (Loi du 26 mai 1819, art. 4 et 5). **SECTION VIIe** Excuse en faveur des personnes coupables de soustractions envers certains membres de leur famille. Art. 380. **SECTION VIIIe** Excuse en faveur des conducteurs et gardiens de chevaux, qui, par négligence, les auraient laissés s'évader. Art. 247 (Loi du 4 vendémiaire, an VI, art. 12). **SECTION IXe** Excuse en faveur de celui qui, ayant fait usage de la chose fausse, n'en a pas connu la fausseté. Art. 163. **SECTION Xe** Excuse en faveur de l'agent en période du gouvernement, coupable d'actes arbitraires ou attentatoires à la liberté individuelle, envers les citoyens et la Charte (actuellement la Constitution). Art. 114. **SECTION XIe** Excuse en faveur des ministres coupables d'avoir ordonné ou exécuté un acte contraire à la Charte (actuellement la Constitution). Art. 115 (C. P. du 25 septembre — 6 octobre 1791, § p, t. 7, § 111, art. 25). **SECTION XIIe** Excuse en faveur du vagabond. Art. 272 (Décret du 24 vendémiaire, an 11, t. 11, art. 4 et 5. — L. 117, art. 9). **SECTION XIIIe** Excuse en faveur des détenus pour dettes évadés (et de leurs gardiens ou conducteurs). Art. 237, 238, 239 et 240. **SECTION XIVe** Excuse en faveur des cababiers, cabaretiers et autres débitants qui auront distribué des liqueurs alcooliques à des mineurs âgés de moins de 16 ans accomplis. Art. 4, par. 2, de la loi du 23 janvier 1873, sur l'ivresse publique. ## APPENDICE Que faut-il décider de l'article 9 du Décret du 9-11 février 1852 ?	**SECTION Ire** Préambule. Excuse en cas de provocation. I. Règle générale. { Art. 321 (C. P. du 25 septembre — 6 octobre 1791, § p, t. 11, § 2, art. 9). Art. 322, par. 1 ; 325, pal. 2 ; 326. II. Exceptions. { Art. 323 et 324, par. 1. III. Effets de l'excuse de provocation. { Art. 326 (C. D. P. du 3 brumaire, an IV, art. 648). **SECTION IIe** Excuse en cas de minorité de 16 ans. Art. 66, 67, 68 et 69 (C. P. du 25 septembre — 6 octobre 1791, § p, t. V, art. 2). — (Loi du 28 avril 1832, art. 12). — (Loi du 25 juin 1824, art. 1). — (Loi du 13 juin, 3 juillet, 5-19 août 1850, art. 2, 3, 6. — 10, 11, 12, — 16, 17 et 18). **SECTION IIIe** Excuse en faveur de celui qui a fait usage de pièces de monnaie falsifiées. Art. 135. **SECTION IVe** Excuse en faveur des crieurs, vendeurs, afficheurs, distributeurs, etc., d'écrits et ouvrages quelconques illégaux. Art. 284 (Loi du 24 germinal, an IV, t. 1 à 1). — (Loi du 21 octobre 1814, art. 17). **SECTION Ve** Excuse en faveur des crieurs, vendeurs, afficheurs, distributeurs, d'écrits et ouvrages quelconques provocateurs. Art. 285 (Loi du 26 germinal, an IV, art. 3, 4, 6). — (Loi du 17 mai 1819, art. 1). **SECTION VIe** Excuse en faveur des crieurs, vendeurs, distributeurs, imprimeurs, graveurs de chansons, pamphlets, figures, images contraires aux bonnes mœurs. Art. 286 (Décret du 14-18 juillet 1791, art. 8, 9 et 10). — (Loi du 17 mai 1819, art. 20). **SECTION VIIe** Excuse en faveur de ceux qui, ayant les 15 jours depuis l'arrestation, détention ou séquestration tant autorisées et illégales, auront rendu la liberté aux détenus. Art. 343 (C. P. du 25 septembre — 6 octobre 1791, t. p, t. 1, § 111, art. 16).	**Questions controversées.** I Les articles 70, 71, 72, — 100, 213, 248, 411, du Code Pénal, constituent-ils des excuses légales ? II Que décider de l'article 329, paragraphe final, du Code Pénal ? III L'erreur et la maladresse sont-elles des cas d'excuse légale ? IV Faut-il admettre en faveur du droit l'erreur de la provocation ? V Dans l'hypothèse de l'article 336 C. P., au lieu de non-concours tient de la réconciliation des époux et de l'intervention du mari constituent-elles des excuses légales ? VI L'article 379 est-il rentable dans notre Code Pénal ?

CHAPITRE PRÉLIMINAIRE

Introduction historique. — Origine des Excuses légales.
Notions générales.

INTRODUCTION HISTORIQUE

CAUSES D'EXEMPTION ET D'ATTÉNUATION DES PEINES DANS
LE DROIT ROMAIN, CHEZ LES GAULOIS, LES FRANCS ET
DANS LA LÉGISLATION FRANÇAISE.

§ I

Dans le Droit Romain.

C'est une gloire impérissable pour un peuple d'avoir eu
des lois qui, depuis treize siècles, ont toujours fait l'admi-
ration du monde : ce peuple fut celui de Romulus. Qu'il
me soit permis de placer ici un mot à sa louange : Honneur aux immortels législateurs de l'Italie! Honneur au
pays qui leur donna le jour ! Honneur enfin au génie créa-
teur de cette antique Rome, « ce génie qu'on a vu s'ap-
» pliquer tour à tour à l'économie, à l'agriculture, à la
» politique, à *la législation, au droit ; au droit, sa seule
» invention, sa gloire vraiment originale !* » (1).

(1) J.-Chr. Dabas, doyen de la Faculté des lettres de Bordeaux
Du génie grec et du génie romain.

2

L'Europe n'a copié qu'un modèle ; et nos lois criminelles ne sont pas toutes l'œuvre du législateur français.
La plupart tirent leur origine des institutions pénales des
Romains, lesquelles sont toujours d'une grande utilité et
d'un certain intérêt dans l'étude de notre Droit. C'est là le
double motif qui, dans cette Introduction historique, nous
fait remonter à une époque aussi reculée, aux temps de
Caton, de Cicéron, d'Alexandre Sévère et de Justinien.

Les principales causes (1) d'exemption et d'atténuation
des peines dans la législation criminelle des Romains
étaient :

L'âge (2).	*minores XXV annis, impuberes, infantes, senes.*	Dans notre Droit actuel : *Atténuation de peine,* Minorité de 16 ans (art. 66, 67, 68, 69, C. P.) Âge de 70 ans (art. 70, 71, 72, C. P.)

(1) Nous ne donnons qu'une simple énumération, une explication
détaillée nous entraînerait trop loin.

(2) Pline. *Histoire naturelle,* XVIII, 3.
Dig., L. L, t. XVII. L, 108, De regulis juris.
— L. IV, t. IV. L. 9, § 3. De minoribus XXV annis.
— L. XLVIII, t. XIX. L. 16, § 3, *in fine,* De pœnis.
— L. XXI, t. I. L. 23, § 2, *in fine,* De ædilitio edicto.
— L. XLVIII, t. VIII. L. 12, Ad legem Corneliam de sicariis.
— L. IX, t. II. L. 5, § 2, *in medio,* Ad legem Aquiliam.
— L. XLVII, t. II. L. 23, De furtis.
— L. XLVIII, t. V. L. 38, § 7, Ad legem Juliam de adulteriis.
— L. XLVIII, t. XIII. L. 6, *in princip.,* Ad legem Juliam peculatus.
Cod., L. II, t. XXXV. L. 1, Si adversùs delictum.
— L. IX, t. XXIV. L. 1, *in fine,* De falsâ monetâ.

— 9 —

L'altération des facultés de l'âme (1).	*furiosi, dementes, intellectu carentes, mente alienati.*	*Non-culpabilité,* (art. 64, C. P.) Démence, folie, manie, monomanie, idiotisme, imbécillité complète, fureur.
La contrainte morale (2).		*Non-culpabilité,* (art. 64, C. P.)
L'intention (3).	*animus, affectus.*	*Diminution de peine,* (art. 319, 320, 463, C. P.)

Dans notre Droit actuel :

(1) Dig., L. XLVIII, t. IX. L. 9, § 2, De lege Pompeiâ de parricidiis.
— L. XLI, t. XVIII. L. 14, De officio præsidis.
— L. XLVII, t. X. L. 3, § 1, De injuriis et famosis libellis.
— L. IX, t. II. L. 5, § 2, Ad legem Aquiliam.
— L. XLIX, t. XVI. L. 6, § 7, De re militari.
— L. XLVIII, t. XIX. L. 11, De pœnis.

(2) Dig., L. L, t. XVII. L. 169, *in princip.*, De regulis juris.
— L. L, t. XVII. L. 157, *in princip.*, De regulis juris.
— L. IX, t. IV. L. 2, § 1, De noxalibus actionibus.
— L. XXV, t. II. L. 21, § 1, De actione rerum amotarum.
— L. XLVIII. t. X. L. 15, § 3, 4, 5, De lege Corneliâ de falsis.
— L. XLVII, t. X. L. 17, § 7, *in fine*, De injuriis et famosis libellis.
Cod., L. IX, t. XII. L. 8, *in princip.*, Ad legem Juliam de vi publicâ vel privatâ.

(3) Dig., L. XLI, t. III. L. 37, *in princip.*, De usurpationibus et usucapionibus.
— L. XLVIII, t. XIX. L. 5, § 2, De pœnis.
— L. XLVIII, t. VIII. L. 1, § 3, Ad legem Corneliam de sicariis
— L. XLVIII, t. XIX. L. 11, *in princip.*, et § 2, De pœnis.

(Voir la suite de la note à la page suivante).

L'ordre de la loi ou de l'auto-rité (1). { *legis, judicis, ducis.* }	Dans notre Droit actuel : *Justification,* (art. 327, C. P., 114, Exc.)

La légitime défense (2).	*Justification,* (art. 328, 329, C. P.)

Dig., L. xlviii, t. viii. L. 14, Ad legem Corneliam de sicariis.
— L. xlvii, t. ii. L. 53, *in princip.*, De furtis.
— L. xlvii, t. ii. L. 25, § 2, *in fine*, De furtis.
— L. ix, t. ii. L. 41, § 1, *in fine*, Ad legem Aquiliam.
Cod., L. ix, t. xvi. L. 7, Ad legem Corneliam de sicariis.
— L. ix, t. xvi. L. 1, Ad legem Corneliam de sicariis.
— L. ix, t. xvi. L. 5, Ad legem Corneliam de sicariis.
Justiniani Institutiones, L. iv, t. i. De obligationibus quæ ex delicto... § 7, *in fine*, § 18.

(1) Dig., L. ix, t. ii. L. 37, *in princip.*, Ad legem Aquiliam.
— L. xlvii, t. x. L. 13, § 1, 6, De injuriis.
— L. l, t. xvii. L. 167, § 1, L. 169, *in princip.*, De regulis juris.
— L. ii, t. i. L. 7, § 4, De jurisdictione.

(2) Dig., L. xlvii, t. ii. L. 54, § 2, De furtis.
— L. xliii, t. xvi. L. 1, § 27, De vi et de vi armatâ.
— L. xlviii, t. viii. L. 1, § 4, Ad legem Corneliam de sicariis.
— L. ix, t. ii. L. 41, § 1, *in fine*, Ad legem Aquiliam.
— L. i, t. i. Loi 3, De justitiâ et jure.
— L. ix, t. ii. L. 45, § 4, Ad legem Aquiliam.
— L. ix, t. ii. L. 4, *in princip.*, Ad legem Aquiliam.
Cod., L. viii, t. iv. L. 1, Unde vi.
— L. iii, t. xxvii. L. 1, Quando liceat unicuique sine judice.

	Dans notre Droit actuel :
La provocation (1).	*Atténuation de peine,* (art. 321, 322, par. 1, 324, par. 2, 325, 326, C. P.)
Le rang de la victime du délit ou du crime (2).	Division générale de notre Code Pénal. Livre III, titre I, titre II.
Le rang de l'agent du délit ou du crime (3). *honestiores, humiliores.*	Idem.

(1) Dig., L. IX, t. II. L. 45, § 4, Ad legem Aquiliam.
   — L. IX, t. II. L. 52, § 1, Ad legem Aquiliam.
   — L. XLVIII, t. V. L. 20, Ad legem Juliam de adulteriis.
   — L. XLVIII, t. V. L. 22, *in princip., eod…*
   — L. XLVIII, t. V. L. 22, § 2,   —
   — L. XLVIII, t. V. L. 22, § 3,   —
   — L. XLVIII, t. V. L. 22, § 4,   —
   — L. XLVIII, t. V. L. 23, *in princip.,* —
   — L. XLVIII, t. V. L. 23, § 4,   —
   — L. XLVIII, t. V. L. 38, § 8,   —
   — L. IX, t. I. L. 1, § 11, Si quadrupes pauperiem.
Cod., L. IX, t. IX. L. 4, Ad legem Juliam de adulteriis.

(2) Gaïus. Comment. III, § 213.

(3) Dig., L. XLVIII, t. VIII. L. 3, § 5, Ad legem Corneliam de sicariis.
   — L. XLVIII, t. XIX. L. 28, § 16, De pœnis.
   — L. XLVIII, t. VIII. L. 16, Ad legem Corneliam de sicariis et veneficiis.
   — L. XLVIII, t. XIX. L. 16, § 3, De pœnis.
   — L. XLVIII, t. XIX. L. 9, § 11, De pœnis.

(*Voir la suite de la note à la page suivante*).

La puissance paternelle et dominicale (1).

Droit de correction accordé aux père et mère sur leurs enfants,
(art. 375 à 383, C. C.)

Le recel des criminels par les parents (2).

Suppression totale de la peine,
(art. 248, C. P.)

Dig., L. XLIX, t. XVIII. L. 3, De veteranis.
— L. XLIX, t. XVIII. L. 1, De veteranis.
— L. XLIX, t. XV. L. 3, § 1, De re militari.
— L. XLVIII, t. XIX. L. 28, § 5, De pœnis.
— L. XLVIII, t. XIX. L. 15, De pœnis.
Cod., L. IX, t. XVIII. L. 7, De maleficis et mathematicis.
— L. I, t. III. L. 8, *in fine*, De episcopis et clericis, etc.
— L. IX, t. XLVII. L. 5, De pœnis.
— L. IX, t. XLVII. L. 9, De pœnis.
— L. IX, t. XLVII. L. 3, De pœnis.
— L. IX, t. XLI. L. 16, De quæstionibus.
— L. IX, t. XLI. L. 11, *in fine*, De quæstionibus.
— L. IX, t. XLI. L. 17, De quæstionibus.
— L. X, t. XXXI. L. 33, De decurionibus et filiis eorum...
Justiniani Institutiones, L. IV, t. XVIII, § 4, *in fine*, De publicis judiciis.

(1) Collatio legum Mosaïcarum. tit. III, c. II.
Dig., L. I, t. VI. L. 1; § 1. L. 2, De his qui sui juris.

Vide quoque : { L. 2, ff. De his qui sui juris.
Dyonisius Halicarnasseus. *Antiq. Rom.*
Plura Adriani Constantinique rescripta.

(2) Dig., L. XLVII, t. XVI. L. 1, De receptatoribus.
— L. XLVII, t. XVI. L. 2, *cod...*

Les vols commis par les esclaves au préjudice de leurs maîtres, par les enfants *in potestate* au préjudice de leurs parents, et par le conjoint au préjudice de son conjoint (1).

Suppression totale de la peine,
(art. 380, C. P.

En rapprochant ainsi les textes, il est facile de saisir la grande analogie qui règne entre l'ancienne législation de Rome et la nôtre ; les rédacteurs de nos Codes n'ont que reproduit, en les modifiant, les diverses dispositions des lois romaines.

(1) Dig., L. XLVII, t. II. L. 16, De furtis.
— L. XLVII, t. II. L. 17, *in princip.*, De furtis.
— L. XXV, t. II. L. 26, De actione rerum amotarum.
— L. XXV, t. II. L. 15, § 1, De actione rerum amotarum.
— L. XXV, t. II. L. 1, De actione rerum amotarum.
— L. XLVII, t. II. L. 52, § 4, De furtis.
— L. XLIV, t. VII. L. 7, De obligationibus et actionibus.
— L. V, t. I. L. 4, De judiciis, et ubi.
— L. V, t. I. L. 11, De judiciis, et ubi.
Cod., L. III, t. XLI. L. 1, De noxalibus actionibus.
Justiniani Institutiones. L. IV, t. I, § 12, De obligationibus quæ ex delicto...
Justiniani Institutiones. L. IV, t. VIII, § 6, De noxalibus actionibus.

§ II

De l'époque gauloise au XIIIme siècle.

A L'ÉPOQUE GAULOISE.

Les Gaulois, avant la domination romaine, n'eurent point de lois écrites. Les *Druides*, ministres de leur religion, étaient, en outre, investis du pouvoir judiciaire. Non-seulement, suivant les récits des historiens, ils jugeaient les procès entre les particuliers, mais les contestations qui s'élevaient entre les cités. César (1), d'ailleurs, nous l'apprend : « *Nam ferè de omnibus controversiis publicis priva-* » *tisque constituunt, et si quod est admissum facinus, si* » *cædes facta, si de hereditate, si de finibus controversia* » *est, iidem decernunt, præmia pænasque constituunt.* »

Nous savons encore que le gouvernement des Gaules était fédératif. Une foule de petits États indépendants se réunissaient chaque année, dans une assemblée générale, à l'effet d'élire un magistrat suprême. César semble croire que ce magistrat souverain était choisi parmi les *Druides* : « *His autem Druidibus præest unus qui summam inter eos* » *habet auctoritatem* (2). » Le peuple vivait sous la dépendance absolue des chefs et des seigneurs (*principum, potentiorum, equitum*), auxquels il devait une obéissance passive; « *plebs penè servorum habetur loco; sese*

---

(1) C. J. Cæsaris *Comment. de Bello Gallico*, liv. VI, C. XIII.
           idem.   idem.

» (les gens du peuple, *humiliores*) *in servitutem dicant*
» *nobilibus. In hos eadem omnia sunt jura quæ dominis*
» *in servos* (à Rome) (1). » La justice était inexorable, les
peines étaient sévères; qu'on en juge par ce passage de
César que je me plais à citer, car ses admirables Commen-
taires sont la plus fidèle peinture des mœurs et des coutumes gauloises : « *Majore commisso delicto, igni atque*
» *omnibus tormentis necat* (Vercingetorix rex) ; *leviore de*
» *causâ, auribus desectis aut singulis effossis oculis, domum*
» *remittit* (2). »

Personne n'ignore ces choses, mais ce que pas un de
nous n'a pu lire, — aucun auteur, nul historien ne le rapporte, — c'est que la Gaule primitive ait eu des Codes de
lois, des constitutions écrites. Les jugements étaient confiés à l'arbitrage des *Druides*, des principaux chefs ou
des notables : « *In pace nullus est communis magistratus;*
» *sed principes regionum atque pagorum inter suos jus*
» *dicunt* (3). »

Cet exposé succinct nous amène à la conclusion suivante : point de *lois*, à l'époque gauloise, fixant des cas
d'exemption et d'atténuation des peines.

AUX TEMPS DE L'ÈRE VULGAIRE.

Un des principaux résultats de la conquête de la Gaule
par Jules César, fut l'introduction des lois romaines
dans ce pays. Tous les empereurs romains qui le gouvernè-

(1) C. J. Cæsaris *Comment. de Bello Gallico*, liv. VI, C. XIII.
(2) C. J. Cæsaris *Comment. de Bello Gallico*, liv. VII, C. IV.
(3) C. J. Cæsaris *Comment. de Bello Gallico*, liv. VI, C. XXIII.

rent, depuis Auguste jusqu'à Gallien, furent autant de
législateurs. Auguste entr'autres, nous dit un historien,
après avoir établi trois ordres dans la population : les
sénateurs ou anciens nobles, les curiaux et les ingénus,
« soumit les uns et les autres, à la jurisprudence romaine,
» dont l'autorité s'est perpétuée en grande partie jusqu'à
» nos jours et qui a encore servi de base à nos nouvelles
» institutions judiciaires (1). » Les *Druides* avaient été
bannis à deux reprises différentes, par Octave-Auguste et
par Tibère. Claude alla plus loin et ordonna leur destruction. Quelques-uns, échappés aux recherches, trouvèrent
un refuge dans l'Armorique — aujourd'hui la Bretagne —,
où ils perpétuèrent leur sanguinaire institution jusqu'au
Ve siècle.

La justice se rendait partout selon les lois romaines (2).
Tout porte donc à croire que les divers cas d'exemption et
d'atténuation des peines, aux temps de l'ère vulgaire,
étaient les mêmes dans la Gaule qu'en Italie.

SOUS LES ROIS FRANCS DE LA PREMIÈRE ET DEUXIÈME RACE.

Les Francs, nos ancêtres, étaient un assemblage de
peuples originaires de la Germanie (3). Depuis cent cinquante ans leurs cohortes infatigables bataillaient avec
des succès divers pour mettre le pied dans la Gaule. Vic-

(1) Anquetil, *Histoire de France*, T. I, C. III, p. 54.
(2) MM. Caseneuve et de Savigny.
(3) Tacite. — *De Moribus Germanorum*.

torieuses enfin, leurs armées occupaient déjà, sous Mérovée, la première Germanique (1), la seconde Belgique (2) et la seconde Lyonnaise (3). La domination de Rome s'affaiblissait tous les jours, et le règne de Childério vit s'évanouir ce colosse de puissance qui avait écrasé la terre, s'écrouler ce grand empire romain qui avait fait trembler le monde. Clovis réduisit les Visigoths (4) sous sa puissance, et, après lui, ses deux fils, Childebert et Clotaire, réunissaient la Bourgogne au pays des Francs. La Gaule avait cessé d'exister pour devenir la France.

Les mœurs des Français n'étaient plus ce qu'elles avaient été autrefois, lorsque, sous le nom de Francs, ils erraient dans les forêts de la Germanie. Le mélange des conquérants agrestes et sauvages avec les Gaulois et les Romains, déjà civilisés et accoutumés à l'ordre, avait produit des lois, mais qui gardèrent longtemps une teinte de l'un et de l'autre caractère; ce qui fait que beaucoup d'entr'elles nous paraissent bizarres : elles sont le vrai tableau des mœurs de ce temps; car, faites pour prévenir ou réprimer, elles marquent quelles étaient les affections et les habitudes. On conçoit, du reste, que cette confusion générale qui régnait à ces époques de troubles et de guerres incessantes, se soit surtout fait sentir dans la législation (5). Si l'on consulte les auteurs et les his-

(1) L'Alsace.
(2) La Picardie, l'Artois et la Flandre.
(3) La Normandie.
(4) Les Visigoths occupaient alors tout le territoire compris entre l'Océan, les Pyrénées, les Cévennes et la Loire.
(5) On peut juger de l'état déplorable de la législation à cette

toriens, on voit, signalé à chaque page, le désordre de la jurisprudence, et dans les lois on remarque moins une proportion entre les délits et les peines, que les efforts d'un peuple qui cherche à sortir du cahos, de l'anarchie introduite par le bouleversement de la conquête.

. La France était alors gouvernée par la loi romaine ou le Code Théodosien, et par les lois des Francs (1), des Visigoths (2), et des Bourguignons (3).

La justice était rendue par les *Cours de judicature*, par les *seigneurs* dans leurs tribunaux particuliers (4), et par les *juges-officiers* du Roi. Les Églises avaient également leurs cours judiciaires et tenaient leurs *plaids* (5).

Les lois salique, Bourguignonnes et Visigothes se perdirent pour toujours vers la fin de la deuxième race; le

époque, par le passage suivant d'une lettre d'Agobard à Louis le Débonnaire :

« *On voit souvent converser ensemble cinq personnes dont aucune n'obéit aux mêmes lois.* » — BOUQUET, t. V, p. 356.

Voyez du reste, pour plus de détails, le *Manuel de Droit Romain* de M. E. Lagrange. *Introduction historique*, p. 60 et suiv.

(1) Loi salique.

(2) Droit Romain. — *Coutumes de la Nation*, rédigées par E··· ···

(3) *Loi* de Gondeband. — Droit Romain.

(4) *Vide* : *Décret* de Childebert, an 595, art. 11-12.
        Constitution de Clotaire, an 595, art. 23.
        Troisième Capitulaire de Charlemagne, an 812 art. 10.
        Capitulaire de Louis le Débonnaire, an 819, art. 23.
        Capitulaire de Charles le Chauve, ans 861-864.

(5) *Vide* : Secondat de Montesquieu. — *Esprit des Lois*.
        Capitulaire de Charlemagne, ans 802-806.
        Capitulaire de Charles le Chauve, an 857, art. 4.

Droit Romain seul se maintint comme loi territoriale
dans le Midi de la France. Dans le Nord, la fonte des lois
amena les coutumes. Ainsi, déjà sous les Rois de la
deuxième race, on distinguait en France le pays de Droit
coutumier et le pays de Droit Romain. Charles le Chauve
lui-même le fait remarquer dans son édit donné à Pistes,
l'an 864 (1).

Durant cette longue période de cinq cent soixante-
sept ans, qui vit trente-six Rois monter successivement sur
le trône de France, trouvons-nous dans la législation, des
cas prévus d'exemption et d'atténuation des peines? L'affirmative n'est pas douteuse à l'égard des lois romaines (2);
mais on ne peut dire que la loi salique, les lois des Visigoths, des Bourguignons, les édits et ordonnances des Rois
et les coutumes, aient fixé les faits et les circonstances
pouvant faire supprimer ou diminuer le châtiment. La
conscience du juge y suppléait.

Cependant il n'est pas sans intérêt de remarquer que,
sous le règne de Charlemagne, on envoyait dans les pro-
vinces des procureurs ambulants, *missi dominici*, dont la
charge était de s'assurer que les lois étaient bien exécutées et que les peuples étaient heureux. Chacun de ces
magistrats avait une circonscription à parcourir quatre
fois par an, il recevait les plaintes des *subordonnés* et pouvait *réviser* les sentences judiciaires prononcées par les
comtes et les seigneurs de chaque localité.

(1) Édit de Pistes, an 864, art. 16 : « *In illâ terrâ in quâ judicia*
» *secundùm legem romanam terminantur, secundùm ipsam legem judice-*
» *tur; et in illâ terrâ in quâ etc...*»
(2) Voyez ce qui a été exposé plus haut, p. 8 et suiv.

C'était déjà un tempérament apporté aux lois rigoureuses de cette époque et à la justice souvent partiale des
juges.

A L'ÉPOQUE FÉODALE.

L'hérédité des *fiefs* et l'établissement des *arrière-fiefs* (1)
éteignirent le gouvernement central et formèrent le gouvernement féodal. Le pouvoir royal ayant à se défendre
contre les ravages des Sarrasins et les fureurs des Normands,
se dépouilla de sa toute-puissance au profit des seigneurs
pour avoir leur appui. Mais la royauté avait trop concédé
et perdit promptement toute son autorité et toute sa force.
Selon l'énergique expression de Montesquieu : « l'arbre
» étendit trop loin ses branches et la tête se sécha (2) ».
Le Xᵉ et le XIᵉ siècles sont surtout célèbres par le rôle
important qu'y joua la Féodalité (3). La justice, absolue et arbitraire, fut entièrement abandonnée aux seigneurs
provinciaux et suzerains. Leur pouvoir n'avait point de

(1) Édits de Mersen, an 847, et de Kiersy-sur-Oise, an 877, sous
Charles le Chauve.

(2) Secondat de Montesquieu. — *Esprit des Lois.*

(3) Toutefois l'origine de la Féodalité remonte bien au-delà du
Xᵉ siècle. « L'origine des institutions féodales est purement bar-
» bare. Nous en trouvons les premières traces dans tous les établisse-
» ments des Germains, après la ruine de l'empire romain. Ainsi, lors-
» qu'ils avaient fait la conquête d'un pays, le chef récompensait le
» dévoûment et la bravoure de ses compagnons d'armes, non par de
» l'argent, mais par des terres. Ces possessions étaient de deux sortes :
» les *alleux* et les *bénéfices* ou *fiefs*, etc... » DAROUX, *Histoire de France
et du Moyen-Age,* C. XIII, § 2.

limites ; on les voyait, nous disent les historiens, exercer à l'intérieur de leurs domaines *(les fiefs)* tous les droits de la royauté : ils administraient, ils jugeaient et guerroyaient sans prendre souci de personne.

Cette souveraineté féodale, si redoutable pour le peuple, si fatale à la couronne, ne fut arrêtée dans sa marche que vers le milieu du XIIe siècle.

Est-il utile de dire qu'en ces temps de discorde et de révoltes continuelles, ou, pour mieux dire, d'anarchie, il n'existait nulle cause d'atténuation et d'exemption des peines dans l'immense dédale de la législation? — Les jugements étaient arbitraires et n'avaient d'autres bornes que l'altière volonté des juges. Les grands vassaux en vinrent même à donner des *chartres* tout comme le Roi (1).

Ce pouvoir judiciaire fut cependant enrayé dans cette voie funeste, par les *cas royaux* et les *appels*. Le Roi jugea lui-même ou par son conseil. Peu à peu la justice se centralisait ; tandis que la découverte à Amalphi, en 1137, des *Pandectes de Justinien*, avait ouvert en France une ère nouvelle à la jurisprudence. On cultiva le Droit, mais les connaissances juridiques qu'il fallut réunir, s'acccordèrent mal avec les mœurs et les habitudes de la plupart des seigneurs illettrés (2) qui ne respiraient que les camps et la

---

(1) *Vide* : *Assises* de Geoffroy, Comte de Bretagne.

　　　Coutumes de Normandie, par le duc Raoul de Normandie.

　　　Coutumes de Champagne, par le roi Thibault de Champagne.

　　　Lois de Simon, Comte de Montfort.

(2) Sous la Féodalité et longtemps après, les sciences et les lettres ne furent nullement cultivées dans la haute classe de la société. Les

guerre. Aussi leur donna-t-on des adjoints pris dans les classes inférieures, qui se trouvèrent bientôt investis de la judicature (1).

Les croisades vinrent ensuite porter le dernier coup à la Féodalité (2). Bien que vaincue, elle tenta plus d'une fois de reprendre son ancienne prépondérance, son autorité passée; mais que pouvaient tous ses efforts contre l'énergie de Philippe le Bel, le génie de Michel de l'Hospital et de Richelieu (3) !

§ III

Dans notre ancien Droit criminel.

Le pouvoir royal, si longtemps impuissant, venait enfin d'abattre l'hydre féodale. La justice, prudemment organi-

seigneurs avaient même à honneur de « *ne sçavoir signer pour cause de noblesse.* »

(1) « Dans certains lieux on jugeait par pairs; dans d'autres, par » baillis. » — BEAUMANOIR.

(2) Sans partager nullement l'esprit qui a dicté les lignes suivantes, je veux cependant les citer : « Le délire des croisades fut une des » causes principales de l'affaiblissement du système féodal, et l'on » peut dire, à la honte de la prudence humaine, que jamais la plus » profonde sagesse ne fit autant de bien que ces tentatives de la plus » insigne démence. Cette entreprise qui s'était changée en passion gé- » nérale, donna aux princes, aux seigneurs qui se croisaient, de très- » grands besoins d'argent, et leur inspira la première idée de vendre » aux villes, aux communes leur affranchissement : jamais opération » de commerce ne fut plus juste et plus utile. » — SERVAN.

(3) Le régime féodal ne fut définitivement aboli en France que par le décret des 4, 6, 7, 8 et 11 août 1789.

sée, avait ses lois, ses tribunaux et ses juges ; la jurisprudence trouvait un appui dans la création des parlements.
Le Droit criminel était constitué, et avec lui l'aurore de
notre législation pénale commençait à poindre sur l'hori-
zon de France.

D'après un criminaliste célèbre, M. Muyart de Vouglans,
dans ses *Institutes au Droit criminel*, voici les circonstances
qui pouvaient faire *diminuer* la peine dans notre ancien
Droit criminel :

1° *La longue durée d'une accusation.* — On semblait voir
là comme un doute sur la culpabilité complète de l'accusé.

2° *La colère.* — Dans le cas d'homicide, par exemple, on
réduisait la pénalité. « Quant à la colère, on tient pour
» asseuré, encores qu'elle fust iusques à perte de sens,
» qu'elle n'excuse, s'il est question de délicts. Mais seule-
» ment la rigueur de la peine ordinaire est *diminuée* ; et y
» procède l'on plus doulcement selon que l'homicide a esté
» plus ou moins colère avec raison », etc.... (1).

3° *La fureur ou démence survenue après le délit commis.*
— « ..... Le criminel, pour estre insensé après délict, su-
» bira moins de la peine..... » (2).

4° *La crainte.*

5° *L'ivresse.* — « ...Si le crime est odieux le criminel,
» pour estre *ycrongne* et insensé, ne doubte d'estre puny
» avec *quelque diminution de la peine* », etc.... (3).

(1) Duret. — *Histoire des anciennes lois criminelles en France.*
(2) Duret. — *Histoire des anciennes lois criminelles en France.*
(3) Duret. — *Histoire des anciennes lois criminelles en France.*

6° *La passion de l'amour.* — « ....Nihil est furore amoris
» vehementius. » (1).

7° *L'âge tendre.*

8° *L'extrême vieillesse.* — « ....Infirmité et vieillesse.... di-
» minuent de la peine... » (2).

9° *L'imprudence.* — « ....Imprudence.... diminue de la
» peine.... » (3).

10° *L'impéritie.* — Le défaut de volonté peut rentrer ..ns
le même cas ; or, « le vouloir selon qu'il est bon, vertueux
» ou mauvais, oste quelque chose de la peine, l'abolit du
» tout.... » (4).

11° *La rusticité.*

12° *Le sexe.* — « De toutes amendes estans en loi, les
» femmes n'en doivent que la moitié. » (5).

13° *La commisération.*

14° *L'affection tirée de la consanguinité.*

15° *La confession volontaire de l'accusé.*

16° *La dignité ou noblesse de l'accusé pour les crimes
ordinaires.* Bartole (6), s'appuyant du texte de la loi 28, *De
pœnis,* (Dig. liv. XLVIII, tit. xix), écrivait : « *Nobiles
» ex consuetudine non suspenduntur nec patiuntur viles
» pœnas.* »

Loysel (7) disait : « Le vilain sera pendu et le noble

(1) Justiniani Novellæ Constitutiones, Nov. LXXIV, c. IV, *in princip.*
(2) Duret. — *Histoire des anciennes lois criminelles en France.*
(3) Duret. — *Histoire des anciennes lois criminelles en France.*
(4) Duret. — *Histoire des anciennes lois criminelles en France.*
(5) Loysel. *Institutes coutumières,* liv. VI, t. II.
(6) Célèbre jurisconsulte italien ; né en 1313, mort en 1356.
(7) Loysel. *Institutes coutumières,* liv. VI, t. II.

» décapité; » mais il ajoutait : « Toutefois où le noble
» seroit convaincu d'un vilain cas, il sera puny comme le
» vilain. »

Nos anciennes lois criminelles, en effet, distinguaient les
nobles des non-nobles. Ainsi, s'agissait-il de peines pécuniaires, les non-nobles étaient moins punis que les nobles;
mais s'agissait-il de crimes, ici, au contraire, les nobles
perdaient l'honneur et la réponse en cour, tandis que les
vilains, n'ayant point d'honneur, subissaient des peines
corporelles.

17° *Les services rendus au pays.*

18° *Les talents.*

19° *L'extrême pauvreté dans le cas de vol de choses nécessaires à la vie.*

20° *L'obéissance aux ordres d'un supérieur.* — A l'occasion de l'homicide commandé par une autorité légitime, le
Droit Canon disait : « *Cùm homo justè occiditur lex eum
» occidit, non tu.* »

21° *La bonne réputation de l'accusé avant le crime.*

22° *Le défaut de consommation du crime.*

23° *La réciprocité d'injures.*

24° *L'événement heureux du crime.* — Ainsi une victoire
sur l'ennemi, provenant d'une désobéissance au général.
— Notre ancien Droit criminel distinguait le crime commis
dans un premier mouvement, du crime accompli avec préméditation ; et l'on tenait principalement compte dans la
condamnation, de la *causa* (le mobile du crime), de la
persona (le rang de l'agent ou de la victime du crime), du
locus (le lieu de la perpétration du crime), du *tempus* (le
temps, par exemple : *nox, dies*), de la *qualitas* (le caractère

du crime), de la *quantitas* (le degré plus ou moins élevé du crime), de l'*eventus* (le résultat ou la conséquence du crime). On invoquait surtout, à titre d'exemple, sur ce dernier chef, la loi romaine (1). Voici sa disposition : « *Qui puero stuprum, abducto ab eo vel corrupto comite, persuaserit, aut mulierem puellamve interpellaverit, quidve impudicitiæ gratiâ fecerit, donum præbuerit, pretiumve, quo is persuadeat, dederit : perfecto flagitio, puniuntur capite; imperfecto, in insulam deportantur ; corrupti comites summo supplicio adficiuntur.* »

Quant aux causes faisant cesser le crime et par conséquent *disparaître* toute pénalité, nos anciens criminalistes les classaient de la manière suivante :

1° *Le défaut d'intelligence.* — «.... Bestise, simplicité » diminuent de la peine.... » (2). Les insensés, les furieux, les noctambules ou somnambules jouissaient de cette première exemption. Mais l'âge sur toutes choses était pris en considération, et l'on avait conservé la distinction des lois romaines :

Infantes;
Infantiæ proximi;
Pubertati proximi;
Minores XXV annis;
Majores XXV annis.

2° *Le cas fortuit.* — On se fondait uniquement sur les lois canoniques.

---

(1) Dig., Liv. XLVII, tit. XI. Loi 1, § 2, De extraordinariis criminibus.
(2) Duret. — *Histoire des anciennes lois criminelles en France.*

3° *La force majeure.* — Ici le législateur avait pris pour bases la contrainte morale et la légitime défense. Cependant la contrainte physique devenait quelquefois une cause d'exemption ou d'atténuation de la peine. Un édit donné à Amboise (*janvier* 1566), sous Charles IX, nous en fournit une preuve : Il y aura suivant les cas « suppression » ou modération de peine quand rébellion aura été faicte » aux huissiers qui ne se seraient pas mis en règle en » procédant aux iugemens. »

4° *L'ignorance.* — « ..... Ignorance diminue de la » peine » (1). Toutefois il faut remarquer que seule l'ignorance du droit positif était excusable et non celle du droit naturel.

5° *L'erreur.*

Le suicide, dans nos premières lois criminelles, était puni par la confiscation des biens du suicidé. Sur ce point, une vive controverse s'était élevée parmi les jurisconsultes anciens. Le suicide causé par une grande douleur, par un violent chagrin, était-il excusable? La question fut longuement et longtemps débattue (2) et ne reçut aucune solution.

Telles étaient les différentes causes d'exemption et d'at-

(1) Duret. — *Histoire des anciennes lois criminelles en France.*
(2) Pour l'affirmative : Dig., Liv. XLVIII, tit. XXI. L. 3, § 4, De bonis
       eorum qui antè....
  — L. XXVIII, tit. III. L. 6, § 7, *in medio,*
     De injusto, rumpto, irrito facto testamento.

Voir la suite de la note à la page suivante.)

ténuation des peines dans notre Droit criminel primitif.
Elles se maintinrent, malgré quelques légers changements,
jusqu'à la Révolution de 1789, où s'opéra la première révision de notre législation.

Le Code Pénal actuel a reproduit, sauf quelques modifications, plusieurs des dispositions de nos anciennes lois
criminelles. Ainsi : *L'âge tendre,* articles 66, 67, 68, 69,
C. P.; — *l'extrême vieillesse,* art. 70, 71, 72, C. P.;—*l'imprudence, l'impéritie,* art. 319, 320, C. P.; — *le sexe,* art.
16, C. P.; — *la confession volontaire de l'accusé,* art. 463,
C. P., art. 341, C. I. C., loi de révision de 1832 ; — *l'o-
béissance aux ordres d'un supérieur,* art. 327, 114, 190,
C. P.; — *la bonne réputation de l'accusé avant le crime,*
art. 463, C. P.; — *le défaut de consommation du crime,* art.
463, C. P., toutefois art. 2, C. P.; — *le temps,* art. 322,
C. P.; — *le défaut d'intelligence,* art. 64, C. P. ; — *la force
majeure,* art. 328, 320, C. P.

Pour l'affirmative : Dig., L. XXIX, tit. I. L. 34, *in princip.,* De
testamento militis.
— L. XXIX, tit. V. L. 1, § 23, De Senatus-
consulto Silaniano.
— L. XLIX, tit. XIV. L. 45, § 2, De jure
fisci.
— L. XLIX, tit. XVI. L. 6, § 7, De re mili-
tari.
Cod., L. VI, tit. XXI. L. 2, Qui testamenta
facere.
Guy Coquille. *Institutes au Droit
français.*
Coutume de Normandie, art.149,c.9.
Pour la négative : — *Capitulaires* de Charlemagne.
— *Établissements* de Saint Louis, c. 88.
— Loysel. *Institutes coutumières.*
— Déclaration du 4 mars 1724, art. 3.

Nos criminalistes et jurisconsultes d'autrefois avaient puisé toutes leurs solutions dans les lois romaines.

M. Ortolan nous le dit dans une juste appréciation de l'influence du Droit Romain sur notre législation criminelle :

« Il s'en faut de beaucoup que les jurisconsultes romains
» aient traité ce qui concerne le Droit Pénal, avec cette
» supériorité de raison et cette valeur scientifique que
» nous rencontrons dans leurs écrits sur certaines matières
» de droit privé. Cependant pour la pénalité, les textes
» romains, nommés souvent la loi écrite, ont été reconnus
» comme droit commun en tout ce qui n'était pas réglé
» différemment par des statuts spéciaux ou par la cou-
» tume. Les jurisconsultes du Droit Pénal ont montré la
» même habileté que les jurisconsultes du Droit Civil, à
» plier aux usages et aux choses de leur temps ces textes
» faits pour une tout autre société : ils ont puisé, au
» besoin, dans les décisions données pour les matières ci-
» viles, et ils ont étendu, par analogie, ces décisions aux
» matières criminelles ; enfin ils ont continuellement et
» systématiquement appliqué au Droit Pénal proprement
» dit ce que les jurisconsultes romains avaient écrit uni-
» quement de ces sortes d'actions naissant de délits privés,
» qui prenaient l'épithète de pénales, mais qui n'étaient,
» en réalité, que des actions civiles pour la poursuite
» d'obligations privées. C'est ainsi que s'est assise et cons-
» tituée, avec le secours fréquent du Droit Romain inter-
» prété suivant les besoins de l'époque, l'ancienne juris-
» prudence criminelle *Européenne*, et, par conséquent, la
» *nôtre.* » (1).

(1) *Éléments de Droit Pénal.*

§ IV

État de la justice et caractère des peines avant 1791.

Le Droit Pénal, partie du Droit public, a dû subir l'influence de nos transformations sociales et politiques. Chaque mouvement nouveau dans notre gouvernement, chaque révolution devait amener un changement dans nos lois. Cette réformation juridique s'accomplit successivement en 1789, en 1791, en 1795, en 1810, en 1814, en 1830, en 1848, en 1851, et enfin de nos jours, en 1870-1871.

Le législateur poursuit encore son œuvre : de toutes parts on réclame des lois, et des milliers de projets, tous plus ou moins heureux, s'expédient chaque jour à l'Assemblée nationale.

Que se passait-il dans notre législation avant 1791? Rien qui fût de bon augure, rien qui annonçât un heureux dénoûment au désordre de la législation. Sans doute, on était loin de ces temps où les princes et les seigneurs s'arrachaient les lambeaux de l'autorité et les restes de la fortune publique; elles n'étaient plus ces lois injustes et tyranniques de la Féodalité (1), « dédale obscur et

---

(1) « Cependant, nous dit Montesquieu, il ne faut pas croire que
» les droits dont les seigneurs jouissaient autrefois, et dont ils ne
» jouissent plus aujourd'hui leur aient été ôtés comme des usurpations:
» plusieurs de ces droits ont été perdus par négligence, et d'autres ont
» été abandonnés, parce que divers changements s'étant introduits
» dans le cours de plusieurs siècles, ils ne pouvaient subsister avec ces
» changements. » *Esprit des Lois*, liv. XXVIII, c. XLIII, *in fine*.

» tortueux dont l'entrée était interdite au plus grand
» nombre, et dans lequel les hommes les plus éclairés
» s'égaraient (1) ». Mais qu'avions-nous donc? Une justice
désorganisée, des peines arbitraires et l'inégalité devant
la loi.

Deux ordonnances célèbres avaient été rendues sur la
procédure criminelle : l'ordonnance de 1539, sous François Ier, et celle de 1670, sous Louis XIV.

L'une, œuvre du chancelier Poyet (2), privait l'accusé
d'un défenseur, lui imposait la prestation de serment, et
l'obligeait à proposer les reproches contre les témoins, à
l'instant même où ceux-ci lui étaient présentés ; elle sépa-
rait, enfin, l'information à décharge de l'information à
charge, faisant ainsi, comme disait Ayrault : « d'une
» accusation deux procès. » (3).

---

(1) Paroles de François Ier, dans un lit de justice, en 1516.

(2) Ordonnance de Villers-Coterets (1539). Elle consacrait des
principes aussi injustes que cruels.

Voici ce que disait à cet égard, *Dumoulin* : « Vide tyrannicam
» impii Poyeti opinionem : vide duritiam iniquissimam per quam
» etiam aufertur defensio ; sed nunc judicio Dei justo redundat in
» auctorem. » En effet, en 1544, Poyet, accusé de péculat et de con-
cussion, fut traduit devant le Parlement et condamné. Comme il
cherchait à se disculper et demandait un défenseur, le juge lui adressa
cette fameuse réponse :

« Patere legem quam ipse tulisti. »

Poyet était né vers 1474 à Angers. Il se fit d'abord connaître
comme avocat, fut nommé avocat général en 1531, président à mortier en 1534, et chancelier en 1538.

(3) Petrus Ærodius, jurisconsulte, né à Angers en 1536, mort en
1601, fut d'abord avocat au Parlement de Paris, puis lieutenant criminel d'Angers. Il a laissé des *Plaidoyers*, Paris 1598, et des ouvrages

L'autre reproduisait ces rigueurs que la pratique de plus d'un siècle semblait avoir consacrées. Elle n'abrogeait la précédente ordonnance que pour mieux préciser et codifier son système.

Cette procédure inquisitoriale des ordonnances n'avait apporté aucune entrave à l'arbitraire des peines. L'ordonnance de 1670 ne s'occupait uniquement que de l'instruction criminelle et non de l'application des pénalités.

Le système des peines arbitraires offrait, peut-être, ce seul avantage que le juge, placé en présence de l'accusé, en face de tel fait individuel, pouvait apprécier la gravité morale de ce fait, et établir l'importance de la culpabilité d'une manière plus sûre, plus précise que le législateur ne peut le faire d'avance. Mais ce régime avait aussi son mauvais côté. N'avait-on pas à craindre, par exemple, que le juge ne s'écartât trop facilement de la justice sous les impressions du moment, dont il est difficilement le maître ; que la peine ne fût pas exemplaire, précisément parce qu'à chaque pas, chaque jour, à chaque fait, elle varie dans sa nature et dans son intensité ; précisément parce que ce grand précepte n'est jamais suivi : *Moneat lex priusquam feriat ?*

Des peines, les unes étaient entièrement abandonnées à l'arbitrage du juge, les autres uniquement fondées sur l'usage. Ainsi, la femme qui assassinait son mari, était condamnée à avoir le poing coupé, son corps était brûlé, et ses cendres étaient jetées au vent.

de jurisprudence, dont les plus estimés sont : *De l'ordre et instruction judiciaires chez les Grecs et les Romains,* 1591 ; *Traité de la puissance paternelle.*

Qu'avions-nous encore ? *Le secret* d'abord, et ensuite
ce que l'esprit humain peut inventer de plus atroce, le
supplice le plus douloureux, le plus haut raffinement de
la cruauté : la *question*, ou si l'on préfère, la *torture* (1).
La torture, où le juge, debout devant la victime, semblait
adresser au bourreau ces mots de Caligula à l'exécuteur :
« Fais qu'il sente la mort ! » Et c'est là ce que, pendant
des siècles, a répété notre législation. Et cependant, « la
» question n'est pas nécessaire », s'écriait avec raison
Montesquieu. « Tant d'habiles gens et de beaux génies ont
» écrit contre cette pratique, que je n'ose parler après eux.
» J'allais dire qu'elle pourrait convenir dans les gouver-
» nements despotiques, où tout ce qui inspire la crainte
» entre plus dans les ressorts du gouvernement ; j'allais
» dire que les esclaves, chez les Grecs et les Romains......

(1) Si l'on veut connaître l'origine de la question, il faut remonter
aux temps d'Athènes et de Rome. En effet, Lysias (Orat. in Argorat.)
nous apprend que les *citoyens d'Athènes* ne pouvaient être mis à la
question, excepté dans le crime de lèse-majesté. Curius Fortunatus
(Rhetor. schol., lib. II) ajoute qu'on donnait la question trente jours
après la condamnation, et qu'il n'y avait pas de question préparatoire.

Quant aux Romains, les lois 3 et 4, Ad legem Juliam magestatis,
Cod., liv. IX, t. VIII, font voir que la naissance, la dignité, la profession
de la milice garantissaient de la question, si ce n'est dans le cas du
crime de lèse-majesté.

Cod., liv. IX, tit. XLI, De quæstionibus.— Dig., liv. XLVIII, tit. XVIII,
De quæstionibus.

Vide præterea leges Visigothorum de quæstione, et ex latinis aucto-
ribus Ciceronem, Quintum-Curtium, Titum-Livium.

On a même prétendu que la question était établie chez les Juifs et
les Égyptiens avant de l'être chez les Grecs et les Romains.

(BESCHERELLE.)

» mais j'entends la voix de l'humanité qui crie contre
» moi (1). »

Les peines semblaient vouloir être la continuation de
ces châtiments d'une barbarie féroce qui, pendant des siècles, ont fait couler des fleuves de sang dans la France
entière. Ce sont ces supplices odieux qui arrachaient à
Beccaria ce cri d'indignation :

« Eh ! pourquoi les aurais-je retracés, ces spectacles
» d'épouvante, où le fanatisme courait en foule pour s'y
» repaître des cris de douleurs, où, les yeux attachés sur
» ses victimes prêtes à être consumées, il accusait l'acti-
» vité des flammes qui dévoraient trop promptement, à
» son gré, leurs entrailles palpitantes; ces temps d'hor-
» reur où l'air était obscurci par la fumée des bûchers,
» où les places publiques, couvertes de cendres humaines,
» ne retentissaient que de gémissements? Non, puisse un
» voile obscur couvrir à jamais ces scènes effroya-
» bles (2) ! »

Tel était l'état déplorable des peines avant 1701, et
la triste situation de la justice.

Je ne veux pas terminer sur ce sujet, sans louer l'auguste patriote qui, par une déclaration du 24 août 1780,
abolissait la torture (3). Honneur au cœur le plus généreux, à Louis XVI! honneur au Roi martyr qui, tout-puis-

<hr>

(1) *Esprit des Lois.* — Voyez également les belles paroles de Beccaria contre la question. *Traité des délits et des peines,* § 16.

(2) Beccaria. — *Traité des délits et des peines,* § 39.

(3) La torture avait été déjà abolie en Prusse par Frédéric II, et
en Angleterre par Georges III.

sant alors sur le trône de France, se souvint des paroles
du Juge suprême : « *Judicabo justitias!* »

Et maintenant, qu'ils soient voués à la haine et à l'exé-
cration de la postérité, ceux qui n'ont pas craint de frapper du glaive de la loi le prince le plus sensible, le plus
humain qui ait jamais revêtu la pourpre. Malheur à toi,
Peuple Français, qui vis d'un œil indifférent ton souverain
innocent conduit de la demeure des Rois au billot des criminels! Cette mort infâme, ou plutôt ce lâche assassinat,
restera toujours écrit en lettres de sang dans votre histoire,
Français, auxquels il laisse l'accablant fardeau d'un
régicide!

§ V

Système du Code Pénal de 1791.

L'Assemblée constituante réagit contre les abus et les
excès de la législation antérieure. Elle substitua à l'arbitraire du juge dans la pénalité, la règle fixe et invariable
du législateur; elle proclama le principe de l'égalité
devant la loi et de la liberté individuelle. — Elle abolit les
juridictions anciennes et jeta les fondements de l'organisation judiciaire actuelle; elle supprima la vénalité et
l'hérédité des offices; soumit les juges à l'élection, c'est-
à-dire à la confiance des justiciables. Elle créa le Tribunal
de Cassation et institua pour les crimes le jury d'accusation et le jury de jugement. — Elle établit, dans la procédure pénale, un système mixte : l'information secrète et
écrite pour l'instruction préparatoire, et la liberté de la

défense avec le débat oral et la publicité pour l'instruction devant les juridictions de jugement.

Cette nouvelle période fut celle de la fondation et de la rénovation de l'ordre social (1).

Le législateur de 1791 s'était fié complétement au juge et avait renoncé à fixer les cas d'excuse, ou les avait fixés avec une très-grande réserve. L'appréciation de l'intention, en matière de délits de police municipale et de police correctionnelle, rentre dans les pouvoirs généraux du juge chargé de statuer sur la culpabilité (2). Mais au grand criminel, ce sont les jurés qui ont plein pouvoir pour apprécier. « Ils examineront la moralité du fait, dit l'Instruction du 29 septembre 1791, c'est-à-dire, *les circons-* » *tances de volonté, de provocation, d'intention, de prémédi-* » *tation*, qu'il est nécessaire de connaître pour savoir à » quel point le fait est coupable. » C'était dans cette série de questions *intentionnelles*, dit M. Ortolan, que pouvaient venir se ranger, sans aucune détermination de la loi, quel-ques-unes des circonstances absolutoires invoquées par l'accusé.

La Constituante entend laisser au jury la plus grande latitude. Elle n'a pas voulu organiser elle-même un sys-tème d'excuses absolutoires. Cependant, on rencontre quel-

(1) L'Assemblée constituante, et après elle la Convention natio-nale, proclamèrent le principe de l'unité de législation.

La codification de nos lois pénales fut réalisée déjà sous l'Assem-blée constituante ; celle des lois civiles ne le fut que sous le Consulat et l'Empire.

(2) Loi du 19-22 juillet 1791, *sur l'organisation d'une police muni-cipale et correctionnelle.*

ques textes où des excuses étaient prévues ; ainsi : l'article 25, sect. 3, du titre I, deuxième partie; l'article 16, sect. 1, du titre II, deuxième partie du Code Pénal (1).

ARTICLE 25 : «Dans tous les cas mentionnés en la présente section et dans les précédentes,

— ces sections traitent des crimes et attentats contre la chose publique et la Constitution, —

où les ministres sont rendus responsables des ordres qu'ils auront donnés ou contre-signés, ils pourront être admis à prouver que leur signature a été surprise; et, en conséquence, les auteurs de la surprise seront poursuivis, et, s'ils sont convaincus, ils seront condamnés aux peines que le ministre aurait encourues. »

ARTICLE 16 : « Si toutefois, avant l'empoisonnement effectué, ou avant que l'empoisonnement des alimens et breuvages ait été découvert, l'empoisonneur arrêtait l'exécution du crime, soit en supprimant lesdits alimens ou breuvages, soit en empêchant qu'on en fasse usage, l'accusé sera acquitté.»

Ces deux excuses absolutoires sont fondées sur d' motifs d'utilité sociale.

Quant aux excuses atténuantes, nous en trouvons deux mentionnées également dans le Code de 1791 : la minorité de 16 ans, articles 3 et 4 du titre V, première partie; et la provocation violente en cas de meurtre, article 0 du titre II, deuxième partie, sect. 1 (2).

ARTICLE 3 : «Si les jurés décident que le coupable a commis le crime avec discernement, il sera condamné; mais à raison de son âge, les peines suivantes seront commuées :

» Si le coupable a encouru la peine de mort, il sera condamné à vingt années de détention dans une maison de correction.

(1) Code Pénal, du 25 sept.-6 oct., 1791.
(2) Code Pénal du 25 sept.-6 oct., 1791.

»S'il a encouru les peines des fers, de la réclusion dans la maison de force, de la gêne ou de la détention, il sera condamné à être renfermé dans la maison de correction pendant un nombre d'années égal à celui pour lequel il aurait encouru l'une desdites peines, à raison du crime qu'il a commis. »

ARTICLE 4 : «Dans les cas portés en l'article précédent, le condamné ne subira pas l'exposition aux regards du peuple, sinon lorsque la peine de mort aura été commuée en vingt années de détention dans une maison de correction, auquel cas l'exposition du condamné aura lieu pendant six heures, dans les formes qui sont ci-dessus prescrites.»

ARTICLE 9: «Lorsque le meurtre sera la suite d'une provocation violente, sans toutefois que le fait puisse être qualifié homicide légitime, il pourra être déclaré excusable et la peine sera de dix années de gêne. — La provocation par injures verbales ne pourra, en aucun cas, être admise comme excuse du meurtre. »

La discussion du 4 juin 1791 à l'Assemblée nationale, où J. D. Lanjuinais et V. Malouet déployèrent tour à tour toute leur éloquence, jeta quelques éclaircissements sur la théorie générale des excuses, organisée par la Constituante.

La loi du 16 septembre 1791 (1), et l'Instruction du 20 septembre 1791, qui vinrent ensuite, firent entendre le mot d'*excuse* surtout dans le cas de *provocation*. De tout cela il ressort qu'il y avait deux sortes d'excuses dans le langage des lois criminelles de la Constituante :

1° Dans certains cas prévus par la loi, la peine est nécessairement atténuée ou supprimée;

(1) Loi du 16 septembre 1791 *concernant la police de sûreté, la justice criminelle et l'établissement des jurés.* Cette loi était, pour les délits entraînant une peine afflictive ou infamante, que nous appelons aujourd'hui des crimes, un véritable Code de juridiction et de procédure criminelles.

2° Dans certains cas non prévus par la loi, le jury pourra déclarer l'excusabilité. Comme la Constituante, au grand criminel, établit des peines non susceptibles d'atténuation, la conséquence est claire : ces excuses auront, comme le dit l'Instruction du 29 septembre 1791, l'effet des *lettres de grâce*.

On aperçoit bien vite les singulières conséquences d'un pareil système. Merlin (1), dans son *Répertoire*, découvre une foule d'excuses *improprement dites*, qui devront influer sur la décision des tribunaux criminels, par exemple : le *repentir*, les *grands talents*, la *haute naissance*, la *longue détention dans les prisons*, les *services rendus à l'État*. Il blâme énergiquement les auteurs qui voudraient obliger les magistrats « à ne considérer que le crime et la loi », « à ne prendre le crime que pour ce qu'il est matérielle-» ment, et à n'avoir d'autre mesure pour le punir que le » texte matériel de la loi. »

Somme toute, le législateur de 1791, comme il arrive presque toujours, en voulant corriger l'ancien système, tomba dans l'excès contraire, et on le vit porter des peines générales, inflexibles, invariables. Ce système nouveau pré-

(1) Merlin, de Douai, célèbre jurisconsulte français, né en 1754 à Arleux, en Cambresis. Il fut ministre de la justice sous le Directoire (1795), puis de la police générale ; membre du Directoire (1797) ; procureur général à la Cour de Cassation, sous l'Empire. Membre de *la Montagne*, il vota la mort de Louis XVI, eut une grande part à la loi *des suspects* et à l'organisation du tribunal révolutionnaire. Ces motifs le firent exiler en 1815. Revenu en France en 1830, il y mourut en 1838. On l'a surnommé *le Papinien moderne*, *le Prince des jurisconsultes français.*

sentait pourtant ces avantages que les pouvoirs étaient exactement divisés entre le jury, juge du fait, et le tribunal
appliquant la loi; que la pénalité devenait exemplaire et
propre à prévenir et à empêcher le crime. Mais voici son
défaut, c'est que, dans certains cas, portant une peine
trop faible ou trop forte pour un fait punissable, lorsque le
châtiment dépassait la gravité de la faute, on accordait la
liberté absolue au coupable.

S'il existait un *maximum* et un *minimum* dans les peines
en matière correctionnelle, rien de semblable n'avait été
établi au grand criminel. Ce devait être l'œuvre du législateur de 1810.

§ VI

Système du Code du 3 brumaire, an IV.

(25 octobre 1795)

On sait que le Code du 3 brumaire, an IV, appelé *Code
des délits et des peines,* est avant tout un Code d'Instruction criminelle. Il est bref quant à la pénalité proprement
dite et n'abroge pas les lois antérieures. La théorie du
maximum et du *minimum* en matière correctionnelle, la
théorie des peines fixes au grand criminel, la théorie des
excuses atténuantes résultant de la provocation violente et
de la minorité de seize ans, ne sont pas changées.

Le *Code des délits et des peines* n'entendit innover que
sur un point : la déclaration d'excusabilité allait aboutir
à la réduction et non plus à la suppression de la peine.
Mais la théorie des questions intentionnelles subsiste tou-

jours; bien plus, c'est à peine si l'on retrouve la trace des excuses proprement dites, c'est-à-dire des excuses prévues par la loi. Le Code de brumaire, an IV, article 646, se contente de rappeler l'article 9 de la section première, du titre II, de la deuxième partie du Code Pénal de 1791, relatif à la provocation.

ARTICLE 646 : « Lorsque le jury a déclaré que le fait de l'excuse proposée par l'accusé est prouvé, s'il s'agit d'un meurtre, le tribunal criminel prononce ainsi qu'il est réglé par l'article 9 de la section première de la seconde partie du Code Pénal.

» S'il s'agit de tout autre délit, le tribunal réduit la peine établie par la loi, à une punition correctionnelle qui, en aucun cas, ne peut excéder deux années d'emprisonnement. »

Le Code de brumaire, comme on le voit, reproduit la théorie des lois de 1791.

Mais, dans son article 374, il distingue entre la question d'*intention* et la question d'*excuse,* et, avouons-le, c'était là déjà un progrès.

ARTICLE 374 : « La première question tend essentiellement à savoir si le fait qui forme l'objet de l'accusation est constant ou non.

» La seconde, si l'accusé est, ou non, convaincu de l'avoir commis et d'y avoir coopéré. — Viennent ensuite les questions qui, sur la moralité du fait et le plus ou moins de gravité du délit, résultent de l'acte d'accusation, de la défense de l'accusé ou du débat.

» Le président les pose dans l'ordre dans lequel les jurés doivent en délibérer, en commençant par les plus favorables à l'accusé. »

Il ne faudrait point du reste confondre la question d'excuse avec la question intentionnelle. Voici ce que dit à cet égard une Circulaire du ministre de la justice, du 22 frimaire, an V : « La question de l'excuse est différente de la » question intentionnelle : l'effet d'une déclaration favo-

» rable sur celle-ci est de rendre l'accusé à la société, et
» sur la première, d'atténuer seulement le délit et d'alléger
» la punition. C'est une distinction qu'il faut bien saisir,
» et dont l'oubli a conduit à la plupart des abus qui sou-
» vent ont scandalisé les amis de la justice. Lorsqu'on né-
» glige, en effet, de proposer la question d'excuse qui peut
» être admissible quand celle de l'intention ne l'est pas,
» la loi s'applique dans la plus grande sévérité là où il y
» avait lieu à quelque indulgence. Lorsque la question de
» l'excuse, au contraire, est confondue avec celle de l'in-
» tention et que la déclaration du jury se trouve favorable,
» la loi absout, là où elle ne devait remettre qu'une partie
» de la peine, et de l'un et de l'autre système dérivent les
» maux infinis qui affligent toute société dont la législa-
» tion n'a pas déterminé de justes proportions entre les
» peines et les délits. »

Le *Code des délits et des peines* n'avait pas cru devoir
établir deux théories distinctes, l'une des excuses, l'autre
des circonstances atténuantes ; il conférait au jury les plus
larges pouvoirs d'appréciation.

Mais à qui appartenait-il de prononcer la déclaration
d'excusabilité ? Au jury ou aux juges ? Le Tribunal de Cassation,

JUGEMENTS des : 24 *ventôse*, an VI,
27 *floréal*, an VII,

conférait ce droit aux jurés. C'était la première opinion de
Merlin. Ce jurisconsulte, néanmoins, changea d'opinion,
en s'appuyant sur le texte de l'Instruction législative du
20 septembre 1791. Mais l'article 504 du *Code des délits
et des peines* avait aboli la loi du 20 septembre 1791,

ainsi que celle du 16 septembre 1791, dont elle était un commentaire.

ARTICLE 594 : « Les dispositions des deux premiers livres du présent Code devant seules, à l'avenir, régler l'instruction et la forme tant de procéder que de juger, relativement aux délits de toute nature, les lois des 16 et 29 septembre 1791, concernant la police de sûreté, la justice criminelle et l'établissement des jurés, sont rapportées, ainsi que toutes celles qui ont été rendues depuis pour les interpréter, ou modifier, » etc...

D'ailleurs, la Circulaire ministérielle du 22 frimaire, an V, était venue dire expressément : « La question de » l'excuse doit être présentée au jury, et lorsqu'elle est » admise, les tribunaux prononcent, etc... »

Des pouvoirs illimités, en matière d'excuse, laissés au jury, il résultait que les accusés proposaient comme excuses toutes les circonstances imaginables dans lesquelles ils croyaient apercevoir un effet atténuant. Merlin saisit cette occasion pour présenter sa fameuse théorie, où il distinguait les excuses que l'accusé peut proposer, et les excuses que peut proposer le juge. Ainsi, l'accusé peut faire valoir comme excuses : 1° la bonne foi, 2° l'ignorance, 3° la colère, 4° l'ivresse, 5° la violence (cela était évident), et 6° la crainte.

Le juge peut à son tour proposer comme excuses : 1° la faiblesse de l'âge, 2° la fragilité du sexe.

Merlin ne s'arrêtait pas à cette énumération; il citait encore les grands talents, la haute naissance, etc... Tel était le système général de Merlin, vague, arbitraire et confus; et nous ne comprenons pas comment un jurisconsulte sérieux a pu l'émettre.

Les tribunaux pourtant le suivirent à l'envi jusqu'en

l'an IX, et l'on en était arrivé à ce triste résultat : de pouvoir, sur les deux questions d'*intention* et d'*excuse*, absoudre tous les coupables.

Mais la Cour de Cassation, par ses

ARRÊTS des : 6 *ventôse*, an IX,
7 *prairial*, an IX,
15 *thermidor*, an XII,
14 *août*, 1807,

déclara qu'on ne pourrait proposer au jury d'autres motifs d'excuse, que les faits déclarés tels par la loi. Dès lors elle persista dans cette jurisprudence. Les menaces, l'influence personnelle, l'ivresse, la provocation *en cas de vol*, la circonstance de domesticité, etc..., ne sont plus des cas d'excuses.

Ces dernières solutions de la Cour suprême eurent une grande influence sur la rédaction des Codes Pénal et d'Instruction criminelle.

Le *Code des délits et des peines* n'avait trait qu'aux juridictions et à la procédure pénales, et n'était, à proprement parler, qu'une refonte, en un système complet et méthodique, des institutions de la Constituante. Il renvoyait, en général, pour la pénalité, aux lois de cette dernière Assemblée.

Cependant le Droit criminel s'améliorait de plus en plus, le mouvement progressif des lois s'accentuait tous les jours davantage, et néanmoins l'œuvre était encore imparfaite. Mais une ère nouvelle allait commencer, ère de hiérarchie et de centralisation judiciaires.

§ VII

Droit actuel.

Notre Droit actuel date du Consulat et de l'Empire. C'est l'époque des codifications qu'on est convenu d'appeler époque de *réorganisation et d'unité.*

Deux Codes furent rédigés, l'un d'*Instruction criminelle* (1) (décrété du 17 novembre au 16 décembre 1808), l'autre de *Droit Pénal* (décrété du 12 au 20 février 1810).

Ces deux Codes furent rendus exécutoires à partir du 1ᵉʳ janvier 1811 (2); ils portent l'empreinte du rétablissement de l'autorité.

La pénalité y est sévèrement organisée. La peine de mort, dont l'abrogation avait été votée en dernier lieu par la Convention nationale, pour l'époque de la publication de la paix générale (octobre 1795), fut étendue à des cas plus nombreux d'application (3).

---

(1) La procédure extraordinaire des Ordonnances, dans notre ancien Droit criminel, était exclusivement réservée *aux crimes*. La publicité et les plaidoiries s'y trouvant supprimées, elle consistait uniquement dans l'instruction. De là, son nom d'*Instruction criminelle*, qui a passé maladroitement dans notre Code, lequel devrait être appelé Code de Procédure pénale, et non pas Code d'Instruction criminelle.

(2) On avait retardé leur mise à exécution, parce qu'on attendait la loi sur l'organisation judiciaire, qui porte la date du 20 avril 1810.

(3) La question du maintien ou de l'abrogation de la peine de mort a eu bien des vicissitudes. Robespierre, à l'Assemblée constituante, Condorcet, à la Convention nationale, demandaient l'abrogation de la peine de mort en matière ordinaire, mais en voulaient le

La marque, la mutilation du poignet, la confiscation générale et la mort civile, toutes peines inconnues de

maintien en matière politique. Le Code du 3 brumaire, an IV, faisait cependant sentir la possibilité de son abolition.

En 1830 et en 1848, la question fut agitée de nouveau. Le 28 février 1848, le gouvernement provisoire de la République déclara que, dans sa pensée, la peine de mort était abolie en matière politique. Ce vœu fut ratifié par l'Assemblée nationale, qui, dans la Constitution du 4 novembre 1848, proclama que la peine de mort était abolie en matière politique. Cette abolition a été maintenue par la loi du 8 juin 1850, qui a remplacé la peine de mort, en matière politique, par la déportation dans une enceinte fortifiée. Toutefois, l'attentat contre la vie ou la personne du Chef de l'État et l'attentat contre la vie des membres de sa famille, sont encore punis, sans distinction, de la peine de mort (art. 86, C. P.).

La peine de mort, sauf le cas exceptionnel dont nous venons de parler, n'existe donc plus qu'en matière ordinaire, c'est-à-dire en matière non politique.

Doit-elle disparaître complétement? Sans doute, cette peine a des qualités: elle est égale pour tous (plus de hache pour les nobles et de corde pour les vilains: la guillotine pour tous depuis le décret de l'Assemblée législative, du 20-25 mars 1792). Elle est exemplaire, produisant une intimidation salutaire sur le public, et, à la rigueur, elle peut, dans certains cas, être trouvée juste; mais elle a des vices essentiels: elle est indivisible, elle frappe surtout sans rémission et d'une manière irrévocable, malgré les erreurs judiciaires qui peuvent se commettre; elle ne laisse pas de place au repentir et à l'amendement, et cependant, c'est souvent chez les condamnés à une peine capitale que ces résultats peuvent être espérés. Est-il besoin, du reste, que la société ait recours à une peine aussi extrême, qui consiste à supprimer le coupable sous prétexte de le punir? Depuis quelques années, la tendance des esprits paraît de plus en plus favorable à l'abolition de cette peine. *Experientia docet*, l'expérience seule tranche la question. En effet, la peine de mort existe, et il y a des meurtriers et des assassins; que serait-ce donc, si elle n'existait pas?

Quoi qu'il en soit, la loi de révision de 1832 l'a déjà supprimée dans

l'Assemblée constituante, prirent leur place dans le Code Pénal (1).

Mais c'est surtout au point de vue de l'organisation des autorités et des juridictions pénales, que la législation du Consulat et de l'Empire changea profondément le système de l'Assemblée constituante.

Depuis la Constitution de l'an viii, l'élection des juges avait été remplacée, en général, par la nomination émanée du pouvoir exécutif, et l'institution à vie leur était promise. Le droit de grâce avait été accordé au Chef de l'État.

L'organisation judiciaire de 1810 est fondée sur les idées d'*unité* et de hiérarchie. On crée les Cours (Impériales) d'Appel centralisant la justice civile et pénale. On supprime, en matière criminelle, le jury d'accusation que l'on remplace par une des sections de la Cour (Impériale) d'Appel (chambre des mises en accusation). Si le jury de jugement est conservé dans les Assises départementales, on fait présider celles-ci par un délégué de la Cour (Impériale) d'Appel.

Sous l'Assemblée constituante, les fonctions du ministère public devant les tribunaux criminels, étaient divisées : un accusateur public, nommé par le peuple, était chargé de l'action publique ; un commissaire du gouvernement était chargé de faire des réquisitions au nom de la loi.

---

plusieurs cas. Le jury peut, d'ailleurs, à l'aide d'une déclaration de circonstances atténuantes, en empêcher complétement l'application.

(1) La marque et la mutilation du poignet furent plus tard abolies par la loi du 28 avril 1832, article 12 ; la confiscation générale par la Charte de 1814 ; la mort civile par la loi générale du 31 mai 1854, article 1.

Daus la nouvelle erganisation, les deux fonctions sont concentrées et confiées aux mêmes membres du ministère public, qui est véritablement un et indivisible.

Un très-grand nombre de lois sont ensuite venues modifier et compléter le *Code d'Instruction criminelle* et le *Code Pénal,* sous la Restauration, sous la Monarchie de 1830, sous le gouvernement qui a succédé à la Révolution de 1848, sous le gouvernement Impérial, et actuellement sous le gouvernement qui a suivi la chute de l'Empire, à partir du 4 septembre 1870.

Le législateur de 1810 avait, en quelque sorte, mélangé le système de 1791 et le système antérieur à cette époque. Il avait enfin fixé, au grand criminel, un *maximum* et un *minimum* dans la pénalité. Le juge pouvait donc user de tout son pouvoir entre ces deux limites assignées au châtiment; mais trois peines n'avaient ni *maximum* ni *minimum,* c'étaient : la mort, les travaux forcés à perpétuité et la déportation. On y remédia en créant l'article 463, C. P. (1), qui permet toujours aux juges de déclarer l'existence de circonstances atténuantes, qu'il s'agisse de *crimes,* de *délits,* de *contraventions* de simple police (2), de *crimes, délits* et *contraventions* prévus par des *lois spéciales* (3).

Les nouvelles lois criminelles réagirent puissamment

(1) Nous devons observer qu'un décret du 27 novembre 1870 a modifié l'article 463 du Code Pénal, sur les circonstances atténuantes, et rétabli cet article tel qu'il était avant la loi du 13 mai 1863.

(2) *Vide* : articles 463 et 483, C. P., 341, C. I. C.; loi du 25 juin 1824 ; loi du 28 avril 1832.

(3) Sauf les crimes spéciaux de l'armée de terre et de mer, qui ne

contre les Codes de la Constituante et de la Convention, et, en ce qui concerne notre matière, on arriva à ce double résultat :

1° Une théorie des excuses fut législativement organisée. Pas d'excuses en dehors des cas prévus par la loi (art. 65, C. P.).

2° Le jury, dans les cas d'excuse, dut se résoudre simplement à cette question : Tel fait est-il constant? La déclaration d'excusabilité appartint aux magistrats. Désormais les peines statuent sur un fait prévu par la loi, et les juges appliquent la loi.

Tel fut le système du Code Pénal de 1810, qui gouverne encore notre juridiction actuelle.

comportent l'application des circonstances atténuantes que dans les cas prévus par les Codes de justice militaire.

Quant à l'application des circonstances atténuantes aux *délits* et *contraventions* prévus par des *lois spéciales* :

Vide negativè :   Loi du 28 avril 1832.
Loi du 3 mai 1844, article 20.
Article 203, C. F.
Code de justice militaire du 9 juin 1857, sauf certains cas qu'il énumère

Vide affirmativè, præcipuè : Loi du 5 juillet 1844, article 44.
Loi du 15 juillet 1845, article 26.
Loi du 19 décembre 1850, article 6.
Loi du 11 mai 1868, article 15.
Loi du 6 juin 1868, article 12.

II

QUELLE EST L'ORIGINE DES EXCUSES LÉGALES ?

Les auteurs sont nombreux qui ont écrit sur notre législation criminelle, mais pas un n'a établi l'origine des excuses légales. Elle existe cependant, car toute chose a son origine; et l'on ne peut croire que nos légistes l'aient ignorée. Est-ce de leur part un oubli, une négligence? Nous ne voulons pas le rechercher; leur silence ne saurait les disculper.

Tout au plus trouvons-nous deux ou trois juristes qui, plus consciencieux que les autres, ont daigné effleurer la question. L'origine des excuses légales, disent-ils, *pourrait* remonter *aux lettres de grâce* de l'ancien régime, remplacées en 1701 par le *droit de miséricorde* (1). Cette solution est fausse à plusieurs points de vue.

L'origine *pourrait* remonter......, s'exprimer ainsi c'est évidemment n'être pas sûr de ce qu'on avance. Qui veut

(1) M. A. Desjardins, *Théorie des excuses légales en Droit Pénal.*
M. J. Berriat-Saint-Prix, *Cours de Droit criminel* (1817).

affirmer une chose ou un fait, emploie l'indicatif et non conditionnel qui annonce toujours le doute.

Aux lettres de grâce de l'ancien régime....., mais il n'est pas permis d'ignorer que le droit de grâce existait chez les Romains (1) tout aussi bien que sous l'ancienne Monarchie Française. Dès lors pourquoi l'origine des excuses légales ne remonterait-elle pas aux Romains? Que la grâce soit accordée par un Empereur romain, par un Roi de France, par des chancelleries sous forme de lettres marquées du sceau royal, le résultat ne change pas.

Le droit de grâce n'a cessé d'exister en France depuis des siècles, il a toujours appartenu au Chef de l'État (2)

---

(1) Dig., L. I, t. IV. L. 1, De constitutionibus principum.
— L. XLVIII, t. XXIII. L. 2. De sententiam passis et restitutis.
Cod., L. IX, t. XLVI. L. 9, De calumniatoribus.
— L. IX, t. LI. L. 2, 6, 9, De sententiam passis.
— L. IX, t. XLIII. L. 3, De generali abolitione.
— L. I, t. IV. L. 3, De episcopali audientiâ.....
Cujas. *Comm. de generali abolitione.* — Le Sellyer, t. V, p. 557. *Traité de Droit criminel.*
« Le droit de grâce a été reconnu chez tous les peuples et dans » toutes les législations, quelle qu'ait été la forme du gouvernement,» DALLOZ, *Répertoire*, t. XXVI, p. 212.

(2) Lebret, *De la Souveraineté*, liv. IV. — Bodin, *De la République*, liv. I. — Cependant le droit de grâce n'a pas toujours en France appartenu exclusivement au Roi (Chef de l'État). On peut voir à cet égard : Pothier, *Procédure criminelle*, § 7, article 2. — Muyart de Vouglans, *Institutes au Droit criminel.* — Guy Coquille, *Institutes au Droit français.* — Farinacius, *Praxis et Theoria criminalis*, t. I, liv. I, quest. 6, n° 2 et suiv.— Brussel, *Usage général des fiefs*, t. I, p. 217.— Pierre de Fontaines, dans son Conseil.— Ordonnances de : mars 1356, article 6; août 1539, article 172; juillet 1571, article 1; mai 1579, article 194; Ordonnance de Charles V, du 13 mai 1359 ; de Louis XII, en 1449 ; Ordonnance de 1670. — Charles VI, en 1380, délégua

et lui appartient encore (1) ; si on le considère comme l'origine des excuses légales, comment s'expliquer leur présence dans nos lois pénales, leur nécessité et leur utilité en face d'un droit plus étendu et de beaucoup plus puissant, puisqu'il émane de l'autorité souveraine ? La raison en est que les excuses légales diffèrent essentiellement du droit de grâce. La grâce est un pouvoir appartenant en principe au Chef de l'État (2), l'excuse est une circonstance, un fait prévu par la loi ; la grâce est la remise totale ou partielle du *droit d'exécution* des peines, l'excuse est un fait légal qui anéantit ou diminue la pénalité ; la grâce est illimitée, l'excuse ne s'étend pas au-delà des bornes fixées par la loi. Mais à quoi bon une plus longue énumération ? Il suffit de savoir que l'excuse et le droit de grâce ne se confondent pas. Or, deux choses essentiellement différentes ne peuvent être l'origine l'une de l'autre. Les *lettres de grâce* pas plus que *le droit de miséricorde* ne sont l'origine des excuses légales.

Les partisans de la doctrine contraire devaient pousser plus loin leur subtile théorie.

On sait qu'à Rome l'*actio furti* avait été supprimée pour

droit de grâce à son fils le duc de Berry ; Louis XI au duc Charles d'Angoulême. Le droit de grâce fut accordé par des arrêts et édits aux évêques, aux prélats, aux villes (Bornier, *Conférence*, art. 13, Ordonnance de 1670) ; à la ville de Vendôme, par Louis de Bourbon ; — au Chapitre de N.-D. de Rouen (*Privilége de la fierte*) ; — à l'évêque d'Orléans, retiré à ce même prélat par un édit de 1758.

(1) Loi du 17 juin 1871, article 2.

(2) « Le droit de grâce est la marque la plus essentielle et la plus considérable de la souveraineté ». Dalloz, *Répertoire*, t. XXVI, p. 512.

le cas du *furti commissi inter ejusdem familiæ parentes affinesque in potestate.* La suppression de cette action, voilà, a-t-on dit, l'origine de notre *article* 380, *C. P.* (1). S'il s'agit d'une recherche historique, si nos adversaires ont seulement voulu rappeler ce qui avait lieu à Rome dans le cas des vols commis entre les membres d'une même famille, nous partageons leur opinion. Mais nous sommes loin de nous entendre, si l'on considère la suppression de l'*actio furti* comme l'origine, comme la cause, le principe qui a produit l'*article* 380, *C. P.* C'est à raison des rapports trop intimes des membres *ejusdem familiæ,* pour ne pas dévoiler au public les secrets des familles, et surtout pour écarter tout sujet de division et de haines, que notre article 380 a été écrit (2). Mais il n'en est plus de même chez les Romains, et le motif qui avait inspiré la suppression de l'*actio furti,* est bien différent. La loi romaine s'exprime ainsi : « *Non magis cum his quos* IN POTESTATE » *habemus, quàm nobiscum ipsi agere possumus* (3) ». L'école Proculéienne nous apprend que la femme qui a volé son mari ne sera pas tenue de l'ACTIO FURTI, « *quia societas* » *vitæ quodammodo dominam* subreptæ rei *eam faceret* (4) », et Ulpien ajoute que celui qui peut châtier le coupable n'a pas besoin d'action. (5) Telles sont les raisons qui ont déter-

(1) M. Boitard, *Leçons sur le Droit Pénal.* — M. L.-F. Laferrière, Conférence inédite sur l'excusabilité des lois pénales, faite à la Faculté de Droit de Rennes (1847).

(2) M. Cte L. J. Faure, *Exposé des motifs.*

(3) Paulus. Dig., L. XLVII, t. II. L. 16, De furtis.

(4) Dig., L. XXV, t. II. L. 1, De actione rerum amotarum.

(5) Ulpianus. Dig., L. XLVII, t. II. L. 17, *in princip.*, De furtis.

miné le législateur romain à supprimer *l'actio furti* dans le cas particulier énoncé plus haut.

Un esprit perspicace pourrait peut-être apercevoir quelque analogie entre les causes qui ont déterminé ici la suppression de l'action de vol, là la création de l'article 380, C. P. Pour nous, malgré tout notre bon vouloir, nous ne savons en entrevoir une seule.

Enfin est-ce être conséquent, — car il faut tout dire, — que de faire remonter l'origine des excuses légales aux lettres de grâce de l'ancien régime et de vouloir ensuite la découvrir dans les lois romaines? On nous objectera qu'il s'agit ici d'un cas particulier, celui de l'article 380. Personne n'en doute, et il est évident pour tout le monde qu'une telle façon de procéder, par cas particuliers, fournira bientôt aux excuses des milliers d'origines, toutes tirées des lois romaines. Mais notre intention n'est pas d'obtenir un pareil résultat. Nous voulons seulement rechercher le motif qui a porté le législateur français à créer dans le Code Pénal une théorie des excuses légales; nous désirons, en un mot, connaître leur commune origine.

Pourquoi donc avoir tant insisté sur l'origine prétendue des excuses légales? Pour faire ressortir la fausse interprétation de nos antagonistes et renverser leur système en combattant leurs arguments. Les armes les plus sûres sont toujours celles de nos adversaires.

Quelle sera maintenant notre décision?

D'après ce qui a été exposé au § I de notre Introduction historique, on pourrait croire que nous rapportons l'origine des excuses légales aux lois romaines, contrairement à ce que nous disions précédemment. Et l'on nous jette déjà la pierre, s'imaginant sans doute trouver une contradiction dans nos paroles. Cependant nous n'avons jamais eu la pensée de nous contredire; nous préférons abandonner charitablement la contradiction à nos adversaires.

Que l'on remarque ce titre : *Introduction historique*. N'indique-t-il pas clairement que l'histoire seule y joue le rôle principal? Nous y décrivons en peu de mots quelles étaient les différentes causes d'exemption et d'atténuation des peines à Rome. Si nous avons rapproché des textes romains ceux de notre législation actuelle, c'est uniquement pour qu'on puisse saisir leur analogie. Mais qui dit analogie, dit ressemblance et non origine, ce qui est tout différent. Deux choses, en effet, peuvent être analogues, sans procéder l'une de l'autre. Que l'on pèse enfin chacun de nos termes, et il sera difficile de nous adresser l'objection prévue ci-dessus.

Non, l'origine de l'excusabilité pénale ne remonte ni aux lettres de grâce, ni aux lois romaines; les excuses sont l'œuvre tout entière du législateur de 1810, et c'est là une de ses gloires. Vouloir la lui ôter serait dénier le mérite de nos lois, insulter au génie français qui eût peut-être surpassé celui de Rome, s'il eût existé au même temps.

Avant 1789 — on s'en souvient — les peines, inspirées par un esprit de vengeance, étaient laissées à l'arbitraire du juge, et les citoyens livrés à la discrétion et au caprice d'un homme. Tel était le système de notre ancien Droit, système vicieux qui engendrait toujours l'injustice et l'inégalité. La Constituante et la Convention réagirent contre ces excès par l'institution du jury et l'organisation d'une pénalité fixe. Mais cette invariabilité dans les peines nui-

sait autant au coupable qu'à la justice (1). Le législateur
corrigea cette imperfection en créant les excuses légales et
les circonstances atténuantes.

Les excuses ont donc pris naissance dans nos dernières
lois criminelles ; partie du Code Pénal, avec lui elles vi-
rent le jour. Leur origine est toute française et ne date
que du mois de *février* 1810.

---

(1) En effet, de deux choses l'une : ou le jury acquittait le coupable, craignant de lui appliquer une peine trop forte puisqu'elle
n'avait pas de degrés, ou bien lui appliquait cette peine qui, non proportionnée au crime, devenait une injustice.

III

NOTIONS GÉNÉRALES SUR LES EXCUSES LÉGALES

De tous les criminalistes dont les œuvres nous sont parvenues, les uns ont écrit pour l'avenir, s'adressant aux législateurs futurs, tels sont : Beccatia, Filangieri, Bentham, Scipion Bexon, Guizot, de Broglie, de Pastoret, Bérenger, Comte, Charles Lucas et Rossi. Les autres ont écrit pour les magistrats, les praticiens, de ce nombre citons : Jousse, Lacombe, Muyart de Vouglaus, Bourguignon, Mars, Carnot et Legraverend (1).

(1) Beccaria, célèbre publiciste, né à Milan en 1738, mort en 1794, *Traité des délits et peines.* — Filangieri, publiciste, né à Naples en 1752, mort en 1788, *Science de la législation.* — Bentham, publiciste, né à Londres en 1747, mort en 1832, *Traité de législation pénale, Théorie des peines et des récompenses.* — Scipion Bexon, criminaliste, né en 1753, mort en 1822. — Guizot, publiciste contemporain. — V. de Broglie, publiciste, né en 1785, mort depuis peu. — E. de Pastoret, né à Marseille en 1756, maître des requêtes en 1789 et procureur-syndic de la Seine, il émigra en 1793; fut nommé député au Conseil des Cinq-Cents en 1795, déporté le 18 fructidor, professeur de Droit naturel et des gens au Collége de France, en 1804, sénateur en 1809, pair de France en 1814, président de la Chambre des Pairs en 1820, ministre d'État en 1826, Chancelier de France en 1829. En 1834,

Toujours unies sur le terrain commun de la loi, leurs doctrines, différentes cependant, nous révèlent, dans les premiers, d'habiles théoristes, dans les seconds, de doctes commentateurs. Mais, entre les deux routes suivies avec gloire par ces savants écrivains, une autre voie était ouverte, dans laquelle marchaient de front la philosophie de la loi et son application, et où la théorie s'alliait à la pratique. Cette voie dangereuse je l'ai prise, heureux si, après avoir franchi les obstacles et surmonté les périls, je puis atteindre le but.

Il importe dès à présent de bien spécifier l'excuse légale, et d'indiquer la place qu'elle occupe dans le Droit Pénal. Procédons graduellement : la Cour d'Assises a condamné à mort un assassin, un parricide, un empoisonneur ; le sang coule sur la place publique. Il y a là homicide : mais quel homicide? La loi parle et l'agent de l'autorité s'avance pour obéir. Est-ce une excuse, cet ordre de la

---

Charles X le choisit pour tuteur des enfants du duc de Berry. Il est mort à Paris en 1840. — Bérenger, criminaliste de notre siècle. — C. Comte, publiciste, né en 1782 à Sainte-Éminie (Lozère), mort en 1837, *Traité de législation.* — Rossi, économiste et diplomate, né en 1787 à Carrare (Italie), assassiné à Rome le 15 novembre 1848, *Traité de Droit Pénal.* — Lacombe, né à Paris en 1725, *Dictionnaire de jurisprudence.* — Muyart de Vouglans, criminaliste, né en 1713 à Morancé (Franche-Comté), mort en 1791, *Institutes au Droit criminel, Lois criminelles de la France.* — Bourguignon, jurisconsulte du siècle dernier et de notre siècle. — Joseph Carnot, jurisconsulte, né en 1752 à Nolay (Côte-d'Or), mort à Paris en 1835, *Commentaire sur le Code d'Instruction criminelle, et sur le Droit Pénal.* — Legraverend, jurisconsulte, né à Rennes, en 1776, mort en 1827, *Traité de législation criminelle en France, Lacunes des lois criminelles.*

loi? Non sans doute, car cet agent de l'autorité, c'est la loi vivante, et la loi n'a pas besoin de s'excuser. La société ne peut pas dire à ses agents : Vous m'avez obéi, donc je vous *excuse;* elle leur dit : Vous qui m'avez obéi, je vous *justifie.*

Descendons d'un degré. Du fait *justificatif* passons au fait *non imputable.*

L'imputabilité peut disparaître sans que la loi justifie l'acte.

Voici un vol, un viol, un meurtre : c'est un fou qui l'a commis. Le fou n'a plus la conscience de son action, mais la loi ne la déclare pas conforme au droit. Cet homme n'est pas coupable parce qu'il n'avait ni sa raison morale, ni sa liberté; mais il n'est pas justifié.

Des jurisconsultes, des médecins, ont voulu soutenir l'imputabilité des actes commis en état de somnambulisme, comme si la justice humaine avait les moyens, le besoin et le droit de s'enquérir des actions commises pendant le sommeil (1). Ils ont prétendu, disent les auteurs de la *Théorie du Code Pénal* (2), « que, si l'agent avait une » inimitié capitale, le crime lui serait imputable, parce » que le crime ne serait alors qu'une exécution des senti- » ments criminels qu'il aurait nourris pendant son ré- » veil. »

Quelle fragile présomption! Notre liberté dort avec nous : la répression est impossible.

De même, si la monomanie étouffe la raison morale et la

(1) Voyez : Rossi, *Traité du Droit Pénal,* t. II, p. 51.
(2) MM. Chauveau et Faustin Hélie.

liberté, en quel nom et de quel droit demander une expiation ?

Quant à la contrainte morale, tout a été discuté. Barbeyrac (1) semble n'y voir qu'une cause d'atténuation « parce » qu'il n'est pas absolument au-dessus de la fermeté de » l'esprit humain de se résoudre à mourir plutôt que de » manquer à son devoir. » Cette belle raison condamne le système : la loi ne saurait punir le premier venu de s'être conduit en héros. Le Parlement de Paris alla plus loin et viola les plus simples notions de justice en condamnant le bourreau Jean Roseau à être pendu pour homicide, parce qu'il avait prêté son assistance à l'exécution du président Brisson (2), sur l'ordre de Bussy-le-Clerc, chef des ligueurs.

La crainte d'un grand péril a-t-elle paralysé la raison morale et la liberté ? Voilà la question : la crainte d'un grand péril peut-elle aller jusque-là ? Les auteurs de la *Théorie du Code Pénal*, appuyés sur un texte romain (3), semblent déclarer l'agent pénalement responsable si le péril n'a menacé que ses biens. Même dans ce cas « il

---

(1) Barbeyrac, moraliste et publiciste, partisan de Calvin, né en 1674 à Béziers, mort en 1744.

(2) Barnabé Brisson, né en 1531, fut nommé avocat général au Parlement de Paris, puis président à mortier, par Henri III. Lorsque ce prince eut quitté Paris, les Seize, maîtres de la ville, le nommèrent premier président, en remplacement d'Achille de Harlay, emprisonné à la Bastille. Il fut plus tard, en 1591, pendu dans la Chambre du Conseil, à cause de son attachement à la cause royale. Il est auteur d'un recueil connu sous le nom de *Code de Henri III* (1587), d'un grand nombre de traités de jurisprudence en latin, et du livre *De Regio Persarum principatu*.

(3) Cod., L. 11, t. IV. L. 13, De transactionibus.

» pourra se faire, répond très-bien M. Ortolan (1), qu'une
» menace dans ses biens, si la perte était considérable et
» le délit plus grave, ait assez influé sur sa liberté pour
» faire disparaître toute culpabilité pénale. » Jusqu'à quel
point la liberté a-t-elle été comprimée? C'est un problème
que les tribunaux criminels auront à résoudre.

Eh bien! dans toutes ces hypothèses, pas encore d'excuses. Nous avons mis à part tous les cas de non-imputabilité. Pourquoi? Parce que l'excuse la suppose.

Qu'est-ce donc que l'excuse?

Dans le langage ordinaire, on entend par excuse, une
raison que l'on apporte pour se disculper, ou disculper
quelqu'un de ce qu'il a fait ou dit.

« *Excusare*, dit M. Robert Étienne (2), *est quasi ex*
» *causâ detrahere et absolvere, significatque propriè objectum*
» *crimen diluere.* »

Dans ce sens, l'excuse fait donc disparaître la faute,
puisqu'elle disculpe. Le fait matériel reste seul, mais sans
culpabilité. En un mot, dans ce sens, excuse est synonyme
de cause de non-culpabilité.

Dans l'ancien Droit, le mot excuse était souvent pris
dans le sens que nous venons d'indiquer; il en est autrement dans le langage de nos lois usuelles.

Aujourd'hui, l'excuse n'exclut pas, mais atténue seulement la culpabilité.

(1) *Éléments de Droit Pénal.*
(2) Robert Étienne, né à Paris en 1503, mort à Genève en 1559
fut à la fois le plus habile imprimeur et l'un des hommes les plus
savants de son temps. Il est l'auteur d'un *Thesaurus linguæ latinæ*
d'où est tiré le passage que nous avons cité.

« Ce mot excuse, dit Merlin (1), présente quelquefois
» deux idées bien différentes l'une de l'autre. Dans un
» sens, on peut s'excuser pour faire voir qu'on n'est point
» coupable; et dans un autre, pour faire voir que, quoiqu'on
» soit coupable, on l'est cependant beaucoup moins qu'on
» ne le paraît.

» Il faut donc distinguer deux sortes d'excuses : les
» excuses péremptoires et les excuses atténuantes. Les
» excuses péremptoires sont celles qui établissent la jus-
» tification de l'accusé, de manière qu'on ne doive plus
» hésiter sur son absolution. Les excuses atténuantes ne
» produisent pas le même effet; elles servent seulement à
» atténuer le crime, et à soustraire l'accusé aux rigueurs
» de la loi, sans néanmoins le soustraire à toute peine
» quelconque. »

Toutefois, remarquons que le mot péremptoire, qu'emploie Merlin, n'est peut-être pas tout à fait exact; nous
aimerions mieux lui voir écrire : *excuses absolutoires*.

Mais ces deux mots liés ensemble : « *excuse absolutoire* »,
n'emportent-ils pas contradiction? C'est l'objection qu'on
peut nous faire. Si le fait, nous dira-t-on, n'est pas imputable, il n'y a pas d'*excuse*, car l'excuse laisse subsister la
culpabilité ; si le fait est imputable, qu'on le punisse en
mitigeant plus ou moins le châtiment, mais qu'on le punisse. Facile est la réponse. Cette inflexible théorie serait
celle d'une législation pénale fondée sur l'idée d'une justice absolue. Or, la justice et l'intérêt social doivent se

(1) *Répertoire* V, Excuse.

combiner : si la société n'a pas d'intérêt à frapper, de quel droit frapperait-elle? Bien plus, elle a peut-être quelque intérêt à s'abstenir de frapper. Par exemple, quand des détenus s'évadent, notre Code Pénal édicte une peine contre les gardiens négligents; mais il offre en même temps une prime d'encouragement aux gardiens qui veulent réparer leur faute, si les évadés sont repris ou représentés dans le plus bref délai. Ce retour ne fait pas disparaître la culpabilité, mais la nécessité sociale de la répression. L'excuse est absolutoire.

Beaucoup de définitions ont été données des excuses légales, très-peu sont exactes. M. F. Bœuf (1) nous dit : « Les excuses sont des faits précis, déterminés par le lé- » gislateur, qui, tout en laissant subsister la culpabilité, » entraînent une exemption ou une atténuation de la » peine ».

M. Ortolan (2) s'exprime ainsi : « L'excuse est un fait » *spécialement déterminé par la loi,* qui, tout en laissant » subsister un certain fond de culpabilité, a pour consé- » quence une diminution, ou quelquefois même une exemp- » tion totale de peine ».

On ne pouvait souhaiter plus de précision. Quel que soit cependant le mérite de ces deux définitions, nous leur pré- férons la suivante, plus concise et non moins juste : « Les » excuses légales, en Droit Pénal, sont des causes qui, tout » en laissant subsister la culpabilité, suppriment ou du

(1) *Répétitions écrites sur le Droit Pénal,* p. 157.
(2) *Éléments de Droit Pénal,* p. 459.

» moins atténuent la pénalité » (1).

Un motif d'excuse, dit Rossi, affaiblit l'imputabilité pénale, il peut la réduire à ses moindres termes : il peut même éloigner toute peine sociale ; *il n'établit point l'innocence de l'agent* (2).

Deux catégories d'excuses légales :

1° *Les excuses absolutoires ;*

2° *Les excuses atténuantes.*

Certains esprits forts n'ont point voulu adopter cette division, et ont distingué les excuses, d'après leurs sources, en excuses fondées ou sur la justice, ou sur l'utilité sociale. Cette opinion est erronée. Un raisonnement serré nous mène à cette conséquence : si l'on divise les excuses, d'après leurs sources, en excuses fondées ou sur la justice, ou sur l'utilité sociale, toutes les excuses absolutoires sont de la seconde catégorie, puisque, malgré l'imputabilité qui subsiste, le législateur reste désarmé. Si la justice consacre l'imputabilité de l'acte, comment la loi s'abstiendra-t-elle de punir dans une vue d'équité ? Le juste et l'injuste sont très-distincts l'un de l'autre ; mais il n'y a ni deux morales, ni deux justices. A notre avis, et malgré la décision contraire d'un criminaliste éminent, toutes les excuses absolutoires sont fondées sur des motifs d'utilité sociale. Quant aux excuses atténuantes, elles sont fondées tantôt sur l'intérêt social, tantôt sur la justice.

Pourquoi les excuses sont-elles appelées excuses *légales ?*

(1) M. P.-E. Vigneaux, à son Cours de Droit Pénal (1872-1873) professé à la Faculté de Droit de Bordeaux. *(Des excuses légales.)*

(2) *Traité de Droit Pénal*, t. II, p. 7.

Rien n'est plus simple : c'est parce qu'elles résultent de textes de lois.

Nous placerons ici l'*article* 65 du Code Pénal (Livre IIe), comme dominant toute cette matière :

ARTICLE 65 : *Nul crime ou délit ne peut être excusé, ni la peine mitigée, que dans les cas et dans les circonstances où la loi déclare le fait excusable, ou permet de lui appliquer une peine moins rigoureuse.* —

Qu'entend-on par faits d'excuses?

On désigne sous ce nom des circonstances qui, tantôt diminuent, tantôt empêchent l'application de la peine à un coupable dont le crime est bien constant, bien reconnu, à un coupable qui a agi librement.

Nous remarquerons que dans le cas d'excuse, le coupable excusé a agi librement, tandis que dans le cas de non-culpabilité, l'agent a été porté à commettre le crime malgré sa volonté, ou sans savoir ce qu'il faisait. Tel est l'auteur d'un crime agissant par contrainte ou sous l'empire de la démence. C'est en cela que consiste la principale différence entre l'excuse et la non-culpabilité. Du reste, nous reviendrons plus au long sur cette question, dans notre Chapitre premier.

L'excuse proprement dite réunit tous les éléments du délit.

Par qui l'excuse peut-elle être reconnue?

En règle générale (1), l'excuse ne peut être reconnue que par le juge chargé de statuer définitivement sur le fait

(1) Il existe quelques exceptions, nous aurons soin de les signaler à mesure qu'elles se présenteront.

incriminé ; par conséquent, il n'appartient de l'examiner ni au juge des mises en prévention, ni à celui des mises en accusation. En effet, de ce que l'excuse, dans nos nouvelles lois pénales, ne détruit pas la criminalité de l'action, mais en modifie seulement le caractère, il résulte qu'elle n'est pas exclusive des poursuites. D'où la conséquence, que ni les juges d'instruction, qui ont remplacé les Chambres du conseil (1), ni les Chambres d'accusation ne peuvent connaître des excuses alléguées par le prévenu. ·

Arrêts de la Cour de Cassation des :

27 mars 1818......... Bull. n° 36,

8 janvier 1810....... — n° 3,

30 avril 1820......... — n° 93,

20 mai 1820......... — n° 110,

8 juillet 1831........ — n° 158 (2).

Le fait imputé est-il un crime ? Le jury en étant le juge définif, c'est au jury qu'il sera réservé de statuer sur l'excuse.

Arrêt de la Cour de Cassation du :

6 août 1812.......... Bull. n° 180.

Le fait imputé est-il un délit ? La question sera jugée par le tribunal correctionnel.

---

(1) Lois des 17 et 31 juillet 1856.

(2) Voyez encore : Morin, Réper... v. Excuses, n° 8. — Dalloz, 2e édit., v. Peine, n° 360. — F. Hélie, *Traité d'Instruction criminelle*, § 408, n° 3, t. vi, p. 131 et suiv., et § 427, n° 1, t. ix, § 663, n° 1. — Mangin, De *l'Instruction criminelle*, t. ii, n° 17, p. 28 et suiv. — Blanche, *Études pratiques sur le Code Pénal*, t. ii, n° 224 ; cet auteur fait toutefois exception pour les cas des articles 247, 248 et 357, C. P.

Cette vérité a été depuis longtemps reconnue par la jurisprudence, toujours unanime sur cette question.

Arrêts de la Cour de Cassation des :

        25 *février* 1813........... Bull. n° 35,

        21 *février* 1828......... — n° 46 (1).

L'article 65, on le voit, s'applique aux crimes et aux délits.

Mais cet article s'appliquerait-il également aux contraventions ?

La doctrine a soulevé à ce sujet une foule de controverses; nous ne les analyserons point, leur examen nous entraînerait trop loin et ne présenterait guère d'utilité. Levons les doutes en disant que l'article 65 s'applique aux contraventions. Comment en effet ne pas décider l'affirmative, lorsque de nombreux arrêts de la Cour suprême et d'éminents auteurs ne craignent point de le reconnaître.

Arrêts de la Cour de Cassation des :

        5 *août* 1824.......... Bull. n° 100,

        1er *avril* 1826......... — n° 56,

        23 *septembre* 1826..... — n° 100,

        7 *juillet* 1827......... — n° 170 (2).

Il est évident que le principe de l'article 65 résulte de la nature même des choses, et n'avait pas besoin d'être proclamé, même à l'égard des crimes et des délits. Il se

(1) Voyez aussi les arrêts cités plus haut.

(2) MM. Chauveau et Faustin Hélie, *Théorie du Code Pénal* t. II, p. 149.

    Dalloz, Répert..., v. Peine, n° 335.

    Blanche, *Études pratiques sur le Code Pénal*, t. II, n° 240.

trouve dès lors applicable par lui-même en matière de contraventions, tant que le contraire n'est pas déclaré par la loi.

Si l'on demande pourquoi le législateur a, dans l'article 65, C. P., gardé le silence sur les contraventions, tandis qu'il a parlé spécialement des crimes et des délits, nous répondrons :

1° Que probablement la cause du silence de l'article 65 sur les contraventions, a été que la disposition de cet article se trouvait placée à un chapitre dont la rubrique ne parle que des crimes et délits (1);

2° Que les peines étant plus graves en matière de crimes et de délits qu'en matière de contraventions, c'était surtout à l'égard des crimes et des délits que le danger de l'arbitraire laissé à la compassion du juge eût été à craindre. C'était donc pour les crimes et les délits qu'il était utile de porter une disposition formelle que rien ne réclamait en ce qui concerne les contraventions;

3° Que, par la considération qui précède, le législateur a pu croire que la disposition de l'article 65 serait à *fortiori*, jugée applicable en matière de simples contraventions ;

4° Enfin, que le silence de l'article 65 sur les contraventions n'est pas une raison décisive pour en conclure que sa disposition n'est pas applicable à ce genre d'infractions. D'autres articles, et notamment l'article 64 (2) qui pré-

---

(1) Livre Ier, C. P. Chapitre unique. — Des personnes punissables, *excusables* ou responsables, pour *crimes* ou pour *délits*.

(2) ARTICLE 64, C. P. — *Il n'y a ni crime ni délit, lorsque le prévenu*

cède immédiatement, lui étant évidemment applicables, bien que cependant il n'y soit parlé que des crimes et délits.

Ainsi les contraventions pourront être excusables, dans certains cas, mais elles ne le pourront toutefois que dans les cas et les circonstances déterminés par la loi.

Il est de principe que nul crime ou délit, nulle contravention ne peuvent être excusés que dans les cas et dans les circonstances où la loi déclare le fait excusable. Le juge ne peut donc, sans violer la loi, créer de nouveaux cas d'excuse, admettre d'autres causes d'exemption ou de mitigation de la peine. La jurisprudence est constante sur ce point.

ARRÊTS de la Cour de Cassation des :

15 *nivôse*, an IX	Bull. n°	88,	
2 *vendémiaire*, an XI	— n°	1,	
30 *octobre* 1817	— n°	103,	
11 *juin* 1818	— n°	70,	
18 *août* 1860			
30 *novembre* 1860	(1).		
19 *juin* 1808	Sirey. 1860	1	284,
10 *février* 1872	— 1872	1	250,
25 *janvier* 1873	— 1873	1	144,
19 *avril* 1873	— 1873	1	350,
24 *mai* 1873	— 1873	1	431,
11 *juillet* 1873	— 1874	1	45 ;

était en état de défense au temps de l'action, ou lorsqu'il a été contraint par une force à laquelle il n'a pu résister.

(1) MM. Cranney et Boucault, *Commentaire de la loi sur l'ivresse*, du 23 janvier 1873, p. 7.

Arrêt de la Cour de Rouen du :

  28 *mars* 1872.......... Sirey 1872 2 243.

Qui peut proposer les excuses ?

Ce droit n'appartient-il qu'à l'accusé ?

Ne peut-il pas aussi être exercé par le ministère public ?

Telles sont les questions qui vont nous occuper.

L'accusé et le prévenu ont incontestablement le droit de proposer l'excuse. L'article 330 du *Code d'Instruction criminelle* le leur confère expressément.

Article 330 (Liv. ii, Tit. ii, Chap. iv, Sect. i) (in principio) : *Lorsque l'accusé aura proposé pour excuse un fait admis comme tel par la loi, etc...*

— La *loi de révision* du 28 *avril* 1832 qui, dans son article 3, abrogeait l'ancien article 330, a cependant reproduit le *principium* de cet article tel que nous venons de le citer. —

Depuis 1811, — époque de la promulgation du Code d'Instruction criminelle, — l'accusé et le prévenu ont donc toujours conservé le droit de proposer eux-mêmes les excuses prévues par la loi.

Faudrait-il induire de ce que l'article 330 ne parle pas du ministère public, que celui-ci n'a pas le droit de proposer des excuses ? Non, le ministère public a le droit de proposer les faits déterminés d'excuse, destinés à diminuer la gravité du crime ou du délit et à en mitiger la peine, même à la détruire au profit du coupable.

« Contester ce pouvoir au ministère public, dit M. Blan-» che (1), ce serait avoir la prétention de le contraindre

---

(1) *Études pratiques sur le Code Pénal*, t. ii.

» à donner à un crime ou à un délit une importance qu'il
» ne lui reconnaît pas; ce serait le frapper dans ce qu'il
» doit avoir de plus cher, dans la liberté de sa conscience :
» ce serait, en un mot, abaisser ses fonctions et en mé-
» connaître la noblesse. Heureux de pouvoir concilier les
» sentiments d'humanité avec l'austérité de son office, le
» ministère public demande, chaque jour, la faveur des
» circonstances atténuantes pour le coupable qui les mé-
» rite, sans qu'on songe à l'accuser d'un excès de pou-
» voir. Pourquoi lui refuserait-on le droit de proposer, le
» cas échéant, un fait déterminé d'excuse? Est-ce parce
» que le *Code d'Instruction criminelle* n'accorde ce droit
» qu'à l'accusé (article 339) (1) ? Mais le ministère pu-
» blic le tient de la nature même de ses fonctions qui lui
» permet et lui prescrit même de ne donner au fait incri-
» miné que la gravité qu'il comporte. »

Le ministère public peut-il proposer l'excuse malgré
l'opposition de l'accusé? Cette question a suscité une
controverse dans la doctrine; M. Morin (2) se prononce
pour la négative, contrairement à M. Dalloz (3) qui soutient l'affirmative.

La jurisprudence, après avoir plusieurs fois varié d'opinion, n'a point encore donné de solution définitive. On
trouve pour l'affirmative, les

ARRÊTS de la Cour de Cassation des :

6 *juillet* 1826. . . . . Bull. n° 135.
28 *juin* 1830 . . . . — n° 211.

(1) Voy. le texte de l'article 339 au préambule du Chapitre IImt.
(2) Répor., v. Excuse, n° II.
(3) Répor. (2ᵉ édition), v. Peine, n° 364.

6

pour la négative,

l'Arrêt de la Cour de Cassation du :

10 mars 1844 . . . . Sirey, 1844.

Malgré le doute, et laissant de côté la controverse, nous n'hésitons pas à décider que le ministère public doit proposer l'excuse, bien que l'accusé s'y oppose. En vertu de quel droit celui qui, au nom de la loi et de la société, requiert tous les jours l'application de la peine, ne pourrait-il en demander la remise totale ou partielle? Prend-on conseil du coupable pour le condamner? Si la justice attendait son avis, on sait quelle serait la réponse et l'on en peut prévoir le résultat. Pourquoi donc l'écouterait-on davantage lorsqu'il s'agit de l'absoudre ou de diminuer son châtiment ?

Les exemples, d'ailleurs, sont rares où le coupable refuse la rémission de sa peine, et l'on serait même tenté de croire qu'ils ne se sont jamais présentés, si des arrêts de la Cour de Cassation n'étaient venus nous apprendre le contraire.

Les excuses peuvent-elles être reconnues d'office ?

Oui, les excuses peuvent être reconnues d'office, c'est-à-dire sans que ni le prévenu, ni l'accusé, ni le ministère public les aient proposées. Lors même que ni l'accusé, ni le ministère public ne requerraient la position d'une excuse résultant des débats, nous croyons que le président ne devrait pas moins poser cette question. En effet, c'est un principe fondamental que le jury doit juger l'accusation telle que les débats la font, et non telle que la procédure écrite l'avait établie. Le président doit donc poser toutes les questions résultant des débats, et qui tendent à modifier l'accusation.

Il le doit d'autant plus qu'il est spécialement chargé d'employer tous les moyens par lui jugés utiles pour la manifestation de la vérité.

Ceci résulte clairement des articles 268 et 269, § 1er, du *Code d'Instruction criminelle.*

ARTICLE 268 (Liv. ii, Tit. ii, Chap. ii, § 1er). — *Le président est investi d'un pouvoir discrétionnaire, en vertu duquel il pourra prendre sur lui tout ce qu'il croira utile pour découvrir la vérité; et la loi charge son honneur et sa conscience d'employer tous ses efforts pour en favoriser la manifestation.*

— La loi du 16-29 septembre 1791, 2e partie, titre iii, disposait de même (1).

LOI DU 16-29 SEPT. 1791, ARTICLE 2 : « Le président du tribunal criminel peut prendre sur lui de faire ce qu'il croira utile pour découvrir la vérité, et la loi charge son honneur et sa conscience d'employer tous ses efforts pour en favoriser la manifestation. »

Le *Code des délits et des peines* du 3 *brumaire,* an iv, (25 octobre 1795), Liv. ii, tit. iv, posait la même règle.

CODE DES DÉLITS ET DES PEINES, ARTICLE 276 : « En vertu du *pouvoir discrétionnaire* dont il (le président) est investi, il peut pren-

(1) Nous réunirons autant que possible dans le cours de nos explications, sous chaque article cité du Code Pénal ou du Code d'Instruction criminelle, outre les textes des lois nouvelles qui le modifient ou le complètent, les dispositions du Droit ancien et du Droit intermédiaire si nécessaires à l'étude et à l'intelligence de notre législation actuelle.

C'est le plus sûr moyen de suivre la marche et les progrès de notre Droit Pénal.

dre sur lui tout ce qu'il croit utile pour découvrir la vérité; et la loi charge son honneur et sa conscience d'employer tous ses efforts pour en favoriser la manifestation. » —

ARTICLE 269, § 1er (Liv. II, Tit. II, Chap. II, § 1er). — *Il pourra* (le président) *dans le cours des débats, appeler même par mandat d'amener, et entendre toutes personnes, ou se faire apporter toutes nouvelles pièces qui lui paraîtraient, d'après les nouveaux développements donnés à l'audience, soit par les accusés, soit par les témoins, pouvoir répandre un jour utile sur le fait contesté.*

— Voici ce que disait le *Code des délits et des peines* du 3 *brumaire*, an IV, (25 octobre 1795), dans son article 277, Liv. II, tit. IV :

CODE DES DÉLITS ET DES PEINES, ARTICLE 277 : « Ainsi, il (le président) doit mettre en usage tous les moyens d'éclaircissement proposés par les parties, ou demandés par les jurés, qui peuvent jeter un jour utile sur le fait contesté ;... » —

D'abord, si le président n'avait point le droit de poser d'office les questions d'excuse qui résultent des débats en faveur de l'accusé, il s'ensuivrait que l'ignorance de celui-ci pourrait lui être funeste, et le priver d'un moyen de salut accordé par la loi.

Comment supposer, enfin, que le législateur, en investissant le président du pouvoir de poser d'office les questions tendantes à aggraver le sort de l'accusé (art. 338 du *Code d'Instruction criminelle*) (1), lui ait refusé celui de

(1) ARTICLE 338 (Liv. II, Tit. II, Chap. IV, Section I). —*S'il résulte des débats une ou plusieurs circonstances aggravantes non mentionnées dans l'acte d'accusation, le président ajoutera la question suivante :*
« *L'accusé a-t-il commis le crime avec telle ou telle circonstance ?* »

poser, d'office également, les questions tendantes à en atténuer la rigueur ?

« Il est impossible, disait M. Dalloz (1), d'admettre
» que la même loi qui reconnaît la maxime : *nemo audi-*
» *tur perire volens*, et va jusqu'à garantir l'accusé contre
» son propre aveu, ne le protège pas contre le danger de
» son silence. »

La Cour d'Assises ne peut, sous prétexte qu'elle ne
résulte pas des débats, refuser de poser une question d'excuse dès qu'elle contient un fait admis comme excuse par
la loi. En ce sens :

ARRÊTS de la Cour de Cassation des :

10 *mars* 1835 . . . . Bull. nº 102,
28 *juin* 1839 . . . . — nº 211,
28 *mars* 1851 . . . . Dalloz. 1851 5 203,
15 *juin* 1855 . . . . — 1855 5 132,
30 *août* 1855 . . . . — 1855 1 427,
30 *juin* 1859 . . . . — 1859 1 327,
2 *octobre* 1862 . . . . . . — 1863 5 161 (2).

Mais la Cour d'Assises ne peut décider par jugement sur
le fait d'excuse. « La Cour d'Assises, dit M. Grellet-Dama-
» zeau (3), n'est pas juge du fait d'excuse ; son unique

_____

(1) Répert.. (1ᵉ édit.), v. Cours d'Assises, p. 225, nº 11.
(2) Voy. encore : MM. Morin, Réper. v. Excuses, nº 10; v. Questions
au jury, nº 28.
         —   Dalloz, Réper. (2ᵉ édit.), v. Peine, nº 361 ; v.
Instruction criminelle, titre II, nᵒˢ 2663
et 2670.
(3) Revue Wolowski : Législation et Jurisprudence.

» mission est de contrôler la forme sous laquelle ce fait
» est proposé. »

Lorsque l'excuse a été établie et que son existence est
reconnue, il est du devoir du juge de diminuer le châtiment. On sait que dans le cas de circonstances atténuantes, le juge reste maître d'adoucir ou non la pénalité,
dans les cas d'excuse, il n'en est pas de même : si le fait
est constant, la loi parle et le juge obéit.

Dans les procès correctionnels, les juges peuvent, sans
qu'il y ait eu réquisition du ministère public ou conclusion du prévenu, déclarer d'office l'existence du fait d'excuse proprement dit.

Qui ne voit, par ce que nous venons de dire, que les
excuses ressortent de la Cour d'Assises et des tribunaux
correctionnels. Mais ici se place une question : Les tribunaux de simple police ont-ils à intervenir dans les divers
faits d'excuse? Oui, toutefois ils abusent fort souvent de
leur pouvoir, aussi nous dirons qu'ils ne doivent pas plus
que les Cours d'Assises et les tribunaux correctionnels,
trouver des cas d'excuse en dehors de ceux que la loi
a déterminés. Telle est, au reste, l'opinion de M. Blanche (1).

Ce n'est que devant la Cour d'Assises, devant les tribunaux correctionnels et de simple police, en un mot,
dans le cours des débats, que l'excuse peut être prouvée
et, par suite, il est évident que les circonstances qui font
déclarer l'excuse ne portent pas obstacle à la mise en
accusation du prévenu. Notre solution est appuyée par les

(1) *Études pratiques sur le Code Pénal*, t. II.

ARRÊTS de la Cour de Cassation des :

6 *novembre* 1812	Sirey, 1812,
9 *octobre* 1812	— —
25 *février* 1813	— 1813,
13 *janvier* 1820	— 1820.

L'admission de l'excuse prévue par la loi, ne peut empêcher l'application des circonstances atténuantes (1).

C'est ce que prouvent de nombreux arrêts de la Cour suprême. Entre autres citons les suivants :

ARRÊTS de la Cour de Cassation des :

10 *septembre* 1830	Bull. n° 300,
26 *février* 1841	— n° 53,
27 *mai* 1852	— n° 169,
24 *mars* 1853	— n° 111.

MM. Blanche (2) et Hercule Bourdon (3) partagent également cette opinion (4).

L'excuse absolutoire constituant, comme son nom l'indique, une véritable absolution en faveur de l'accusé ou du prévenu, celle-ci sera prononcée par *un arrêt de la Cour d'Assises,* quand les débats auront eu lieu devant elle.

(1) Cette combinaison des excuses avec les circonstances atténuantes amènera toujours le résultat le plus heureux pour l'accusé. Ainsi, il arrivera parfois que la peine disparaîtra complétement ou sera considérablement réduite, surtout quand les circonstances atténuantes concourront avec les excuses absolutoires.

(2) *Études pratiques sur le Code Pénal,* t. II.

(3) Revue Wolowski : Législation et Jurisprudence.

(4) V. h. s. M. P.-E. Vigneaux, à son Cours de Droit Pénal (1872-1873) professé à la Faculté de Droit de Bordeaux. *(Des circonstances atténuantes.)*

Devant le tribunal correctionnel, l'absolution sera
prononcée par un jugement du tribunal (art. 180, C. I.
C.) (1); en simple police, par un jugement du juge de paix,
ou du maire comme juge de police (art. 138, C. I. C.) (2).

Nous terminerons ces notions générales en faisant remarquer que les excuses absolutoires, tout en dispensant
de la peine principale, donnent quelquefois lieu soit d'une
manière obligatoire, soit d'une manière facultative, à la
surveillance de la haute police et aux dommages-intérêts.

Il ne faut pas oublier en effet qu'ici les dommages-intérêts seront dus à titre de *réparation civile* (3), que le délit
ou quasi-délit du Droit Civil est indépendant du délit du
Droit Pénal, et que la faute civile est distincte, par les
éléments qui la constituent, de la faute pénale (4).

(1) ARTICLE 180. — *Ces tribunaux pourront, en matière constitution-
nelle, prononcer au nombre de trois juges.*

(2) ARTICLE 138. — *La connaissance des contraventions de police est
attribuée au juge de paix et au maire, suivant les règles et les distinctions
qui seront ci-après établies* (articles 139 à 171, C. I. C.).

(3) ARTICLE 1382, C. C.—*Tout fait quelconque de l'homme, qui cause
à autrui un dommage, oblige celui par la faute duquel il est arrivé, à le
réparer.*

(4) Le délit *purement civil* est un fait *dommageable*, défendu par la
loi civile, mais contre lequel la loi pénale ne prononce aucune peine.

Le délit criminel est, dans un sens général, *toute infraction à une
loi pénale;* ce qui comprend alors le *crime*, le *délit proprement dit*
(c'est-à-dire l'infraction punie de peines correctionnelles), et enfin la
simple *contravention.*

Le fait *criminel* est donc le fait que punit la loi pénale; il n'est pas
essentiel qu'il soit dommageable.

Les faits dommageables n'étant point toujours punis par la loi criminelle, et les faits qu'elle punit n'étant pas toujours dommageables,

La Cour d'Assises, dans tous les cas, quelle que soit la
solution du procès pénal, aura le pouvoir de statuer

il en résulte qu'un délit civil peut n'être pas criminel, et réciproquement. La vente, par exemple, de la chose d'autrui n'est jamais un
délit criminel, car la loi pénale ne prononce aucune peine contre ce
ce fait. C'est un délit purement civil, un stellionat (art. 2059, C. C.),
lorsque le vendeur a été de mauvaise foi.

L'homicide *par imprudence* est un délit *criminel*, puisqu'il entraîne
contre son auteur une condamnation à une peine correctionnelle,
(emprisonnement de 3 mois à 2 ans, amende de 50 à 600 francs,
art. 319, C. P.) ; ce n'est pas un délit *civil*, puisqu'il n'y a pas eu chez
son auteur intention de nuire.

Ainsi, les faits illicites punis par la loi constituent des délits *purement criminels* quand ils ne sont point *dommageables.* — Les faits
illicites et dommageables constituent des délits *purement civils* ou des
quasi-délits lorsqu'ils ne sont point punis par la loi pénale. — Les
faits illicites et dommageables constituent des délits *civils et criminels*, lorsqu'ils sont punis par la loi pénale.

La distinction que nous venons d'établir, est utile sous deux rapports :

1° L'action civile (l'action en réparation du dommage causé), née
d'un délit *criminel* qui est en même temps civil, peut être portée, au
choix de la partie à laquelle elle appartient, soit devant un tribunal
civil, soit devant le tribunal criminel qui est saisi de l'action publique. Lorsque l'action civile et l'action criminelle sont portées devant
deux tribunaux différents, le tribunal civil ne peut statuer sur l'action civile qu'après que le tribunal criminel a prononcé sur l'action
publique (art. 3, C. I. C.). — L'action civile née d'un délit *purement
civil* ou d'un quasi-délit n'est jamais de la compétence des tribunaux
criminels : les tribunaux civils seuls en connaissent.

2° L'action civile née d'un délit criminel et civil se prescrit, de
même que l'action publique, par 10 ans, 3 ans ou 1 an, suivant qu'elle
est née d'un *crime*, d'un *délit* ou d'une simple *contravention* (art. 637,
638, 640, C. I. C.). — L'action civile, née d'un délit purement civil,
ou même d'un simple quasi-délit, ne se prescrit que par 30 ans.

— Nous avons emprunté ces détails à M. F. Mourlon, *Répétitions écrites sur le Code Civil*, t. II, p. 891.

sur les dommages-intérêts (art. 366, § 1ᵉʳ, C. I. C.) (1).

Quant au tribunal de police et au tribunal correction-nel, c'est une question controversée que celle de savoir s'ils sont compétents, après un acquittement ou une *abso-lution*, pour statuer sur les dommages-intérêts. Les arti-cles 159 et 191, C. I. C. (2), semblent reconnaître cette compétence sans distinction.

Mais la jurisprudence décide que les dommages-intérêts dont il est question dans ces articles, ne doivent s'en-tendre que de ceux réclamés par le *prévenu* et non de ceux réclamés par la *partie civile;* que cette dernière aurait

(1) ARTICLE 366, § 1ᵉʳ. — *Dans le cas d'absolution comme dans celui d'acquittement ou de condamnation, la Cour statuera sur les dommages-intérêts prétendus par la partie civile ou par l'accusé; elle les liquidera par le même arrêt, ou commettra l'un des juges pour entendre les parties, prendre connaissance des pièces, et faire du tout son rapport, ainsi qu'il est dit article 358.*

La loi des 16-29 septembre 1791, 2ᵉ partie, tit. VIII, article 31, di-sait : « Le tribunal criminel sera compétent pour connaître des inté-rêts civils résultant des procès criminels, et il y statuera sur-le-champ en dernier ressort. »

C. D. P. du 3 brumaire, an IV (25 octobre 1795), Article 432, § 2ᵉ et 3ᵉ : « Dans l'un ou l'autre cas (condamnation ou acquittement) ils (les juges) statuent sur les dommages-intérêts prétendus par la partie plaignante ou par l'accusé. — Ils ne peuvent, à peine de nullité, y statuer que par le même jugement. »

(2) ARTICLE 159. — *Si le fait ne présente ni délit ni contravention de police, le tribunal annulera la citation et tout ce qui aura suivi, et statuera par le même jugement sur les demandes en dommages-intérêts.*

ARTICLE 191. — *Si le fait n'est réputé ni délit, ni contravention de police, le tribunal annulera l'instruction, la citation et tout ce qui aura suivi, renverra le prévenu, et statuera sur les demandes en dommages-in-térêts.*

pu saisir un tribunal de répression pour un fait ne méritant aucune peine dans l'espoir d'obtenir plus facilement des dommages-intérêts ; que s'il en est autrement devant la Cour d'Assises, c'est que celle-ci ne peut jamais être saisie par la partie lésée. Ce système de la jurisprudence semble confirmé par l'article 212, C. I. C. (1), qui, prévoyant le cas où en appel le prévenu serait renvoyé des poursuites, n'autorise la Cour d'Appel à statuer que sur les dommages-intérêts réclamés par lui.

Enfin, nous ajouterons qu'en cas d'absolution, la jurisprudence, malgré les termes des articles 162, 104 et 368, C. I. C. (2), qui ne font aucune distinction, permet de condamner l'absous aux frais, au moins, à titre de dommages-intérêts. C'est là une notable différence entre l'absolution et l'acquittement qui n'entraîne jamais pour l'accusé la condamnation aux frais.

---

(1) ARTICLE 212. — *Si le jugement est réformé parce que le fait n'est réputé délit ni contravention de police par aucune loi, la Cour* (ou le tribunal, Abrogé, L. 13 juin 1856) *renverra le prévenu, et statuera, s'il y a lieu, sur* SES *dommages-intérêts.*

(2) ARTICLE 162, § 1er. — *La partie qui succombera sera condamnée aux frais, même envers la partie publique.*

ARTICLE 104, § 1er. — *Tout jugement de condamnation rendu contre le prévenu et contre les personnes civilement responsables du délit, ou contre la partie civile, les condamnera aux frais, même envers la partie publique.*

ARTICLE 368, § 1er. — *L'accusé ou la partie civile qui succombera, sera condamné aux frais envers l'État et envers l'autre partie.*

L'ancien article 368, que la loi du 28 avril 1832, art. 8, a abrogé pour lui ajouter deux nouveaux paragraphes, était identique.

CHAPITRE PREMIER

Des Excuses Légales Absolutoires

PRÉAMBULE

Les *excuses légales absolutoires* sont des causes qui, tout en laissant subsister la culpabilité, suppriment complétement la pénalité.

Outre les dispositions annulatives de la peine, on trouve encore dans le Code Pénal plusieurs circonstances pouvant supprimer entièrement le châtiment. Ainsi, la démence (art. 64, C. P.) (1), la contrainte (art. 64, *in fine*, C. P.), l'ordre de la loi et le commandement de l'autorité légitime (art. 327, C. P.) (2), et la légitime défense (art. 328, C. P.) (3).

---

(1) Voy. p. 68, note 2, le texte de l'article 64.

(2) Article 327. — *Il n'y a ni crime ni délit, lorsque l'homicide, les blessures et les coups étaient ordonnés par la loi et commandés par l'autorité légitime.*

Voici quelle était la disposition du Code Pénal du 25 septembre — 6 octobre 1791, 2ᵉ part., tit. ɪɪ, sect. ɪ :

Article 3 : « Dans le cas d'homicide légal, il n'existe point de crime, et il n'y a lieu à prononcer aucune peine ni aucune condamnation civile. »

Article 4 : « L'homicide est commis légalement lorsqu'il est ordonné par la loi et commandé par une autorité légitime. »

(3) Article 328. — *Il n'y a ni crime ni délit, lorsque l'homicide,*

Faut-il confondre ces cas d'immunité pénale avec les excuses absolutoires? Non, bien que le résultat soit le même de part et d'autre, il existe d'importantes différences qu'il n'est pas sans intérêt de signaler :

1° Dans les quatre cas de démence, de contrainte, de légitime défense, d'ordre de la loi et de commandement de l'autorité légitime, il n'y a pas de culpabilité de la part de l'agent ; — au contraire, toute excuse suppose la culpabilité. Aussi le Code Pénal ne se sert-il pas, en cas d'excuses,

les blessures et les coups étaient commandés par la nécessité actuelle de la légitime défense de soi-même ou d'autrui.

Disposition du Code Pénal du 25 septembre—6 octobre 1791, 2ᵉ part., tit. II, sect. 1 ;

ARTICLE 5 : « En cas d'homicide légitime, il n'existe point de crime, et il n'y a lieu à prononcer aucune peine ni même aucune condamnation civile. »

ARTICLE 6 : « L'homicide est commis légitimement, lorsqu'il est indispensablement commandé par la nécessité actuelle de la légitime défense de soi-même ou d'autrui. »

— Voyez page 9 et 10, quelles étaient à cet égard les dispositions des lois romaines.

Cicéron, dans son plaidoyer pour Milon de Crotone, définit ainsi la légitime défense : « Est igitur hæc, judices non scripta, sed nata » lex; quam non didicimus, accepimus, legimus, verùm ex naturâ » ipsâ arripuimus, hausimus, expressimus; ad quam non docti, sed » facti; non instituti, sed imbuti sumus; ut, si vita nostra in ali- » quas insidias, si in vim, si in tela aut latronum, aut inimicorum in- » cidisset, omnis honesta ratio esset expediendæ salutis. Silent enim » leges inter arma, nec se exspectari jubent, quum ei qui exspectare » velit, antè injusta pœna luenda sit, quàm justa repetenda. »

« Vi opus est ut vim repellamus, » disait Quinte-Curce, liv. VIII, p. 8.

Voyez encore Platon, *Traité des Lois*, liv. IX.

des expressions « *il n'y a ni crime, ni délit* », expressions
qu'il réserve avec soin aux cas de non-culpabilité que
nous venons de citer ;

2° Les cas de non-culpabilité ne sont pas l'objet, devant
la Cour d'Assises, de questions spéciales adressées au jury.
Ils rentrent dans la question générale : *Un tel est-il coupable?* — Au contraire, les excuses sont l'objet de questions distinctes et indépendantes de la question principale ;

3° Devant la Cour d'Assises, après une déclaration de
non-culpabilité par le jury, c'est une simple *ordonnance*
du président de la Cour, qui prononce l'acquittement ; —
au contraire, après la reconnaissance du fait d'excuse par
le jury, laquelle a été précédée d'une déclaration de culpabilité, c'est un *arrêt* de la Cour qui prononce l'*absolution*,
si l'excuse est absolutoire (1).

— L'article 65 du Code Pénal, par les termes opposés
dont il se sert : *excuser* et *mitiger*, semble réserver le nom
d'excuses proprement dites aux excuses absolutoires ; mais
les articles 321 et suivants du même Code emploient le
mot excuses pour désigner uniquement des faits destinés à
mitiger la peine (2).

(1) Toutefois, nous verrons qu'en ce qui concerne le mineur de
seize ans, la question de *discernement* fait l'objet d'une question spéciale au jury ; qu'en outre, en cas de déclaration de non-discernement,
c'est la Cour d'Assises et non le président qui prononce l'acquittement,
parce qu'il s'agit d'appliquer l'article 66, C. P., qui autorise le juge à
ordonner, dans ce cas, la détention du mineur pendant un certain
temps qui ne peut excéder sa vingtième année.

(2) Voyez le texte de ces articles dans notre Chapitre deuxième
Sect. 1re, *Excuse de la provocation.*

7

Comment donc distinguer l'excuse absolutoire de l'excuse atténuante, et réciproquement?

Cette distinction est parfaitement établie par les textes mêmes du Code Pénal. Un article porte-t-il suppression totale de la peine, l'excuse est absolutoire ; au contraire, contient-il une suppression partielle, l'excuse est atténuante.

SECTION PREMIÈRE

SOMMAIRE

Excuse en faveur des révélateurs.

ARTICLE 108. (Loi du 28 avril 1832, art. 12).
ARTICLE 138. (Loi du 13 avril 1863. — C. D. P. du 3 brumaire
         an IV (25 octobre 1795), art. 545, 546, 547).
ARTICLE 144. (Loi du 28 avril 1832, art. 12).

———

I

ARTICLE 108 (Liv. III, Tit. I, Chap. I, Sect. III). — *Seront exemptés des peines prononcées contre les auteurs de complots ou d'autres crimes attentatoires à la sûreté intérieure ou extérieure de l'État, ceux des coupables qui, avant toute exécution ou tentative de ces complots ou de ces crimes, et avant toutes poursuites commencées, auront les premiers donné au gouvernement ou aux autorités administratives ou de police judiciaire, connaissance de ces complots ou crimes, et de leurs auteurs ou complices, ou qui, même depuis le commencement des poursuites, auront procuré l'arrestation desdits auteurs ou complices.*

Les coupables qui auront donné ces connaissances ou pro-

curé ces arrestations, pourront néanmoins être condamnés à rester pour la vie ou à temps sous la surveillance de la haute police.

— L'article 12 de la loi de révision du 28 avril 1832 a abrogé l'ancien article 108 et l'a remplacé par celui que nous venons de citer. Loi de 1832, Article 12 : *Il ne sera reconnu comme texte officiel du Code Pénal que le texte dont la teneur suit..., etc...*

La loi de 1832 n'aurait rien changé aux dispositions de l'ancien article 108, si elle n'avait pas abrogé l'article 103, C. P. Elle n'a fait que substituer à ces mots :

« aux autorités constituées mentionnées en l'article 103 » de l'ancien article 108, les mots suivants de l'ancien article 103 :

« au gouvernement, ou aux autorités administratives ou de police » judiciaire. »

Elle a ainsi formé l'article 108 actuel ; toutefois, elle a supprimé le mot *spéciale* dans cette phrase finale de l'ancien article 108 : « surveillance spéciale de la haute police. »

— On a souvent critiqué la disposition de l'article 108, et plus d'une fois les moralistes ont engagé la lutte avec les criminalistes sur cette matière si sujette à discussion.

Beccaria disait bien avant la rédaction de notre Code Pénal : « Il n'y a qu'opprobre pour la société à autoriser » les saintes lois, garants sacrés de la confiance publique, » base respectable des mœurs, à protéger la perfidie, à lé- » gitimer la trahison (1). »

Diderot était loin de partager l'avis du publiciste italien

(1) *Traité des délits et des peines*, § XXXVII.

lorsqu'il lui répondait par ces belles paroles : « Rien ne
» peut balancer l'avantage de jeter la défiance entre les
» scélérats, de les rendre suspects et redoutables l'un à
» l'autre, et de leur faire craindre sans cesse dans leurs
» complices autant d'accusateurs. La morale humaine,
» dont les lois sont la base, a pour objet l'ordre public, *et*
» *ne peut admettre au rang de ses vertus la fidélité des*
» *scélérats entre eux pour troubler l'ordre et violer les lois*
» *avec plus de sécurité* (1). »

Nous avons vu et nous voyons encore la réalisation
malheureuse de ces paroles, et le peu d'énergie qu'on
apporte à empêcher ces associations de scélérats.

— Le Code de 1810 avait introduit tout un système de pénalité contre la non-révélation des crimes d'État ; mais fallait-il aller jusqu'à punir le simple fait de non-révélation?
Les Chambres ne le pensèrent pas en 1832 ; elles rayèrent
de nos lois les articles 103 à 107 du Code Pénal (2). Elles
firent en même temps disparaître le cas d'excuse absolutoire prévu par l'ancien Code, (art. 107). En effet, l'époux,
même divorcé, l'ascendant ou le descendant, le frère ou la
sœur, l'allié aux mêmes degrés de l'auteur du crime ou du
complot, n'étaient pas frappés des peines de la réticence ;
« l'intérêt de l'État ne pouvait le porter à exiger d'un père
» qu'il lui livrât son fils ou d'un frère qu'il lui livrât sa
» sœur (3). »

(1) Denis Diderot, philosophe du XVIIIme siècle, né à Langres en
1712, mort en 1784. *Notes sur le Traité des délits et des peines.*
(2) Loi de révision du 28 avril 1832, art. 12.
— Voy. le texte des articles 103 à 107 dans le Code Tripier (grand
format), p. 844, notes *d, e, f, g,* et p. 845, note *o.*
(3) *Exposé des motifs.*

Mais la loi continue, dans l'intérêt bien entendu de l'ordre social, « à faire briller, disent MM. Chauveau et
» Faustin Hélie (1), l'espérance de l'impunité aux yeux
» du coupable qui préviendra le forfait ou en assurera la
» répression en dévoilant ses complices. »

La morale, par là, peut se trouver atteinte, on ne saurait le nier, mais l'intérêt de la loi, de l'État et de la société exige une semblable convention, et n'a qu'à gagner à un pareil marché. Beccaria ne voulait pas l'impunité du délateur et réclamait contre lui le bannissement. C'était une opinion médiatrice et conciliante à la fois. Sans la partager entièrement, nous croyons qu'on aurait dû punir le révélateur, mais porter à son égard une peine moindre que celle réservée aux autres coupables. Dans le cas de la peine de mort, par exemple, le dénonciateur n'aurait encouru que les travaux forcés à perpétuité ou à temps. Cette disposition plus juste de la loi ne diminuait point le nombre des délateurs. *Imperfecta lex, sed lex !* Cependant nous faisons des vœux pour que le législateur remédie au plus tôt aux imperfections qu'on y rencontre.

On ne peut toutefois blâmer la loi d'avoir encouragé la révélation, en exemptant de la peine encourue ceux des coupables qui fourniraient au gouvernement les moyens de prévenir ces crimes odieux, — les attentats à la sûreté intérieure ou extérieure de l'État, — ou d'en arrêter les auteurs.

(1) *Théorie du Code Pénal*, t. ii.

C'est le but de l'article 108. Nous n'avons pas besoin de faire remarquer que cet article est applicable à la révélation des crimes attentoires, soit à la *sûreté intérieure*, soit même à la *sûreté extérieure* de l'État. Avons-nous aussi besoin de dire qu'il ne s'applique qu'à la révélation de ces crimes? Ces deux propositions émanent du texte même de l'article 108 et de la place qu'il occupe dans le Code.

L'exemption de peine accordée par l'article 108 constitue une *excuse légale*. Cette vérité n'est guère à démontrer : elle ressort de la forme littérale donnée à cet article, et surtout des conditions auxquelles cette remise de peine est obtenue. De ce que cette exemption est une excuse, il résulte qu'elle ne peut être reconnue et déclarée ni par le juge des mises en prévention, ni par celui des mises en accusation, ni même par la Cour d'Assises. Elle rentre dans la compétence exclusive du juge définitif des faits qui servent de base à l'accusation, c'est-à-dire au jury. La Cour de Cassation l'a ainsi jugé dans son

ARRÊT du 29 *avril* 1819..... Bull. n° 55 (1).

Cet arrêt établissant un principe en notre matière, il est utile d'en connaître la disposition : « Toutes les circons- » tances, dit-il, qui se lient au fait de l'accusation, et qui » peuvent, d'après les dispositions de la loi, augmenter ou » diminuer la peine ou en faire prononcer la remise, doivent » être soumises à la délibération du jury et par lui décidées. » Lors donc que dans les accusations de complots ou d'au-

---

(1) Affaire Benjamin Leguevel et Jacques Legall.

» tres crimes attentatoires à la sûreté de l'État, les débats
» ou les défenses des accusés paraissent pouvoir amener
» l'application de l'article 108, il doit être posé une ques-
» tion particulière sur la circonstance déterminée dans cet
» article, et ce n'est que d'après la réponse du jury à cette
» question que les Cours d'Assises peuvent délibérer et
» prononcer sur l'exemption de la peine qui pourrait être
» encourue par la réponse affirmative de ce jury sur le
» fait principal. »

Ce jugement de la Cour suprême est remarquable par
sa précision : tout en posant nettement la règle, il indique
la marche à suivre pour son application.

— L'exemption ou mieux l'excuse de l'article 108 est accordée à ceux des coupables qui, avant toute exécution ou
tentative des complots ou des crimes, et avant toutes
poursuites commencées, auront les premiers donné au
gouvernement ou aux autorités administratives ou de police judiciaire, connaissance de ces complots ou crimes, et
de leurs auteurs ou complices, ou qui, même depuis le
commencement des poursuites, auront procuré l'arrestation
desdits auteurs ou complices.

Le révélateur peut donc jouir, dans deux cas, de l'exemption de la peine qu'il a encourue. Le premier, c'est lorsque,
*avant toute exécution ou tentative d'exécution des crimes, et
avant toutes poursuites commencées*, il aura le premier donné
à l'autorité connaissance de ces crimes et de leurs auteurs
ou complices. — D'après un jugement du tribunal de Blois,
du 23 *août* 1816 (1), la révélation du crime suffirait, sans

---

(1) Voy. *Répertoire général du Droit criminel.*

qu'il faille indiquer toutes les circonstances et les noms des conspirateurs, ce qui rentrerait alors dans le second cas d'exemption. Nous ne voyons pas quelle application ce tribunal a prétendu faire de l'article 108. La conjonction alternative *ou* qu'emploie cet article distingue assez clairement les deux cas d'exemption, or, les mots *« et de leur : auteurs ou complices »*, précèdent la particule *ou*, dès lors nul doute qu'il faille comprendre dans le premier cas la dénonciation des auteurs ou complices, des conspirateurs selon l'expression du tribunal de Blois.

Auront donné connaissance de ces complots ou crimes, dit la loi. Mais donner connaissance d'un attentat ce n'est pas seulement en révéler à quelqu'un l'existence, c'est le lui montrer dans tout son jour, lui en exposer tous les détails, c'est précisément en dévoiler toutes les circonstances. On ne comprend donc pas le motif qui a déterminé le tribunal de Blois à porter un jugement contraire.

Le second cas, c'est lorsque, même depuis le commencement des poursuites, le dénonciateur aura procuré l'arrestation des auteurs ou complices. Ce second cas est distinctement exposé dans un

Arrêt de la Cour de Cassation du
17 *août* 1820. . . . .   Bull. n° 14.

Mais pour que, dans le premier cas, le révélateur puisse réclamer le bénéfice de l'excuse, il faut qu'il ait donné connaissance des crimes et de leurs auteurs ou complices à l'autorité, avant toute exécution ou tentative, avant toutes poursuites, et en outre qu'il ait fourni le premier ces renseignements. Il ne pourrait sans cela revendiquer l'exemption de peine. En effet, ce ne serait plus par lui que l'autorité aurait été informée des projets qui menacent la sûreté de l'État, puisqu'elle les aurait appris ou par l'explosion même du complot ou par des révélations antérieures.

Pour que, dans le second cas, le révélateur puisse jouir de l'excuse, il faut, non-seulement qu'il ait dénoncé les auteurs ou complices du crime, mais qu'il en ait procuré l'arrestation.

Est-il nécessaire que, dans le premier cas, le révélateur ait dénoncé *tous* les auteurs et *tous* les complices du crime ou des crimes auxquels il s'est associé? Est-il nécessaire que, dans le second, il ait procuré l'arrestation de *tous* ces auteurs et de *tous* ces complices?

Je ne saurais le croire. D'abord, je remarque que l'article 108 ne paraît pas avoir cette exigence. Il ne prescrit pas aux révélateurs d'indiquer, soit dans le premier, soit dans le second cas, *tous* les auteurs et *tous* les complices. Il ne demande que la révélation des auteurs ou complices; la différence est notable.

En outre, la loi, qui a cru utile d'encourager la révélation en lui offrant une exemption de peine, n'a pas pu subordonner sa faveur à des conditions inexécutables : ce qui, cependant, aurait souvent lieu, si la révélation ne devait produire ses effets que dans le cas où elle porterait sur tous les auteurs ou complices des crimes.

Le grand intérêt de l'État, c'est que le crime lui soit révélé, c'est qu'il ait sous la main quelques-uns de ceux qui y ont coopéré, c'est que, par ces premières révélations, les investigations de justice soient rendues plus sûres et plus faciles. Dès que ce but est atteint par la révélation, le révélateur me paraît avoir droit à l'exemption de peine.

J'estime donc qu'il devra en jouir, si, dans le premier cas prévu par l'article 108, il a donné connaissance de plusieurs et même de l'un des auteurs ou complices du crime, et si, dans le second, il a procuré l'arrestation de plusieurs et même de l'un de ces auteurs ou complices. MM. Blanche, Chauveau et Faustin Hélie partagent cette opinion (1).

— L'excuse définie par l'article 108 a pour effet d'exempter les révélateurs des peines qu'ils ont encourues à raison des complots ou autres crimes attentatoires à la sûreté intérieure ou extérieure de l'État, auxquels ils se sont associés. Mais, malgré cette exemption de peine, qu'ils doivent à leur révélation, ils peuvent être condamnés à rester pour la vie ou à temps sous la surveillance de la haute police. L'article 108 ne déterminant pas, dans ce cas, la durée de la surveillance temporaire, je crois que le juge peut la prononcer pour un temps aussi long ou aussi court qu'il l'estime convenable.

Bien entendu, la question relative à l'excuse doit renfermer tous les faits élémentaires qui la constituent.

II

ARTICLE 138 (Liv. III, Tit. I, Chap. III, Sect. I, § 1er).
— *Les personnes coupables des crimes mentionnés en l'arti-*

---

(1) A. Blanche, *Études pratiques sur le Code Pénal*, t. II.
Chauveau et F. Hélie, *Théorie du Code Pénal*, t. II.

cle 132 (1) *seront exemptes de peines, si, avant la consommation de ces crimes et avant toutes poursuites, elles en ont donné connaissance et récélé les auteurs aux autorités constituées, ou si, même après les poursuites commencées, elles ont procuré l'arrestation des autres coupables.*

· *Elles pourront néanmoins être mises, pour la vie ou à temps, sous la surveillance spéciale de la haute police.*

— L'ancien article 138 a été ainsi remplacé par la loi du 13 mai 1803.

— Avant de passer à l'examen de l'excuse, nous rappellerons ce que disait, avant les articles 132 et 138 du Code Pénal, le *Code des délits et des peines* du 3 brumaire, an IV, dans ses articles 545, 546 et 547. Ce rapprochement fournit quelque intérêt.

ARTICLE 545 : « Si un particulier, complice d'une fabrication d fausse monnaie métallique ou autre, vient le premier la dénoncer, il est exempt de la peine qu'il a encourue. — Il reçoit en outre une récompense pécuniaire, s'il procure l'arrestation des faussaires, ainsi que la saisie des matières et instrumens de faux » (2).

(1) ARTICLE 132, C. P. (Ainsi remplacé, L. 13 mai 1863). — *Quiconque aura contrefait ou altéré les monnaies d'or ou d'argent ayant cours légal en France, ou participé à l'émission ou exposition desdites monnaies contrefaites ou altérées, ou à leur introduction sur le territoire français, sera puni des travaux forcés à perpétuité.*

Celui qui aura contrefait ou altéré des monnaies de billon ou de cuivre ayant cours légal en France, ou participé à l'émission ou exposition desdites monnaies contrefaites ou altérées, ou à leur introduction sur le territoire français, sera puni des travaux forcés à temps.

(2) A tous les textes cités dans le cours de cet ouvrage nous conserverons leur orthographe primitive.

ARTICLE 546 : « La loi excepte pareillement de toute peine celui qui, étant complice d'une fabrication de fausse monnaie métallique ou autre, procure de son propre mouvement, après qu'elle est dénoncée, l'arrestation des faussaires et la saisie des matières et instrumens de faux. »

ARTICLE 547 : « Les dispositions des deux articles précédens s'appliquent aux complices de fabrication de fausse monnaie métallique ou autre, entreprise hors de France, qui la dénonceraient, soit aux autorités constituées en France même, soit aux agens de la République près les gouvernemens étrangers, ou procureraient l'arrestation des faussaires et la saisie des matières et instrumens de faux. »

Nous ne faisons seulement que citer ces textes en recommandant leur confrontation avec les textes nouveaux. Il est inutile d'entrer dans des détails qui nous entraîneraient trop loin et hors de notre sujet. Une lecture attentive, du reste, peut suppléer à notre silence.

Ceci exposé, revenons à l'article 138.

Le Code Pénal de 1810 avait presque complétement assimilé le crime de fausse monnaie au crime de haute trahison : mêmes peines, mêmes poursuites contre les non-révélateurs, mêmes exemptions de peine contre les délateurs.

La peine de mort et les peines qui frappaient encore la non-révélation ont été successivement supprimées; mais l'exemption de peine accordée à la dénonciation subsiste toujours.

« Cette exemption, disait Berlier, repose sur l'intérêt » de l'État mieux servi par de promptes révélations que » par des punitions tardives (1). »

(1) Procès-verbal du Conseil d'État. — Séance du 22 octobre 1808.

L'article 138 renferme deux dispositions distinctes :

La *première* est relative au cas où le crime ayant été projeté, plusieurs personnes ayant pris part au projet en ont donné connaissance et révélé les auteurs aux autorités constituées, avant toute consommation du projet.

La *seconde* est relative au cas où le crime ayant été consommé, une ou plusieurs personnes y ayant participé ont procuré l'arrestation des autres coupables.

Ces mots *auteurs* et *coupables* de l'article 138 montrent à l'évidence la distinction. La Cour de Cassation la reconnaît également :

ARRÊT du 17 *août* 1820... Bull. n° 114.

MM. Chauveau et Faustin Hélie demandent quel est l'acte qui, en pareille matière, *consomme* le crime. Comme dans le système du Code, la contrefaçon est punie, abstraction faite de l'émission, il est évident que le crime est consommé par la seule fabrication des pièces.

—De ce que l'article 138, en accordant une exemption de peine à ceux qu'il désigne, crée une véritable excuse en leur faveur, il résulte que toutes les fois qu'un accusé prétend qu'il a droit à cette exemption de peine, et demande que le jury soit interrogé sur les faits destinés à amener ce résultat, la question doit être posée à peine de nullité.

La Cour de Cassation n'a jamais hésité à reconnaître le caractère de l'excuse aux faits générateurs de cette exemption de peine et à leur en attribuer les effets; notamment dans son

ARRÊT du 28 *juin* 1839... Bull. n° 211.

—La tentative des faits prévus par notre article peut-elle être assimilée à la consommation du crime, et par suite les coupables devront-ils faire leurs révélations avant cette tentative ?

La Cour de Cassation a jugé l'affirmative ; il faut, dit-elle, « que les coupables aient donné connaissance du » crime ou révélé les auteurs aux autorités constituées » avant que le projet soit devenu criminel, soit par la » consommation, *soit par la tentative caractérisée crime* » d'après l'article 2 du Code Pénal (1), et aient ainsi mis » l'autorité à même de suivre les circonstances prépara- » toires ou constitutives du crime. »

ARRÊT du 17 *août* 1820...... Bull. n° 114.

La Cour de Cassation indique dans cet arrêt les motifs qui font appliquer la première disposition de l'article 138. Remarquons que la tentative doit être *caractérisée crime*, et elle le sera si elle réunit les conditions de l'article 2, C. P. Il suffit de lire ce dernier article pour se rendre compte de l'hypothèse énoncée dans l'arrêt de 1820.

L'exemption de peine accordée par l'article 138 aux accusés d'émission de fausse monnaie ayant cours légal en France, qui ont fait connaître leurs complices, n'est point applicable aux accusés d'émission en France de fausse monnaie étrangère, spécialement de faux billets d'une banque étrangère.

ARRÊT de la Cour d'Assises de la Seine du 0 *juillet* 1870...... Sirey. 1870.

(1) ARTICLE 2, C. P.— *Toute tentative de crime qui aura été manifestée par un commencement d'exécution, si elle n'a été suspendue ou si elle n'a manqué son effet que par des circonstances indépendantes de la volonté de son auteur, est considérée comme le crime même.*

Sous le nom générique de *monnaies étrangères* on entend aussi tous les papiers et billets de banque ayant cours légal en pays étranger :

Arrêts de la Cour de Cassation des :

22 *juillet* 1858........ Sirey, 1858 1 840,
5 *juillet* 1867.......... — 1867 1 141.

— La Cour d'Assises ne pourrait pas se réserver l'examen de la question d'excuse, sans usurper sur les fonctions du jury et, par conséquent, commettre un excès de pouvoir.

— L'excuse de l'article 138 n'opère que sur la peine, pour la mitiger et même pour autoriser à la supprimer. Mais le fait conserve son caractère, il reste crime. Il en résulte entr'autres conséquences, que cette excuse ne peut pas être reconnue par le juge des mises en prévention, et qu'il n'appartient qu'au juge définitif du fait, c'est-à-dire au jury, d'en connaître.

Signalons en finissant, quelques différences entre l'interprétation des articles 108 et 138, C. P.

1° L'article 108 parle des coupables qui auront les *premiers* averti les autorités administratives ou judiciaires. Ces mêmes expressions ne sont pas reproduites dans l'article 138.

M. d'Hauterive demandait au Conseil d'État que le bénéfice de l'excuse absolutoire ne profitât qu'à un seul des coupables. Cette proposition fut repoussée : l'intérêt social veut que l'État reçoive, excite et recueille toutes les révélations des crimes prévus par l'article 138 et énumérés dans l'article 132, C. P. Le législateur s'abstient de frapper tous les révélateurs et non pas seulement le premier révélateur.

2° D'après l'article 108, la révélation doit avoir précédé toute exécution ou tentative de crime. D'après l'article 138, la dénonciation devra précéder la consommation ou la tentative *caractérisée crime* par la loi.

Quant au paragraphe final de l'article 138, ainsi conçu : *Elles pourront néanmoins être mises, pour la vie ou à temps, sous la surveillance spéciale de la haute police*, la solution serait ici la même que dans le cas de l'article 108. Toutefois, le mot *pourront* employé par les deux articles 108 et 138, montre que la mise sous la surveillance de la haute police est purement facultative.

III

ARTICLE 144 (Liv. III, Tit. I, Chap. III, Sect. I, § 2°). — *Les dispositions de l'article 138, sont applicables aux crimes mentionnés dans l'article 139.*

ARTICLE 139. — *Ceux qui auront contrefait le sceau de l'État ou fait usage du sceau contrefait ;*

Ceux qui auront contrefait ou falsifié, soit des effets émis par le Trésor public avec son timbre, soit des billets de banques autorisées par la loi, ou qui auront fait usage de ces effets et billets contrefaits ou falsifiés, ou qui les auront introduits dans l'enceinte du territoire français ;

Seront punis des travaux forcés à perpétuité.

Avant la loi du 28 avril 1832, les coupables des crimes
énoncés dans ce dernier article, étaient punis de mort et
leurs biens étaient confisqués.

La même loi de 1832, ayant abrogé les articles 136
et 137, C. P. (1), les dispositions de ces articles qui s'ap-
pliquaient aux crimes de l'article 139, ne les concernent
plus de nos jours. L'article 134, d'ailleurs, est muet sur
les articles 136 et 137 qu'il mentionnait avant leur abrogation.

L'article 144 ne souffre aucun commentaire; il serait
complétement inutile de revenir sur les explications de
l'article 138. Tout ce que nous avons dit au sujet de ce
dernier article doit s'entendre également de l'article 139.

---

(1) ANCIEN ARTICLE 136 : « Ceux qui auront eu connaissance d'une
fabrique ou d'un dépôt de monnaies d'or, d'argent, de billon ou de
cuivre ayant cours légal en France, contrefaites ou altérées, et qui
n'auront pas, dans les vingt-quatre heures, révélé ce qu'ils savent aux
autorités administratives ou de police judiciaire, seront, pour le seul
fait de non-révélation, et lors même qu'ils seraient reconnus exempts
de toute complicité, punis d'un emprisonnement d'un mois à
deux ans. »

ANCIEN ARTICLE 137 : « Sont néanmoins exceptés de la disposition
précédente les ascendans et descendans, époux même divorcés, les
frères et sœurs des coupables, ou les alliés de ceux-ci aux mêmes
degrés. »

— La suppression des articles 136 et 137 vient de ce qu'en 1832 la
peine de non-révélation fut abolie. L'article 137 contenait une excuse
absolutoire.

SECTION II

SOMMAIRE

Excuse en faveur de ceux qui, n'étant point chefs dans une bande armée,
se sont retirés au premier avertissement de l'autorité.
ARTICLE 100, 213. (Loi du 7-9 juin 1848, article 4, p. 3.)

Parcere subjectis...............................
VIRGILE. *Énéide,* LIV. VI, v. 853.

I

ARTICLE 100 (Liv. III, Tit. I, Chap. I, Sect. II, § 2e). —
Il ne sera prononcé aucune peine, pour le fait de sédition,
contre ceux qui, ayant fait partie de ces bandes (1) *sans y*
exercer aucun commandement et sans y remplir aucun

---

(1) Il s'agit des bandes dont s'occupe l'article 96 du Code Pénal,
c'est-à-dire des bandes formées dans le but, soit d'envahir les domaines, propriétés ou deniers publics, places, villes, forteresses, postes,
magasins, arsenaux, ports, vaisseaux ou bâtiments de l'État; soit de
piller ou partager des propriétés publiques ou nationales, ou celles
d'une généralité de citoyens; soit enfin de faire attaque ou résistance envers la force publique agissant contre les auteurs de ces
crimes.

emploi ni fonctions, se seront retirés au premier avertisse-
ment des autorités civiles ou militaires, ou même depuis,
lorsqu'ils n'auront été saisis que hors des lieux de la réunion
séditieuse, sans opposer de résistance et sans armes.

Ils ne seront punis, dans ces cas, que des crimes particu-
liers qu'ils auraient personnellement commis; et néanmoins
ils pourront être renvoyés, pour cinq ans ou au plus jusqu'à
dix, sous la surveillance spéciale de la haute police.

— L'article 6 de la loi du 27 germinal, an IV, (16 avril
1796), portait une décision analogue :

ARTICLE 6 : « Tous ceux qui se trouvent dans ces rassemble-
mens (1), seront tenus de se retirer aussitôt après la première sommation qui leur en sera faite par le magistrat ou le commandant de la
force armée. — Ceux qui resteraient après cette sommation, seront
saisis et punis, savoir : les étrangers ou déportés rentrés en France,

(1) Les articles 5 et 1 de la loi de germinal, an IV, expliquent
quels étaient ces rassemblements et ceux qu'on pouvait punir comme
en ayant fait partie.

ARTICLE 5 : « Tout rassemblement où se feraient des provocations
de la nature de celles mentionnées en l'article 1er, prend le caractère
d'un *attroupement séditieux*. Les bons citoyens..., etc. »

ARTICLE 1er : « Sont coupables de crimes contre la sûreté
intérieure de la République et contre la sûreté individuelle des
citoyens, et seront punis de la peine de mort, conformément à l'article 612 du Code des délits et des peines, tous ceux qui, par leurs
discours ou par leurs écrits imprimés, soit distribués, soit affichés, pro-
voquent la dissolution de la représentation nationale, ou celle du
Directoire exécutif, ou le meurtre de tous ou aucun des membres qui
les composent, ou le rétablissement de la Royauté, ou celui de la
Constitution de 1793, ou celui de la Constitution de 1791, ou de tout
gouvernement autre que celui établi par la Constitution de l'an III,
accepté par le peuple français, ou l'invasion des propriétés publiques,

de la peine mentionnée en l'article 1er de la présente résolution (la mort); ceux qui, ayant rempli des fonctions publiques, soit au choix du peuple, soit à tout autre titre, et ayant été mis en accusation ou hors de la loi, n'ont pas été acquittés par un jugement, de la peine de déportation; et tous autres, de la peine de cinq années de fer. »

Heureux les peuples, — ils «   res, — dont la justice n'a pas eu à réprimer ces attentats de la plus insigne scélératesse, ces crimes avant-coureurs de la décadence nationale : je veux parler des crimes tendant à troubler l'État par la guerre civile, l'illégal emploi de la force armée, la dévastation et le pillage. « Troubler la tranquillité publi- » que, c'est mériter d'être exclu de la société, c'est-à-dire » banni. (1) »

Le châtiment doit être d'autant plus sévère que la faute est grande. Le législateur français, guidé sans doute par les tristes exemples de nos discordes civiles et par une douloureuse expérience, a frappé de la peine suprême les coupables de semblables forfaits. Cependant il n'a pas voulu les châtier indistinctement. Dans tout mouvement

ou le partage ou le pillage des propriétés particulières, sous le nom de *loi agraire* ou de tout autre manière.

La peine de mort mentionnée au présent article, sera commuée en celle de la déportation, si le jury déclare qu'il y a dans le délit des circonstances atténuantes. »

L'article 612, C. D. P. dont parle l'article 1er de la loi de germinal an IV, était conçu en ces termes : « Toutes conspirations et complots tendant à troubler la République par une guerre civile, en armant les citoyens les uns contre les autres, ou contre l'exercice de l'autorité légitime, seront punis de mort, tant que cette peine subsistera ; et de vingt-quatre années de fers quand elle sera abolie. »

— Voyez également l'Ordonnance du 11 mai 1775.

(1) Beccaria, *Traité des délits et des peines*, § XXIV.

insurrectionnel, dans toute révolte, tandis que les auteurs se cachent, combien de malheureux, séduits par de belles promesses, entraînés par les mauvais exemples et souvent malgré eux, ou qui par accident se trouvent mêlés aux émeutiers! Ceux-là, moins coupables, parfois innocents, se retireront toujours à l'avertissement de l'autorité; c'est en leur faveur que le législateur a usé d'indulgence et a créé une exemption de peine dans l'article 100, C. P.

La pensée et l'interprétation de l'article 100 se trouvent dans ces paroles de M. Berlier :

« Lorsque quelques-uns de ces crimes, dit-il, seront
» commis ou tentés par des bandes séditieuses, il faudra
» infliger les peines avec la juste circonspection que com-
» mandent des affaires aussi complexes. Dans cette multi-
» tude de coupables, tous ne le sont pas au même degré ;
» et l'humanité gémirait si la peine capitale était indis-
» tinctement appliquée à tous, hors les cas où la sédition
» serait dirigée contre la personne ou l'autorité du Prince,
» ou aurait pour objet quelques crimes approchant de
» cette gravité. Les chefs et directeurs de ces bandes, tou-
» jours plus influents et plus coupables, ne sauraient être
» trop punis; en déportant les autres individus saisis sur
» les lieux, on satisfera aux besoins de la société sans
» alarmer l'humanité. L'on pourra même user d'une plus
» grande indulgence envers ceux qui n'auraient été arrêtés
» que depuis, hors des lieux de la réunion séditieuse, sans
» résistance et sans armes. La peine de la sédition sera,
» sans inconvénient, *remise* à ceux qui se seront retirés au
» premier avertissement de l'autorité publique; ici la po-
» litique s'allie à la justice, car, s'il convient de punir les

» séditieux, il n'importe pas moins de dissoudre les sédi-
» tions. (1) »

Le fait que l'article 100 atténue, c'est la sédition, c'est
le fait collectif; la peine qu'il fait disparaître, c'est celle
qui est attachée à ce fait. Au contraire, il ne touche pas
aux actes individuels et personnels; il leur laisse leur
caractère et leur pénalité. Le but qu'il se propose, c'est de
dissoudre les séditions en engageant les séditieux à ne pas
persister dans leurs projets criminels.

Cet article excusera un fait de sédition. Mais lequel? Le
fait qu'il excuse, c'est la sédition simple, c'est celle qui a
été exécutée par ceux qui, ayant fait partie des bandes sans
y exercer aucun commandement et sans y remplir aucun
emploi, ni fonctions, se sont retirés au premier avertissement de l'autorité; ou même depuis cet avertissement,
lorsqu'ils n'auront été saisis que hors des lieux de la réunion séditieuse, sans opposer résistance et sans armes ; en
d'autres termes, c'est la sédition que la loi n'a pas classée
parmi les crimes et qu'elle n'a pas déclarée punissable.

Il faut, je le répète, pour que le législateur, dans
l'article 100, ait jugé utile d'excuser, dans certains cas, ce
dernier fait de sédition, qu'il ait supposé que ce fait
constituait à lui seul une infraction punissable. Sans quoi,
il serait impossible de comprendre comment la loi aurait
été amenée à excuser un fait qu'elle n'aurait pas réprouvé.
A quoi bon l'excuse, s'il n'y a ni faute ni châtiment?

_____

(1) *Exposé des motifs.* Locré, t. XXIX, p. 429.

— MM. Chauveau et Faustin Hélie (1) ne regardent pas l'article 100 comme établissant une excuse proprement dite. Ces auteurs auraient au moins dû prendre la peine de nous expliquer ce qu'ils entendent par cette expression *excuse proprement dite*. Veulent-ils nous persuader que l'article 100 ne renferme aucune excuse, ou, au contraire, qu'il en contient une, mais non absolutoire? Il est permis de l'ignorer ; du reste, dans l'un et dans l'autre cas, leur décision serait fausse. L'expression *excuse proprement dite* est malheureuse : pourquoi nous dire d'abord que « l'exemp-
» tion de peine que procure l'article 100, ne doit pas être
» considérée comme une amnistie ; que le fait que produit
» cet article n'a que la puissance et les effets d'une excuse? »

Pourquoi reconnaître ensuite que « au fond la question
» qu'on pose au jury a les caractères d'une excuse et qu'elle
» en produira les effets ; que l'article 100 atténue l'impu-
» tabilité, réduit la peine à de moindres termes, à la sur-
» veillance de la haute police »? N'est-ce pas affirmer l'existence d'une excuse, et d'une excuse atténuante ? Et ce jugement est toujours aussi peu juste.

La contradiction ressort nettement des paroles opposées de nos théoristes.

Nous pourrions également leur apprendre que la sur-veillance de la haute police, qui est plutôt une peine de prévention qu'une peine de répression, est, dans notre hy-pothèse, purement facultative. Les coupables excusés *pour-ront* être renvoyés... dit l'article 100²; ce n'est pas ainsi

(1) *Théorie du Code Pénal*, t. II.

que s'expriment les articles 47, 49, 57, 58, 271, 282, etc.,
C. P, où la peine de la surveillance de haute police est
obligatoire : les coupables, disent ces articles, *seront* mis,
renvoyés sous la surveillance de la haute police. Si donc
(dans le cas de l'article 100) le juge, après avoir interrogé
sa conscience, ne prononce pas cette peine, les coupables
n'encourront aucun châtiment.

Les auteurs de la *Théorie du Code Pénal* soutiennent
une opinion aussi erronée que contradictoire.

La Cour d'Assises du département de Maine-et-Loire
s'était prononcée plus positivement dans son arrêt du
21 *août* 1833, et avait refusé de poser au jury une question
dont la solution affirmative devait avoir pour résultat
de faire profiter les accusés du bénéfice de l'article 100,
C. P. Le motif de ce refus était que l'article 65, C. P., défendait d'excuser un crime ou un délit quelconque hors des
cas prévus par la loi, et que l'article 100 n'établissait pas
une excuse, mais se contentait de créer une nouvelle hypothèse en dehors des prévisions des précédents articles.
La Cour de Maine-et-Loire ne fit pas preuve, en cette
circonstance, d'une grande intelligence juridique, et son
arrêt fut cassé par la Cour suprême, le 5 *octobre* 1833.

Malgré toute opinion contraire, nous décidons que l'article 100 établit une *excuse absolutoire*, et nous n'en voulons
pour preuve que ces deux arrêts de la Cour de Cassation :

ARRÊTS des :

2 *mai* 1833...... Journal du Dt. Crel. 1833, p. 308,
5 *octobre* 1833.... Bull. n° 424.

Cette excuse est fondée sur un motif d'utilité sociale.

— De ce que le fait prévu par l'article 100 constitue une excuse légale, découlent deux conséquences incontestables:

La première, c'est qu'il n'appartient ni au juge des mises en prévention ni à celui des mises en accusation d'en rechercher et d'en déclarer l'existence, et que ce pouvoir n'appartient qu'au juge définitif de l'incrimination, c'est-à-dire au jury.

La seconde, c'est que toutes les fois que l'accusé demande que la question soit présentée au jury, elle doit l'être à peine de nullité.

Arrêt de la Cour de Cassation du
     5 *octobre* 1833........ Bull. n° 424.

— Chacune des circonstances du fait incriminé fera l'objet d'une question distincte. Cependant la Cour de Cassation a jugé dans une espèce particulière que le jury n'avait pas dû être interrogé sur le fait de savoir si l'accusé avait été saisi sur le lieu de la réunion séditieuse, parce qu'il était authentiquement constaté au procès qu'il avait été arrêté sans armes ni résistance, dans la commune du lieu de son domicile, hors de toute réunion séditieuse.

Arrêt du 9 *février* 1832.... Journal du D^t. C^{el}. 1832, 4, 25.

L'article 100 n'accorde pas le bénéfice de l'excuse à tous ceux qui ont concouru à la réunion séditieuse. Il n'est indulgent que pour ceux qui, n'ayant exercé aucun commandement, ni rempli aucun emploi ou fonctions dans la bande, se sont retirés au *premier avertissement* de l'autorité ; ou *même depuis* cet avertissement, pourvu que, dans ce dernier cas, ils n'aient été saisis que hors du lieu de la réunion, *sans résistance et sans armes.*

Ici quelques explications sont nécessaires. Que faut-il entendre par ces mots *même depuis?* Cette expression de la loi signifie une retraite *volontaire*. Il est évident que les rebelles poursuivis et saisis dans leur fuite, n'étant plus dans le cas de l'excuse légale, ne pourraient s'en prévaloir. On s'est demandé si la preuve d'une retraite *volontaire* était indispensable. La Cour de Cassation dans son

ARRÊT du 2 *mai* 1833. . . . . Bull. nᵒ 171,

déclare que « peu importe, que dans les termes, la ques-
» tion proposée ne porte pas que l'accusé s'est retiré volon-
» tairement, et que les mots *s'est-il retiré depuis la réunion*
» comprennent la volonté de la quitter ».

L'article 100 accorde l'exemption de peine à tous ceux qui se seront retirés *au premier avertissement* de l'autorité. Quelle sera la forme de cet avertissement? La loi n'ayant rien fixé à cet égard, nous dirons que cet avertissement sera celui des articles 26 et 27 de la loi des 26-27 juillet 1791, sanctionnée le 3 août de la même année (1).

___

(1) LOI DE 1791, ARTICLE 26 : « Si par les progrès d'un attroupement ou émeute populaire, ou pour toute autre cause, l'usage rigoureux de la force devient nécessaire, un officier civil, soit juge de paix, soit officier municipal, procureur de la commune ou commissaire de police, soit administrateur de district ou de département, soit procureur-syndic ou procureur-général-syndic, se présentera sur le lieu de l'attroupement ou du délit, prononcera à haute voix ces mots: *Obéissance à la loi, on va faire usage de la force; que les bons citoyens se retirent.* Le tambour battra un ban avant chaque sommation. »

ARTICLE 27 : « Après cette sommation trois fois réitérée, et même dans le cas où, après une première ou seconde sommation, il ne serait pas possible de faire la seconde ou la troisième, si les personnes attroupées ne se retirent pas paisiblement, et même s'il en

Ces articles, qui exigeaient trois sommations réitérées, ont été remplacés par l'article 1er de la loi du 10 Avril 1831.

ARTICLE 1er. — *Toutes personnes qui formeront des attroupemens sur les places ou sur la voie publique, seront tenues de se disperser à la première sommation des préfets, maires, adjoints de maire, ou de tous magistrats et officiers civils chargés de la police judiciaire, autres que les gardes champêtres et gardes forestiers. — Si l'attroupement ne se disperse pas, les sommations seront renouvelées trois fois. Chacune d'elles sera précédée d'un roulement de tambour ou d'un son de trompe. Si les trois sommations sont demeurées inutiles, il pourra être fait emploi de la force, conformément à la loi du 3 août 1791. — Les maires et adjoints de la ville de Paris ont le droit de requérir la force publique et de faire les sommations. — Les magistrats chargés de faire lesdites sommations seront décorés d'une écharpe tricolore.*

On ne doit, bien entendu, emprunter à la loi de 1831 que la forme de l'avertissement.

Quel est enfin le sens de ces mots *sans opposer de résistance et sans armes?* Par ces mots la loi ne veut parler que des armes employées à faire résistance; d'où cette conclusion : que quiconque n'a pas fait usage de ces armes doit, comme s'il était désarmé, profiter du privilége de l'article 100.

reste plus de quinze rassemblées en état de résistance, la force des armes sera à l'instant déployée contre les séditieux, sans aucune responsabilité des événements ; et ceux qui pourront être saisis ensuite, seront livrés aux officiers de police pour être jugés et punis selon la rigueur de la loi. »

— La faveur de l'excuse est refusée à ceux qui ont exercé un commandement ou rempli une fonction dans la bande armée, et, en outre, à ceux qui, sans avoir occupé l'un ou l'autre de ces emplois, ont été saisis sur le lieu de la réunion séditieuse après l'avertissement de l'autorité. L'article 100 n'admet pas l'excusabilité des chefs de bande. La loi ne peut guère compter sur leur repentir. Mais si par hasard ils se repentent; s'ils jettent leurs armes; s'ils quittent le lieu de la réunion? Pas d'excuse, pas même d'excuse atténuante.

Le législateur de 1810 ne tient pas, sans doute, à les dissuader de persévérer dans le crime. Bien plus, il n'a pas distingué entre les chefs et leur applique indistinctement la peine de mort. On doit regretter cette dure disposition. N'aurait-on pas pu atténuer la peine des chefs qui se seraient retirés avant tout commencement d'exécution : ne manifestent-ils pas ainsi leur repentir? « Pourquoi les » forcer à persister dans le crime par la nécessité de dé- » fendre leur vie? Pourquoi les forcer à continuer l'em- » ploi de leurs moyens de séduction et d'influence et à » entraîner sur leurs pas des complices et des victi- » mes (1)? »

Il ne faut pas que la justice poussée à une excessive rigueur devienne par là même une injustice. Espérons que le législateur comprendra combien il est utile et équitable d'établir une distinction entre les divers chefs de bandes, coupables à des degrés différents, ou du moins de ne pas

(1) Destrivaux. *Essai*, p. 23.

porter un châtiment si rigoureux et d'autant plus irrémédiable qu'il brise la vie de l'homme.

— Que décider maintenant des subalternes ?

Ils ne sont pas impunis ; quelle peine auront-ils donc encourue ? L'article 100 ne l'indique pas. Mais nous dirons que, outre la surveillance de la haute police qui pourra toujours être ordonnée à raison du fait de sédition, ils ne devront subir que la peine de l'infraction particulière dont ils se seront rendus coupables.

S'ils ont résisté, la peine du crime ou du délit de rébellion leur sera applicable.

Si, sans résister, ils se sont trouvés porteurs d'armes prohibées, ils seront passibles de la peine de ce fait particulier.

— Il existe un autre cas dont le législateur ne s'est pas occupé, et qui paraît difficile à résoudre. Est-ce que dans tous les mouvements séditieux, il n'y a pas des individus qui restent jusqu'au bout de la lutte sur le lieu de la réunion séditieuse, et qui ne s'en retirent que parce qu'ils ne trouvent plus à combattre ? Quelle peine pourra-t-on leur infliger ?

La loi n'a pas prévu ce cas.

Ce que l'on sait, c'est qu'ils n'ont pas été pris sur le lieu de la réunion, qu'ils ne se sont pas, à vrai dire, retirés, puisque, jusqu'au bout de la lutte, ils sont restés sur les lieux de l'attroupement. Donc la peine des articles 97 et 98, C. P. (Liv. III, Tit. I, Chap. I, Sect. II, § 2e) (1), ne leur

_____

(1) ARTICLE 97.—*Dans le cas où l'un ou plusieurs des crimes mentionnés aux articles 86, 87 et 91 auront été exécutés ou simplement tentés par*

sera pas applicable, pas plus que le bénéfice de l'art. 100 [e].

Mais alors quel parti prendre? Malgré leur persistance, ils ne pourront qu'être envoyés, pour fait de sédition, sous la surveillance de la haute police, conformément à la dernière disposition de l'article 100. Cependant, s'ils avaient commis un attentat individuel, ils encourraient une peine proportionnée à leur faute.

— L'article 100, après avoir établi l'excuse, ajoute, dans son second paragraphe, que les coupables excusés pour fait de sédition, pourront néanmoins être punis des crimes particuliers qu'ils auraient *personnellement commis* ; il suit de là qu'ils ne seraient pas poursuivis comme complices des

une bande, la peine de mort sera appliquée (avec confiscation des biens. — *Modifié,* **Charte de 1814,** 54), *sans distinction de grades, à tous les individus faisant partie de la bande et qui auront été saisis sur le lieu de la réunion séditieuse.*

Sera puni des mêmes peines, quoique non saisi sur le lieu, quiconque aura dirigé la sédition, ou aura exercé dans la bande un emploi ou commandement quelconque.

ARTICLE 98. — *Hors le cas où la réunion séditieuse aurait eu pour objet ou résultat l'un ou plusieurs des crimes énoncés aux articles 86, 87 et 91, les individus faisant partie des bandes dont il est parlé ci-dessus, sans y exercer aucun commandement ni emploi, et qui auront été saisis sur les lieux, seront punis de la déportation.*

— Les crimes énoncés par les articles 86, 87 et 91 sont : l'offense et l'attentat contre la vie et la personne du Chef de l'État et des membres de sa famille ; l'attentat dont le but est de changer le gouvernement (ou l'ordre de successibilité au trône) et d'armer les citoyens contre l'autorité du Chef de l'État ; l'excitation à la guerre civile, et l'attentat dont le but est de porter la dévastation, le massacre et le pillage dans plusieurs communes.

crimes accomplis par la bande, si leur coopération personnelle à ces crimes n'était pas positivement prouvée.

— L'excuse admise par l'article 100 ne concerne que les faits de sédition ; elle n'efface que la peine applicable à ces faits ; elle n'atténue pas les crimes particuliers que les séditieux ont pu commettre, et n'en modifie pas les conséquences pénales.

Lorsqu'il peut y avoir lieu à l'application de cette excuse, il faut donc rechercher avec soin si le fait qu'on est sollicité d'excuser, est un fait de sédition ou s'il ne prend pas au contraire le caractère d'un fait particulier. Dans le premier cas, l'excuse devra être admise; dans le second, elle sera refusée.

— L'excuse, autorisée par l'article 100, n'existe qu'à la condition de réunir tous les faits élémentaires indiqués par la disposition de la loi. Il ne suffirait pas qu'il fût reconnu que les accusés ont été pris hors du lieu de la sédition, sans résistance et sans armes, et qu'ils n'ont exercé dans la bande ni commandement ni emploi; il faut, de plus, qu'il soit déclaré qu'ils se sont retirés du lieu de la sédition, soit au premier avertissement de l'autorité, soit depuis cet avertissement. C'est ce que la Cour de Cassation a jugé dans son

ARRÊT du 30 *août* 1832...... Bull. n° 332.

Comme appendice au commentaire de l'article 100, nous placerons ici deux questions qui s'y rattachent et dont la discussion présente de l'intérêt.

Question I. — Au nombre des conditions exigées par l'article 100 [1e] pour l'admission de l'excuse, on doit remarquer celle-ci : les séditieux seront saisis hors du lieu de la réunion, sans opposer de résistance et *sans armes*. Il faut que les séditieux, au moment de leur arrestation, ne soient pas porteurs d'*armes* destinées à faire résistance. On pourrait se demander ce que la loi entend par *armes*, dans notre hypothèse.

. La loi romaine disait : « ARMA *sunt omnia tela; hoc est,*
» *et fustes, et lapides : non solùm gladii, hastæ, frameæ,*
» *id est, romphææ* [romphée, ῤομφαία, lance en forme
» de croc] (1). » « ARMORUM *appellatio non utique*
» *scuta, et gladios, et galeas significat; sed et fustes, et*
» *lapides* (2). » « TELI *autem appellatione et ferrum, et*
» *fustis, et lapis, et denique omne, quod nocendi causâ*
» *habetur, significatur* (3). » « TELORUM *autem appella-*
» *tione omnia, ex quibus singuli homines nocere possunt,*
» *accipiuntur* (4). » « TELUM *vulgo quidem id appellatur,*
» *quod ab arcu mittitur : sed tunc omne significatur, quod*
» *mittitur manu. Ita sequitur, ut et lapis, et lignum, et*
» *ferrum hoc nomine contineatur* (5). » « TELUM *autem....*
» *vulgo quidem id appellatur, quod ab arcu mittitur, sed et*
» *omne significatur quod manu cujusdam mittitur. Sequitur*
» *ergo ut lapis et lignum et ferrum hoc nomine conti-*
» *neatur....* (6). »

(1) Dig., L. XLIII, t. XVI. L. 3, § 2. De vi et de vi armatâ.
(2) Dig., L. L, t. XVI. L. 41. De verborum significatione.
(3) Dig., L. XLVII, t. II, L. 54, § 2. De furtis.
(4) Dig., l., XLVIII, t. V, L. 11, § 1. Ad legem Juliam de vi publicâ.
(5) Dig., L. L, t. XVI. L. 233, § 2. De verborum significatione.
(6) D. Justiniani Institutiones, L. IV, t. XVIII, § 5. De publicis judiciis.

Notre ancienne jurisprudence, interdisant le port d'armes, comprenait sous cette dénomination générale : les armes à feu, les dagues, épées, poignards, bâtons ferrés, balles de plomb au bout d'une courroie (frondes), non les simples bâtons, les cannes et les pierres (1).

Le Code Pénal de 1791 ne donnait aucune explication.

Les lois du 13 *floréal*, an XI, et du 19 *pluviôse*, an XIII, portaient : « Le délit sera réputé commis avec armes, lors-
» qu'il aura été fait avec fusils, pistolets et autres armes à
» feu, sabres, épées, poignards, massues, et généralement
» avec tous instrumens tranchans, perçans ou conton-
» dans. — Ne seront réputés armes les cannes ordinaires
» sans dard ni ferrement, les couteaux fermans et ser-
» vant habituellement aux usages ordinaires de la vie (2) ».

Le législateur de 1810, s'inspirant des dispositions de ces diverses législations, a écrit l'article 101, C. P., dont voici le texte :

ARTICLE 101. — *Sont compris dans le mot* armes, *toutes machines, tous instrumens ou ustens'ls tranchans, perçans ou contondans.*

Les couteaux et ciseaux de poche, les cannes simples, ne seront réputés armes qu'autant qu'il en aura été fait usage pour tuer, blesser ou frapper (3).

----

(1) Voy. : Ordonnances du 9 mai 1539, articles 1 et 5 ; — du 5 août 1560 ; — Édit du 20 octobre 1561, article 3 ; — Déclarations du 15 août 1563 ; — du 15 décembre 1679 ; — Ordonnances du 9 septembre 1700 et du 2 juillet 1716.

(2) Loi du 19 pluviôse, an XIII (8 février 1805), article 2.

(3) Voyez également l'article 314 , C. P., — l'Ordonnance du 23 mars

Cet article a été souvent contesté par les jurisconsultes et a donné naissance a de nombreuses controverses; les développements importants qu'elles nécessitent, ne nous permettent pas d'examiner ici ces débats des maîtres de la science; ce serait d'ailleurs nous écarter de notre sujet (1).

Question II. — On avait prétendu concilier l'article 100, C. P., avec la loi du 24 mai 1834, article 5 (2). A cet égard il s'engagea une discussion assez vive à la commis-

---

1728, page 883 du Code Tripier (grand format); — le Décret du 2 nivôse, an XIV (23 décembre 1805), article 1. — *Idem,* Code Tripier. —

(1) Voyez sur l'article 101 et les dispositions de l'ancien Droit : MM. Chauveau et Faustin Hélie, *Théorie du Code Pénal* t. II, p. 169 et suiv. ; — Carnot, *Commentaire sur le Droit Pénal*, I, p. 281 ; — Farinacius, Quæst. 108, n° 88 ; — Julius Clarus, Quæst. 82, in stat. 6, n° 4 ; — Merlin, *Répertoire de jurisprudence*, v. Rébellion, § 3, n° 16 ; — Bourguignon sur l'article 101.

Voyez encore : ARRÊTS de la Cour de Cassation des :

15 *floréal*, an XII,
13 *août* 1807,
7 *octobre* 1808,
3 *novembre* 1810,
9 *août* 1812,
20 *août* 1812,
3 *octobre* 1817,
30 *avril* 1824,
20 *octobre* 1831,
16 *février* 1832.

(2) LOI DU 24 MAI 1834, ARTICLE 5. — *Seront punis de la détention les individus qui, dans un mouvement insurrectionnel, auront porté soit des armes apparentes ou cachées, ou des munitions, soit un uniforme ou costume, ou autres insignes civils ou militaires. — Si les individus porteurs d'armes apparentes ou cachées, ou de munitions, étaient revêtus d'un uni-*

sion entre MM. Pataille, Chamaraule, Teste, Odilon Barrot
et Renouard. Les textes parurent pouvoir se consilier ;
néanmoins, la Cour de Cassation dans son

ARRÊT du 28 *septembre* 1849...... Sirey. 1849,
a déclaré que la loi du 24 mai 1834 *était spéciale, et dès
lors exclusive de l'application de l'article* 100, *C. P.*

La Cour de Cassation a même décidé que l'article 100,
C. P., ne pouvait s'appliquer aux crimes prévus par l'article 91, C. P., c'est-à-dire à l'attentat dont le but est
d'exciter à la guerre civile, ou de porter la dévastation,
le massacre et le pillage dans une ou plusieurs communes.

II

ARTICLE 213 (Liv. III, Tit I, Chap. III, Sect. IV, § 1er).—
En cas de rébellion avec bande ou attroupement, l'article 100
*du présent Code sera applicable aux rebelles sans fonctions
ni emplois dans la bande, qui se seront retirés au premier
avertissement de l'autorité publique, ou même depuis, s'ils
n'ont été saisis que hors du lieu de la rébellion, et sans nouvelle résistance et sans armes.*

— La loi des 7-9 juin 1848, sur les attroupements, contient une disposition analogue dans son article 4, § 3e :

*forme, d'un costume ou d'autres insignes civils ou militaires, ils seront
punis de la déportation. — Les individus qui auront fait usage de leurs
armes seront punis de mort.*

ARTICLE 4 ᵉ — *Néanmoins, il ne sera prononcé aucune peine, pour fait d'attroupement, contre ceux qui, en ayant fait partie, sans être personnellement armés, se seront retirés sur la première sommation de l'autorité.*

On a soutenu (1) que l'article 213 n'était point une redite de l'article 100. C'est selon la manière d'envisager la question. Si l'on a en vue le *fait* seul pour lequel, dans ces deux articles, l'exemption de peine est accordée, il est évident qu'il n'y a pas redite : l'article 100 s'occupe du fait de sédition, l'article 213 vise celui de rébellion. Si, au contraire, on ne considère que la disposition des deux articles, l'excuse qu'ils renferment, nul doute que l'article 213 soit une répétition de l'article 100. La preuve ressort des termes mêmes de l'article 213 : .... *l'article* 100 *du présent Code sera applicable aux rebelles....*, etc.

A notre avis, l'article 213 n'est qu'une redite de l'article 100 : la pensée du législateur a été de créer une excuse commune aux deux faits de sédition et de rébellion, faits très-distincts l'un de l'autre, quoique tendant parfois au même but.

— L'article 213 établit une excuse; cette vérité n'est pas contestée. La Cour de Cassation a plus d'une fois reconnu en cet article l'existence de l'excuse :

ARRÊTS des :

30 *août* 1832,	Bull.	n° 332,
2 *mai* 1833	—	n° 171,
14 *décembre* 1850	—	n° 421.

(1) M. A. Desjardins, *Théorie des excuses légales en Droit Pénal.*

Les explications que l'article 213 peut comporter, sont les mêmes que pour l'article 100 ; il est donc inutile de les reproduire. Nous nous bornerons seulement à quelques observations particulières à l'article 213.

Deux conditions sont requises pour l'admission de l'excuse :

1° Les individus, faisant partie des bandes ou attroupements, se seront retirés au premier avertissement de l'autotorité publique. » Il faut remarquer ces mots « *se seront reti-* » *rés* », reproduits par la loi du 7-9 juin 1848, car si la bande » ou l'attroupement *avait été* seulement dissipé, même après » la première sommation de l'autorité, même sans avoir » fait usage de ses armes, il y aurait une peine de un mois » à un an d'emprisonnement. » Ce raisonnement est faux, et M. Desjardins interprète mal la loi de 1848. Si l'attroupement *s'est dissipé*, dit cette loi dans le § 1er de son article 4 (1), l'attroupement s'est donc dissipé de lui-même et non par la force, qui n'agit qu'après la troisième sommation et après la deuxième si l'attroupement est armé.

De plus, le § 3° de l'article 4 de la loi de 1848 suppose évidemment que l'attroupement ne s'est pas dissipé.

---

(1) Loi de 1848, Article 4, § 1er. — *Si l'attroupement s'est dissipé après la première sommation et sans avoir fait usage de ses armes, la peine sera d'un mois à un an d'emprisonnement.*

— Il ne faut pas confondre les mots *se sont retirés* avec ceux-ci : *s'est dissipé;* quelques rebelles peuvent se retirer au premier avertissement de l'autorité bien que l'attroupement ne se soit pas dissipé ; ce sont ces rebelles qui bénéficieront seuls de l'excuse.

2° Les rebelles seront saisis hors du lieu de la rébellion, sans nouvelle résistance et sans armes.

— La disposition du paragraphe final de l'article 100 concerne-t-elle les rebelles excusés par l'article 213? En un mot, l'article 100 est-il applicable en entier à l'article 213? La résolution d'une telle question est très-importante. En effet, l'article 100 s'applique-t-il dans tout son entier à l'article 213, il en résulte nécessairement que les rebelles seront punis pour les crimes particuliers qu'ils auront personnellement commis, et pourront néanmoins être renvoyés, pour cinq ans et au plus jusqu'à dix, sous la surveillance spéciale de la haute police.

On pourrait peut-être se fonder, pour soutenir la négative, sur l'article 216, C. P. ainsi conçu : *Les auteurs des crimes et délits commis pendant le cours et à l'occasion d'une rébellion, seront punis des peines prononcées contre chacun de ces crimes, si elles sont plus fortes que celles de la rébellion.*

Il faut remarquer que l'article 216 ne sera appliqué que lorsque les peines du fait de rébellion seront plus faibles que celles encourues pour les crimes commis pendant le cours de la rébellion ou à son occasion; mais dès que les peines de la rébellion sont encourues, elles n'atteignent plus les rebelles mentionnés dans l'article 213, puisque, excusés pour fait de rébellion, ils ne seront passibles d'aucune des peines attachées à ce fait.

L'article 221 est le seul qui, dans le § 1er (Rébellion) de la Section IV (Liv. III, Tit. I, Chap. III, C. P.), prononce la peine de la surveillance de haute police. Et contre qui? Contre les chefs de la rébellion et tous ceux qui l'auront provoquée. Or, si le législateur, ordinairement trèsexplicite, garde le silence sur cette peine à l'égard des rebelles excusés par l'article 213, c'est évidemment parce qu'il a voulu s'en référer à l'article 100. Le législateur, en écrivant l'article 213, n'a-t-il eu en vue que le § 1er de l'article 100? Comment expliquer alors qu'il n'ait rien précisé et n'ait pas dit, par exemple : *L'article 100, § 1er, du présent Code sera applicable...*, etc.?

Ces derniers arguments nous paraissent décisifs, et nous déciderons que l'article 100, C. P., s'applique en entier à l'article 213. De là les conséquences énumérées plus haut et sur lesquelles il serait superflu de revenir.

Les auteurs de la *Théorie du Code Pénal* partagent notre opinion (1).

L'excuse ne concerne que les rebelles, et n'est point applicable à ceux qui ont provoqué la rébellion. « Cette » excuse, » dit la Cour de Cassation dans son

Arrêt du 4 *janvier* 1851. . . . . . Sirey, 1851, » est une exception toute personnelle aux rebelles, et ne » saurait s'étendre à ceux qui ont provoqué ce crime. » Par suite, si ces derniers demandent que la question » d'excuse soit posée au jury, la Cour peut et doit même » se refuser à la lui soumettre, puisque la réponse » qu'elle recevrait serait sans conséquence juridique. »

De ce que la disposition de l'article 213 ne s'applique qu'aux seuls rebelles n'ayant exercé ni fonctions, ni emplois dans la bande, il suit, disent MM. Chauveau et Faustin Hélie, que « le législateur n'a eu en vue que les

(1) V. leur ouvrage, t. II.

» réunions de plus de vingt personnes, qui peuvent être
» soumises à une sorte d'organisation, puisqu'il les qua-
» lifie, non plus de simples réunions, mais de bande ou
» d'attroupement, et qu'il y suppose des fonctions et des
» emplois (1) ». Est-ce bien exact ? Le mot *attroupement*
ne se réfère-t-il pas précisément à la *réunion armée* dont il
est parlé dans l'article 211 (2)? L'article 213 ne suppose pas
qu'il doive y avoir nécessairement des *chefs*, des fonctionnaires dans la bande ; il excepte de l'excuse les chefs de
bandes, dans le cas où ces réunions seraient ainsi constituées. D'ailleurs, ne peut-il pas y avoir des fonctions et
des emplois dans une bande de moins de vingt personnes?

Les mêmes auteurs soutiennent que l'attroupement de
l'article 213 ne doit pas être confondu avec celui dont il est
question dans les lois du 21 octobre 1789, du 3 août 1791,
du 10 avril 1831, du 7 juin 1848 et du 25 février 1852,
sous prétexte que ces lois ont un caractère essentiellement
politique, tandis que dans le système du Code il n'est
parlé que de l'attaque et de la résistance avec violence
et voies de fait envers les agents de l'autorité publique.

(1) *Théorie du Code Pénal*, t. III.

(2) ARTICLE 211 C. P. — *Si la rébellion a été commise par une réu-*
nion armée de trois personnes ou plus jusqu'à vingt inclusivement, la
peine sera la réclusion; s'il n'y a pas eu port d'armes, la peine sera un
emprisonnement de six mois au moins et de deux ans au plus.

— Le Code Pénal du 25 septembre — 6 octobre 1791, 2e part., tit. I,
sect. IV, art. 3, s'exprimait comme suit : « Lorsque ladite résistance
aura été opposée par plusieurs personnes réunies au-dessous du nombre de seize, la peine sera de quatre années de fers, si la résistance
est opposée sans armes; et de huit années de fers, si la résistance
est opposée avec armes. »

Nous croyons cependant que l'article 213 pose un principe général, et que, par suite, sa disposition s'étend à tous
les attroupements, politiques ou non. Outre cela, rien
n'empêche que la rébellion contre l'autorité publique, soit
faite dans un but politique. Enfin, l'article 8 de la loi du
10 avril 1831 commence ainsi : *Si l'attroupement a un
caractère politique;* n'est-ce pas dire clairement que cette
loi s'occupe non-seulement des attroupements politiques,
mais encore de tous autres attroupements ?

— La discussion de la loi du 24 mai 1834 (art. 5) (1)
avait soule' ' la question de savoir si l'article 213, C. P.,
était applicable aux individus qui auraient porté des armes
dans un mouvement insurrectionnel, et qui se seraient
retirés à la première sommation de l'autorité.

Nous avons déjà examiné ce point de droit à propos de
l'article 100; il n'est pas indifférent d'en reparler au sujet
de l'article 213.

Après une longue controverse, la solution fut abandonnée
à la jurisprudence. Mais voici ce que disait M. Siméon, en
rappelant à la Chambre des pairs la discussion de la
Chambre des députés : « Que l'on soit arrêté sur le lieu
» de l'insurrection ou après, on sera susceptible d'accusa-
» tion si l'on était en armes ; mais si l'on se retire sur la
» première sommation, on pourra invoquer la disposition
» du Code Pénal qui exempte de la peine. Si l'on ne s'est
» retiré que depuis, le jury décidera, d'après les défenses

(1) Voy. p. 121, note 2, le texte de l'article 5 de la loi de 1834.

» et les débats, si la retraite, quoique tardive, a été l'ef-
» fet d'une bonne intention ou seulement la suite d'une
» défaite, d'obstacles indépendants de la volonté. » Ainsi,
M. Siméon regarde l'application de l'article 213, au cas
prévu par la loi de 1834, comme conciliable avec le texte
de la loi. C'est aussi l'avis de MM. Chauveau et Faustin
Hélie (1). Selon eux, la disposition de l'article 213 est
générale, tout comme celle de l'article 100 ; il suffit que
la loi de 1834 n'y ait pas dérogé, pour que de plein droit
ces deux articles reçoivent leur application, dès que les
cas pour lesquels ils ont été créés se présentent. L'accusé
du crime de l'article 5 de la loi de 1834 (2), pourra donc réclamer la position d'excuse dans les termes des articles 100
et 213, C. P., pourvu que les diverses conditions énumérées dans ces articles, coexistent et soient établies.

Toutefois, un ARRÊT de la Cour de Cassation du
     5 novembre 1855. . . . . Bull. n° 356,
n'a pas adopté cette solution, et déclare que les faits prévus
par l'article 5 de la loi de 1834, ne sont pas du ressort de
l'article 100 et par conséquent de l'article 213.

(1) *Théorie du Code Pénal*, t. III.
(2) Voyez p. 121, note 2, le texte de l'article 5 de la loi du 24
mai 1834.

SECTION III.

SOMMAIRE

Excuse en faveur du ravisseur épousant la fille enlevée.
ARTICLE 357.

Maxima debetur puero reverentia : et quid
Turpe paras, ne tu pueri contempseris annos.
JUVÉNAL *Satire* XIV, V. 37.

ARTICLE 357 (Liv. III, Tit. II, Chap. I, Sect. VI, § 2e).
— *Dans le cas où le ravisseur aurait épousé la fille qu'il a*
enlevée, il ne pourra être poursuivi que sur la plainte des
personnes qui, d'après le Code civil, ont le droit de demander
la nullité du mariage, ni condamné qu'après que la nullité
du mariage aura été prononcée.

Les peines les plus sévères, dans toutes les législations,
furent portées contre les ravisseurs.

La loi romaine les envoyait au dernier supplice, « *ultimo*
» *supplicio puniuntur,* — *capitis supplicio damnantur* », et
leurs biens étaient confisqués (1). La simple tentative d'en-

---

(1) Dig., L. XLVIII, t. VI. L. 5, § 2. Ad legem Juliam de vi publicâ.
Cod., L. IX, t. XIII, L. unica. De raptu virginum.
— L. I, t. III. L. 54. De episcopis.

lèvement et l'attentat à la pudeur faisaient encourir le même châtiment (1).

Solon, moins rigoureux, punissait le ravisseur par la bourse en le condamnant à payer dix drachmes d'or.

« Ἐάν τις ἁρπάσῃ ἐλευθέραν γυναῖκα, καὶ βιάζηται, ζημίαν δέκα » δραχμὰς ταξάσθω. »

Νόμος π (2).

Nos anciennes lois criminelles infligeaient la peine de mort au ravisseur d'une *religieuse*, d'une *femme veuve* et d'une *vierge*. Si la femme enlevée était *honnête* et *de bonnes mœurs*, le coupable perdait la vie ; si elle était *déshonnête, vilaine, abandonnée,* si, *non mariée elle consentait au rapt,*

---

(1) Cod., L. 1, t. 111. L. 5. De episcopis.
Vide praeterea de raptu :
Justiniani Novellae Constitutiones. Nov. CXLIII. De muliere rap-
tum passâ.
— — — Nov. CL. De eâ quae raptori suo
nubit.
— — — Nov. CXXIII. De sanctissimis
episcopis... C. XLIII. *De rap-*
toribus sanctimonialium.
Leonis Novellae Constitutiones. Nov. XXXV. De raptoris virginis,
eorumque...
— — — Nov. LXX. De grassationibus.
Cod., Lv, t. iv. L. 6 *(In Authent...).* De incestis et inutilibus nuptiis.
Justiniani Novellae Constitutiones. Nov. XII. De incestis et ne-
fariis nuptiis. C. t. *De incestis et nefariis nuptiis.*

(2) Si quelqu'un a enlevé une femme honnête et l'a violée, qu'il soit condamné à payer dix drachmes d'or (Σόλωνος Ἀθηναίων ἄρχοντος ἀξόνικοι νόμοι), — *Jurisprudentia vetus,* Pardulpho Prateio collectore et interprete. (Anno 1559).

le ravisseur restait impuni; était-elle mariée et non consentante, il subissait la peine suprême.

Les lois canoniques (1) châtiaient le ravisseur en interdisant son mariage avec la femme qu'il avait ravie, en l'excommuniant lorsque la femme était honnête et mariée; en ce cas même l'excommunié pouvait perdre ses *bénéfices*.

De nos jours, le Code Pénal punit les ravisseurs, suivant les cas, de la réclusion, des travaux forcés à temps ou même d'un simple emprisonnement qui ne peut dépasser cinq ans (articles 354, 355, 356, C. P.) (2). Mais le législa-

---

(1) On sait que la France était anciennement régie par trois législations différentes : le Droit Romain, les Ordonnances Royales et les Coutumes. Ces dernières étaient en si grand nombre dans le Nord que Voltaire a pu dire : « Lorsqu'un homme voyage en France, il change » de lois presque autant qu'il change de cheval. » — Les lois de l'Église, dont quelques-unes étaient également observées dans notre pays, formaient une quatrième espèce de droit, connue sous le nom de *Droit canonique*. Ce droit, pris dans son sens général, est un ensemble de préceptes tirés de l'Écriture sainte, des conciles, des décrets ou constitutions des papes, et enfin des sentiments des Pères de l'Église. Il a principalement pour objet d'établir la discipline de l'Église et la règle de sa foi. On l'appelle *canonique*, du mot *canon*, qui signifie *règle*.

(2) ARTICLE 354. — *Quiconque aura, par fraude ou par violence, enlevé ou fait enlever des mineurs, ou les aura entraînés, détournés ou déplacés, ou les aura fait entraîner, détourner ou déplacer des lieux où ils étaient mis par ceux à l'autorité ou à la direction desquels ils étaient soumis ou confiés, subira la peine de la réclusion.*

Cet article a été puisé dans l'article 31 du Code Pénal du 25 septembre — 6 octobre 1791, 2º part., tit. II, sect. IV ;

ARTICLE 31 : « Quiconque aura été convaincu d'avoir, par violence et à l'effet d'en abuser ou de la prostituer, enlevé une fille au-dessous de quatorze ans accomplis, hors de la maison des personnes sous la

teur s'est montré indulgent envers ces coupables, en créant en leur faveur l'article 357.

Cet article s'applique-t-il à tous les cas d'enlèvement? MM. Chauveau et Faustin Hélie (1) et M. Legraverend (2) n'en doutent pas. Nous ne sommes pas de leur avis. D'abord il est certain que l'article 357 ne vise que les enlèvements de mineurs, sinon, pourquoi cette rubrique du § 2ᵉ (Sect. VI, Chap. I, Tit. II, Liv. III, C. P.) : ENLÈVE-MENT DE MINEURS? Ensuite, l'enlèvement de l'article 357 ne peut être opéré que par un homme, puisque mariage s'ensuit.

Notre solution, du reste, est confirmée par la Cour de Cassation,

ARRÊT du 8 *avril* 1858...... Bull. nº 117.

M. Legraverend dit avec raison peut-être, mais assez étour-diment que « l'article prohibitif du Code Pénal se rapporte » *bien évidemment* à l'article précédent, où il est question d'une » fille au-dessous de seize ans et d'un ravisseur au-dessous » de vingt et un. » Mais alors l'article 357 ne s'applique pas à tous les cas d'enlèvement? Et nous savons que telle n'est pas l'opinion du célèbre jurisconsulte. En outre, l'article 356 distingue très-nettement deux cas :

puissance desquelles est ladite fille, ou de la maison dans laquelle lesdites personnes la font élever ou l'ont placée, sera puni de la peine de douze années de fers. »

ARTICLE 355. — *Si la personne ainsi enlevée ou détournée est une fille au-dessous de seize ans accomplis, la peine sera celle des travaux forcés à temps.*

Voyez à la page suivante le texte de l'article 356.

(1) *Théorie du Code Pénal*, t. IV.

(2) *Traité de législation criminelle*, t. 1.

1° Quand le ravisseur est majeur de 21 ans; 2° quand le ravisseur est mineur de 21 ans.

ARTICLE 356. — *Quand la fille au-dessous de seize ans aurait consenti à son enlèvement ou suivi volontairement le ravisseur, si celu ... 'ait mageur de vingt-un ans ou au-dessus, il sera cor ... é aux travaux forcés à temps.*

Si le ravisseur n'avait pas encore vingt-un ans, il sera puni d'un emprisonnement de deux à cinq ans.

— Dans l'hypothèse prévue par l'article 357, le ravisseur devenu l'époux de la fille enlevée, ne peut être poursuivi que sur la plainte des personnes qui, d'après le Code Civil (1), ont le droit de demander la nullité du mariage, et condamné qu'après que la nullité du mariage aura été prononcée. Donc, quand le mariage a suivi l'enlèvement, et tant que la nullité du mariage n'est pas prononcée, le ravisseur échappe à toute pénalité.

— L'article 357 pose une règle et une exception : la règle c'est l'excuse; ces mots « *il ne pourra être poursuivi que sur la plainte* », etc..., constituent l'exception.

Les poursuites ne pourraient pas commencer dans le cas où, sans porter plainte, les personnes désignées par l'article 357 auraient demandé la nullité du mariage; car le texte dit *sur la plainte;* et on pourrait invoquer contraire-

(1) Voy. *Code Civil.* Liv. I, Tit. V, Chap. IV, DES DEMANDES EN NULLITÉ DE MARIAGE. Articles 180 à 202.

Les personnes qui pourront demander la nullité du mariage seront parfois les époux, et ordinairement leurs parents, le conseil de famille et le ministère public.

ment cette considération : c'est que l'intérêt des familles, auquel la loi paraît subordonner l'action publique, pourrait se trouver compromis par une poursuite criminelle qu'une plainte n'aurait pas provoquée.

L'action ne pourrait pas davantage être mise en mouvement après que la nullité du mariage aurait été prononcée, parce que la loi n'autorise l'exercice de l'action publique que sur la plainte même des personnes qui ont le droit de demander la nullité du mariage.

Entrons dans les détails et examinons les opinions des auteurs. La dernière phrase qu'on vient de lire étonne au premier abord. Comment l'exercice de l'action publique peut-il être subordonné à l'exercice de l'action privée ? Comment le sort du coupable peut-il dépendre du parti que prendra telle ou telle personne ayant droit de demander la nullité d'un contrat ? Si l'on ne consultait que la justice absolue, il en serait tout autrement. Le mariage ultérieur n'efface pas la faute. Ne dites pas : La loi me justifie, car j'épouse après avoir enlevé. La loi repousse un pareil mode de procéder au mariage.

Mais les motifs d'intérêt social font taire la loi répressive. Un mariage a été conclu. S'il a été célébré régulièrement, si le consentement des conjoints est libre, si les personnes dont le consentement est requis l'ont donné, si toutes les conditions de fond et de forme ont été rigoureusement observées, la loi s'abstient de frapper, parce que la répression serait plus funeste que l'indulgence. Que désire le législateur ? Le maintien et la bonne harmonie de la société conjugale qui vient de se former. « La peine » qui serait prononcée contre le coupable, disait très-bien

» l'orateur du gouvernement, rejaillirait sur la personne
» dont il a abusé, et qui, victime innocente de la faute de
» son époux, serait réduite à partager sa honte. »

Mais ce mariage est-il annulable? L'intérêt social se
déplace. Le législateur ne voit plus du même œil cette
société fragile, qui peut s'écrouler au souffle des volontés
individuelles.

Je suppose que le père de la jeune fille, appuyé sur un
texte du Code Civil, vienne demander la nullité du mariage ; l'intérêt de la famille est de briser le contrat. La
loi criminelle attend encore une plainte spéciale. Ce dernier point, dont nous avons déjà parlé, est controversé.

M. Mangin (1) se demande « quels motifs aurait eus la
» loi pour subordonner les poursuites à la dénonciation
» des parties qui ont fait annuler le mariage. » MM. Chau-
» veau et Faustin Hélie (2) répondent par une distinction.

L'article 357 permet l'exercice de l'action publique dans
deux cas, d'après ces auteurs :

1° Quand la nullité du mariage est prononcée. Dès lors,
entre le ravisseur et sa victime tout est rompu : *le mariage n'existant pas,* le ministère public a le droit de
requérir l'application des articles 354, 355 et 356 du Code
Pénal (3).

2° Quand la nullité du mariage est simplement demandée, auquel cas le ministère public a le droit de poursuivre
sur la plainte des demandeurs.

(1) *Traité de l'action publique.*
(2) *Théorie du Code Pénal,* t. IV.
(3) Voy. p. 132, note 2, et p. 134, le texte des articles 354, 355
et 356.

Cette théorie semble fausse. On lit, en effet, dans l'*exposé des motifs* du Code : « Il ne suffit pas, pour que
» l'époux puisse être poursuivi criminellement, que la
» nullité du mariage ait été demandée ; il faut encore
» qu'en effet le mariage soit déclaré nul. » Rien de plus
formel. D'ailleurs la distinction que font les auteurs de la
Théorie du Code Pénal, n'est pas dans l'article 357. Quand
le ravisseur peut-il être condamné ? *Après que la nullité du
mariage a été prononcée,* nous dit simplement la loi. Mais
alors, quand pourra-t-il être poursuivi ? Sur *la plainte* de
certaines personnes. Ici j'arrive à la théorie de M. Mangin,
que je repousse également. Le texte ne confond pas la
plainte et l'action en nullité.

Les tribunaux ont annulé le mariage, et pourtant le
ministère public doit encore attendre une plainte privée.
Le législateur a sans doute pensé que les parties intéressées redoutaient, même après avoir intenté l'action en
nullité, même après avoir obtenu l'annulation, le scanda-
leux éclat d'un débat criminel. Résolu de tout sacrifier,
dans cette matière, à l'intérêt de la victime et de sa famille, il s'abstient de mettre en mouvement l'action
publique.

MM. Chauveau et Faustin Hélie pensent que si l'article
357 subordonne la poursuite à la plainte, c'est qu'il suppose l'existence du mariage, mais que cette exception
s'efface à la dissolution du mariage. M. Faustin Hélie, du
reste, professe une autre opinion dans son *Traité de l'Instruction criminelle;* il avoue que le texte est formel, et
qu'il peut y avoir un grand intérêt à empêcher la poursuite
d'un rapt suivi d'un mariage, même annulé. « La loi, disait

Cambacérès, dans la séance du 12 novembre 1808, ne
déroge pas à sa dignité en remettant, lorsque les familles
sont d'accord, une peine qu'elle n'établit que dans l'intérêt des familles. »

Carnot croit que les poursuites criminelles pourraient
commencer avant la fin du procès civil, « ce qui est fondé
» sur ce que, pendant l'instance en nullité, les preuves
» pourraient dépérir (1). » M. A. Blanche répond « qu'il ne
» faudrait pas conclure des termes de l'article 357 que
» les poursuites peuvent commencer aussitôt que la plainte
» a été déposée, sauf à surseoir à la condamnation, jus-
» qu'à ce que la nullité du mariage ait été prononcée. Il
» est vrai, poursuit le même auteur, que si l'on prenait à
» la lettre les termes de l'article 357, cette question de-
» vrait être résolue affirmativement. Mais évidemment
» ces termes ne rendent pas la pensée qu'a eue le législa-
» teur en les écrivant (2). »

M. Mangin ajoute que : « l'action publique n'ayant
» d'autre objet que l'application des peines, cette action
» ne peut s'exercer tant qu'il est incertain si le fait est ou
» non puni par la loi. Or, le principe de l'article 357 est
» que le ravisseur qui a épousé la fille enlevée, soit à
» l'abri de toute poursuite. Ce principe ne cède que
» devant un jugement qui annule le mariage (3). »

(1) *Commentaire du Code Pénal*, t. II.
(2) *Études pratiques sur le Code Pénal*, t. V.
(3) *Traité de l'action publique et de l'action criminelle*, t. I, p. 312.
— C'est l'opinion de M. P.-E. Vigneaux, à son Cours de Droit Pénal
(1872-1873) professé à la Faculté de Droit de Bordeaux. *(De l'action*

Nous adoptons entièrement cette opinion.

Quand le mariage a été contracté au mépris des articles 144, 147, 161, 162 et 163 du Code Civil (1), le ministère

publique et de l'action civile.) « Pour que le ravisseur puisse être pour-
» suivi, il faut d'abord que la nullité du mariage soit prononcée, en-
» suite qu'une plainte soit portée par ceux qui en ont le droit d'après
» le Code Civil. — La nullité du mariage constitue ici une question
» préjudicielle à l'action qui ne pourra être mise en mouvement que
» sur la plainte des personnes intéressées. »

(1) ARTICLE 144. — *L'homme avant dix-huit ans révolus, la femme
avant quinze ans révolus, ne peuvent contracter mariage.*

ARTICLE 147. — *On ne peut contracter un second mariage avant la dissolution du premier.*

ARTICLE 161. — *En ligne directe, le mariage est prohibé entre tous les
ascendans et descendans légitimes ou naturels, et les alliés dans la même
ligne.*

ARTICLE 162. — *En ligne collatérale, le mariage est prohibé entre le
frère et la sœur légitimes ou naturels, et les alliés au même degré.*

ARTICLE 163. — *Le mariage est encore prohibé entre l'oncle et la nièce,
la tante et le neveu.*

DÉLIBÉRATION du Conseil d'État du 7 mai 1808, et DÉCISION de Sa
Majesté sur le mariage du grand-oncle avec la petite-nièce.

« Le Conseil d'État, ayant délibéré dans sa séance du 23 avril 1808,
d'après le renvoi de Sa Majesté, sur le rapport du grand-juge, ministre de la justice, tendant à faire décider la question de savoir si le
mariage est permis entre le grand-oncle et la petite-nièce : — Sa Majesté impériale et royale a rendu la décision suivante : — « Le mariage
entre un grand-oncle et sa petite-nièce ne peut avoir lieu qu'en conséquence de dispenses accordées conformément à ce qui est prescrit
par l'article 164 du Code. »

L'ancien article 164 disait : « Néanmoins, il est loisible au Roi de
lever, pour des causes graves, les prohibitions portées au précédent
article. » — (L'article 163 n'a pas changé depuis le 31 mars 1804,
époque de la promulgation du Code Civil. Il a été abrogé par la loi
du 16 avril 1832).

ARTICLE 164. — *Néanmoins, il est loisible au Roi* (actuellement

public peut lui-même former la demande en nullité (1).
Peut-il agir d'office contre le ravisseur après l'annulation
prononcée? Nous ne le croyons pas : ceux-là seuls peuvent
porter *plainte* qui sont en position de mesurer les périls ou
les avantages de la poursuite, et de consulter l'utilité
réelle de la mineure (2).

— S'il y avait un complice dans l'enlèvement, l'excuse
lui serait-elle applicable comme au ravisseur? Oui, dirons-
nous, l'excuse n'est point personnelle à ce dernier (3). C'est
le mariage même, contracté à la suite du rapt, que la loi a
voulu protéger.

La Cour d'Assises de la Seine dans son

ARRÊT du 26 *mars* 1834...... Sirey, 1834 2 276,

au Chef de l'État), *de lever, pour des causes graves* (ainsi dans le cas où
des enfants naturels seraient issus du beau-frère et de la belle-sœur
devenue veuve, de même de l'oncle et de la nièce, de la tante et du
neveu), *les prohibitions portées par l'article* 162 *aux mariages entre
beaux-frères et belles-sœurs, et par l'article* 163 *aux mariages entre l'oncle
et la nièce, la tante et le neveu.*

— Voy. M. Ch. Demangeat, *Cours élémentaire de Droit Romain*,
t. II, p. 249 et suiv.

(1) ARTICLE 184, C. C. — *Tout mariage contracté en contravention
aux dispositions contenues aux articles* 144, 147, 161, 162 *et* 163, *peut
être attaqué soit par les époux eux-mêmes, soit par tous ceux qui y ont
intérêt, soit par le ministère public.*

(2) Voy. M. Faustin Hélie, *Instruction criminelle*, t. III, p. 115.

(3) Il n'en était pas de même dans la législation romaine. Les
complices du rapt encouraient la même peine (la mort et la confiscation des biens) que l'auteur principal.

— Le mariage de la femme enlevée, avec le ravisseur, était prohibé,
et les parents qui avaient donné leur consentement à cette union ou
l'avaient favorisée, étaient impitoyablement punis de la déportation
et de l'exil. — Voy. les lois citées p. 130, note 1, et p. 131, note 1.

avait jugé « que l'exemption introduite en faveur du ravis-
» seur ne pouvait s'étendre jusqu'au complice. » M. Faustin Hélie (1) a très-justement critiqué cet arrêt, en montrant
que la loi, dans notre matière, avait entendu déroger aux
règles ordinaires de la complicité. S'agit-il ici d'un privilége personnel attaché à la qualité du ravisseur? Non, sans
doute; bien que la base de l'excuse absolutoire soit dans
le mariage valable, c'est-à-dire quoique le mariage soit
le fait « qui tout en laissant subsister un certain fond de
» culpabilité, a pour conséquence une diminution et quel-
» quefois même une exemption totale de peine », la loi
veut avant tout étouffer le scandale et voiler le crime;
son but est manqué, si le ministère public poursuit les
complices du rapt.

Un ARRÊT de la Cour de Cassation du
2 octobre 1852. . . . .   Bull. n° 335,

confirme notre opinion. Cet arrêt dispose que l'exemption
établie par l'article 357 n'est point une excuse personnelle au ravisseur; que c'est l'union conjugale dont le rapt
a été suivi, que la loi a voulu surtout sauvegarder, puisqu'elle ne permet l'exercice de l'action criminelle qu'après la
nullité du mariage prononcée; que cette disposition s'applique non-seulement à l'auteur principal, mais encore au
complice de l'enlèvement, puisque toute poursuite relative
au fait qui a précédé le mariage, même restreinte aux
seuls complices, aurait pour résultat nécessaire d'affaiblir
le respect qui lui est dû, et de porter le trouble dans la

___

(1) *Instruction criminelle,* t. III.

famille; que la loi, dans une mesure d'ordre général, a subordonné, dans cette circonstance, l'intérêt de la répression du crime à l'intérêt de la stabilité et de l'union de la famille.

SECTION IV

SOMMAIRE

Excuse en faveur des parents qui ont recélé ou fait recéler un des leurs coupable de crimes.

Article 248, § 2.

ARTICLE 248 (Livre III, Tit. I, Chap. III, Sect. IV, §4e). — *Ceux qui auront recélé ou fait recéler des personnes qu'ils savaient avoir commis des crimes emportant peine afflictive seront punis de trois mois d'emprisonnement au moins et de deux ans au plus.*

Seront exceptés de la présente disposition les ascendans ou descendans, époux ou épouse même divorcés, frères ou sœurs des criminels recélés, ou leurs alliés au même degré.

L'article 248 (§ 2e) crée une excuse fondée sur les sentiments de la nature, excuse que l'humanité a dictée, et que la justice la plus rigoureuse ne peut désavouer.

Tous les jurisconsultes s'expliquant sur ce texte ont admis l'excuse, mais lui ont accordé plus ou moins de développement et d'effet.

— La loi romaine ne voyait dans le recel des coupables par les parents qu'une excuse atténuante : « *Eos, apud quos* » ADFINIS, *vel* COGNATUS *latro conservatus est : neque absol-* » *vendos, neque severè admodum puniendos : non enim par* » EST EORUM DELICTUM, *et eorum qui nihil ad* SE PERTI- » NENTES *latrones recipiunt.* (1) »

M. Muyart de Vouglans approuvait entièrement la décision de la loi romaine ; nous goûtons singulièrement l'opinion de ce criminaliste. Néanmoins le texte est formel.

Notre ancienne jurisprudence n'établissait également qu'une excuse atténuante. « Les proches parents, nous dit » Jousse, qui retirent chez eux les voleurs, sont excu- » sables, si d'ailleurs ils ne sont pas participants à leurs » vols, parce qu'alors ils sont présumés leur donner » retraite pour les garantir et mettre à couvert des » poursuites de la justice : aussi ils doivent être punis » moins sévèrement que les autres recéleurs, car c'est une » maxime constante que les lois relâchent de leur sévérité, » quand elles sont offensées par un motif de charité ins- » piré par la nature. (2) »

Cependant un arrêt du 17 *décembre* 1550 assimilait les parents coupables de recel aux autres recéleurs, lorsqu'ils avaient caché chez eux « des subiects condamnez...... au » supplice de mort, ou autres grandes peines corporelles, » ou bien bannys du Royaume. »

Le législateur de 1810, plus généreux, accorde une excuse absolutoire.

(1) Dig., L. XLVII, t. XVI. L. 2. De receptatoribus.
(2) *Instruction criminelle.*

Le fils qui recèle son père, la femme qui recèle son mari coupable d'une peine afflictive, ont toujours tort aux yeux de la loi. Mais le législateur ne veut pas frapper ce coupable : l'utilité sociale ne réclame pas cette répression. Un des buts de la peine, c'est l'intimidation : la société redoute le danger de l'imitation par l'entraînement du mauvais exemple. Ici comment atteindre ce but ? Quelle loi répressive empêchera le fils de vouloir sauver la vie ou la liberté de son père ? La menace est impuissante.

L'exposé des motifs au Corps législatif était ainsi conçu : « Vous applaudirez encore à l'exception qui est » portée en faveur des plus proches parents. *Ils ne sont* » *point coupables* pour avoir obéi au sentiment de la » nature, qui leur prescrit le devoir de l'hospitalité envers » le malheureux qui tient à eux par des liens toujours » respectables, et que la société a trop d'intérêt de res- » serrer de plus en plus pour pouvoir jamais les mécon- » naître. » La loi romaine disait mieux : « *Non par est* *corum delictum.* »

L'article 248 (§ 2ᵉ) s'appliquera quelle que soit la nature des crimes emportant peine afflictive. Aux termes de l'article 4 de la loi du 24 brumaire, an VI (14 novembre 1707) : *Tout habitant de l'intérieur de la République* *convaincu d'avoir recélé sciemment la personne d'un déser-* *teur ou réquisitionnaire, ou d'avoir favorisé son évasion,* *ou de l'avoir soustrait d'une manière quelconque aux pour-* *suites ordonnées par la loi, sera condamné, par voie de po-* *lice correctionnelle, à une amende qui ne pourra être moindre*

de 300 *francs ni excéder* 3,000 *francs* (1), *et à un empri-*
sonnément d'un an.

L'emprisonnement sera de deux ans, si le déserteur ou
réquisitionnaire a été recélé avec armes et bagages, etc...

Si le recéleur est une des personnes désignées par l'article 248 (§ 2ᵉ) C. P., je vois là un cas d'excuse absolutoire. Peu importe la spécialité de la loi du 24 brumaire,
an VI : le texte du Code Pénal est absolu et n'admet pas
d'exception.

Un avis du Conseil d'État du 28 *avril* 1809, approuvé
par le Chef de l'État le 14 *mai* de la même année, déclarait sans doute les peines infligées aux recéleurs des cons-
crits réfractaires ou déserteurs, applicables aux pères qui
donnent asile à leurs enfants. Mais cet avis est antérieur à
la promulgation du Code Pénal.

La Cour d'appel de Bruges,

ARRÊT du 29 *août* 1812,

reconnaissait donc avec raison qu'un père ne peut être
déclaré coupable du recel de son fils déserteur, et c'est à
tort que la Cour suprême a cassé ce jugement par un

ARRÊT du 7 *novembre* 1812.

Est-il absolument nécessaire que les parents ou alliés
du criminel le recèlent chez eux ? Je ne le crois pas ; ces
mots « *ou fait recéler* », qu'emploie la loi, permettent de décider le contraire. (Et il est bien évident que le § 2ᵉ de

_____

(1) Plus tard, le *maximum* de l'amende fut fixé à 1,500 francs et
le *minimum* à 500 francs, par la loi du 17 ventôse, an VIII
(16 mars 1800).

l'article 248, par cette expression : « Seront exceptés de la *présente disposition*..... », comprend la disposition tout entière du § 1ᵉʳ). Donc peu importe, dans le cas de l'article 248 ᵇ, que les personnes qu'il mentionne aient elles-mêmes recélé le criminel ou l'aient fait recéler.

Ces derniers termes supposent inévitablement une intervention étrangère. Des tiers, de connivence avec les parents ou alliés ou sur leurs instances, ont sciemment recélé l'auteur du crime : leur action est coupable et la loi ne peut la laisser impunie. Mais ces tiers sont-ils des coauteurs ou des complices? Y a-t-il *connexité* ou *complicité* dans l'action commune qui vient de s'accomplir? Telle est la question qui depuis longtemps a toujours divisé les jurisconsultes, et sur laquelle la jurisprudence ne s'est pas formellement prononcée. Cette question, il faut en convenir, est très-délicate et assurément l'une des plus difficiles du Code Pénal. Loin de nous la pensée d'entrer ici dans les détails : toute discussion demanderait des développements considérables sur un point de droit aussi controversé et dont l'examen rentre plutôt dans le domaine de la complicité.

Voici cependant notre opinion : dans l'espèce prévue, il n'y a qu'un seul délit commis par plusieurs agents; or, telles sont les conditions essentielles de la complicité. En conséquence, les tiers qui ont participé au délit, sont des complices. Bénéficieront-ils de l'exemption de peine accordée par l'article 248 (§ 2ᵉ)? Non, l'excuse, dans notre hypothèse, affecte la culpabilité *individuelle* de l'auteur, c'est-à-dire est personnelle aux parents et alliés. Coupables de recel, les tiers auront encouru la peine de l'article

248 (§ 1er), à savoir : trois mois d'emprisonnement au moins et deux ans au plus.

— Le seul fait de procurer à un coupable le moyen de se soustraire à la justice, sans lui donner un asile ou un refuge, ne tombe pas sous l'application de l'article 248 :

ARRÊT de la Cour de Cassation du
27 *juillet* 1867. . . . . Sirey, 1868 1 45 (1).

De là cette conséquence : que nul ne pourra invoquer l'excuse de l'article 248 (§ 2e) s'il n'a qu'aidé un des siens, auteur d'un crime emportant peine afflictive, à échapper à la justice, sans l'avoir recélé ou fait recéler. Par suite la loi déjà citée du 24 brumaire, an VI, ne fait bénéficier de l'exemption de peine que ceux qui ont recélé le déserteur ou réquisitionnaire,

Observons que la loi de brumaire, an VI, après avoir dit : « Tout habitant convaincu d'avoir recélé, » n'ajoute pas comme l'article 248, C. P., « ou d'avoir *fait recéler.* » D'où l'on doit conclure que le parent ou allié d'un déserteur ou d'un réquisitionnaire, qui l'aura seulement fait recéler, ne pourra se prévaloir de l'excuse établie par l'article 248e. D'ailleurs l'interprétation des lois pénales est de droit étroit, et il n'est pas permis d'étendre leurs dispositions par analogie.

— La Cour de Cassation a considéré qu'il n'était pas nécessaire que la culpabilité du recélé eût été légalement

(1) On peut encore, dans le même sens, tirer argument du texte même de la loi. En effet, le mot *recélé* de l'article 248 implique nécessairement l'action de cacher le criminel pour le préserver des poursuites judiciaires.

proclamée, mais qu'il ne suffisait pas qu'elle fût notoire, qu'elle devait encore être personnellement connue du recéleur.

Il ne faudrait point voir dans l'article 248 (§ 1er) et par conséquent dans le § 2e, un cas de complicité. Ainsi, non-seulement les étrangers mais les ascendants ou descendants, époux ou épouse, frères ou sœurs ou alliés au même degré des criminels recélés par eux, ne sont pas leurs complices. Si des faits (art. 62, 380 2o, C. P.) (1), postérieurs au délit, sont assimilés par la loi à la complicité, d'autres, bien que restant parfois impunis à l'égard de certaines personnes, constituent des délits *sui generis*. Dans cette dernière catégorie on peut placer l'article 248, de même qu'on y rangera le recel du cadavre d'une personne homicidée (art. 359, C. P.); les actes ayant pour effet de faciliter ou procurer l'évasion de détenus (art. 237 et suivants, C. P.); le faux témoignage, soit en faveur des inculpés, prévenus ou accusés, soit contre eux (art. 361 et suivants, C. P.).

« Il ne faut pas aller au-delà des textes, dit M. Vi-
» gneaux, si ces faits *ne sont pas des cas de complicité,*
» ils peuvent quelquefois être coupables. La loi les consi-
» dère alors comme d'autres délits (2) ». Et l'éminent

---

(1) ARTICLE 62. — *Ceux qui sciemment auront recélé, en tout ou en partie, des choses enlevées, détournées ou obtenues à l'aide d'un crime ou d'un délit, seront aussi punis comme complices de crime ou délit.*

Voy. Sect. VII, le texte de l'article 380, § 2e.

(2) M. P.-E. Vigneaux, à son Cours de Droit Pénal (1872-1873) professé à la Faculté de Droit de Bordeaux. (*De la complicité.*)

professeur cite comme exemples les articles 248, 359, 237, 361, C. P., dont nous venons de parler.

Au reste, nous répéterons ici ce qui a été dit plus haut : l'existence de la complicité nécessite celle d'un délit unique commis par plusieurs agents. Mais que trouve-t-on dans l'hypothèse de l'article 248 ? Deux délits parfaitement distincts et ayant chacun son agent particulier.

Conclusion : l'article 248 n'établit point un cas de complicité.

L'article 248 est d'une clarté trop grande pour que nous prolongions ces explications. Nous ne ferons qu'une simple remarque. On ne conçoit guère pourquoi la loi punit le recel du coupable non détenu, alors que les actes ayant pour but de procurer sa fuite ne sont passibles d'aucune peine. Le résultat est pourtant identique dans les deux cas, car, d'un côté comme de l'autre, on se propose de mettre le criminel à l'abri de tout châtiment, en le dérobant aux investigations judiciaires. A notre avis, ceux qui favorisent la fuite sont même plus coupables que les recéleurs. Que le fugitif passe en pays étranger, le voilà hors des atteintes de la justice (1); tandis qu'elle pourra tou-

---

(1) Toutefois le criminel réfugié ne sera point en sûreté dans tous les pays indistinctement, car la remise peut en être demandée par notre gouvernement aux gouvernements étrangers avec lesquels il existe des traités d'extradition. — Voy. à cet égard les **Conventions** conclues entre la France et les États de la Confédération Helvétique (18 *juillet* 1828);

— — la Belgique (22 *novembre* 1834);
— — la Sardaigne (23 *mai* 1838);
— — la Gde-Bretagne (13 *février* 1843);

jours le rechercher, s'il n'est que recélé, et finira tôt ou tard par le découvrir.

Enfin il y a lieu de s'étonner que l'excuse de l'article 248 (§ 2°) n'ait pas été étendue aux faits d'évasion.

entre la France et le duché de Lucques (10 *novembre* 1843);

— — les États-Unis d'Amérique (9 *novembre* 1843);

— — le grand-duché de Bade (27 *juin* 1844);

— — les Pays-Bas (7 *novembre* 1844);

— — le Royaume des Deux-Siciles (14 *juin* 1845);

— — la Prusse (21 *juin* 1845);

— — le grand-duché de Mecklembourg-Schwérin (26 *janvier* 1847);

— — le grand-duché d'Oldenbourg (6 *mars* 1847);

— — la Sardaigne (9 *octobre* 1820);

— — la Bavière (9 *mai* 1827);

— — les Pays-Bas (2 *octobre* 1821);

— — la Prusse (25 *juillet* 1828);

— — les États-Unis d'Amérique (24 *juin* 1822).

SECTION V

—

SOMMAIRE

Excuse en faveur de la femme adultère dans le cas où le mari a entretenu une concubine dans la maison conjugale.

ARTICLES 336, 339.

—

Incorrupta mei conserva fædera lecti.
PROPERCE. L. IV, Élégie III, v. 69.

ARTICLE 336 (Liv. III, Tit. II, Chap. I, Sect. IV). — *L'adultère de la femme ne pourra être dénoncé que par le mari; cette faculté même cessera s'il est dans le cas prévu par l'article 339.*

ARTICLE 339. — *Le mari qui aura entretenu une concubine dans la maison conjugale, et qui aura été convaincu sur la plainte de la femme, sera puni d'une amende de cent francs à deux mille francs.*

Il est une infraction aux mœurs moins publique que la prostitution érigée en métier, mais presque aussi coupable; si elle ne suppose pas des habitudes aussi dépravées, elle présente la violation de plus de devoirs : c'est l'adultère.

— Le Code n'a pas défini l'adultère, mais ce mot porte en lui-même sa propre signification, et son étymologie explique le sens : *adulterium ad alterum torum vel uterum accessio.*

L'adultère est la profanation du lit nuptial, la violation de la foi conjugale consommée corporellement : *alieni tori violatio* (1).

— Quels sont les éléments constitutifs de l'adultère?

Ce qui constitue l'adultère, c'est : 1° la conjonction charnelle ; 2° le mariage des agents ou de l'un d'eux; 3° la volonté coupable. La réunion de ces trois éléments est nécessaire pour qu'il y ait crime d'adultère.

Le principe de la disposition de l'article 336, C. P., se trouvait dans la loi romaine : « *Judex adulterii antè oculos* » *habere debet, et inquirere, an maritus pudicè vivens, mu-* » *lieri quoque bonos mores colendi auctor fuerit? Periniquum* » *enim videtur esse, ut pudicitiam vir ab uxore exigat, quam* » *ipse non exhibeat : quæ res potest et virum damnare, non* » *rem ob compensationem mutui criminis inter utrosque com-* » *municare* (2). »

Notre ancienne jurisprudence décidait de même : « Quand » le mari qui veut accuser sa femme d'adultère, dit » Jousse (3), est lui-même coupable de ce crime, elle peut » faire cesser son action en usant de récrimination à son

(1) Farinacius, Quæst. 141, n° 1;
(2) Dig., L. xlviii, t. v, L, 13, § 5. Ad legem Juliam de adulteriis.
(3) *Instruction criminelle.*

» égard, et en opposant à son mari le même crime dont
» il l'accuse, car cette récrimination est de droit (1). »

— La partie finale de l'article 336 dispose que le mari ne
pourra pas dénoncer l'adultère de sa femme s'il est dans le
cas prévu par l'article 339, c'est-à-dire, s'il est convaincu
sur la plainte de sa femme, *d'avoir entretenu une concubine
dans la maison conjugale.*

Qu'entend-on d'abord par concubine?

Est une concubine, non-seulement la femme que le
mari a amenée et installée chez lui, dans le but honteux
d'avoir avec elle des relations illicites, mais encore celle
qui y étant pour tout autre motif, s'associe à son libertinage (2).

---

(1) Voyez encore : Guy Coquille, *Institutes au Droit français*, Titre
du douaire, Quest. 147.
Farinacius, Quæst. 142, nos 32, 43.
Damhouderius, p. 270, no 40.

(2) En France, le concubinage est une union illicite ; à Rome, le
concubinage, au contraire, constituait une union licite : c'était le mariage du droit des gens, du droit *quod naturalis ratio inter omnes homines constituit* (Justin. Inst. L. i, t. ii, § 1). Les *peregrini* (étrangers), ne pouvaient en contracter d'autre. Le mariage qui se pratique
encore dans le Nord, sous le nom de *mariage de main gauche*, a quelque rapport avec le concubinage des Romains. On peut voir dans les
lois des Lombards et des Francs que le concubinage se maintint assez
longtemps en Italie et en France. (Voy. *Concile de Tolède*, I, c. 17.)
—Le concubinage chez nous, serait plutôt le *stuprum*, union illicite des
Romains. Mais en Italie comme en France, on ne pouvait avoir à la
fois une épouse et une concubine (Pauli Sent., L. ii, t. xx). A Rome,
on distinguait une concubine d'une épouse *ex solâ animi destinatione*
(Dig., L. xxv, t. vii, L. 4. De concubinis), *ex solo dilectu* (Pauli Sent.,
L. ii, t. xx.). En France, une épouse est mariée, une concubine ne
l'est pas.

« Si l'on veut connaître au juste le sens de l'article
» 339, C. P. », dit Merlin, « il faut remonter à la source
» commune : il faut recourir au chapitre ix, § 5, de la *no-*
» *velle* CXVII de Justinien, et l'on y verra le législateur
» s'exprimer en termes qui conviennent à toute femme
» vivant en concubinage dans la maison conjugale, à
» quelque titre qu'elle y ait été introduite, et sur quelque
» pied qu'elle y réside » : « *Si quis in eâ domo in quâ cum*
» *suâ conjuge commanet, contemnens eam, cum aliâ inveniatur*
» *in eâ domo manens...* » « Voilà le type de notre législa-
» tion nouvelle ; il n'y a là ni distinction, ni exception, ni
» équivoque (1). »

D'après MM. Chauveau et Faustin Hélie (2), il n'existe
aucune excuse dans l'article 336 ; M. Blanche (3), au contraire, regarde cette disposition de la loi comme constituant un cas d'exemption. Nous partageons cette dernière
opinion. Suivant les termes mêmes de l'article 336, c'est le
mari seul qui peut accuser sa femme d'adultère devant les
tribunaux (4) ; or, s'il ne le peut lorsque sa femme l'accuse
à son tour d'avoir entretenu une concubine dans la mai-

(1) Merlin, *Répertoire de Jurisprudence*, V°. Adultère, § 8 bis.
(2) *Théorie du Code Pénal*, t. iv.
(3) *Études pratiques sur le Code Pénal*, t. v.
(4) Il n'en était pas ainsi chez les Romains. La loi 2, § 9, Ad
legem Juliam de adulteriis, (Dig., L. xlviii, tit. v.), disait : « Sed et
» quotiens alii, qui post maritum et patrem accusare possunt... etc., »
— La loi 4, § 1, Dig., *eod...* ajoutait : « Extraneis autem, qui accusare
» possunt, accusandi facultas post maritum et patrem conceditur ;
» nam post sexaginta dies quatuor menses extraneis dantur, et ipsi
» utiles. »

son conjugale, la femme aura par là même une excuse.

Toutefois, cette exemption de peine n'est fondée que dans le cas où l'adultère du mari est, pour ainsi dire, contemporain de celui de la femme. S'il avait eu lieu à une époque éloignée; si, par exemple, connu de la femme, elle l'avait pardonné, il n'excuserait plus ses dérèglements. C'est l'opinion de M. A. Blanche (1).

Il faut, en outre, que la femme inculpe le mari d'adultère commis sur une concubine, entretenue dans la maison conjugale; il ne suffirait pas qu'elle lui imputât des faits indéterminés (2).

Mais quand pourra-t-on dire que le mari a *entretenu* une concubine ? La femme n'est reputée entretenue que, comme ce mot l'indique, si elle a eu avec le mari un commerce suivi. Un fait isolé d'adultère serait insuffisant pour constituer l'entretien.

Quant à la maison conjugale, personne n'ignore que c'est le domicile du mari, ou mieux la maison commune aux époux.

Arrêts de la Cour de Cassation des :

6 *mai* 1821......   Dalloz. Coll. alph., t. xi, p. 803;
14 *octobre* 1830 ...   —   t. xxxiii, p. 216,
7 *juin* 1861......   Bull. n° 118.

(1) *Études pratiques sur le Code Pénal*, t. v.
(2) De même le mari accusant sa femme d'adultère doit en fournir la preuve. On ne saurait être condamné, en cette matière, sur une simple présomption, ce qui avait lieu chez les Hébreux. Ils étaient d'une susceptibilité telle qu'il y avait présomption d'adultère lorsque, selon l'expression de leurs docteurs, une femme demeurait cachée avec un homme pendant le temps suffisant pour cuire et manger un œuf.

Ici se présente une question capitale. La maison du mari doit-elle être encore réputée maison conjugale après la séparation de corps? Plus de domicile conjugal, dans le sens de l'article 330, dès que, par suite d'un jugement en séparation de corps, il n'y a plus d'habitation commune.

ARRÊT de la Cour de Cassation du
27 *février* 1838...... Sirey, 1838 1 358.

Donc, après la séparation de corps, l'entretien d'une concubine par le mari dans son domicile, n'est plus punissable des peines de l'adultère. Ce domicile cesse alors de pouvoir être considéré comme la *maison conjugale*, dans le sens de la loi.

ARRÊT de la Cour de Lyon du
7 *janvier* 1873....... Sirey, 1873 2 231.

D'où la conséquence : que la femme poursuivie elle-même pour adultère, ne peut opposer comme fin de non-recevoir à la plainte de son mari, l'adultère de ce dernier.

ARRÊTS des Cours
de Lyon................... (même arrêt),
de Paris du 4 *décembre* 1857... Sirey, 1858 2 121,
de la Seine du 28 *mai* 1872... — 1872 2 154.

Il en serait différemment si, pendant l'instance en séparation de corps, la femme a été autorisée par la justice à quitter le domicile du mari, car ce domicile serait toujours la maison conjugale.

Ainsi l'a jugé la Cour de Cassation dans son
ARRÊT du 12 *décembre* 1857... Bull. n° 300.

— L'excuse de l'article 336 ne sera accueillie que si le

mari est convaincu d'avoir commis les actes qu'on lui reproche, c'est-à-dire que s'il en a été déclaré coupable par décision judiciaire. Il faut par conséquent un jugement qui déclare coupable, sur la plainte de la femme, le mari d'avoir entretenu, etc. Cela résulte du texte même de l'article 336, qui enlève au mari la faculté de porter plainte *dans le cas prévu par* l'article 339, et ce dernier article vise le cas où le mari *a été convaincu* d'adultère sur la plainte de sa femme. Or, il ne peut être convaincu que par un jugement. L'orateur du gouvernement disait : « Le mari sera privé de son » action s'il a été *condamné* lui-même pour cause d'adultère ».

Est-il nécessaire que le jugement rendu contre le mari soit antérieur à sa plainte ? La loi ne l'exige pas. Il faut donc admettre que la femme pourra présenter son exception pendant tout le cours de l'instance, dont elle est l'objet, tant qu'il ne sera pas intervenu contre elle de décision définitive.

Nous dirons que si la plainte de la femme est portée devant un tribunal, qui n'est pas celui où elle est, elle-même, poursuivie, ce dernier tribunal devra surseoir à statuer, jusqu'à ce que la demande de la femme ait été jugée. L'action publique se trouve suspendue jusqu'après le jugement du tribunal saisi par la demande de la femme.

Si la femme, au contraire, a fait incidemment sa plainte dans l'instance qui la concerne, le tribunal devra vider l'incident, avant de se prononcer sur l'action principale. Cependant s'il statuait, en même temps, sur les deux poursuites, il pourrait sans illégalité, dans le cas même où il condamnerait la femme, ne s'expliquer sur l'exception de celle-ci, qu'après avoir accueilli la dénonciation du mari.

ARRÊT de la Cour de Cassation du
11 *novembre* 1858. . . . . Bull. n° 267.

Par là on voit que la condamnation du mari ne devra pas nécessairement précéder la plainte de la femme, et que, lorsque les deux plaintes seront portées, en même temps, devant la même Cour, celle-ci pourra les réunir dans une seule décision.

— L'adultère du mari pourrait s'établir par toute espèce de preuves, notamment par la preuve testimoniale.

ARRÊT de la Cour de Cassation du
13 *mai* 1813. . . . . Sirey, 1813 1 340.

—Bien entendu, comme celui de la femme, l'adultère du mari ne peut être poursuivi que sur la dénonciation de l'époux outragé.

— L'excuse de l'article 336 est personnelle à la femme; il n'appartient qu'à elle de prétendre qu'elle a pu trouver dans le libertinage de son mari, la justification de son inconduite.

Occupons-nous maintenant des complices du crime d'adultère.

I. — *Complice de la femme adultère.*

Si la femme coupable d'adultère a obtenu l'admission de l'excuse, le complice en profitera; car c'est un principe constant que, lorsque, *pour un motif quelconque,* la pour-

suite se trouve éteinte à l'égard de la femme, le complice
bénéficiera de cette extinction.

ARRÊT de la Cour de Cassation du
    8 août 1867............. Sirey, 1868 1 93.

Ainsi le décès de la femme, avant tout jugement définitif sur la plainte en adultère portée contre elle par son
mari, éteindrait l'action, même à l'égard du complice.

ARRÊTS de la Cour de Cassation des :
    8 mars 1850......... Sirey, 1850 1 365,
    8 juin 1872.........   —   1872 (1).

Cette solution découle du principe de l'indivisibilité de
la poursuite en adultère, dirigée contre la femme et son
complice. Du reste, l'on conçoit facilement que, dans l'intérêt de la famille et des bonnes mœurs, la présomption
légale d'innocence, irrévocablement acquise à la mémoire
de la femme décédée, ne saurait, après son décès, être mise
en péril, sinon anéantie, par la continuation des poursuites
contre le complice. En ce sens :

ARRÊT de la Cour d'Orléans du
    30 juillet 1872........ Sirey, 1872 2 346.

Il faudrait encore décider que la réconciliation entre le
mari et la femme, intervenue avant toute décision judiciaire, éteint la poursuite à l'égard du complice.

(1) Voyez pour l'affirmative : MM. Chauveau et F. Hélie, *Théorie
du Code Pénal*, t. IV, n° 1460; — Faustin Hélie, *Instruction criminelle*,
t. II, n° 771; — Le Sellyer, *Exercice et extinction des actions publique et
privée*, t. I, n° 417.
    Voyez pour la négative M. A. Blanche, *Études pratiques sur le Code
Pénal*, t. V, n° 183.

Arrêt de la Cour de Grenoble du
1ᵉʳ *juin* 1870............ Sirey, 1870.

La poursuite cesserait également par la réconciliation postérieure au jugement de condamnation (1), si l'instance d'appel de ce jugement durait encore.

Arrêt de la Cour de Cassation du
8 *août* 1867.......... Sirey, 1868 1 03.

Le mari, après la réconciliation survenue avant tout jugement, ne pourrait plus former contre le complice une demande en dommages-intérêts.

Arrêt du 1ᵉʳ *juin* 1870 (déjà cité).

Toutefois il a été jugé que, même quand le délit d'adultère n'est pas légalement établi, l'individu simplement reconnu coupable d'avoir entretenu avec une femme mariée des relations scandaleuses qui ont gravement compromis la réputation de celle-ci, et, par suite, porté préjudice à son mari, peut être condamné à des dommages-intérêts envers le mari.

Arrêts des Cours
de Besançon du 14 *mars* 1850.. Sirey, 1851 2 171,
de Cassation du 20 *août* 1857..   —   1858 1 101.

Nous ne comprenons pas comment une controverse a pu exister sur ce point, les dommages-intérêts pouvant tou-

(1) Article 337, C. P. — *La femme convaincue d'adultère subira la peine de l'emprisonnement pendant trois mois au moins et deux ans au plus.*

Le mari restera maître d'arrêter l'effet de cette condamnation, en consentant à reprendre sa femme.

jours être prononcés en vertu de l'article 1382 du Code Civil (1). Le délit civil est, en effet, indépendant du délit pénal (2).

— Comment fera-t-on la preuve de la complicité du prévenu ? On prouvera la complicité :

1° Par le flagrant délit (art. 338, C. P.), les délinquants seront vus et surpris par des témoins.

ARRÊTS de la Cour de Cassation des

27 *avril* 1840 . . . . Sirey, 1840,

8 *mai* 1853 . . . . Bull. n° 153.

Le flagrant délit n'est pas ici celui de l'article 41, C. I. C. (3) ; c'est le délit commis publiquement et dont le

---

(1) L'article 1382 commence ainsi : « Quiconque, par sa *faute*..., etc. » ; mais que faut-il entendre par *faute* ? La *faute* est tout ce qui blesse injustement le droit d'autrui : elle peut donc consister dans une *action* ou dans une *omission*. En effet, la *faute* suppose que le fait commis était défendu, ou que le fait omis était ordonné par la loi. La *faute* sera un *délit* lorsque l'agent du dommage l'a causé AVEC INTENTION (Voy. Pothier, *Traité des obligations*, n° 116 ; — M. Ch. Demangeat, *Cours élémen. de Droit Rom.*, t. II, p. 370) ; un quasi-délit, dans le cas contraire. Il ne peut donc y avoir délit qu'autant que trois conditions concourent. Il faut que le fait dont on se plaint soit : 1° illicite, 2° imputable à son auteur, 3° dommageable.

Ce que nous venons de dire n'a d'application qu'en matière civile. L'individu, dans l'hypothèse qui nous occupe, coupable seulement d'avoir entretenu des relations scandaleuses avec une femme mariée, et d'avoir par là causé un dommage à son mari, comme le prétendent les arrêts cités, cet individu, dis-je, a commis une faute civile ; l'article 1382, C. C. la punit des dommages-intérêts.

(2) Voy. p. 78, note 4.

(3) ARTICLE 41. — *Le délit qui se commet actuellement, ou qui vient de se commettre, est un flagrant délit.*

Seront aussi réputés flagrant délit, le cas où le prévenu est poursuivi

coupable a été vu par plusieurs témoins au moment où il l'a consommé.

L'article 338 (§ 2ᵉ), C. P., n'exige pas nécessairement le concours du ministère public ou des officiers judiciaires ; il tend à repousser les faits accessoires d'où l'on voudrait induire l'existence du délit par voie d'interprétation.

ARRÊT de la Cour de Cassation du
22 *septembre* 1837. . . . . . . Bull. nᵒ 281.

Il suffit que les délinquants aient été vus et surpris au moment où le délit a été consommé. La conviction du juge peut se fonder, conformément au droit commun, sur les témoignages, dépositions ou faits de nature à établir à ses yeux que les prévenus ont été surpris *in ipsâ turpitudine*.

ARRÊT de la Cour de Cassation du
8 *mai* 1853 (déjà cité).

2ᵒ Par des lettres ou autres pièces qu'aura écrites le prévenu (art. 338, C. P.).

L'orateur du Corps législatif s'exprimait ainsi : « Après
» les preuves du flagrant délit, de toutes les moins équi-
» voques, les tribunaux ne pourront admettre que celles

par la *clameur publique*, et celui où le prévenu est *trouvé saisi d'effets, armes, instrumens ou papiers faisant présumer qu'il est auteur ou complice, pourvu que ce soit dans un temps voisin du délit.*

Voici ce que disait le *Code des délits et des peines* du 3 brumaire, an IV (25 octobre 1795), Article 63 : «...... la loi assimile au cas de flagrant délit celui où le délinquant, surpris au milieu de son crime, est poursuivi par la clameur publique, et celui où un homme est trouvé saisi d'effets, armes, instrumens ou papiers servant à faire présumer qu'il est l'auteur d'un délit. »

» qui résulteraient des lettres ou autres pièces écrites par
» le prévenu ; c'est dans ces lettres, en effet, que le séduc-
» teur dévoile sa passion et laisse échapper son secret. »

D'ailleurs, l'article 338, C. P., tout en édictant la peine
contre le complice, indique expressément les preuves admises contre lui.

ARTICLE 338. — *Le complice de la femme adultère sera
puni de l'emprisonnement pendant le même espace de temps
[trois mois au moins et deux ans au plus (article 337,
§ 1er), c'est la peine portée contre la femme adultère]* (1),
et, en outre, d'une amende de cent à deux mille francs.

*Les seules preuves qui pourront être admises contre le
prévenu de complicité seront, outre le flagrant délit, celles
résultant de lettres ou autres pièces écrites par le prévenu.*

Mais le prévenu ne pourra-t-il rien pour détruire le fait
criminel qu'on lui impute, et obtenir son absolution ? Il se
défendra en prouvant : 1° qu'il ignorait le mariage de la
femme ; 2° qu'il l'a rencontrée dans un lieu de débauche, et
ainsi a pu la croire prostituée.

Nous pensons que le prévenu peut utilement employer
ces moyens de défense. L'ancienne jurisprudence française
avait adopté une opinion identique, lorsqu'elle disait :
« Nec adulterium committi dicitur ab eo qui ignorat mulie-
» rem cum quâ se commisisset esse nuptam ; excusat igno-

(1) ARTICLE 59, C. P. — *Les complices d'un crime ou d'un délit seront
punis de la même peine que les auteurs mêmes de ce crime ou de ce délit,
sauf les cas où la loi en aurait disposé autrement.*
Voy. p. 161, note 1, le texte de l'article 337.

» rantia facti (1). » La loi romaine contenait une disposition semblable : « *Si ea, quœ stupro tibi cognita est, et pas-*
» *sim venalem formam exhibuit, ac prostitutam meretricio*
» *more vulgo se prœbuit : adulterii crimen in eâ cessat* (2). »
« *Cum his quœ publicè mercibus vel tabernis exercendis*
» *procurant, adulterium fieri non placuit* (3). » Julius
Clarus étendait cette décision au cas où la femme
avait eu un grand nombre d'amants : « *Habens rem vene-*
» *ream cum muliere etiam nuptâ, quœ cum multis rem*
» *carnalem habuerit, non potest puniri de adulterio, quia*
» *vilitas vitœ adulterio cum a pœnâ adulterii excusat* (4). »
Sans adopter cette dernière opinion, nous dirons que dans
les cas précédents la sainteté du mariage n'a pas été violée,
le trouble et la désunion n'ont point été portés au milieu
des époux; tout châtiment devient donc inutile.

II.— *Complice du mari adultère.*

La concubine du mari peut-elle être poursuivie comme
complice de l'adultère commis par celui-ci ? Oui sans
doute; le Code étant muet à cet égard, on ne peut en conclure qu'elle reste impunie.

---

(1) Farinacius, Quæst. 141, n° 97. — Jousse, t. III, p. 281. — Fournel, p. 96.

(2) Cod., L. IX, t. IX. L. 22. Ad legem Juliam de adulteriis et stupris.

(3) Julii Pauli Sententiæ. L. II, t. XXVI, § 11. — Même décision
si la femme était une comédienne.

(4) J. Clarus, § 1, *Adulterium*, add. n° 27.

ARRÊT de la Cour de Cassation du
10 *novembre* 1855.... Sirey, 1856 1 184.

C'est aussi la jurisprudence constante des Cours d'Appel:

ARRÊTS des Cours

d'Angers du 4 *février* 1856.... Sirey, 1856 2 240,
de Limoges du 1er *décembre* 1859. — 1860 2 177,
d'Amiens du 26 *mars* 1863.... — 1863 2 132.

Si la concubine était une femme mariée, pourrait-on la comprendre dans les poursuites? Si son mari, par exemple, s'abstient de la dénoncer, et, bien plus, s'il déclare formellement ne pas vouloir qu'elle soit poursuivie, que faudra-t-il décider? Dans tous les cas, la complice, quoique mariée, pourra être comprise dans les poursuites. On peut poser comme règle invariable, que la concubine, entretenue par le mari dans le domicile conjugal, est passible des peines de la complicité du délit d'adultère, pour lequel le mari est poursuivi sur la plainte de sa femme, encore bien que cette concubine soit elle-même mariée, et que son mari, loin d'avoir de son côté porté plainte à raison de l'adultère de sa femme, ait, au contraire, déclaré s'opposer aux poursuites dirigées contre elle. La Cour de Cassation l'a ainsi jugé dans un

ARRÊT du 28 *février* 1868... Sirey, 1868 1 421.

« Il faut opter, dit M. Bedel, pour la solution que récla-
» ment les mœurs à venger, et dire que la complice, fût-
» elle mariée, peut être accusée par l'épouse intéres-
» sée (1). »

(1) *Théorie de l'adultère*, nº 67.

M. du Bodau, conseiller à la Cour de Cassation, a, dans son rapport, exposé tout le système et tranché la question. « La concubine, dit-il, n'a pas comme ordinai-
» rement la femme adultère, l'excuse d'une séduction
» ou d'une faute isolée, car sa vie se passe, résolûment
» dans l'oubli de ses devoirs. La loi ne la punit cependant
» pas pour le seul fait de son immoralité; il faut de plus
» qu'elle ait été entretenue dans la maison conjugale de
» son complice; alors, de l'aveu de tous, elle sera punis-
» sable, si elle est fille ou affranchie des liens du mariage.
» Mais si elle est mariée, sa honte pourra-t-elle donc être
» révélée sans le consentement de son mari, et même
» alors qu'il protesterait, contre la poursuite dont sa
» femme est l'objet? L'article 339, C. P., ne distingue
» pas entre la femme mariée et la femme libre ou affran-
» chie du lien conjugal. Il ne dit pas que la concubine ne
» pourra être poursuivie que du consentement de son mari.
» Cet article et l'article 336 confèrent, le premier à
» l'épouse, le second à l'époux, des droits de même nature,
» également considérables, indépendants l'un de l'autre et
» qui doivent s'exercer avec une égale liberté. Les articles
» du Code Pénal relatifs à la complicité ont aussi une por-
» tée générale qui n'admet d'autres explications que celles
» établies par un texte spécial; or, aucune dérogation au
» principe de la complicité n'existe au profit de la concu-
» bine (1). Elle est donc atteinte par les articles 59 et 60,

(1) MM. Chauveau et Faustin Hélie, *Théorie du Code Pénal*, t. 1, p. 362, 363.

» C. P. (1), puisque, d'ailleurs, sa coopération aux actes qui
» ont consommé la violation de la foi conjugale, dans les
» circonstances exprimées en l'article 339, constitue évi-
» demment un cas de complicité. S'il fallait à tout prix
» essayer de concilier les articles 336 et 339, ne serait-il
» pas permis de dire que l'article 339 est une dérogation
» au principe : *Maritus solus genitalis tori vindex;* déro-
» gation impérieusement exigée par la nécessité de main-
» tenir intact le droit réservé à l'épouse outragée de défé-
» rer sa rivale aux tribunaux? Et dans le doute ne fau-
» drait-il pas préférer la solution que réclame la sainteté
» du lien conjugal? (2) » Jamais problème ne fut mieux
résolu. On sait que le 28 février 1808, la Cour de Cassation confirmait l'opinion du conseiller du Bodan.

Il nous reste à examiner quelques questions qui ont

(1) Voy. p. 164, note 1, le texte de l'article 59.

ARTICLE 60. — *Seront punis comme complices d'une action qualifiée
crime ou délit, ceux qui, par dons, promesses, menaces, abus d'autorité
ou de pouvoir, machinations ou artifices coupables, auront provoqué à
cette action, ou donné des instructions pour la commettre ;*

*Ceux qui auront procuré des armes, des instrumens, ou tout autre
moyen qui aura servi à l'action, sachant qu'ils devaient y servir;*

*Ceux qui auront, avec connaissance, aidé ou assisté l'auteur ou les
auteurs de l'action, dans les faits qui l'auront préparée ou facilitée, ou
dans ceux qui l'auront consommée ; sans préjudice des peines qui seront
spécialement portées par le présent Code contre les auteurs de complots ou
de provocations attentatoires à la sûreté intérieure ou extérieure de l'État
même dans le cas où le crime qui était l'objet des conspirateurs ou des
provocateurs n'aurait pas été commis.*

(2) Rapport à la Cour de Cassation.

avec les articles 330 et 339, des rapports trop intimes pour les passer sous silence.

Question I. — Faudrait-il voir dans la connivence du mari à la débauche de sa femme un nouveau cas d'excuse aboutissant à une fin de non-recevoir? C'est l'avis de M. Mangin, dans son *Traité de l'action publique.* Si le pardon du mari élève une fin de non-recevoir contre la plainte, écrit cet auteur, à plus forte raison ne doit-il pas être écouté quand il autorise les faits qu'il vient ensuite dénoncer. C'était la solution de notre ancienne jurisprudence. Nous repoussons la théorie de M. Mangin.

Dans le projet du Code Pénal, on limitait le droit de dénonciation du mari au cas où il n'aurait pas connivé lui-même à l'adultère. Cette idée fut combattue et finit par disparaître : il fallait bien se garder, pensa-t-on, de soumettre à des imputations scandaleuses l'homme qui, pour ne pas divulguer les désordres de sa femme, aurait gardé quelque temps le silence sur ses égarements. Qu'en faut-il conclure? Ce n'est pas un nouveau cas d'excuse absolutoire: cette fin de non-recevoir aboutit à la suppression de la peine: or, la peine ne peut être mitigée ou supprimée, dans notre législation, que sur un texte formel. Je ne vois pas, comme M. Faustin Hélie, une aggravation de criminalité pour la femme dans la connivence du mari. Mais je ne trouve pas d'inconvénient à ce que la femme ne puisse s'armer d'une pareille fin de non-recevoir. Voilà un ménage assurément peu respectable, et la plainte du mari donnera carrière à l'action publique.

Question II. — Le mari qui a été condamné pour entretien d'une concubine dans le domicile conjugal, peut-il néanmoins dans un cas, être admis à poursuivre la répression du délit d'adultère commis par sa femme? Oui, c'est lorsqu'il est établi qu'il a depuis longtemps congédié sa concubine et fait ainsi cesser le scandale qu'il avait donné. Telle est notre décision et celle de la Cour de Paris,

Arrêt du 18 *juin* 1870.... Sirey, 1870 (1).

Question III. — Le mari ne peut être déclaré coupable d'adultère que sur la plainte de sa femme (art. 330, C. P.); mais le mari poursuivi pourrait-il chercher dans l'adultère de sa femme une fin de non-recevoir et un motif d'excuse? M. Carnot soutient l'affirmative, « parce qu'il n'y a aucun » fait qui, pouvant donner lieu à l'exercice d'une action, » ne puisse être opposé comme exception contre l'exercice » d'une action de même nature (2) ». La Cour de Cassation a jugé la négative.

Arrêt du 9 *mai* 1821....... Sirey, 1821.

Cette dernière doctrine ne saurait être contestée : l'action du mari reste frappée de déchéance dès qu'il se trouve

(1) Pour plus de détails, voyez dans un sens affirmatif : MM. de Vatimesnil, *Encyclopédie du Droit*, V. Adultère, n° 29 ; — Hoffmann, *Questions préjudicielles*, t. III, n° 536; — A. Blanche, *Études pratiques sur le Code Pénal*, t. V, n° 189 ; — Le Sellyer, *Traité de l'exercice et de l'extinction de l'action publique et civile*, t. 1, n° 106.
Voyez négativement : MM. Dutruc, *Journal du ministère public*, t. III, p. 215, et t. XIII, p. 163; — Em. Lorois, Journal *Le Droit*, du 26 juin 1870 ; — Arrêt de la Cour de Montpellier, du 17 juillet 1860, (*Journal du ministère public*).
(2) *Commentaire du Code Pénal*, t. II, p. 111.

dans le cas de l'article 330, C. P., et l'adultère de la femme ne relève point de cette déchéance. Du reste, les déchéances ne se présument pas; les excuses ne sauraient être créées par voie d'interprétation.

Question IV. — L'inconduite de la femme, son abandon du domicile conjugal, ses désordres constituent-ils des excuses légales pour le mari adultère? Non, pas d'excuses en dehors des cas prévus par la loi. Ces faits pourront former des circonstances atténuantes du crime, et par là influer favorablement sur la pénalité encourue par le mari coupable, mais ils ne seront jamais des faits justificatifs ni des cas d'excuse légale (1).

(1) V. MM. Chauveau et F. Hélie, *Théorie du Code Pénal*, t. IV.

SECTION VI

SOMMAIRE

Excuse en faveur des personnes qui, par suite d'une provocation, auraient proféré des injures.

ARTICLE 471, § 11. (Loi du 26 mai 1819, art. 4 et 5.)

> *L'injure et l'insulte abaissent ceux qui les profèrent.*
> PLATON. *République*, L. III. p. 145.

ARTICLE 471 (Liv. IV, Chap. II, Sect. 1). — Seront punis d'amende, depuis un franc jusqu'à cinq francs inclusivement,

11° Ceux qui, sans avoir été provoqués, auront proféré contre quelqu'un des injures, autres que celles prévues depuis l'article 367 jusques et compris l'article 378.

— Les articles 367 à 372 inclusivement, 374, 375 et 377, C. P. ont été abrogés par l'article 26 de la loi du 17 mai

1819 (1). Ils étaient relatifs aux crimes et délits commis par voie de la presse, tels que calomnies, fausses imputations, etc. Les articles 373, 376 et 378, C. P., auxquels

(1) Article 26. — *Les articles (102, 217) 367, 368, 369, 370, 371, 372, 374, 375, 377 du Code Pénal, et la loi du 9 novembre 1815, sont abrogés.* — *Toutes les autres dispositions du Code Pénal auxquelles il n'est pas dérogé par la présente loi continueront d'être exécutées.*

La loi de 1819 a été elle-même modifiée par la loi du 25 mars 1822. Voici les dispositions des articles abrogés.

Article 367 : « Sera coupable du délit de calomnie, celui qui, soit dans des lieux ou réunions publics, soit dans un acte authentique et public, soit dans un écrit imprimé ou non, qui aura été affiché, vendu ou distribué, aura imputé à un individu quelconque des faits qui, s'ils existaient, exposeraient celui contre lequel ils sont articulés à des poursuites criminelles ou correctionnelles, ou même l'exposeraient seulement au mépris ou à la haine des citoyens.

« La présente disposition n'est point applicable aux faits dont la loi autorise la publicité, ni à ceux que l'auteur de l'imputation était, par la nature de ses fonctions ou de ses devoirs, obligé de révéler ou de réprimer. »

Article 368 : « Est réputée fausse toute imputation à l'appui de laquelle la preuve légale n'est point rapportée. En conséquence, l'auteur de l'imputation ne sera point admis, pour sa défense, à demander que la preuve en soit faite ; il ne pourra pas non plus alléguer comme moyen d'excuse que les pièces ou les faits sont notoires, ou que les imputations qui donnent lieu à la poursuite sont copiées ou extraites de papiers étrangers ou d'autres écrits imprimés. »

Article 369 : « Les calomnies mises au jour par la voie de papiers étrangers pourront être poursuivies contre ceux qui auront envoyé les articles ou donné l'ordre de les insérer, ou contribué à l'introduction ou à la distribution de ces papiers en France. »

Article 370 : « Lorsque le fait imputé sera légalement prouvé vrai, l'auteur de l'imputation sera à l'abri de toute peine.

« Ne sera considérée comme preuve légale, que celle qui résultera d'un jugement ou de tout autre acte authentique. »

Article 371 : « Lorsque la preuve légale ne sera pas rapportée, le

il n'a pas été dérogé, s'occupent des injures et calomnies écrites et des révélations de secrets (1).

— L'article 605 du *Code des délits et des peines* du 3 bru-

calomniateur sera puni des peines suivantes :

» Si le fait imputé est de nature à mériter la peine de mort, les travaux forcés à perpétuité ou la déportation, le coupable sera puni d'un emprisonnement de deux à cinq ans, et d'une amende de deux cents francs à cinq mille francs.

» Dans tous les autres cas, l'emprisonnement sera d'un mois à six mois, et l'amende de cinquante francs à deux mille francs. »

ARTICLE 372 : « Lorsque les faits imputés seront punissables suivant la loi, et que l'auteur de l'imputation les aura dénoncés, il sera, durant l'instruction sur ces faits, sursis à la poursuite et au jugement du délit de calomnie. »

ARTICLE 374 : « Dans tous les cas, le calomniateur sera, à compter du jour où il aura subi sa peine, interdit, pendant cinq ans au moins et dix ans au plus, des droits mentionnés en l'article 42 du présent Code. (Voy. p. 203, note, 3e alinéa).

— Voy. p. 177, le texte de l'article 375.

ARTICLE 377 : « A l'égard des imputations et des injures qui seraient contenues dans les écrits relatifs à la défense des parties, ou dans les plaidoyers, les juges saisis de la contestation pourront, en jugeant la cause, ou prononcer la suppression des injures ou des écrits injurieux, ou faire des injonctions aux auteurs du délit, ou les suspendre de leurs fonctions, et statuer sur les dommages-intérêts.

» La durée de cette suspension ne pourra excéder six mois : en cas de récidive, elle sera d'un an au moins et de cinq ans au plus.

» Si les injures ou écrits injurieux portent le caractère de calomnie grave, et que les juges saisis de la contestation ne puissent connaître du délit, ils ne pourront prononcer contre les prévenus qu'une suspension provisoire de leurs fonctions, et les renverront, pour le jugement du délit, devant les juges compétens. »

(1) ARTICLE 373. — *Quiconque aura fait par écrit une dénonciation calomnieuse contre un ou plusieurs individus, aux officiers de justice ou de police administrative ou judiciaire, sera puni d'un emprisonnement*

maire, an IV (25 octobre 1795), présente une certaine analogie avec l'article 471, n° 11, du Code Pénal.

ARTICLE 605 : « Seront punis des peines de simple police :
» 7° Les auteurs d'injures verbales, dont il n'y a pas de poursuite parla voie criminelle. »

La peine était portée par l'article 606, C. D. P., et consistait en une amende de la valeur d'une au moins et au plus de trois journées de travail, ou d'un au moins et au plus de trois jours d'emprisonnement.

Ainsi, dans le Code de brumaire, le juge avait le choix entre l'emprisonnement et l'amende; cette faculté ne lui est plus laissée de nos jours. D'abord l'amende sera toujours prononcée dans le cas des contraventions prévues par l'article 471, et sera au *maximum* de cinq francs, au *minimum* de un franc. Ensuite l'emprisonnement ne sera encouru que par les récidivistes, pendant trois jours au plus (1), distinction que n'établissait pas le *Code des délits et des peines*.

L'excuse dont nous allons nous occuper, ressort des ter-

---

d'un mois à un an, et d'une amende de cent francs à trois mille francs.
— Voy. p. 177, le texte de l'article 876.
ARTICLE 878. — *Les médecins, chirurgiens et autres officiers de santé, ainsi que les pharmaciens, les sages-femmes et toutes autres personnes dépositaires, par état ou profession, des secrets qu'on leur confie, qui, hors le cas où la loi les oblige à se porter dénonciateurs, auront révélé ces secrets, seront punis d'un emprisonnement d'un mois à six mois, et d'une amende de cent francs à cinq cents francs.*

(1) ARTICLE 474, C. P. — *La peine d'emprisonnement contre toutes les personnes mentionnées en l'article 471 aura toujours lieu, en cas de récidive, pendant trois jours au plus.*

mes de l'article 471, 11°, interprétés *à contrario*. Cet article dispose que l'injure sera punissable, si elle n'a pas été provoquée ; dans le cas contraire, elle sera donc impunie. C'est ce que décide la Cour de Cassation :

ARRÊTS des :

11 *octobre* 1827. . . . . Bull, n° 265

0 *mars* 1867. . . . . . — n° 60

— Les injures de l'article 471, 11°, sont de simples contraventions. Il est facile de s'en convaincre. L'article 471 fait partie d'un chapitre dont la rubrique est : **Contraventions** ET **PEINES**; la peine qu'il prononce est uniquement l'amende. Or, lorsque cette peine est principale, elle n'atteint que les contraventions de police (1). Les amendes punissant les contraventions de simple police varient d'un franc à 15 fr. (2). Les amendes, en matière criminelle ou de police correctionnelle, sont au minimum de 16 fr.; et l'on a pas oublié que le maximum de l'amende de l'article 471 ne dépasse pas cinq francs.

Quand est-ce que l'injure constituera une contravention ?

_____

(1) ARTICLE 464, C. P. — *Les peines de police sont :*

L'emprisonnement,

L'amende,

La confiscation de certains objets saisis.

C. D. P. du 3 brumaire, an IV (25 octobre 1795). ARTICLE 600 : « Les peines de simple police, sont celles qui consistent dans une amende de la valeur de trois journées de travail ou au-dessous, ou dans un emprisonnement qui n'excède pas trois jours. — Elles se prononcent par les tribunaux de police. »

(2) ARTICLE 466, C. P. — *Les amendes pour contravention pourront être prononcées depuis un franc jusqu'à quinze francs inclusivement, etc...*

L'ancien article 375, dans sa disposition pénale, définissait l'injure :

« Quant aux injures ou aux expressions outrageantes qui ne renfermeraient l'imputation d'aucun fait précis, mais celle d'un vice déterminé, si elles ont été proférées dans les lieux ou réunions publics, ou insérées dans des écrits imprimés ou non, qui auraient été répandus et distribués, la peine sera d'une amende de seize francs à cinq cents francs. »

L'article 376, qui n'a cessé d'être en vigueur, porte : *Toutes autres injures ou expressions outrageantes qui n'auront pas eu ce double caractère de gravité et de publicité, ne donneront lieu qu'à des peines de simple police.*

Si l'on combine ce dernier article avec l'article 471, 11°, C. P., on trouve que les injures ou expressions outrageantes qui ne renferment pas l'imputation d'un vice déterminé, ou qui n'ont pas été proférées publiquement, sont passibles de peines de simple police. La loi du 17 mai 1819, articles 13 et 20, n'a rien modifié à cette règle (1).

L'injure sera donc une contravention lorsque : 1° elle ne contiendra pas l'imputation d'un vice déterminé; 2° lorsque, la renfermant, elle ne sera pas publique.

L'injure non publique est une contravention, qu'elle s'applique à des particuliers ou à des fonctionnaires.

_____

(1) LOI DE 1819, sur la répression des crimes et délits commis par la voie de la presse, ou par tout autre moyen de publication. — CHAPITRE V. **Diffamation et injure.** —ARTICLE 13, § 2°. — *Toute expression outrageante, terme de mépris ou invective, qui ne renferme l'imputation d'aucun fait, est une injure.*

ARTICLE 20. — *Néanmoins, l'injure qui ne renfermerait pas l'imputation d'un vice déterminé, ou qui ne serait pas publique, continuera d'être punie des peines de simple police.*

Arrêts de la Cour de Cassation des :

     30 *décembre* 1853 . . . . . .   Bull. n° 610,
     5 *avril* 1860. . . . .   — · n° 92.

En effet, la distinction de l'article 19 de la loi du 17 mai 1810 ne se retrouve point dans l'article 20 de la même loi. Il s'en suit que les peines de police prononcées par ce dernier article, s'appliquent dans tous les cas (1); seul l'article 222, C. P. fait exception à cette règle (2).

Si l'injure est publique, elle rentre dans l'article 19 de la loi du 17 mai 1810 (3).

— Qu'est-ce que l'imputation d'un vice déterminé ?

C'est l'imputation d'un fait, d'une condition habituelle de la personne, d'une position précise et injurieuse; telle

(1) Voy. M. Parent, *Lois de la presse*, p. 96.

(2) ARTICLE 222, C. P. (Ainsi modifié, L. 13 mai 1863). — *Lorsqu'un ou plusieurs magistrats de l'ordre administratif ou judiciaire, lorsqu'un ou plusieurs jurés auront reçu, dans l'exercice de leurs fonctions, ou à l'occasion de cet exercice, quelque outrage par paroles, par écrit ou dessin non rendus publics, tendant dans ces divers cas, à inculper leur honneur ou leur délicatesse, celui qui leur aura adressé cet outrage sera puni d'un emprisonnement de quinze jours à deux ans.*

Si l'outrage par paroles a eu lieu à l'audience d'une cour ou d'un tribunal, l'emprisonnement sera de deux à cinq ans.

(3) LOI DE 1810, ARTICLE 19. — *L'injure contre les personnes désignées par les articles 16 et 17 de la présente loi sera punie d'un emprisonnement de cinq jours à un an et d'une amende de 25 francs à 2,000 francs, ou de l'une de ces deux peines seulement, selon les circonstances. — L'injure contre les particuliers sera punie d'une amende de 16 francs à 500 francs.*

— L'article 16 désigne tout dépositaire ou agent de l'autorité publique. L'article 17 désigne les ambassadeurs, les ministres plénipotentiaires, les envoyés, les chargés d'affaires ou autres agents diplomatiques accrédités près du Roi (actuellement près du Chef de l'État).

serait l'épithète de *voleur*. La Cour de Cassation a jugé que l'épithète de *détenu* renfermait essentiellement l'imputation d'un vice déterminé. Dès lors, si cette injure a été adressée publiquement, elle tombe, non sous l'application de l'article 471, 11º, C. P., mais sous celle de l'article 10 de la loi du 17 mai 1810.

ARRÊT du 31 *janvier* 1807... Sirey, 1808 1 192.

Il en serait de même de l'épithète de *fripon* :

ARRÊT de la Cour de Cassation du

1ᵉʳ *février* 1851...... Sirey, 1851 1 645;

de l'épithète de *vagabond* :

ARRÊT de la Cour de Colmar du

12 juin 1806....... Sirey, 1806 2 265;

et de l'épithète de *faussaire*, comme le prétend M. Grellet-Dumazeau (1).

Mais l'expression de *misérable* ne contenant pas l'imputation d'un vice déterminé, ne constitue pas le délit d'injure réprimé par l'article 10 de la loi du 17 mai 1810, mais seulement la contravention d'injure prévue par l'article 20 de la même loi et l'article 471, 11º, C. P.

ARRÊT de la Cour de Cassation du

18 *avril* 1808....... Sirey, 1809 1 237.

En conséquence, cette expression comporte l'excuse de provocation. Même décision pour l'épithète de *canaille* :

ARRÊTS des Cours

de Cassation du 20 *août* 1842... Sirey, 1842 1 702,

de Riom du 13 *novembre* 1837... — 1868 2 210.

(1) *Traité de la diffamation et de l'injure*, t. 1, nº 286.

— Après cet exposé, la définition de l'injure dont parle l'article 471, 11°, n'offre plus de difficulté. L'injure sera toute expression outrageante [τὸ λοίδορεῖν (1)], terme de mépris ou insulte adressée par grossièreté ou dans un moment de colère, et qu'aucun fait n'appuie. On va sans doute nous reprocher d'employer ces mots « *expression outrageante* » de l'article 376, alors que l'article 471, 11°, ne vise pas les injures prévues dans les articles 367 à 378 du Code Pénal. Nous ferons remarquer que l'article 376 renvoie, pour la punition des injures qu'il mentionne, aux peines de simple police ; et l'on sait que l'amende est la peine de simple police applicable aux injures. (L'emprisonnement n'est prononcé qu'en cas de récidive.) Or, l'article 471 est le seul du livre IV, C. P. — CONTRAVENTIONS DE POLICE ET PEINES, — qui, parlant des injures (11°), les punisse d'une amende. Les injures ou expressions outrageantes de l'article 376, frappées de peines de simple police, seront donc passibles de l'amende de l'article 471. Mais alors le législateur s'est contredit dans ce dernier article? Nullement, l'article 376 est un article d'exception, qui s'occupe exclusivement des excuses non publiques et ne renfermant ni fait précis ni vice déterminé : (*Toutes autres injures ou expressions outrageantes qui n'auront pas eu ce double caractère de gravité et de publicité, etc.*), et, par conséquent, tombant sous l'ap-

(1) Telle était l'expression grecque, définissant parfaitement l'espèce particulière d'injure dont il est ici question, et présentant une idée plus abstraite que le mot *injuria* des Romains. — L'*injuria* dans les lois de Rome était susceptible de trois sens différents ; Voy. Justiniani Institutiones, L. IV, t. IV, *in princip.*, De injuriis ; — M. Ch. Demangeat, *Cours élémentaire de Droit Romain*, t. II, p. 408 (*Des injures*).

plication de l'article 471, 11°. L'article 376 se concilie
avec l'article 471, 11°, et nous avions raison de dire :
l'injure est toute expression outrageante, etc...

— L'intention est nécessaire pour constituer l'injure,
« *injuria ex affectu facientis consistat* (1) ». Cette intention
sera toujours présumée quand l'expression sera injurieuse.
On devra scrupuleusement rechercher si l'injure a été lan-
cée sérieusement, « *Quare si quis per jocum percutiat, aut*
» *dum certat : injuriarum non tenetur* (2). »

— Faut-il distinguer les injures écrites des injures verbales, et induire de ces mots « *auront proféré* » de l'article
471, 11°, que ce texte n'a trait qu'aux injures verbales?
Point de distinction : l'article 471, 11°, atteint indistinctement les injures verbales et les injures écrites. La Cour de
Cassation s'est formellement expliquée sur cette question.
On lit dans un de ses arrêts :

« Que les injures, de quelque nature qu'elles soient, lors-
» qu'elles portent atteinte à l'honneur ou à la considéra-
» tion de ceux contre qui elles sont dirigées, sont aussi
» dangereuses et aussi répréhensibles que les simples
» injures verbales de même nature, et, conséquemment,

(1) Dig., L. XLVII, t. X. L. 3, § 1. De injuriis et famosis libellis.
— L. XLIV, t. VII. L. 34, *in princip.*, De obligationibus et
actionibus.
— L. XLVII, t. XI. L. 53, *in princip.*, De furtis.
Cod., L. IX, t. XXXVI. L. 5. De injuriis.
Voy. aussi M. Ch. Demangeat, *Cours élémentaire de Droit Romain*,
t. II, p. 409 (*Des injures*).
(2) Dig., L. XLVII, t. X. L. 3, § 3. De injuriis et famosis libellis.

» également punissables; que l'injure écrite est même
» plus grave, en ce qu'elle se perpétue, tandis que l'injure
» verbale ne se manifeste un moment que pour disparaître
» à jamais; que, d'ailleurs, il ne saurait y avoir injure
» sans intention d'injurier, et que les magistrats appelés
» à prononcer sur les faits, sont toujours les appréciateurs
» de cette intention; que l'article 376, général dans ses
» expressions, comprend toutes les injures quelconques
» qui n'auraient pas les caractères de publicité et de gra-
» vité déterminés par les articles qui précèdent, et que
» les injures écrites, comme les injures verbales, entre
» lesquelles cet article ne fait point de distinction, sont
» également comprises dans ses dispositions; que l'arti-
» cle 471, 11°, qui semble restreindre la contravention et
» la peine de simple police à ceux qui, sans avoir été
» provoqués, auront proféré contre quelqu'un des injures
» autres que celles prévues par les articles 367 et suivants,
» n'est point en contradiction, et se concilie parfaitement
» au contraire, avec l'article 376, puisque ces deux arti-
» cles punissent de mêmes peines de simple police toutes
» injures autres que celles prévues par les articles 367 et
» suivants, et que lesdits articles 367 et suivants sont
» relatifs aux injures écrites et aux injures verbales com-
» mises avec différents caractères de gravité et de publi-
» cité; que des articles 13 et 20 de la loi du 17 mai 1819 (1)
» il résulte encore évidemment que la loi punit de peines
» de simple police toute injure qui ne renfermerait pas
» l'imputation d'un vice déterminé, par où il est bien éta-

(1) Voy. p. 177, note 1.

» bli que le législateur n'a pas voulu distinguer, en ce cas,
» l'injure écrite et l'injure verbale, et accorder à l'injure
» écrite une impunité que n'aurait pas l'injure verbale. »

ARRÊT du 10 *novembre* 1826.... J. P. t. II, p. 915.

MM. Chauveau et Faustin Hélie partagent l'opinion de
la Cour de Cassation (1). Malgré la décision et les justes
raisons qu'elle donne, M. Grellet-Dumazeau doit avoir, sans
doute, de bien puissants motifs pour soutenir le contraire,
et distinguer l'injure verbale de l'injure écrite, dans les
articles 370 et 471, 11° (2).

— Nous pensons avec les auteurs de la *Théorie du Code
Pénal* (3), que la diffamation non publique est assimilée à
l'injure réprimée par l'article 471, 11°. La Cour de Cassation admet cette solution :

ARRÊT du 4 *juillet* 1850...... Bull. n° 244.

— L'article 471, 11°, contient une excuse fondée sur la
provocation, mais n'exige pas que cette provocation,
comme on l'a prétendu, soit immédiate, c'est-à-dire que
l'injure soit concomitante de la provocation.

ARRÊTS de la Cour de Cassation des :

18 *août* 1836............. J. P. 1836,
26 *mai* 1853 .... Bull. n° 187.

— Il ressortira des tribunaux de simple police de juger

(1) *Théorie du Code Pénal*, t. III, n° 541.
(2) *Traité de la diffamation et de l'injure*, t. I, p. 193, n° 303 et
suivants.
(3) T. VI, p. 331.

13

s'il y a eu ou non provocation ; et la Cour de Cassation
n'aura sur eux aucun droit de censure.

ARRÊTS des : 13 *août* 1842, . . . Bull. n° 200,
26 *mai* 1853 (déjà cité).

— C'est la partie lésée qui doit réclamer les poursuites.
Celles-ci ne s'effectueront qu'en ce cas (1). Voici ce que
dit à cet égard la loi du 26 mai 1819 (2) :

ARTICLE 4. — *Dans les cas de diffamation ou d'injure
contre les cours, tribunaux ou autres corps constitués, la
poursuite n'aura lieu qu'après une délibération de ces corps,
prise en assemblée générale et requérant les poursuites.*

ARTICLE 5. — *Dans le cas des mêmes délits contre tout dépositaire ou agent de l'autorité publique, contre tout agent
diplomatique étranger, accrédité près du Roi (actuellement
près du Chef de l'État), ou contre tout particulier, la
poursuite n'aura lieu que sur la plainte de la partie qui se
prétendra lésée.*

Si l'on demande pourquoi nous étendons à l'article 471,
11°, le principe des articles 4 et 5 qui ont rapport aux
délits, nous répondrons que la jurisprudence, — son exemple est bon à suivre, — a toujours appliqué les dispositions des articles 4 et 5 de la loi du 26 mai 1819 aux
injures même ne constituant qu'une contravention de simple police, « attendu, dit-elle, que ces dispositions ne sont

_____

(1) La plainte préalable de la partie lésée est exigée pour donner
ouverture à l'action publique.
(2) Loi du 26 mai 1819, relative à la poursuite et au jugement des
crimes et délits commis par la voie de la presse, etc.

» pas limitées au cas où l'injure aurait été publique ; qu'elles
» sont générales et absolues, et s'appliquent dès lors à
» à toutes sortes d'injures ».

Arrêts de la Cour de Cassation des :

11 *octobre* 1827........	Bull. n° 265,
19 *juin* 1828..........	— n° 178,
22 *avril* 1864.........	— n° 113.

Nous croyons devoir terminer nos explications sur l'article 471, 11°, par l'exposé, aussi rapide que possible, d'une controverse très-débattue en Droit Pénal. Soulevée à deux reprises, chaque fois elle fut l'objet d'une question différente ; nous la présenterons donc sous un double point de vue.

I. — En cas de réprocité d'injures, la compensation sera-t-elle admise ? L'affirmative est généralement suivie, *parca delicta mutuâ compensatione tolluntur.* C'est l'opinion de la Cour de Cassation, lorsqu'elle dit : « que l'ordre public n'est essentiellement blessé par le délit d'injures
» entre particuliers, que quand ces injures n'ont pas été
» provoquées ; que si la loi subordonne la poursuite d'un
» délit d'injures à la plainte de la partie lésée, elle subordonne, par voie de conséquence, la condamnation dans
» l'intérêt de la vindicte publique, à la preuve que la
» plainte de cette partie est légitime ; que cette plainte
» n'est pas légitime si les injures qu'elle dénonce ont été
» provoquées par d'autres injures qu'elle s'est permises. »

Arrêt du 11 *octobre* 1837... J. P. t. xxi, p. 816.

Si les injures ont été réciproques sans que le juge ait pu reconnaître celle des parties qui, sans provocation, a proféré des injures contre l'autre, aucune peine ne doit être prononcée :

ARRÊT de la Cour de Cassation du

1ᵉʳ *septembre* 1826. . . . . J. P. t. xx, p. 861.

Cependant un arrêt déclare « qu'aucune disposition ne » permet d'excuser le délit d'injures pour cause de réci- » procité de torts entre les parties » :

ARRÊT de la Cour de Cassation du

25 *mars* 1847. . . . . Bull. nº 63 (1).

L'incertitude qui règne dans la jurisprudence de la Cour suprême, ne nous arrêtera pas un instant, et nous décide- rons, avec MM. Chauveau et Faustin Hélie (2), que la compensation aura lieu dans le cas de réciprocité d'injures.

II.— La compensation pourra-t-elle exister pour les in- jures simples susceptibles d'être punies de peines de simple police, même lorsqu'elles ont été proférées par la voie de la presse? En un mot, les injures verbales peuvent-elles compenser les injures écrites et réciproquement? La Cour de Cassation ne craint pas de l'affirmer :

ARRÊTS des :

11 *novembre* 1843. . . . J. P. 1845 1 144,

29 *avril* 1846 . . . . . . Sirey, 1846 1 413,

30 *août* 1851 . . . . . . — 1851 1 547,

11 *janvier* 1873 . . . . . — 1873.

(1) Voyez aussi l'arrêt de la Cour de Cassation du 13 *août* 1842 (Bull. nº 206.)

(2) *Théorie du Code Pénal*, t. vi, p. 330.

M. Grellet-Dumazeau se fait ici, comme plus haut, le zélé partisan de la négative (1).

Ce point de droit fit naître des contestations nombreuses dans la doctrine. Les juristes qui avaient abordé la question, formèrent deux sectes ; mais leurs théories, partant d'un faux principe, ne devaient aboutir qu'à un échec.

Les premiers soutenaient que l'article 471, 11°, visait uniquement les injures verbales (2); comment alors compenser des injures écrites avec des injures verbales? *Verba volant et scripta manent*, disait-on, et l'injure sera publique par le fait de son insertion dans un journal. A quoi il fut répondu qu'en combinant l'article 471, 11°, avec l'article 20 (3) de la loi du 17 mai 1819, la provocation pouvait être à la charge du plaignant : par conséquent, toute peine établie par la loi s'effaçait. D'ailleurs, l'article 20, dont il s'agit, a donné aux juges de simple police le droit de ne pas distinguer entre les injures écrites et les injures verbales.

Les seconds, tout en admettant que l'article 471, 11°, se référait aux injures *proférées*, c'est-à-dire verbales (4), ne reconnaissaient pas qu'on pût se fonder, pour en juger

---

(1) *Traité de la diffamation et de l'injure*, t. i, p. 193, n° 303 et suivants.

(2) Nous avons démontré le contraire, p. 181 et suiv.

(3) Voyez p. 177, note 1, la disposition de l'article 20 de la loi du 17 mai 1819.

(4) On sait qu'il ne faut pas prendre à la lettre ces mots de l'article 471, 11° : *injures proférées;* ainsi les théoristes dont nous rapportons l'opinion, commettent une erreur en donnant à cette expression de la loi le sens d'injures verbales.

ainsi, sur les arrêts de la Cour de Cassation des 13 *août* 1842 et 25 *mars* 1847.

Mais sur quoi fallait-il donc se fonder? Nos juristes, bien involontairement sans doute, ont oublié de nous l'indiquer. Du moins auraient-ils dû prendre soin d'appuyer leur solution; c'est là une omission regrettable. Leur principal argument consistait à dire que, dans les arrêts de 1842 et de 1847, les espèces prévues constituant purement des délits et non des contraventions, l'article 471, 11°, en était infailliblement exclu, et que l'article 65, C. P., restait seul applicable.

Loin d'amener une conclusion, ce raisonnement a fourni les armes qui servent à le combattre. Effectivement, l'article 65, C. P., s'applique aux contraventions (1). De plus, si la loi admet la compensation entre les délits d'injure, à plus forte raison l'admet-elle pour les contraventions, qui supposent évidemment une culpabilité moindre, une faute plus légère, puisque l'agent est moins puni.

Sans insister davantage sur cette controverse, nous dirons que l'injure écrite n'est point inconciliable avec l'excuse de la provocation; qu'elle peut compenser l'injure verbale et réciproquement. Notre décision est conforme à celle de la Cour de Cassation.

Reste une objection. La réplique injurieuse adressée par écrit ne peut avoir lieu sur-le-champ; or, celui qui répond par la voie de la presse a eu le temps de maîtriser son émotion, sa colère. Peu importe; on n'ignore pas qu'en

(1) Voyez ce qui a été dit à cet égard au Chapitre préliminaire, p. 67 et suiv.

matière d'injures simples, verbales ou écrites, la loi ne subordonne nullement l'excuse de la provocation à la condition absolue que la réponse ait plus ou moins promptement suivi l'attaque.

Quoi qu'il en soit, nous pensons que, dans tous les cas, le juge aura plein pouvoir d'appréciation. Pourquoi, en effet, ne pas s'en rapporter à la bonne foi de ce magistrat jugeant *ex æquo et bono*, car nous sommes en simple police.

SECTION VII

SOMMAIRE

Excuse en faveur des personnes coupables de soustractions envers certains membres de leur famille.

ARTICLE 380.

Ne fureris.
SAINT MARC. Évangile, Chap. X, v. 19.

ARTICLE 380 (Liv. III, Tit. II, Chap. II, Sect. 1). — *Les soustractions commises par des maris au préjudice de leurs femmes, par des femmes au préjudice de leurs maris, par un veuf ou une veuve quant aux choses qui avaient appartenu à l'époux décédé, par des enfans ou autres descendans au préjudice de leurs pères ou mères ou autres ascendans, par des pères et mères ou autres ascendans au préjudice de leurs enfans ou autres descendans, ou par des alliés aux mêmes degrés, ne pourront donner lieu qu'à des réparations civiles.*

A l'égard de tous autres individus qui auraient recélé ou appliqué à leur profit tout ou partie des objets volés, ils seront punis comme coupables de vol.

Notre juridiction ancienne, relativement aux vols commis par des parents ou alliés au préjudice les uns des autres (1), faisait trois distinctions : 1° les insensés et les impubères n'étaient passibles d'aucune peine ; 2° impunité pour la femme volant son mari; 3° à l'égard de tous autres membres de la famille coupables de soustractions, pas de poursuite jusqu'au règlement extraordinaire.

— L'article 380 absout, dans sa première partie, certaines personnes des soustractions qu'elles ont commises, et règle, dans sa seconde, la situation des complices qu'elles ont eus.

Le délit accompli dans les circonstances et envers les personnes de l'article 380 (§ 1er), reste donc impuni; il efface, pour ainsi dire, tout châtiment. Mais lorsqu'il ne fait pas disparaître la peine, — ce qui a lieu en cas de concomitance avec un autre délit ou un autre crime, — les soustractions peuvent devenir des circonstances aggravantes. Un arrêt de la Cour de Cassation du

21 *décembre* 1837. . . . . . Sirey, 1838 1 247,

l'a ainsi jugé à propos d'un meurtre imputé à des enfants sur la personne de leur père. Le vol opéré par ces enfants au préjudice de leur père, constituait évidemment une circonstance aggravante du meurtre; dès lors plus d'excuse (2). On n'a point à craindre de troubler le repos des

(1) Voyez sur ce sujet les dispositions des lois romaines au Chapitre préliminaire, p. 13, 52 et 53; — et M. Ch. Demangeat, *Cours élémentaire de Droit Romain*, t. II, p. 387.

(2) Article 304, C. P. Voyez p. 193, note 4, la disposition de ce texte.

familles (1), quand le foyer domestique vient d'être ensanglanté.

Le principe de l'article 380 est que les exceptions qu'il énonce ne sont applicables qu'au cas où le vol forme l'objet principal de la prévention, et non lorsqu'il en est seulement l'accessoire.

D'après MM. Chauveau et Faustin Hélie, « entre époux, » entre ascendants et descendants, les limites de la pro- » priété nettement tracées aux yeux de la loi, ne sont pas » en fait posées avec la même netteté. Il existe, nous ne » dirons pas une copropriété, mais une sorte de droit à la » propriété les uns des autres (2). » Ce langage est peu juridique. Qu'est-ce que le vol? La soustraction frauduleuse de la chose d'autrui : *donc* le vol existe (3). Les

---

(1) Nous verrons plus loin que c'est là un des motifs qui ont fait écrire l'article 380, C. P.

(2) *Théorie du ode Pénal*, t. v, p. 80 et suivantes.

(3) « *Rei nostræ furtum facere non possumus* ». Pauli Sententiæ, I, II. t. XXXI, n° 21. De furtis.

ARTICLE 379, C. P. — *Quiconque a soustrait frauduleusement une chose qui ne lui appartient pas est coupable de vol.*

« Pour qu'il y ait *furtum*, il faut que la *contrectatio rei alienæ* soit *fraudulosa.* » — V. Ch. Demangeat, *Cours élémentaire de Droit Romain*, t. II, p. 824. *(Du furtum)*.

Le jurisconsulte Paul définit ainsi le vol : « *Furtum est contrectatio rei fraudulosa lucri faciendi gratiâ.* » — Dig., L. XLVII, t. II, L. 1, § 3. De furtis. — Justiniani Institutiones, L. IV, t. I, § 1. De obligationibus quæ ex delicto nascuntur.

C'est enfin un principe certain qu'il ne peut y avoir vol sans *volonté* de le commettre; «*furtum sine affectu furandi non committitur.*»—Voy. Dig., L. XLI, t. III. L. 37, *in princip.*, De usurpationibus et usucapionibus; — Justiniani Institutiones, L. IV, t. I, § 18. De obligationibus quæ ex delicto nascuntur.

auteurs de la *Théorie du Code Pénal* ont tort, dans l'espèce, de considérer la famille comme un « être collectif. » La famille n'est pas un être collectif au point de vue des droits de propriété.

Quant à l'autorité de M. Muyart de Vouglans, en pareille matière, nous la déclinons nettement ; le législateur de 1810 ne s'est guère occupé de M. Muyart de Vouglans. L'action publique n'existe plus, disait-il, parce qu'on ne peut la fonder « sur l'espèce de droit que ces sortes de » qualités (de femme ou de fils) donnent sur la chose » même que l'on soustrait (1). »

Serpillon ajoutait : « Ces vols ne sont pas qualifiés, » parce que les enfants ont un droit habituel dans les biens » de leurs pères ; ils ne les regardent pas comme biens » d'autrui (2). »

On doit également rejeter cette théorie. Ces enfants *« furtum quidem faciunt, sed non nascitur actio furti »*, disait la loi romaine (3), et elle parlait mieux que M. Serpillon.

MM. Chauveau et Faustin Hélie critiquent surtout l'arrêt de 1837, prétendant que les soustractions dont il s'agit ne constituant pas un délit, ne sauraient rentrer parmi les circonstances aggravantes dont il est question dans l'article 304, C. P. (4). Mais c'est là une pure pétition de

---

(1) *Lois criminelles*, p. 283.

(2) *Code criminel*, t. II, p. 1518.

(3) Ulpien. Dig., L. XLVII, t. II. L. 17, *in princip.*, De furtis.

(4) *Théorie du Code Pénal*, t. V.

ARTICLE 304. — *Le meurtre emportera la peine de mort, lorsqu'il aura précédé, accompagné ou suivi un autre crime.*

Le meurtre emportera également la peine de mort, lorsqu'il aura eu pour

principes, puisqu'on cherche précisément si de pareilles soustractions constituent ou non un délit.

Du reste, l'ARRÊT de la Cour de Cassation du
10 *mars* 1818. . . . . Sirey, 1818,

a posé les vrais principes en cette matière. La Cour y rejetait le pourvoi des frères Mongrolles, se fondant sur ce que la propriété dans des effets mobiliers n'exclut pas l'action de vol pour la soustraction frauduleuse de ces effets par un copropriétaire au préjudice des autres (1). *Si l'honnêteté publique peut interdire cette action,* dans certains cas, et à l'égard de certaines personnes, ces cas et ces personnes sont déterminés par l'article 380 du Code Pénal (2).

Après tout, le droit du prévenu sur la chose soustraite ne fait pas disparaître le vol, car en s'emparant d'une chose

---

objet, *soit de préparer, faciliter ou exécuter un délit, soit de favoriser la fuite ou d'assurer l'impunité des auteurs ou complices de ce délit.*

En tout autre cas, le coupable de meurtre sera puni des travaux forcés à perpétuité.

L'ancien article 304, abrogé par la loi du 28 avril 1832 (article 12), s'exprimait ainsi : « Le meurtre emportera la peine de mort, lorsqu'il aura précédé, accompagné ou suivi un autre crime ou délit. — En tout autre cas, le coupable de meurtre sera puni de la peine des travaux forcés à perpétuité. »

— Le Code Pénal du 25 septembre—6 octobre 1791, 2ᵉ part., tit. II, sect. I, att. 14, avait eu le mérite de dire auparavant : « Sera qualifié assassinat, et comme tel puni de mort, l'homicide qui aura précédé, accompagné ou suivi d'autres crimes, tels que ceux de vol, d'offense à la loi, de sédition ou tous autres. »

(1) Le motif invoqué dans le pourvoi était le contraire de cette décision.

(2) Voy. A. Blanche, *Études pratiques sur le Code Pénal,* t. v, p. 641.

qui ne lui appartient qu'en partie, il commet le vol de la partie qui ne lui appartient pas.

—Que faudrait-il décider si le prévenu était un coassocié et non un copropriétaire? Ulpien pensait que « *Si socius* » *communis rei furtum fecerit (potest enim communis rei* » *furtum facere), indubitatè dicendum est furti actionem* » *competere* (1). » « *Rei communis nomine cum socio agi po-* » *test, si per fallaciam dolore malo amovit.....* (2) » « *Merito* » *autem adjectum est, ita demum furti actionem esse, si* » *per fallaciam et dolo malo amovit* (3). » Néanmoins ce jurisconsulte établissait une sorte de prescription en faveur du coassocié, à cause de son droit sur la chose sous- traite : « *Sanè plerumque credendum est, eum qui partis* » *dominus est, jure potiùs suo (re) uti, quàm furti consilium* » *inire* (4). » Jousse répétait la disposition de la loi ro- maine : « Si l'associé, dit-il, soustrait frauduleusement les » effets de la société, il commet un vol et peut être pour- » suivi criminellement. » Cependant, ajoute-t-il, « dans » nos mœurs, l'associé qui détournerait ne serait pas puni » de la peine ordinaire du vol, mais d'une autre peine ar- » bitraire (5) ». Muyard de Vouglans croit « qu'à moins » d'un vol évident, l'action criminelle n'est point admise » contre l'associé pour soustractions faites des effets de la » société (6) ». Sans contester le mérite de cette dernière

(1) Dig., L. xlvii, t. ii. L. 45. De furtis.
(2) Dig., L. xvii, t. ii. L. 45. Pro socio.
(3) Dig., L. xvii, t. ii. L. 45. Pro socio.
(4) Dig., L. xvii, t. ii. L. 51. Pro socio.
(5) *Traité de justice criminelle*, t. iv, p. 195.
(6) *Lois criminelles*, p. 284.

opinion, nous ne l'adoptons pas ; la solution donnée par la Cour de Cassation en ce qui concerne les copropriétaires, est préférable et semble devoir être la même en matière de société (1).

Celui qui dérobe un objet du consentement du propriétaire, commet-il un vol? Consultons encore les lois de Rome. Selon Justinien, dans ses *Institutes*, il y a vol « *furtum fit,* » *non solùm cùm quis intercipiendi causâ reus alienam amo-* » *ret, sed generaliter cum quis alienam rem invito domino* » *contractat* (2)». Ce passage a été copié mot pour mot par Justinien dans les *Institutes* de Gaïus (3).

Ulpien dit à son tour : « *Nemo videtur fraudare eos, qui* » *sciunt et consentiunt* (4); » et définit ainsi le voleur :

(1) Voyez la solution exposée plus haut.

(2) Justiniani Institutiones. L. IV, t. I, § 6. De obligationibus quæ ex delicto nascuntur.

On trouve dans le CORPUS JURIS CIVILIS, au paragraphe cité des Institutes, le mot *contractat*; bien que l'orthographe soit *contrectat* ou *contractat*, nous croyons qu'il vaut mieux suivre la forme la plus usitée dans les lois romaines, et qui est *contrectat*. Sic : Gaïus, III, § 195; — Justiniani Institutiones, (Parisiis, ex officinâ stereotypâ Herhan, anno 1805); — Paulus, *Sent.*; Dig., De furtis; — Ulpianus, Dig., De furtis.

(3) Gaii Institutiones, Commentarium III, § 195.

(4) Dig., L. L, t. XVII. L. 145. De regulis juris.

Item Paulus. Dig., L. XXXVIII, t. V. L. 11. Si quid in fraudem patroni factum sit.

Voy. aussi : Dig., L. XLVII, t. II. L. 48, § 2. De furtis.

— L. XLII, t. VIII. L. 6, § 9. Quæ in fraudem creditorum.

« *is solus fur est, qui adtrectavit, quod invito domino se fa-*
» *cere scicit* (1) ».

Nos lois actuelles disposent de même.

— L'excuse de l'article 380 entraîne l'absolution du
coupable, mais ne porte que sur la condamnation pénale.
Quant aux réparations civiles, elles seront toujours dues
(art. 1382, C. C.) (2).

Mais pourquoi les soustractions mentionnées dans l'article 380 (§ 1er), ne peuvent-elles donner lieu qu'à des réparations civiles? Est-ce parce que les faits ne sont pas réputés criminels? N'est-ce pas, au contraire, parce que les faits
conservant le caractère qui leur est propre, il a paru convenable de ne pas les réprimer, à cause des rapports de
parenté ou d'alliance, existant entre celui qui commet la
soustraction et celui qui la subit?

Quelle est   résumé, la cause de l'immunité accordée
aux personnes désignées dans l'article 380 (§ 1er)? Je crois
que si les soustractions qu'elles exécutent, restent impunies, c'est parce que la loi considère, non pas que les actes
soient dépourvus de criminalité, mais, comme le disait
M. Faure, dans l'exposé des motifs à la séance du Corps
législatif du 9 *février* 1810, que « les rapports entre ces per-
» son es sont trop intimes pour qu'il convienne, à l'occasion
» d'intérets pécuniaires, de charger le ministère public de

(1) Dig., L. XLVII, t. II. L. 46, § 7, *in fine*. De furtis.
Voyez encore : Farinacius, Quæst. 174, n° 137 ; — Damhouderius,
ch. CXII, n° 16.
(2) Voy. Chapitre préliminaire, p. 78 et suiv.

» scruter des secrets de famille, qui peut-être ne devraient
» jamais être dévoilés, pour qu'il ne soit pas extrêmement
» dangereux qu'une accusation puisse être poursuivie dans
» des affaires où la ligne qui sépare le manque de délica-
» tesse du véritable délit, est souvent très-difficile à saisir,
» enfin pour que le ministère public puisse provoquer des
» peines, dont l'effet ne se bornerait pas à répandre la
» consternation parmi tous les membres de la famille,
» mais qui pourraient encore être une source éternelle de
» divisions et de haines. »

Telle est également l'opinion de M. Vigneaux. « Le lé-
» gislateur, dit le docte professeur, voit dans l'acte coupable
» de l'article 380 (§ 1er) plutôt une indélicatesse qu'un vol.
» Il n'a pas voulu autoriser le ministère public à opérer
» dans les familles des recherches qui, pouvant y créer
» des inimitiés, auraient eu les conséquences les plus
» graves (1). »

Cette doctrine nous paraît très-sûre et bien fondée; elle
a d'ailleurs pour elle l'autorité de la Cour de Cassation.
Et, ce qui peut militer encore en sa faveur, elle est analogue (2) aux dispositions de la loi romaine. « *Hi qui in*
» *parentium vel dominorum potestate sunt, si rem eis subri-*
» *piunt, furtum quidem illis faciunt....... sed furti actio non*
» *nascitur, quia nec ex aliâ ullâ causâ potest inter eos actio*
» *nasci (3).* » « *Ne cum filiofamiliâs pater furti agere possit*

(1) M. P.-E. Vigneaux, à son Cours de Droit Pénal (1872-1873)
professé à la Faculté de Droit de Bordeaux. (*Des excuses légales.*)

(2) Voy. Chapitre préliminaire, p. 55.

(3) Justiniani Institutiones, L. IV, t. I, § 12. De obligationibus quæ
ex delicto nascuntur.

» *non juris constitutio, sed natura rei impedimento est : quod*
» *non magis cum his quos in potestate habemus, quàm nobis-*
» *cum ipsi agere possumus* (1). » « *Servi et filii nostri furtum*
» *quidem nobis faciunt , ipsi autem furti non tenentur ,*
» *etc...* (2). » « *Rerum amotarum judicium singulare intro-*
» *ductum est adversùs eam quæ uxor fuit : quia non placuit*
» *cum eâ furti agere posse... quia societas vitæ quodammodo*
» *dominam eam faceret* » (secundùm Nervam et Cassium)
» aut quia visum est « *furti non esse actionem constituto*
» *jure* » (secundùm Sabinum et Proculum) (3). « *Maritus*
» *quidem propter matrimonii pudorem, non furti sed rerum*
» *amotarum actionem habeat* » (4).

Les faits qui, d'après la première disposition de l'article 380 ne donnent lieu qu'à des réparations civiles, sont
les soustractions. L'immunité s'étend même à celles qui
sont accompagnées de circonstances aggravantes, puisque
l'article 380 ne les excepte pas de la règle générale qu'il
pose. C'est, en outre, ce qui a été jugé par un

(1) Dig., L. XLVII, t. II. L. 16. De furtis.
(2) Dig., L. XLVII, t. II. L. 17. De furtis.
(3) Dig., L. XXV, t. II. L. 1. De actione rerum amotarum.
(4) Cod., L. VI, t. II. L. 22, § 4, *in medio*. De furtis et servo corrupto.
Voy. encore : Dig., L. V, t. I. L. 4. De judiciis, et ubi...
    — L. XLIV, t. VII. L. 7. De obligationibus et actio-
      nibus.
    — L. XLVII, t. XIX. L. 5. Expilatæ hereditatis.
    — L. XXV, t. II. L. 2. De actione rerum amotarum.
    Cod., L. XXXVII, t. XLI. L. 1, *in medio*. De noxalibus
      actionibus.

Arrêt de la Cour de Cassation du
    6 *octobre* 1853......... Bull. n 492.

Toutefois, l'immunité de l'article 380 (§ 1ᵉʳ) est-elle applicable non-seulement aux soustractions proprement dites, mais encore aux autres atteintes à la propriété; par exemple, à l'escroquerie, à l'abus de confiance, à l'extorsion de signature, au faux en écriture, aux dégradations de clôtures et d'édifices, à l'incendie?

L'article 380 n'accorde la faveur de l'immunité qu'aux soustractions. Ce n'est que pour elles qu'il arrête l'action publique. Quelque légitime que soit le sentiment auquel le législateur a cédé, je crois qu'il ne faut pas exagérer l'application de l'article 380. Cependant il ne faut pas prendre ce texte à la lettre, aussi je n'entends pas dire qu'il ne concerne que les soustractions proprement dites. Cet article est placé dans la section des vols (1); il en est l'une d. ..emières dispositions, et l'une de celles qui semblent régir toute la matière. En conséquence, j'admets, sans hésitation, que l'immunité qu'il prononce, s'étend à toutes les atteintes à la propriété, comprises dans la section. Par suite, je pense qu'elle couvre le fait réprimé par l'article 387, C. P., l'altération de marchandises (2);

(1) C. P. Liv. III, Tit. II, Chap. II, Sect. 1ʳᵉ : **Vols** (Articles 379 à 401).

(2) Article 387 (Ainsi remplacé, L. 13 mai 1863). — *Les voituriers, bateliers ou leurs préposés qui auront altéré ou tenté d'altérer des vins ou toute autre espèce de liquides ou marchandises dont le transport leur avait été confié, et qui auront commis ou tenté de commettre cette altération par le mélange de substances malfaisantes, seront punis*

l'extorsion de signature (art. 400, § 1 et 2, C. P.) (1);

d'un emprisonnement de deux à cinq ans et d'une amende de vingt-cinq francs à cinq cents francs.

Ils pourront, en outre, être privés des droits mentionnés en l'article 42 du présent Code pendant cinq ans au moins et dix ans au plus; ils pourront aussi être mis, par l'arrêt de ce jugement, sous la surveillance de la haute police pendant le même nombre d'années.

S'il n'y a pas eu mélange de substances malfaisantes, la peine sera un emprisonnement d'un mois à un an, et une amende de seize francs à cent francs.

—·L'ancien article 387 disait : « Les voituriers, bateliers ou leurs préposés, qui auront altéré des vins ou toute autre espèce de liquides ou de marchandises dont le transport leur avait été confié, et qui auront commis cette altération par le mélange de substances malfaisantes, seront punis de la peine portée au précédent article (la réclusion).

» S'il n'y a pas eu mélange de substances malfaisantes, la peine sera un emprisonnement d'un mois à un an, et une amende de seize francs à cent francs. »

(1) ARTICLE 400, § 1ᵉʳ. — *Quiconque aura extorqué par force, violence ou contrainte, la signature ou la remise d'un écrit, d'un acte, d'un titre, d'une pièce quelconque contenant ou opérant obligation, disposition, ou décharge, sera puni de la peine des travaux forcés à temps.*

§ 2ᵉ.— Quiconque, à l'aide de la menace écrite ou verbale, de révélations ou d'imputations diffamatoires, aura extorqué ou tenté d'extorquer, soit la remise de fonds ou valeurs, soit la signature ou remise des écrits énumérés ci-dessus, sera puni d'un emprisonnement d'un an à cinq ans et d'une amende de cinquante à trois mille francs, etc...

L'article 40 du Code Pénal du 25 septembre — 6 octobre 1791, 2ᵉ part., tit. II, sect. II, était ainsi conçu : « Quiconque sera convaincu d'avoir extorqué par force ou par violence, la signature d'un écrit, d'un' acte emportant obligation ou décharge, sera puni comme voleur à force ouverte et par violence envers les personnes, et encourra les peines portées aux cinq premiers articles de la première section (10, 14, 18 et 24 ans de fers), suivant les circonstances qui auront accompagné lesdits crimes. »

L'ancien article 400, identique au § 1ᵉʳ de l'article 400 actuel, fut abrogé par la loi du 28 avril 1832, qui cependant le reproduisit fidèle chantage (art. 388, C. P.) (1).

Je l'étendrai même à l'escroquerie (art. 405, C. P.) (2),

lement, et lui ajouta trois autres paragraphes passés à peu près textuellement dans notre Code Pénal. La loi du 13 mai 1863 a reconstitué l'article 400 tel que nous venons de le citer.

(1) ARTICLE 388. — *Quiconque aura volé ou tenté de voler dans
les champs, des chevaux ou bêtes de charge, de voiture ou de monture,
gros et menus bestiaux, ou des instrumens d'agriculture, sera puni d'un
emprisonnement d'un an au moins et de cinq ans au plus, et d'une amende
de seize francs à cinq cents francs.*

*Il en sera de même à l'égard des vols de bois dans les ventes, et de pierres
dans les carrières, ainsi qu'à l'égard du vol du poisson en étang, vivier ou
réservoir* (chantage), etc...

— Disposition de l'ancien article 388 : « Quiconque aura volé dans les
champs, des chevaux ou bêtes de charge, de voiture ou de monture,
gros et menus bestiaux, des instrumens d'agriculture, des récoltes ou
moules de grains faisant partie de récoltes, sera puni de la réclusion.

» Il en sera de même à l'égard des vols de bois dans les ventes, et
de pierres dans les carrières, ainsi qu'à l'égard *du vol de poisson en
étang, vivier ou réservoir.* » (Abrogé, L. 28 avril 1832, art. 12).

— Le Code Pénal du 25 septembre—6 octobre 1791, 2e part., tit. II,
sect. II, ne parlait pas du chantage, mais infligeait, dans son article 27, quatre années de détention aux coupables des autres délits
ci-dessus mentionnés, et six années de la même peine, si le délit avait
eu lieu la nuit.

L'article 11 de la loi du 25 frimaire, an VIII, réduisit cette pénalité
à un emprisonnement de trois mois à une année, si le délit avait été
commis le jour, et de six mois à deux ans, s'il avait été commis
pendant la nuit.

(2) ARTICLE 405. — *Quiconque, soit en faisant usage de faux noms
ou de fausses qualités, soit en employant des manœuvres frauduleuses
pour persuader l'existence de fausses entreprises, d'un pouvoir ou d'un
crédit imaginaire, ou pour faire naître l'espérance ou la crainte d'un
succès, d'un accident ou de tout autre événement chimérique, se sera fait
remettre ou délivrer, ou aura tenté de se faire remettre ou délivrer des fonds,
des meubles ou des obligations, dispositions, billets, promesses, quittances*

à l'abus de confiance (art. 406; 407, § 1er; 408, § 1er,

ou décharges, et aura, par un de ces moyens, escroqué ou tenté d'escroquer la totalité ou partie de la fortune d'autrui, sera puni d'un emprisonnement d'un an au moins et de cinq ans au plus, et d'une amende de cinquante francs au moins et de trois mille francs au plus.

Le coupable pourra être, en outre, à compter du jour où il aura subi sa peine, interdit pendant cinq ans au moins et dix ans au plus, des droits mentionnés en l'article 42 du présent Code : le tout sauf les peines plus graves, s'il y a un crime de faux.

L'article 42, C. P., interdit en tout ou en partie l'exercice des droits civiques, civils et de famille suivants : 1° de vote et d'élection; 2° d'éligibilité; 3° d'être appelé ou nommé aux fonctions de juré ou autres fonctions publiques, ou aux emplois de l'administration, ou d'exercer ces fonctions ou emplois; 4° du port d'armes; 5° de vote et de suffrage dans les délibérations de famille ; 6° d'être tuteur, curateur, si ce n'est de ses enfants et sur l'avis seulement de la famille ; 7° d'être expert ou employé comme témoin dans les actes; 8° de témoignage en justice, autrement que pour y faire de simples déclarations.

Le principe de l'article 405, C. P., se trouve dans le décret du 19-22 juillet 1791, *relatif à l'organisation d'une police municipale et correctionnelle,* tit. II; Article 35 : « Ceux qui, par dol, ou à l'aide de faux noms ou de fausses entreprises, ou d'un crédit imaginaire, ou d'espérances et de craintes chimériques, auraient abusé de la crédulité de quelques personne., et escroqué la totalité ou partie de leurs fortunes, seront poursuivis devant les tribunaux de district, et, si l'escroquerie est prouvée, le tribunal de district, après avoir prononcé les restitutions et dommages-intérêts, est autorisé à condamner, par voie de police correctionnelle, à une amende qui ne pourra excéder cinq mille livres, et à un emprisonnement qui ne pourra excéder deux ans. En cas d'appel, le condamné gardera prison, à moins que les juges ne trouvent convenable de le mettre en liberté, sur une caution triple de l'amende et des dommages et intérêts prononcés. En cas de récidive, la peine sera double. — Tous les jugemens de condamnation à la suite des délits mentionnés au présent article seront imprimés et affichés. »

La loi du 13 mai 1863 qui a abrogé l'ancien article 405 pour le rem-

C. P.) (1). Sans doute, ces délits ne sont pas des sous-

placer par l'article 405 actuel, n'a fait qu'ajouter au texte primitif ces mots : *ou aura tenté de se faire remettre ou délivrer.*

(1) ARTICLE 406. — *Quiconque aura abusé des besoins, des faiblesses ou des passions d'un mineur, pour lui faire souscrire, à son préjudice, des obligations, quittances ou décharges, pour prêt d'argent ou de choses mobilières, ou d'effets de commerce, ou de tous autres effets obligatoires, sous quelque forme que cette négociation ait été faite ou déguisée, sera puni d'un emprisonnement de deux mois au moins, de deux ans au plus, et d'une amende qui ne pourra excéder le quart des restitutions et des dommages-intérêts qui seront dus aux parties lésées, ni être moindre de vingt-cinq francs.*

La disposition portée au second paragraphe du précédent article pourra de plus être appliquée.

ARTICLE 407, § 1er. — *Quiconque, abusant d'un blanc-seing qui lui aura été confié, aura frauduleusement écrit au-dessus une obligation ou une décharge, ou tout autre acte pouvant compromettre la personne ou la fortune du signataire, sera puni des peines portées en l'article 405.*

ARTICLE 408, § 1er. — *Quiconque aura détourné ou dissipé, au préjudice des propriétaires, possesseurs ou détenteurs, des effets, deniers, marchandises, billets, quittances ou tous autres écrits contenant, ou opérant obligation ou décharge, qui ne lui auraient été remis qu'à titre de louage, de dépôt, de mandat, de nantissement, de prêt à usage, ou pour un travail salarié ou non salarié, à la charge de les rendre ou représenter, ou d'en faire un usage ou un emploi déterminé, sera puni des peines portées en l'article 406.*

Le Code Pénal du 25 septembre — 6 octobre 1791, 2e part., tit. II, sect. II, contenait une disposition analogue dans son article 19 : « Quiconque se sera chargé d'un service ou d'un travail salarié, et aura volé les effets ou marchandises qui lui auront été confiés pour ledit service ou ledit travail, sera puni de quatre années de fers. »

La loi du 25 frimaire, an VIII (16 décembre 1799), attribuant aux tribunaux de police correctionnelle la connaissance de divers délits, disait, Article 12 : « Quiconque sera convaincu d'avoir détourné à son profit ou dissipé des effets, marchandises, deniers, titres de propriété, ou autres emportant obligation ou décharge, et toutes autres proprié-

tractions et ne figurent pas dans la section des vols. Mais ils ont des rapports si intimes avec les faits laissés impunis, qu'il doivent jouir de la même faveur.

Cette manière de voir peut s'autoriser des déclarations faites devant le Corps législatif par MM. Faure et Louvet. Le premier disait dans l'exposé des motifs : « Le principe, » consacré par la loi nouvelle, consiste à rejeter l'action » publique, et à n'admettre que l'action privée, c'est-à- » dire l'action en dommages-intérêts, à l'égard de toute » espèce de fraudes commises par les maris au préjudice » de leurs femmes, par les femmes au préjudice de leurs » maris, par un veuf ou une veuve, quant aux choses qui » avaient appartenu à l'époux décédé, enfin, par les pa- » rents et alliés en ligne directe, ascendante ou descen- » dante, les uns envers les autres » (1).

tés mobilières qui lui auraient été confiées gratuitement à la charge de les rendre ou de les représenter, sera puni d'une peine qui ne pourra être moindre d'une année ni excéder quatre années d'emprisonnement. »

L'ancien article 408, § 1er, portait que : « Quiconque aura détourné ou dissipé, au préjudice du propriétaire, possesseur ou détenteur, des effets, deniers, marchandises, billets, quittances ou tous autres écrits contenant ou opérant obligation ou décharge, qui ne lui auraient été remis qu'à titre de dépôt ou pour un travail salarié, à la charge de les rendre ou représenter, ou d'en faire un usage ou un emploi déterminé, sera puni des peines portées en l'article 406. »

L'article 408 fut abrogé par la loi du 28 avril 1832, qui apporta au § 1er ci-dessus, les modifications suivantes : « Quiconque aura détourné ou dissipé au préjudice *des* propriétaires, etc.., remis à titre *de louage,* de dépôt, *de mandat,* ou pour un travail salarié *ou non salarié...,* etc.»

Abrogé de nouveau par la loi du 13 mai 1863, l'article 408 est depuis lors resté tel que nous l'avons d'abord cité.

(1) Voy. les articles 735, 736, 737 du Code Civil, et l'explication de

Le second ajoutait dans son rapport : « Le projet s'oc-
» cupe ensuite d'un genre de soustractions que la législa-
» tion de presque tous les peuples éclairés a cru devoir
» affranchir de la rigueur des poursuites criminelles ; je
» veux parler des atteintes à la propriété, qui peuvent se
» commettre entre époux, entre ascendants et descen-
» dants. Ici, (et cette grande considération vous aura aus-
» sitôt frappés), les liens de la nature, ceux du sang, la
» qualité en un mot des individus les rapprochent et sem-
» blent même, si l'on peut parler ainsi, les identifier à un
» tel point, que la morale, je dirai plus, la pudeur publi-
» que, auraient trop à souffrir si ces soustractions domes-
» tiques pouvaient devenir l'objet d'une procédure crimi-
» nelle, et montrer à un auditoire étonné l'époux accusa-
» teur de son épouse, le père poursuivant son fils, ou
» même le ministère public exerçant cette poursuite en
» leur nom (1). »

Notre solution trouve un nouvel appui dans les paroles
suivantes : « L'excuse s'applique également aux divers
» crimes et délits visés par les articles de la section où se
» trouve placé l'article 380, de même qu'à l'abus de con-
» fiance, à l'escroquerie (2). »

Je n'appliquerai l'article 380, ni au faux en écriture (3),

ces textes dans les *Répétitions écrites sur le Code Civil* par M. F. Mourlon,
t. II, p. 35, nᵒˢ 73, 74 et 75.

(1) Voyez Locré, t. XXXI, p. 141 et 170.

(2) M. P.-E. Vigneaux, à son cours de Droit Pénal (1872-1873)
professé à la Faculté de Droit de Bordeaux. (*Des excuses légales.*)

(3) Il faut bien se garder de confondre le faux en écriture dont
nous parlons, avec le fait réprimé par le § 1ᵉʳ de l'article 407, C. P.,

ni à l'incendie, ni aux destructions de clôtures ou d'édifices. D'une part, ces faits ne sont nullement assimilables aux soustractions; d'autre part, le préjudice, que le faux et l'incendie peuvent causer aux personnes étrangères à la famille et les violences dont les destructions de clôture et d'édifice peuvent être l'occasion, expliquent pourquoi, en absolvant les soustractions, la loi n'a pas songé aussi à absoudre ces autres faits.

.La Cour de Cassation confirme notre théorie. Elle a jugé que l'immunité de l'article 380 s'étendait à l'extorsion de signature :

ARRÊT du 8 *février* 1840. . . . . Bull. n° 51 ;

et que l'article 380 couvrait les abus de confiance :

ARRÊT du 28 *avril* 1866. . . . . Bull. n° 125.

La même Cour a refusé d'appliquer l'article 380 au faux en écriture, aux destructions de clôtures, à l'incendie.

ARRÊTS des : 17 *février* 1820. . Bull. n° 277,
27 *février* 1836. . — n° 62,
22 *avril* 1842. . . — n° 95,
2 *juin* 1853. . . — n° 197,

l'abus de confiance. Le faux en écriture est ici celui des articles 150 à 152 du Code Pénal. L'article 407 ne punit le coupable que dans un cas particulier : ARTICLE 407, § 2°. — *Dans le cas où le blanc-seing* NE LUI AURAIT PAS ÉTÉ CONFIÉ, *il sera poursuivi comme faussaire et puni comme tel.*

— (Voy. Inst. Just. IV, 18, § 7).

On remarquera qu'en appliquant l'excuse de l'article 380 à l'abus de confiance, c'est-à-dire aux articles 408, § 1er, 406 et 407, C. P., nous n'avons rapporté que le § 1er de ce dernier texte. — Voy. p. 203 et 204, note 1.

3 *décembre* 1857. .   Sirey, 1858 1 58,
21 *mars* 1873. . . .   —   1873 1 431 (1).

— Ne serait point couvert par l'article 380, C. P., le fait pour un mari d'avoir frauduleusement détourné des effets de la communauté, dont la garde lui aurait été confiée en qualité de séquestre judiciaire, pour assurer les droits de la femme pendant l'instance en séparation de corps :

Arrêts des Cours

de Cassation du 13 *août* 1869 . .   Sirey, 1869,
de Lyon du 10 *mai* 1865. . . . . .   —   1865 2 228.

Pour que les soustractions restent impunies, il faut qu'elles aient lieu directement et exclusivement au préjudice de l'une des personnes désignées dans l'article 380. Il importe donc, lorsqu'il s'agit de l'application de cet article, de rechercher avec soin à qui la chose soustraite appartenait.

— Mais est-ce qu'il y aura immunité en faveur de la fille d'un fonctionnaire, qui aurait dérobé des deniers à son père? Non, ici point d'immunité, car les deniers sont réputés appartenir à l'État. Notre décision repose sur les

Arrêts de la Cour de Cassation des :

24 *avril* 1812. . . . . . .   Bull. n° 107,
9 *juillet* 1840 . . . . . .   Sirey, 1840 1 731.

L'impunité doit être également refusée dans le cas où

(1) Voyez MM. Chauveau et Faustin Hélie, *Théorie du Code Pénal*, t. v, p. 86.

A. Blanche, *Études pratiques sur le Code Pénal*, t. v, p. 643.

la chose soustraite n'est pas la propriété exclusive de l'une des personnes désignées dans l'article 380. La jurisprudence nous en donne un exemple remarquable dans l'affaire Dubarry (1) :

Arrêt de la Cour de Cassation du
2 *avril* 1864. . . . . Bull. n° 84.

L'article 380 est encore inapplicable, lorsqu'un tiers s'est constitué une sorte de droit sur la chose soustraite; par exemple, lorsqu'il l'a saisie-exécutée (2). C'est ainsi que fut cassé un arrêt de la Cour de Caen (1842) par la Cour suprème le

10 *janvier* 1842. . . . . . . Bull. n° 32.

— L'immunité s'étend aux maris coupables de soustractions envers leurs femmes et réciproquement, aux veufs et aux veuves coupables de soustractions envers l'hoirie de l'époux décédé, aux enfants ou autres descendants coupables de soustractions envers leurs père et mère ou autres ascendants et réciproquement, et en dernier lieu aux alliés aux mêmes degrés coupables de soustractions à l'égard de leurs alliés de même degré.

On ne doit ni étendre ni restreindre cette disposition. Elle ne s'appliquerait pas aux parents et alliés en ligne collatérale, mais atteindrait fort bien le beau-père, par exemple, commettant une soustraction au préjudice des enfants de sa femme,

---

(1) Voy. pour les détails, Sirey, 1864.
(2) C. P. C. Articles 583 à 625; Voy. Code Tripier (grand format), p. 246 et suivantes.

ARRÊT de la Cour d'Orléans du

20 *décembre* 1819.... Dalloz, J. G., t. v, n° 171;

l'enfant d'un premier lit coupable de soustractions envers sa belle-mère, même après la dissolution du mariage,

ARRÊT de la Cour d'Orléans du

10 *janvier* 1859........ Dalloz, 1859 2 190.

Cette disposition ne concernerait pas les vols commis par un frère envers son frère (1) ; ni ceux commis par une nièce au préjudice de son oncle (2).

L'article 380 s'appliquerait aux père et mère naturels ainsi qu'à leurs enfants ; il n'a point, en effet, établi de distinction à leur égard. Mais la Cour de Cassation, dans son

ARRÊT du 25 *juillet* 1834..... Bull. n° 241,

nous dit formellement qu'il faut que les enfants aient été reconnus dans les formes prescrites par la loi (art. 334 à 342, C. C. — Voy. Code Tripier [grand format], p. 59 et 60) (3).

Toutefois on ne pourrait étendre le bénéfice de l'article 380 en dehors des père et mère naturels.

ARRÊT de la Cour de Cassation du

10 *juin* 1813......... Bull. n° 123.

(1) V. Dalloz, J. Gle, 1er juillet 1841, t. v, n° 164.

(2) V. Dalloz, J. Gle, 25 septembre 1818, n° 653.

(3) V. h. s. M. P.-E. Vigneaux, à son Cours de Droit Pénal (1872-1873) professé à la Faculté de Droit de Bordeaux. *(Des excuses légales.)*

Voy. l'explication des articles 334 à 342, C. C., dans les *Répétitions écrites sur le Code Civil* par M. F. Mourlon, t. I, p. 478 à 499.

Il n'y a pas de doute que l'article 380 embrasse la filiation adoptive, mais l'immunité est restreinte à l'adoptant et à l'adopté (1).

Les personnes que désigne cet article sont enfin excusables lorsqu'elles sont intervenues dans les soustractions, non comme auteurs, mais comme complices.

ARRÊT de la Cour de Cassation du

6 *octobre* 1853. . . . . Bull. n° 492.

Le paragraphe final de l'article 380 règle le sort des complices autres que les personnes qu'il désigne.

Ainsi les faits de recélé et de mise à profit des effets soustraits, prévus par ce deuxième paragraphe, seront passibles des peines de vol. L'article 380 (paragraphe final) n'indique pas la peine que les individus coupables de ces faits auront à subir ; il se borne à dire qu'*ils seront punis comme coupables de vol*. Nous déciderons qu'ils devront encourir la peine qui aurait été infligée aux auteurs principaux (2). C'est aussi l'opinion de M. A. Blanche (3).

---

(1) Voy. à cet effet les articles 343 à 360, C. C. (Code Tripier [grand format], p. 60 à 63), et l'explication de ces textes dans les *Répétitions écrites sur le Code Civil* par M. F. Mourlon, t. I, p. 499 à 514.

(2) ARTICLE 59, C. P. — *Les complices d'un crime ou d'un délit seront punis de la même peine que les auteurs de ce crime ou de ce délit, sauf les cas où la loi en aurait disposé autrement.* — Voy. également C. P. 25 sept.- : oct. 1791, 2ᵉ part., tit. II, articles 1 et 2.

ARTICLE 62, C. P. — *Ceux qui sciemment auront recélé, en tout ou en partie, des choses enlevées, détournées ou obtenues à l'aide d'un crime ou d'un délit, seront aussi punis comme complices de ce crime ou délit.*

(3) *Études pratiques sur le Code Pénal*, t. V.

MM. Chauveau et Faustin Hélie (1) rejettent cette
théorie. L'article 380 (§ 1er) n'établit aucune peine, car il
n'y a pas de délit, et là où il n'y a pas de délit il n'existe
ni recéleurs ni complices. Les individus dont parle le paragraphe 2° de l'article 380, sont des auteurs principaux, responsables de leurs propres faits, et punis de la peine de vol
simple. Tels sont les arguments de ces auteurs. Nous leur
répondrons qu'il y a délit dans le cas de l'article 380, mais
un délit impuni pour certaines personnes. Prouvons-le. Que
dit le § 2° de l'article 380 ? « A l'égard de tous autres in-
» dividus qui auraient recélé ou appliqué à leur profit tout
» ou partie des objets *volés*....., etc. » Des objets volés par
qui ? Par les personnes mentionnées dans le § 1er. Or, le
vol n'est jamais moins qu'un délit. Par conséquent, ces
personnes ont toujours commis un délit en volant les
objets. Donc il y a délit. Ajoutons que la loi, quand elle
déclare la non-existence d'un crime ou d'un délit, n'emploie
pas les expressions de l'article 380, elle dit : « *Il n'y a ni
crime ni délit lorsque....* » (articles 64, 327, 328, C. P.) (2).

Puisqu'il y a délit, c'est-à-dire vol, dans l'hypothèse de
l'article 380, il peut exister des recéleurs et des complices,
et comme tels, la peine qui aurait frappé les auteurs principaux, leur sera applicable. Il n'est question en tout ceci
que des personnes ayant recélé ou appliqué à leur profit
la chose soustraite, et non des coauteurs.

M. Blanche pense qu'on ne pourrait même pas les renvoyer des poursuites, alors qu'elles allégueraient n'avoir pas

(1) *Théorie du Code Pénal*, t. v.
(2) Voy. le texte de ces articles p. 68, note 2, et p. 85, notes 2 et 3.

profité de la chose soustraite ou que le recel se confond avec la soustraction (1). Son opinion est basée sur les ARRÊTS de la Cour de Cassation des

28 *avril* 1806..... Bull. n° 125,

2 *janvier* 1869.... — n° 1.

— On doit remarquer le caractère restrictif du paragraphe final de l'article 380. Ce paragraphe déclare limitativement que *tous les autres individus qui auraient recélé ou appliqué à leur profit* tout ou partie des objets volés, seront punis comme coupables de vol. Ce n'est donc que pour ceux qui auront *recélé* ou *appliqué à leur profit* la chose volée que *la peine de vol* est uniquement établie.

M. Troplong, sans doute, n'avait pas sous les yeux le texte de l'article 380, C. P., lorsqu'il écrivait : « les cou- » pables de recelés peuvent être poursuivis *criminellement,* » aucune raison ne portant à les épargner. » Que cet auteur ne s'est-il plutôt épargné la peine de poser une telle solu- tion : il n'est pas loisible aux tribunaux d'étendre les dis- positions des lois pénales ; la peine de vol sera appliquée

— Les complices intervenus en qualité d'aides jouiront de la même impunité que les auteurs principaux. C'est l'opi- nion la plus accréditée (2) et celle que la Cour de Cassa- tion a toujours suivie depuis 1825. Mais il est nécessaire qu'ils n'aient ni recélé ni appliqué à leur profit tout ou partie des objets volés. A cette condition seulement l'im- munité leur est accordée. Est-il besoin de dire que ces

(1) A. Blanche, *Études pratiques sur le Code Pénal,* t. v.

(2) Voy. notamment M. A. Blanche , *Études pratiques sur le Code Pénal,* t. v.

complices, bien qu'excusés, pourront toujours, de même que les auteurs principaux, être tenus des réparations civiles ou dommages-intérêts (art. 1382, C. C.) (1).

Que décider relativement au complice qui a seulement conseillé le vol ou donné des instructions pour le commettre (2)? Nous croyons qu'il bénéficiera de l'excuse accordée à l'auteur principal. La loi romaine disposait autrement : le complice *ope consilio* était tenu de l'action *furti*. On trouve à cet égard dans les écrits des jurisconsultes de Rome une grande obscurité, que toutefois M. Demangeat a fait habilement disparaître (3).

— Nulle peine à appliquer à ceux qui, *sans connaissance de cause*, auraient aidé ou assisté l'auteur ou les auteurs de l'action, dans les faits qui l'auront préparée ou facilitée, ou dans ceux qui l'auront consommée. Cet argument émane *à contrario* du texte de l'article 60 (§ 3°), C. P. :

ARTICLE 60. — *Seront punis comme complices d'une action qualifiée crime ou délit.....*

Ceux qui auront, AVEC CONNAISSANCE, *aidé ou assisté l'auteur...,* etc... (4).

— Pour que le recel d'objets soustraits par un époux au préjudice de son conjoint, soit punissable, il n'est pas

(1) Voy. p. 78, note 3, le texte de l'article 1382, C. C.; voy. aussi la note 4.

(2) Voy. p. 168, note 1, la disposition de l'article 60, C. P.

(3) V. M. Ch. Demangeat, *Cours élémentaire de Droit Romain*, t. II, p. 385 et suiv. *(Du furtum).*

(4) Du reste, pour être complice, il faut nécessairement avoir le *consilium malignum*, la conscience qu'il s'agit d'un vol. Aristote disait dans le même sens : « ὁ βουλόμενος λάθρα λαμβάνειν κλέπτης ἐστί. » — Τοπικῶν τὸ ἕκτον, c. XII, n° 6 *infine.*

nécessaire que le recéleur se soit approprié les objets recélés ou en ait profité ; il suffit que le recel ait eu lieu sciemment.

ARRÊT de la Cour de Cassation du
2 janvier 1869. . . . . Sirey, 1869 1 367.
Ce point ne peut faire difficulté (1).

Faut-il étendre l'immunité de l'article 380 aux coauteurs des personnes qu'il désigne ?

La loi romaine appliquait indistinctement la peine de
vol aux complices, supposant qu'ils avaient tous profité de
la soustraction : « *Placuit, cum, qui filio vel servo, vel uxori*
» *opem fert, furtum facientibus, furti teneri : quamvis ipsi*
» *furti actione non conveniantur* (2). » Il en était ainsi, dans
les mêmes cas, à l'égard des coauteurs (3). Dès que la soustraction avait été commise dans leur intérêt, dès qu'ils en
avaient profité, ils en étaient responsables. Mais la loi
romaine n'avait pas prévu la coopération des tiers dans
l'intérêt exclusif de l'époux ou des parents. Notre ancienne
jurisprudence suppléa à cette lacune.

Deux ARRÊTS du Parlement de Paris des :
19 avril 1698,
et 12 juillet 1708 (4),

(1) ART. 62, C. P. — *Ceux qui* SCIEMMENT *auront recélé...,* etc...
Voy. p. 211, note 2.
Voy. MM. Chauveau et F. Hélie, *Théorie du Code Pénal,* t. I, n° 213;
t. v, n° 1768. — Le Sellyer, *Traité de la criminalité,* t. II, n° 416.
(2) Dig., L. XLVII, t. II. L. 36, § 1, De furtis.
(3) Dig., L. XLVII, t. II. L. 52. De furtis.
(4) Arrêts rapportés par M. Augiard, t. II, p. 82.
Les *Parlements* étaient des cours souveraines et permanentes, com-

15

distinguaient deux classes d'agents accessoires : ceux qui avaient pris part à la soustraction pour leur profit personnel, et ceux qui, sans profiter de la soustraction, avaien*, assisté l'auteur ou les auteurs. Les premiers seuls étaient coupables.

posées d'ecclésiastiques et de laïques, établies pour rendre la justice en dernier ressort au nom du Roi, en vertu de son autorité et comme s'il était présent. L'origine des *Parlements* remonte loin dans le passé. On les fait dériver des assemblées de la nation qui, sous les Rois de la première race, se tenaient en plein *champ*, le premier jour de *mars*, et, plus tard, le 1er mai, d'où elles furent appelées *Champs de mars* ou *de mai*, et qui prirent sous le règne de Pépin, le nom de *Parlements*. Ils subsistèrent jusqu'en 1790.

On comptait douze *Parlements* dans le Royaume. Celui de Paris est le plus ancien. On l'appela indifféremment la *Cour du Roi*, la *Cour de France*, la *Cour des pairs* ou simplement le Parlement. Le Roi le présidait quelquefois. On y enregistrait les édits ou ordonnances ; on y jugeait les grands vassaux ; on y débattait les grandes affaires.

Le mot *Parlement* vient par contraction de *parabolamentum*, *colloque*, *pour-parler*.

Nous avons dit que le Roi présidait parfois les réunions du Parlement ; il en était ainsi notamment lorsque ce dernier refusait d'enregistrer les ordonnances royales. Le Roi se rendait alors au Parlement et y tenait un *lit de justice*. Ces expressions, prises dans un sens littéral, signifient le trône où le Roi était assis. Ce trône était composé d'un dais et de coussins ; et, comme selon l'ancien langage, un siége surmonté d'un dais se nommait un lit, on appela lit de justice le trône où le Roi siégeait au Parlement. Cinq coussins formaient ce lit. Le Roi était sur l'un ; un autre lui tenait lieu de dossier ; deux autres servaient de soutien aux bras du monarque ; le cinquième était sous ses pieds. — Quelques personnes affirment plaisamment que les séances solennelles du Parlement présidées par le Roi s'appelaient *lits de justice*, parce que la justice y dormait.

La force armée accompagnait toujours le Roi ; aussi le Parlement ne persistait que fort rarement dans ses remontrances. En ce dernier cas on l'exilait, et il finissait par se soumettre.

« On distingue, dit Jousse, entre les différents com-
» plices... ; on examine *s'ils ont pris des effets à leur profit*
» *particulier* ou s'ils n'ont fait qu'exécuter les ordres de
» la veuve, du mari ou des héritiers. Dans le premier cas,
» ils doivent être poursuivis par action de vol et punis
» comme voleurs : dans le deuxième cas, on comprend que
» l'action doit être civilisée à leur égard avec celle de la
» femme, du mari ou des héritiers (1). »

Muyart de Vouglans répète : « Il paraît que l'on dis-
» tingue, suivant notre jurisprudence, et avec raison, ceux
» des complices qui n'ont participé au vol que pour le
» profit particulier de la femme ou des héritiers qui les
» ont employés, de ceux qui ont employé quelques-uns des
» effets volés à leur profit particulier (2). »

Enfin, Rousseaud de la Combe rapporte la même décision : « Quoique la veuve, les enfants et héritiers ne puis-
» sent être poursuivis criminellement pour tels vols, ou
» recels ou détournements, néanmoins leurs complices le
» peuvent être, s'ils ont pris des effets pour leur profit
» particulier ; mais si, au contraire, ils n'ont fait qu'exé-
» cuter les ordres de la veuve, du mari, des enfants ou
» héritiers, en ce dernier cas l'action doit être civilisée
» avec celle de la femme, du mari, des enfants et des
» héritiers (3). »

Voici notre décision : Les coauteurs qui, s'emparant de
la chose d'autrui, agissent dans leur intérêt personnel,

---

(1) *Traité de justice criminelle*, t. IV, p. 194.
(2) *Lois criminelles*, p. 283.
(3) *Traité des Matières criminelles*, p. 40.

seront punis des peines de droit commun en matière de vol. L'accession du parent ou de l'époux ne change rien à leur action personnelle; chaque agent est responsable de son propre fait. Quant aux autres coauteurs qui, sans chercher leur profit, auraient seulement assisté les parents ou époux, *par dévoûment ou complaisance,* disent MM. Chauveau et Faustin Hélie (1), ceux-là ne sont plus que des aides et auront le même sort que ces derniers, c'est-à-dire demeureront impunis (2).

Quelle peine appliquerait-on aux complices des coauteurs? Prenons une espèce : Un fils a soustrait un objet à son père et a été assisté dans son action par un individu étranger à l'un et à l'autre. Voilà deux coauteurs : l'un est exempt de toute peine (art. 380, § 1ᵉʳ), l'autre sera puni comme coauteur. — Nous supposons qu'il a agi dans son intérêt. — Mais quel sera le sort des complices qui auront préparé l'acte commun? La Cour de Cassation, — Chambres réunies, — dit qu'ils suivront le sort de celui des deux coauteurs puni. Est-ce juste? Pourquoi de celui-ci plutôt que de l'autre? Parce que, dit-on, la peine du coauteur étranger, seul puni, fait appliquer à ses complices la peine de droit commun. Alors, s'il n'y avait pas eu de coauteur, pas de peine pour les complices? La criminalité tient donc à la présence du coauteur et non à la participation au délit?

Je ne vois pas pourquoi les complices servant deux

---

(1) *Théorie du Code Pénal,* t. v.
(2) Voyez ce qui a été dit, p. 213 et 214.

agents seraient plutôt liés au sort de l'un que de l'autre. Le droit commun s'applique. Oui, mais l'article 59, C. P., enchaînant les complices aux auteurs, permet-il, quand une exception est personnelle et efface le délit même, de faire un choix parmi les auteurs et de prendre celui qui doit être puni?

Quoi qu'il en soit, dans la pratique, on suit toujours l'opinion de la Cour de Cassation.

Voici, en résumé, sur ces diverses controverses, la jurisprudence de la Cour suprême. Elle décide les points suivants :

1° Si l'une des personnes désignées dans le premier paragraphe de l'article 380, se fait assister pour commettre l'une des soustractions prévues par cet article, d'un ou de plusieurs individus étrangers à la famille, ces individus, si d'ailleurs ils n'ont ni recélé ni appliqué à leur profit les effets soustraits, participent à l'immunité qui couvre l'action elle-même, et ne sont, comme complices, passibles d'aucune peine ;

2° Si les complices ont coopéré à l'action, s'ils ont assisté le fils, le gendre, l'époux, dans les actes qui l'ont consommée, s'ils peuvent, par cette coopération, être réputés coauteurs, la solution n'est plus la même ; ils ne jouissent plus de l'immunité, ils sont considérés comme auteurs principaux, indépendants de leur coauteur, lors même qu'ils n'ont fait qu'assister celui-ci sans participer aux produits de la soustraction ;

3° Enfin, les complices d'une soustraction ainsi commise par deux ou plusieurs personnes, sont considérés exclusivement comme complices de celle des deux personnes qui n'est ni époux ni parent, et qui, par conséquent, ne participe d'aucune immunité; ils restent donc dans le droit commun et sont passibles des peines applicables au vol.

— L'article 380 ne couvre que les soustractions ; toutes les violences exercées sur les personnes, tous les bris et toutes les effractions opérés sur les choses rentrent dans le droit commun ; point d'immunité pour les voies de fait entre parents (1).

Deux questions dont l'examen se rattache intimement à l'excuse de l'article 380, achèveront l'interprétation de ce texte.

Question I. — La femme mineure, qui, se rendant coupable de recel, peut invoquer le bénéfice de l'article 380, C. P., reste-t-elle commune malgré sa renonciation, conformément à l'article 1460 du Code Civil (2)?

MM. Zachariæ, Bellot, Rodière et Pont prétendent que la femme mineure ne peut se priver indirectement d'un bénéfice tel que la faculté de renoncer : autrement, dit-on, ce serait l'admettre à contracter par voie détournée des

---

(1) En conséquence, plusieurs articles de la section IV (Vols), [Chap. II, Tit. II, Liv. III, C. P.], ne peuvent concorder avec l'article 380, § 1er. Nous ferons également observer qu'il ne faut pas prendre à la lettre la disposition de l'article 400 précédemment cité.

(2) ARTICLE 1460. — *La veuve qui a diverti ou recélé quelques effets de la communauté, est déclarée commune, nonobstant sa renonciation; il en est de même à l'égard de ses héritiers.*

engagements qu'elle est incapable de contracter directement. Sans doute, la femme mineure peut se faire restituer contre une acceptation (arg' *à contrario* de l'article 1455, C. C.) (1); mais le mineur n'est pas restituable contre les obligations résultant de son délit (art. 1310, C. C.) (2). L'article 1455, comme l'a très-bien dit M. Troplong, statue dans la prévision d'une qualité qu'on avoue, d'un acte licite dont on veut se faire relever. La punition encourue il faut la subir. Le caractère pénal de l'article 1460 ne peut être sérieusement contesté : « Et s'il est trouvé, disait la *Cous-*
» *tume du Nivernois,* que lesdites veuves aient recélé aucun
» bien du deffunct, audit cas elles seront tenues payer leur
» part desdites dettes, nonobstant lesdites renonciations ;
» et si, *seront punies du recèlement et du pariure* ».

Mais la femme qui offrirait de restituer les objets soustraits, encourrait-elle les déchéances civiles des articles 1460 et 1477, C. C. (3) ? La solution variera suivant les circonstances. Si l'époux rétablit l'objet recélé spontanément, avant toute plainte et toute constatation, il serait trop rigoureux de qualifier le fait de recel : l'équité, dit M. Troplong, ne veut pas qu'entre époux on pousse les choses à

---

(1) ARTICLE 1455.—*La femme majeure qui a pris dans un acte la qualité de commune, ne peut plus y renoncer ni se faire restituer contre cette qualité, quand même elle l'aurait prise avant d'avoir fait inventaire, s'il n'y a eu dol de la part des héritiers du mari.*

(2) ARTICLE 1310. — *Il (le mineur) n'est point restituable contre les obligations résultant de son délit ou quasi-délit.*

(3) ARTICLE 1477. — *Celui des époux qui aurait diverti ou recélé quelques effets de la communauté, est privé de sa portion dans lesdits effets.*

la rigueur. C'est l'avis de nos anciens jurisconsultes (1).

Question II. — Le mari, lorsqu'il a méchamment commis des dégradations sur les biens de sa femme, peut-il invoquer le bénéfice de l'article 380, C. P? Déjà on a pu lire que la loi n'accordait aucune immunité pour les voies de fait entre époux, tant sur les personnes que sur les choses; si nous ne laissons pas de côté la question posée ci-dessus, c'est uniquement à cause d'un arrêt assez bizarre rendu sur cette question par la Cour de Cassation le 26 pluviôse, an XIII. « Il ne faut pas croire, dit la Cour, que le » mari soit le maître de commettre des dégradations, et » que sa qualité de mari doive écarter l'idée d'un délit. »

Puis elle ajoute : « Cette qualité pourrait, tout au plus » le mettre à l'abri des poursuites criminelles à cause de » l'honneur du mariage. »

Ce « *tout au plus* » est bien vague. Ces mots « *à cause de l'honneur du mariage* » ne seraient-ils pas une réminiscence, peut-être un souvenir intempestif de la loi romaine : « *in honorem matrimonii* » (2)? La Cour de Cassation a oublié ou n'a pas daigné nous l'apprendre. Cette qualité *pourrait....,* etc... ; pourquoi ne rien affirmer? Si quelqu'un a ce droit, assurément c'est la Cour de Cassation. On la voit avec regret employer un temps qui n'indique qu'une éventua-

(1) La loi romaine disait : « *Uxor expilatæ hereditatis crimine* » *idcirco non accusatur, quia nec furti cum eâ agitur.* » Dig., L. XLVII, t. XIX. L. 5. Expilatæ hereditatis.

Uxor autem actione rerum amotarum tenebitur. — Cujas, *De act. rer. amot.*

(2) Gaïus. Dig., L. XXV, t. II. L. 2. De actione rerum amotarum.

lité, une possibilité, mais jamais une existence réelle. On ne comprend guère aussi comment les auteurs de la *Théorie du Code Pénal* (1) font remonter cette doctrine, professée en l'an XIII, à l'interprétation des paroles prononcées au Corps législatif en 1810. Il n'y a là rien qui ressemble à une soustraction; et, bien que le délit *n'attaque pas les personnes*, le conjoint n'est pas excusable.

(1) Voy. cet ouvrage, t. v, Art. 380, C. P.

SECTION VIII

SOMMAIRE

Excuse en faveur des conducteurs et gardiens de détenus, qui, par négligence, les auraient laissés s'évader.
ARTICLE 247. (Loi du 4 vendémiaire, an VI (25 septembre 1797), art. 13).

ARTICLE 247 (Liv. III, Tit. I, Chap. III, Sect. IV, § 4°). — *Les peines d'emprisonnement ci-dessus établies contre les conducteurs ou les gardiens, en cas de négligence seulement, cesseront lorsque les évadés seront repris ou représentés, pourvu que ce soit dans les quatre mois de l'évasion, et qu'ils ne soient pas arrêtés pour d'autres crimes ou délits commis postérieurement.*

La loi punit ici la négligence. Si l'évadé était prévenu de délits de police ou de crimes simplement infamants, ou s'il était prisonnier de guerre, la peine varie de six jours à deux mois d'emprisonnement (1); s'il était accusé d'un

---

(1) ARTICLE 238, § 1ᵉʳ, C. P. (Ainsi remplacé, L. 13 mai 1863). — *Si l'évadé était prévenu de délits de police ou de crimes simplement infamans, ou condamné pour l'un de ces crimes, s'il était prisonnier de guerre,*

crime de nature à entraîner une peine afflictive à temps ou condamné pour un de ces crimes, la peine varie de deux mois à six mois d'emprisonnement (1); s'il était accusé de crimes de nature à entraîner la peine de mort ou de peines perpétuelles ou condamné à l'une de ces peines, la peine varie d'un an à deux ans d'emprisonnement (2). Cette aggravation se conçoit : plus le malfaiteur est dangereux, et plus l'insouciance des gardiens ou conducteurs peut être funeste.

les préposés à sa garde ou conduite seront punis, en cas de négligence, d'un emprisonnement de six jours à deux mois (et, en cas de connivence, d'un emprisonnement de six mois à deux ans).

L'ancien article 238 était identique.

La loi du 24 vendémiaire, an VI (25 sept. 1797), article 7, § 1er, portait : « Pour le cas de négligence un emprisonnement de six mois, si le détenu évadé était inculpé d'un délit n'emportant point peine afflictive. »

(1) ARTICLE 239, § 1er, C. P. — *Si les détenus évadés, ou l'un d'eux, étaient prévenus ou accusés d'un crime de nature à entraîner une peine afflictive à temps, ou condamnés pour l'un de ces crimes, la peine sera, contre les préposés à la garde ou conduite, en cas de négligence, un emprisonnement de deux mois à six mois (en cas de connivence, la réclusion).*

La loi du 24 vendémiaire, an VI (25 sept. 1797), article 7, § 2e, portait : « Un emprisonnement d'un an, si le délit était susceptible de peine afflictive. »

(2) ARTICLE 240, § 1er, C. P. — *Si les évadés, ou si l'un d'eux, sont prévenus ou accusés de crimes de nature à entraîner la peine de mort ou des peines perpétuelles, ou s'ils sont condamnés à l'une de ces peines, leurs conducteurs ou gardiens seront punis d'un an à deux ans d'emprisonnement, en cas de négligence (et des travaux forcés à temps, en cas de connivence).*

La loi du 24 vendémiaire, an VI (25 sept. 1797), article 8, portait : « Si le détenu évadé était condamné aux fers ou à la mort, les prévenus convaincus de négligence subiront, dans le premier cas, un an de fers, dans le second deux ans. »

L'article 247, n'accordant l'excuse qu'*en cas de négligence*, n'a eu en vue dans ces mots « *les peines d'emprisonnement ci-dessus établies*, » que les articles punissant la négligence. Or; on ne trouve (Section IV, § 4e — Évasion de détenus), que les articles 238 (§ 1er), 239 (§ 1er) et 240 (§ 1er) châtiant les gardiens et conducteurs négligents; les peines seules de ces articles leur seront donc remises. (1).

— L'article 13 de la loi du 24 vendémiaire, an VI (25 septembre 1797), qui, du reste, ne voyait dans la reprise ou représentation des évadés qu'un cas d'excuse atténuante, donnait un plus long délai. Les condamnés devaient être repris dans les *six mois* de leur évasion.

ARTICLE 13, § 1er : « Si les évadés viennent à être repris dans les *six mois* de leur évasion, la durée de l'emprisonnement ou des fers prononcés contre les préposés à leur garde et autres responsables sera *diminuée de moitié*. »

Le Code Pénal a voulu donner une prime plus forte à une réparation plus prompte. Ce n'est pas, à notre avis, dans le fait matériel de la réintégration qu'il faut chercher

(1) Une disposition à peu près analogue à l'article 247 du Code Pénal, se trouve rapportée par M. Duret dans son *Histoire des anciennes lois criminelles en France*. « Car si on avoit trouvé moyen, » dit-il, de le (détenu) faire évader des prisons ce seroit crime de » lèse-majesté, et ainsi y auroit peine capitale s'il (le prisonnier) » estoit puny estroittement. Mais les mesmes loix diminuent de leur » rigueur, et se contentent les (gardiens) punir à dix livres d'or, » lorsqu'il est question de matière civile (c'est-à-dire quand l'évadé » était enfermé pour délit civil), encores que tels téméraires se » fussent seulement mis en devoir de recourir, par les officiers de » justice bravement repoussez, ou que par après ceux qui ont presté » aide à recourir le prisonnier, le rendissent captif au lieu d'où par » leur moyen il estoit évadé. »

la source de l'excuse. Le système de la loi de vendémiaire, an VI, était vicieux : le gardien restait sous le coup de la loi répressive même s'il avait, par un prodige d'activité, ressaisi le fugitif dans les vingt-quatre heures. Aujourd'hui, le gardien négligent doit, du fond même de sa prison, s'il est détenu lui-même, tout mettre en œuvre pour faire arrêter les évadés aux premiers moments de leur fuite.

— L'article 247 remet la peine aux personnes qu'il désigne, lorsque les évadés seront repris ou représentés, pourvu que ce soit dans les quatre mois de l'évasion, et qu'ils ne soient pas arrêtés pour d'autres crimes ou délits commis postérieurement.

La loi est si indulgente qu'elle ne prescrit pas la suspension des poursuites; elle suppose qu'elles ont eu lieu de suite, qu'on a prononcé la condamnation avant les quatre mois de l'évasion, puisqu'elle dit : *l'emprisonnement cessera si*, etc.

La loi n'a pas voulu qu'on mît fin à l'information et sursît au jugement, en alléguant la remise de la peine qu'elle accorde éventuellement aux inculpés.

Il faudra que la reprise des évadés ait eu lieu dans les quatre mois depuis l'évasion. « La loi, dit un arrêt de la » Cour de Cassation, a voulu intéresser les conducteurs et » gardiens à la reprise des prisonniers évadés, et ce but » est atteint quand les évadés ont été repris avant les » quatre mois (1). » On ne voit pas pourquoi la reprise doit

_____

(1) M. A. Blanche tient le même langage : « La loi, dit-il, s'est » ici montrée généreuse, et a voulu uniquement intéresser les conduc- » teurs et gardiens à la reprise des prisonniers évadés. » — *Études pratiques sur le Code Pénal*, t. IV.

être opérée avant quatre mois plutôt que six, plutôt que douze ; la même raison de décider en faveur des coupables subsiste toujours, puisque le dommage est réparé.

Ce serait une erreur de croire que la remise de la peine n'est accordée que dans les cas où les évadés n'ont commis ni crimes ni délits entre leur fuite et leur arrestation. Non, la loi ne refuse la remise de la peine que si les évadés ont été arrêtés à l'occasion de crimes ou délits, au lieu de l'être à cause de leur évasion.

La Cour de Cassation confirme cette solution dans son

ARRÊT du 30 *décembre* 1843. . . . . . . Bull. n° 335.

Si l'évadé était repris pour crimes ou délits, les gardiens et conducteurs devraient être punis. La loi impute en quelque sorte aux gardiens et conducteurs négligents d'avoir été la cause occasionnelle de ces crimes ou délits ; ils sont la suite de leur infraction, le législateur en fait remonter jusqu'à eux la responsabilité en maintenant la peine même après l'évasion réparée.

Mais que faudrait-il décider, si, d'une part, le détenu n'est repris qu'à raison de son évasion, et si, d'une autre part, on découvre, après son arrestation, qu'il a commis des crimes et des délits depuis son évasion ? Il est évident que le gardien devra jouir, dans ce cas, du bénéfice de la loi. L'article 247 est précis, et, en matière pénale, il n'est pas permis d'étendre les dispositions de la loi d'un cas à un autre, et de substituer à sa lettre une interprétation arbitraire, sous prétexte que cette interprétation assurerait à la disposition pénale une plus grande efficacité.

Il suffit donc que l'accusé soit arrêté à raison de son

évasion, que les crimes et délits commis depuis n'aient pas été la cause occasionnelle de son arrestation, pour que l'article 247 soit applicable, (Cʳ. Cᵒⁿ. Arrêt déjà cité du 30 décembre 1843).

La disposition de cet article est restreinte au cas de négligence, car, nous le répétons, lorsque le dommage que cette négligence a causé, est réparé, pourquoi continuer de la punir?

— Quant à la connivence qui admet, à côté du dommage matériel, un élément intentionnel, la décision doit être différente, car le délit doit être puni lors même que le préjudice matériel est réparé. Les termes de l'article 347 sont formels; ils n'excusent qu'*en cas de négligence seulement*. Les gardiens et conducteurs coupables de connivence, encourront les peines des articles 238, § 1ᵉʳ, *in fine;* 239, § 1ᵉʳ, *in fine;* 240, § 1ᵉʳ, *in fine* (1).

Un arrêt de la Chambre des mises en accusation de la Cour de Paris, du 15 *mars* 1816, a faussement étendu l'article 247 du Code Pénal. Nul doute qu'aux termes de cet article, l'excuse absolutoire ne s'applique qu'aux *gardiens et conducteurs,* et dans le seul cas de *négligence.* La Cour de Paris l'applique au *conjoint,* et dans le cas de *connivence* (2). — La femme est excusée, d'après l'article 248, § 2ᵉ, C. P., quand elle a recélé son mari; la Cour de Paris jugea qu'elle pouvait bien être excusée pour avoir

---

(1) Voy. p. 224, note 1, et p. 225, notes 1 et 2, les dispositions de ces articles.

(2) Voy. Sirey, XVI, 2, 155. — Affaire Marie Chamans-Lavalette.

favorisé l'évasion de son mari (1). On expliqua plus tard cette décision par ce motif qu'en *fait* la justice était restée dans le doute ; mais les déclarations expresses du conjoint qui avait favorisé l'évasion ne permettaient pas le doute, et d'ailleurs la Cour avait déclaré en termes généraux que la *qualité d'époux,* assujettissant cette femme qui sauvait son mari à une *obéissance passive,* on ne pouvait voir dans sa coopération *une participation volontaire et active aux faits de l'évasion.*

Quelle que puisse être la sagesse de ces raisons, les dispositions pénales sont de droit étroit. De plus, l'article 65, C. P. défend de créer des cas d'excuse en dehors des textes. La doctrine de cet arrêt ne soutient pas un moment la discussion.

(1) Nous rappellerons ici la remarque qui termine la Section IV : On s'étonne que le législateur n'ait pas étendu aux faits d'évasion l'excuse de l'article 248, § 2e, C. P.

SECTION IX

─────

SOMMAIRE

Excuse en faveur de celui qui, ayant fait usage de la chose fausse, n'en a pas connu la fausseté.

ARTICLE 163.

─────

ARTICLE 163 (Liv. III, Tit. I, Chap. III, Sect. 1). — *L'application des peines portées contre ceux qui ont fait usage de monnaies, billets, sceaux, timbres, marteaux, poinçons, marques et écrits faux, contrefaits, fabriqués ou falsifiés, cessera toutes les fois que le faux n'aura pas été connu de la personne qui aurait fait usage de la chose fausse.*

C'est l'usage de la pièce fausse que punit la loi. Si donc l'usage n'en a pas été fait sciemment, si la fausseté a été méconnue, il est incontestable qu'il y aura excuse en faveur de celui qui a usé de la chose.

L'article 163 s'applique à tous les cas d'usage que comporte la section Iʳᵉ (articles 132 à 162 C. P.), aux crimes

comme aux délits qui y sont mentionnés (1). Cela ressort
du texte même de l'article.

Ce dernier faisant partie des Dispositions communes à
la section Iʳᵉ, renferme évidemment une règle générale qui
s'étend à tous les faux commis par l'usage de la pièce
fausse : c'est que cet usage n'est punissable qu'autant
que la personne qui en est inculpée a connu le faux dont
la pièce était entachée.

Ce principe, qui ne fait que consacrer l'un des éléments
indispensables de la criminalité, embrasse nécessairement
toutes les pièces falsifiées, soit que ces pièces constituent
des obligations, des passe-ports, des certificats, etc..., soit
que la loi qualifie la falsification, d'après ses effets et ses
périls, de crime ou de délit. A cet égard la jurisprudence
de la Cour de Cassation est constante :

Arrêts des : 17 *mars* 1853 .... Bull. nᵒ 04,
6 *octobre* 1853 ...... — nᵒ 493,
13 *avril* 1854 .... — nᵒ 105,
1ᵉʳ *septembre* 1854 ... — nᵒ 275,
7 *décembre* 1854 ... — nᵒ 332,
17 *mars* 1856 .... — nᵒ 110.

(1) La Section I (Du faux) comprend cinq paragraphes :
§ Iᵉʳ. — Fausse monnaie.
§ II. — Contrefaçon des Sceaux de l'État, des Billets de banque, des
Effets publics et des Poinçons, Timbres et Marques.
§ III. — Des Faux en écritures publiques ou authentiques, et de commerce ou de banque.
§ IV. — Du Faux en écriture privée.
§ V. — Des Faux commis dans les Passe-ports, Permis de chasse, Feuilles de route et Certificats.
— Voy. Code Tripier (grand format), p. 850 et suiv.

— Il résulte forcément de l'article 163 que le jury dans les accusations, et le juge dans les préventions, donnent leurs décisions sur la question de savoir si l'accusé s'est servi de la chose fausse, en lui sachant ce vice.

Arrêts de la Cour de Cassation des :

5 *octobre* 1815 . . . . . . Bull. n° 53,
et 27 *février* 1845. . . . — n° 69.

L'article 163 est assez intelligible pour se passer de commentaire.

SECTION X

SOMMAIRE

Excuse en faveur de l'agent ou préposé du gouvernement, coupable d'actes arbitraires,ou attentatoires à la liberté individuelle, envers les citoyens et la Charte (actuellement la Constitution).
ARTICLE 114, § 2.

ARTICLE 114 (Liv. III, Tit. I, Chap. II, Sect. II). — *Lorsqu'un fonctionnaire public, un agent ou un préposé du gouvernement, aura ordonné ou fait quelque acte arbitraire, ou attentatoire soit à la liberté individuelle, soit aux droits civiques d'un ou de plusieurs citoyens, soit à la Charte (Constitution), il sera condamné à la peine de la dégradation civique.*

Si néanmoins il justifie qu'il a agi par ordre de ses supérieurs pour des objets du ressort de ceux-ci, sur lesquels il leur était dû obéissance hiérarchique, il sera exempt de la peine, laquelle sera, dans ce cas, appliquée seulement aux supérieurs qui auront donné l'ordre.

— Le Code Pénal du 25 septembre—6 octobre 1791, 2º partie, titre 1er, section III, punissait, dans son article 10, l'attentat à la liberté individuelle, de la peine de six années de gêne (1). — Le *Code des délits et des peines* du 3 brumaire, an IV (25 octobre 1795), liv. III, tit. III, article 634, reproduisait textuellement l'article 10 du Code de 1791. — La peine de la gêne fut abolie lors de la rédaction du Code Pénal; de nos jours la dégradation civique est prononcée (2). D'afflictive et infamante qu'elle

---

(1) ARTICLE 19 : « Tout attentat contre la liberté individuelle, base essentielle de la Constitution française, sera puni ainsi qu'il suit : — Tout homme, quel que soit sa place ou son emploi, autre que ceux qui ont reçu de la loi le droit d'arrestation, qui donnera, signera, exécutera l'ordre d'arrêter une personne vivant sous l'empire et la protection des lois françaises, ou l'arrêtera effectivement, si ce n'est pour la remettre sur-le-champ à la police dans les cas déterminés par la loi, sera puni de la peine de six années de gêne. »

(2) ARTICLE 34, C. P. — *La dégradation civique consiste :*

1º *Dans la destitution et l'exclusion des condamnés de toutes fonctions, emplois ou offices publics ;*

2º *Dans la privation du droit de vote, d'élection, d'éligibilité, et en général de tous les droits civiques et politiques, et du droit de porter aucune décoration ;*

3º *Dans l'incapacité d'être juré, expert, d'être employé comme témoin dans des actes, et de déposer en justice autrement que pour y donner de simples renseignemens ;*

4º *Dans l'incapacité de faire partie d'aucun conseil de famille, et d'être tuteur, curateur, subrogé-tuteur ou conseil judiciaire, si ce n'est de ses propres enfans, et sur l'avis conforme de la famille ;*

5º *Dans la privation du droit de port d'armes, du droit de faire partie de la garde nationale, de servir dans les armées françaises, de tenir école, ou d'enseigner et d'être employé dans aucun établissement d'instruction à titre de professeur, maître ou surveillant.*

était autrefois, la peine n'a donc plus actuellement que ce dernier caractère (1).

— L'article 75 de la Constitution du 22 frimaire, an VIII (13 décembre 1799) était ainsi conçu :

« Les agens du gouvernement, autres que les ministres, ne peuvent être poursuivis pour des faits relatifs à leurs fonctions, qu'en vertu d'une décision du Conseil d'État : en ce cas, la poursuite a lieu devant les tribunaux ordinaires. »

L'article 1er du décret du 19-21 septembre 1870, a abrogé l'article 75; ARTICLE 1er, § 1er : *L'article 75 de la Constitution de l'an VIII est abrogé.* Par conséquent, les poursuites auront lieu directement par les voies ordinaires, contre les fonctionnaires publics, agents ou préposés du gouvernement, sans qu'une décision préalable du Conseil d'État les autorise.

(1) La gêne était une peine afflictive et infamante (C. D. P., art. 603 et 604).

ARTICLE 603, § 1er : « Les peines *afflictives* sont la mort, la déportation, les fers, la réclusion dans les maisons de force, la *gêne*, la détention. »

ARTICLE 604 : « Toute peine afflictive est en même temps *infamante.*» — La dégradation civique, depuis 1795, a toujours été une peine infamante (C. D. P., art. 602 ; — C. P., ancien art. 8 ; — C. P., art. 8).

ARTICLE 602 : « Les peines *infamantes* sont *la dégradation civique* et le carcan. »

ANCIEN ARTICLE 8 : « Les peines *infamantes* sont : 1° Le carcan ; — 2° Le bannissement ; — 3° *La dégradation civique.* (Abrogé, L. 28 avril 1832, art. 12). »

ARTICLE 8, C. P. — *Les peines infamantes sont :*

1° *Le bannissement ;*

2° *La dégradation civique.*

— La liberté, disent MM. Chauveau et Faustin Hélie, est de tous les droits de l'homme le plus important et le plus précieux : sa conservation est le but principal de toutes les associations humaines. L'arrestation est par elle seule, et indépendamment de ses suites, une peine grave : elle trouble l'existence de la famille, elle flétrit la dignité du citoyen, elle compromet son industrie et sa fortune. Le droit d'ordonner cette arrestation, ce droit dont l'usage exerce une influence si fatale, deviendrait terrible si on en abusait.

Dans cette crainte, il était nécessaire de protéger les citoyens contre ceux qui ont autorité sur eux, en limitant le pouvoir des fonctionnaires et agents du gouvernement. Ce devoir fut compris de toutes les grandes nations, et notamment de l'Angleterre (1), des États-Unis d'Amérique (2), du Brésil (3), et de ce peuple odieux, d'une cupidité insatiable, né dans les forêts sauvages de la Germanie, de cette puissante ennemie de notre chère et malheureuse patrie, de la Prusse (4).

— Le législateur de Rome ne laissait pas impuni le juge

(1) L'Angleterre possède l'acte *habeat corpus* qui sauvegarde la liberté individuelle et les droits civiques, et a institué les peines sévères du *præmunire (the penalties of præmunire)* contre les attentats à la liberté.
Voy. Blakstone, *Commentaire sur le Code Criminel*, 1re part. c. xv, n° 8.

(2) Voy. Penal of the state of Georgia fourth div. sec. 48, 49 et 50. Revised statutes of New-York, t. vi, § 2.

(3) Code Brésilien, article 181.

(4) Code Prussien, articles 384, 385 et 386.

qui instruisait injustement un procès : « *Judex indebitè*
» *inquirens contrà aliquem, in omnes impensas et interesse*
» *partis vexatæ tenetur* (1). » « Judex temerè capiens inno-
» centem, *dit Baldus*, puniendus est, et tenetur ad damna
» et interesse partis (2). »

Jousse nous rapporte que « les juges qui décrétaient
» légèrement des prises de corps et qui faisaient empri-
» sonner mal à propos, pouvaient être pris à partie et
» étaient tenus des dommages et intérêts envers celui qui
» avait été mis en prison. Car la prison, ajoute-t-il, est un
» mal irréparable à cause de sa rigueur et du déshonneur
» qui y est attaché (3). »

Aujourd'hui les juges d'instruction ont en France la plénitude de l'arrestation ; pour eux les poursuites ne sont à
craindre que lorsqu'ils dépassent les bornes de leur juridiction.

On a beaucoup critiqué le pouvoir discrétionnaire du
juge d'instruction, ce pouvoir si peu contrôlé et d'une responsabilité plus que restreinte (4). Nous approuvons toute
critique : la loi devrait prescrire des règles précises et enfermer dans de justes limites l'autorité trop absolue de ce
magistrat.

(1) L. Si filius fam... Dig. De judiciis.
(2) In leg. 2. Cod., De iis qui latrones.
Voy. encore Paul de Castro, In leg. Si quis. Dig., De testamentis.
— Julius Clarus, Quæst. 10, n° 3.
(3) *Traité des Matières Criminelles*, t. II, p. 200.
Voy. aussi Airault, *Inst. jud.*, liv. III, 1re part., nos 12 et 14.
(4) Voy. MM. Bérenger, *De la Justice Criminelle*, p. 367.
— Rossi, *Traité de Droit Pénal*, t. I, p. 77.

— Le projet de l'article 114 (§ 2°) portait : « s'il (le
» fonctionnaire ou agent du gouvernement) a agi par
» ordre d'un supérieur, l'auteur de l'ordre sera seul pour-
» suivi et puni de la même peine. »

M. Treilhart, orateur du gouvernement, s'éleva contre
cette rédaction, disant que dans l'administration l'obéissance n'était de rigueur que dans l'ordre du service et des
fonctions : qu'il fallait déclarer que l'inférieur est punissable, si, hors de ses fonctions, il exécute un ordre perni-
cieux ; mais qu'il était nécessaire de réserver dans tous les
cas le recours contre le supérieur de qui l'ordre est émané,
et de le réserver à l'inférieur lui-même. C'est d'après ces
observations que l'article fut modifié.

L'excuse est prévue par le second paragraphe de l'article 114. « C'est en considérant les motifs qui ont poussé le
» coupable à agir que la loi a accordé cette excuse (1). »

MM. Chauveau et Faustin Hélie prétendant qu'il y a
contrainte dans l'hypothèse de l'article 114, y trouvent na-
turellement une justification (2). Tel n'est pas notre avis.
Nous ne voyons dans l'article 114, § 2°, qu'une simple
obéissance. Le fonctionnaire ou agent subalterne pouvait
impunément, que dis-je, devait refuser d'exécuter l'ordre
de son supérieur, du moment que l'acte ordonné était arbitraire, c'est-à-dire enfreignait la loi, dépassait les règles
établies par elle, sortait des attributions de celui qui le

(1) A. Blanche, *Études pratiques sur le Code Pénal*, t. II, n° 222.
Voyez également M. Boitard, *Leçons sur le Code Pénal*, n° 336.
(2) *Théorie du Code Pénal*, t. II.

commandait. Néanmoins l'inférieur a obéi, lorsqu'il n'y était pas tenu, il a agi arbitrairement, voilà sa faute ; son action est coupable. Mais sera-t-il puni ? Non, *s'il justifie qu'il a agi par ordre de son supérieur;* la loi frappe ce dernier à sa place. — Il y a contrainte, disent les auteurs de la *Théorie du Code Pénal;* mais la contrainte suppose une force à laquelle on n'a pu résister (1) ; or ici l'agent pouvait, sans encourir la moindre peine, opposer résistance; bien plus, son devoir lui commandait de le faire.

Enfin, *il n'y a ni crime ni délit,* dit la loi, quand elle justifie (art. 64, 327, 328, C. P.) (2); d'où vient que dans l'article 114, § 2e, elle ne s'exprime plus ainsi? C'est qu'elle ne justifie point : elle *exempte de la peine,* et justification et exemption ne furent jamais synonymes.

MM. Chauveau et Faustin Hélie ne sont pas conséquents, lorsqu'après avoir posé ce principe que l'article 114 contient une justification dans son § 2e, ils reconnaissent ensuite l'existence de l'excuse dans un cas particulier. « Il faut distinguer, disent-ils, si l'ordre n'est » exécutoire qu'après l'accomplissement de certaines for- » malités, ou si l'acte qui en fait l'objet est abandonné au » pouvoir des fonctionnaires. Ce n'est que dans ce dernier

---

(1) ARTICLE 64, C. P. — *Il n'y a ni crime ni délit, lorsque le prévenu était en état de démence au moment de l'action, ou lorsqu'il a été contraint par une force à laquelle il n'a pu résister.*

La force, dont parle cet article, peut être physique ou morale. MM. Chauveau et Faustin Hélie ont en vue une contrainte morale, par conséquent un agent moral.

(2) Voy. les articles 327 et 328, p. 85, notes 2 et 3.

» cas que l'excuse pourrait être invoquée. » Toute distinction devient inutile dès que l'acte est arbitraire.

— Cambacérès, en disant qu'un fonctionnaire n'est point dispensé d'examiner les mesures qu'il est chargé d'exécuter, pose un exemple où il a l'idée d'une excuse absolutoire, où il reconnaît que l'article.114 comporte une excuse de ce genre. « *Absoudrait*-on un sous-préfet, qui, par ordre » du préfet, aurait fait arrêter un président d'Assemblée » électorale dans l'excercice de ses fonctions? » Cambacérès emploie le mot *absoudrait.* S'il nie que dans l'espèce qu'il cite comme exemple, il y ait excuse légale absolutoire, il avoue du moins qu'il y a absolution dans le cas prévu par l'article 114.

Trois conditions sont nécessaires pour l'admission de l'excuse :

1° L'agent doit rapporter l'ordre de ses supérieurs ;

2° Prouver qu'il a agi pour des objets du ressort de ceux-ci ;

3° Justifier qu'il était sous leur autorité directe et immédiate.

Le jury seul statuera sur ces faits et en conséquence sur l'excuse. Celle-ci s'applique à tous les fonctionnaires, agents ou préposés du gouvernement qui auront commis les attentats énoncés dans l'article 114, § 1er. Ainsi, l'exemption sera accordée aux juges d'instruction, aux juges de paix, officiers de gendarmerie, maires, adjoints, commissaires de police, préfets, sous-préfets, au préfet de police à Paris, et aux procureurs de la République (1).

— Si la dégradation civique n'est pas encourue dans le cas de l'article 114, § 2°, il n'en est point de même de la

(1) Ne pourront ordonner d'arrestations, notamment les procureurs de la République dans les cas des articles 40 et 46, C. I. C., les préfets et sous-préfets dans les cas des articles 10 et 509, C. I. C. Ils agissent alors directement.

ARTICLE 40, § 1er. — *Le procureur du Roi* (actuellement de la République), *audit cas de flagrant délit, et lorsque le fait sera de nature à entraîner peine afflictive ou infamante,* FERA SAISIR *les prévenus présens contre lesquels il existerait des indices graves.*

§ 4° : *Le procureur du Roi* (actuellement de la République) IN-TERROGERA *sur-le-champ le prévenu amené devant lui.*

ARTICLE 46. — *Les attributions faites ci-dessus au procureur du Roi* (actuellement de la République), *pour les cas de flagrant délit, auront lieu aussi toutes les fois que, s'agissant d'un crime ou délit, même non flagrant, commis dans l'intérieur d'une maison, le chef de cette maison requerra le procureur du Roi* (actuellement de la République) *de le constater.*

ARTICLE 10. — *Les préfets des départemens, et le préfet de police à Paris, pourront* FAIRE PERSONNELLEMENT, *ou requérir les officiers de police judiciaire, chacun en ce qui le concerne, de faire tous actes nécessaires à l'effet de constater les crimes, délits et contraventions, et d'en livrer les auteurs aux tribunaux chargés de les punir, conformément à l'article 8 ci-dessus.*

ARTICLE 509. — *Les préfets, sous-préfets, maires et adjoints, officiers de police administrative ou judiciaire, lorsqu'ils rempliront publiquement quelques actes de leur ministère,* EXERCERONT *aussi les fonctions de police réglées par l'article 504 ; et, après avoir* FAIT SAISIR *les perturbateurs, ils* DRESSERONT *procès-verbal du délit, et enverront ce procès-verbal, s'il y a lieu, ainsi que les prévenus, devant les juges compétens.*

Il serait utile pour l'intelligence complète de ces textes, de citer encore les articles du Code Pénal auxquels ils se réfèrent ; leur trop grand nombre y met entièrement obstacle. Mais nous en recommandons la lecture.

réparation civile. Tout préjudice causé injustement exige
qu'on le répare (art. 1382, C. C.) (1); les fonctionnaires ou
agents, absous au criminel, effaceront leur faute au civil
en payant aux parties lésées des dommages-intérêts. L'article 117, C. P., les règle dans une disposition expresse :

ARTICLE 117.— *Les dommages-intérêts qui pourraient être
prononcés à raison des attentats exprimés dans l'article 114
seront demandés, soit sur la poursuite criminelle, soit par la
voie civile, et seront réglés, eu égard aux personnes, aux
circonstances et au préjudice souffert, sans qu'en aucun cas,
et quel que soit l'individu lésé, lesdits dommages-intérêts puissent être au-dessous de vingt-cinq francs pour chaque jour
de détention illégale et arbitraire et pour chaque individu.*

Jetons, avant de terminer, un rapide coup d'œil sur une
question particulière.

L'article 114 s'appliquerait-il au sergent de la garde
nationale, chef de poste, qui, n'ayant ni droit ni qualité
pour ordonner l'arrestation des citoyens sans mandat de
justice ou en dehors des cas prévus par l'article 106 du
Code d'Instruction criminelle (2), a fait arrêter et conduire

(1) Voy. p. 78, note 3, le texte de l'article 1382, C. C.; voy. aussi
la note 4.

(2) ARTICLE 106. — *Tout dépositaire de la force publique, et
même toute personne, sera tenu de saisir le prévenu surpris en flagrant délit, ou poursuivi, soit par la clameur publique, soit dans les cas assimilés
au flagrant délit, et de le conduire devant le procureur impérial* (actuellement de la République), *sans qu'il soit besoin de mandat d'amener, si le
crime ou délit emporte peine afflictive ou infamante.*

Voyez aussi C. D. P. du 3 brumaire, an IV (25 octobre 1795), articles 61, 62 et 63.

au poste un citoyen sur la simple dénonciation d'un tiers?

La Cour de Bourges a jugé la négative dans un

ARRÊT du 30 *décembre* 1870. . . . Sirey, 1870.

Cet arrêt a décidé que la même solution s'appliquerait encore que l'individu arrêté serait un espion ennemi, en temps de guerre. — Mais le caporal qui, sur l'ordre de son supérieur et ayant pu croire que la mesure ne sortait pas des limites des attributions du chef de poste, a opéré l'arrestation, est couvert par les ordres qu'il a reçus.

Nous ne voulons entrer dans aucun détail, abandonnant à qui le désirera le soin d'approfondir la question. Le travail sera facile, car les auteurs sont nombreux qui ont écrit sur cette matière (1).

---

(1) Sur l'obéissance aux chefs militaires considérée comme pouvant être une excuse pour l'agent, voyez : MM. Rauter, *Droit criminel*, n° 70; — Rossi, *Traité de Droit Pénal*, t. II, ch. XIII, p. 9 et suiv.; — Trébutien, *Cours élémentaire de Droit criminel*, t. I, p. 134 et 135; — Boitard, *Leçons sur le Droit Pénal*, n° 151; — Ortolan, *Éléments de Droit Pénal*, n° 471 et suiv.; — Bertauld, *Commentaire du Code Pénal*, n° 317 et 318; — Chauveau et F. Hélie, *Théorie du Code Pénal*, t. I, n° 291; — Le Sellyer, *Traité de la criminalité et de la pénalité*, t. I, n° 136.

SECTION XI

ARTICLE 116 (Liv. iii, Tit. i, Chap. ii, Sect. ii,). — *Si les ministres prévenus d'avoir ordonné ou autorisé l'acte contraire à la Charte* (Constitution), *prétendent que la signature à eux imputée leur a été surprise, ils seront tenus, en faisant cesser l'acte, de dénoncer celui qu'ils déclareront auteur de la surprise; sinon ils seront poursuivis personnellement.*

— Le Code Pénal du 25 septembre — 6 octobre 1791, 2me partie, titre Ier, section iii, disposait de même dans son article 25 :

ARTICLE 25 : « Dans tous les cas mentionnés en la présente section et dans les précédentes, où les ministres sont rendus responsables des ordres qu'ils auront donnés ou contre-signés, ils pourront être admis à prouver que leur signature a été surprise ; et en conséquence les auteurs de la surprise seront poursuivis, et, s'ils sont convaincus, ils seront condamnés aux peines que le ministre aurait encourues. »

L'article 460 du *Code des délits et des peines* du 3 brumaire, an IV (25 octobre 1795), reproduisait fidèlement cette disposition, et l'étendait aux membres du Directoire exécutif :

ARTICLE 640 : « Dans tous les cas mentionnés au présent titre, ainsi que dans la 3º section du titre I de la 2ᵐᵉ partie du Code Pénal, où les membres du Directoire exécutif et les ministres sont rendus responsables des ordres qu'ils auront donnés ou signés, ils pourront être admis à prouver que leur signature a été surprise ; et en conséquence, les auteurs de la surprise seront poursuivis, et s'ils sont convaincus, ils seront condamnés aux peines que les membres du Directoire exécutif ou les ministres auraient encourues. »

Si la signature a été surprise, l'article 116, C. P. excuse le ministre.

Cette excuse est tellement absolutoire que le manque d'intention criminelle semble ne faire qu'un avec elle.

Le juge des mises en prévention, celui des mises en accusation tout comme le jury auront plein pouvoir pour connaître de l'excuse et la déclarer.

— L'article 116 a introduit dans notre Code Pénal un fait d'excuse que peuvent invoquer non-seulement les ministres, mais tous les fonctionnaires inculpés. La suppression du second paragraphe de cet article a amené cette conséquence. Le projet en effet contenait un deuxième paragraphe :

« Nul autre fonctionnaire ne pourra alléguer que sa signature a été » surprise ».

Cambacérès se porta énergiquement contre cette décision : « Un fonctionnaire d'un ordre inférieur, dit-il, peut avoir

» été surpris comme un ministre. Il se peut qu'un secré-
» taire surprenne la signature d'un préfet, il faut donc que
» le préfet puisse alléguer cette excuse, non, à la vérité,
» pour échapper aux dommages-intérêts, car il y a toujours
» de sa part une faute qu'il doit réparer, mais du moins
» pour échapper à la peine. »

Ces observations étaient trop justes pour ne pas être
écoutées; on les accueillit favorablement et le paragraphe
fut retranché. Dès lors nul doute que l'excuse de l'article
116 s'applique à tous les fonctionnaires ; une règle suppose
toujours plus d'étendue et prend même toute l'extension
possible par cela seul qu'on en retranche les exceptions.

— L'article 116 n'a d'effet que dans le cas où les inculp-
pés prétendent que leur signature a été surprise. Ces mots
« sinon ils seront poursuivis personnellement » ne modifient
pas la disposition de l'article 115, C. P., qui autorise les
poursuites contre les ministres ayant refusé ou négligé de
faire réparer l'acte arbitraire (1).

Des paroles de Cambacérès il résulte que l'excuse

(1) ARTICLE 115. — *Si c'est un ministre qui a ordonné ou fait les actes
ou l'un des actes mentionnés en l'article précédent, et si, après les invita-
tions mentionnées dans les articles 63 et 67 du sénatus-consulte du
28 floréal, an XII, il a refusé ou négligé de faire réparer ces actes dans
les délais fixés par ledit acte, il sera puni du bannissement.*

Les articles 63 et 67 du sénatus-consulte du 28 floréal, an XII, se
rattachaient à l'institution, aujourd'hui abolie, d'une *commission sénatoriale de la liberté individuelle* et d'une *commission sénatoriale de la
liberté de la presse.*

—Le Code Pénal du 25 septembre—6 octobre 1791, 2me part., tit. I,
sect. III, art. 20, disait : « Si ce crime (Voy. p. 235, note 1, l'attentat
prévu dans l'art. 19 du C. P. de 1791) était commis en vertu d'un

17

n'exempte ni les ministres ni les fonctionnaires des dommages-intérêts. L'excuse en effet n'efface que le crime, elle ne détruit pas la faute qui suffit pour motiver la réparation civile (art. 1382, C. C.) (1).

— Que doit-on entendre par *acte contraire à la Charte ?* L'acte contraire à la Charte (actuellement la Constitution) est toute atteinte criminelle aux lois constitutionnelles du pays, aux statuts, aux ordonnances, règlements qui forment le droit écrit de la nation. Dans l'article 116 l'acte contraire à la Charte signifie les attentats prévus par l'article 114, C. P, (2).

Nous n'insisterons pas davantage sur l'excuse de l'article 116,

ordre émané du pouvoir exécutif, le ministre qui l'aura contre-signé sera puni de la peine de douze années de gêne. »

L'article 635 C. D. P. du 3 brumaire, an IV (25 octobre 1795), statuait de même.

(1) Voy. p. 78, note 3, le texte de l'article 1382, C. C.; voy. aussi la note 4.

(2) Voy. p. 234, l'article 114.

SECTION XII

ARTICLE 273 (Liv. III, Tit. I, Chap. III, Sect. V, § 2ᵉ).
— *Les vagabonds nés en France pourront, après un jugement même passé en force de chose jugée, être réclamés par délibération du conseil municipal de la commune où ils sont nés, ou cautionnés par un citoyen solvable.*

Si le gouvernement accueille la réclamation ou agrée la caution, les individus ainsi réclamés ou cautionnés seront, par ses ordres, renvoyés ou conduits dans la commune qui les aura réclamés, ou dans celle qui leur sera assignée pour résidence, sur la demande de la caution.

— Le décret du 24 vendémiaire, an II (15 octobre 1793), titre II, articles 4 et 5, ne voyant dans le mendiant qu'un vagabond (1), établissait contre lui le droit d'arrestation :

ARTICLE 4 : « Si le mendiant n'est pas domicilié dans le ressort du district dans lequel il a été arrêté, et que néanmoins il accuse un domicile, il sera conduit provisoirement dans la maison d'arrêt. Le juge de paix écrira à la municipalité dont il se fera réclamer ; et, si celle-ci reconnaît que le détenu est son domicilié et non repris de justice, il sera renvoyé chez lui avec un passe-port et aux frais de la nation, s'il n'a devers lui des moyens pour s'y rendre. »

ARTICLE 5 : « A défaut de réponse de la municipalité dans un délai convenable, le mendiant sera conduit dans la maison de répression, d'où il pourra sortir toutes les fois qu'il sera réclamé par sa municipalité, et que sa détention ne sera pas liée à des causes aggravantes. »

C'était là une sorte d'excuse ; mais la disposition de l'article 273, C. P., a surtout été puisée dans l'article 3 du titre III du même décret (24 vend. an II).

ARTICLE 3 : « Tout citoyen qui consignera, entre les mains du receveur du district, une somme de cent livres pour répondre de la conduite ultérieure d'un mendiant détenu sans causes aggravantes, pourra obtenir son élargissement, en s'adressant au tribunal compétent, sur le rapport favorable des administrateurs de la maison de répression. — Cette somme sera versée dans la caisse de l'administration, sur la preuve que l'homme cautionné est arrêté pour récidive (2). »

Comment définit-on les vagabonds dans la loi pénale ? On désigne sous ce nom des gens sans aveu, n'ayant ni

(1) De même le Code Pénal actuel paraît assimiler les mendiants aux vagabonds ; on en peut juger par cette rubrique de la section V (Liv. III, tit. I, chap. III) : **Association de malfaiteurs, Vagabondage et Mendicité** ; par cet intitulé : DISPOSITIONS COMMUNES AUX VAGABONDS ET MENDIANTS ; et enfin par ces mots : *Tout mendiant ou vagabond*, qui commencent les articles 277, 278 et 279, C. P.

(2) Voyez encore : Loi du 30 mai 1790. — Loi du 12 août 1790, sur les mendiants renvoyés dans leurs communes. — Loi du 7 frimaire, an V, article 11. — Loi du 5 juillet 1808.

domicile certain, ni moyens de subsistance, et qui n'exercent habituellement ni métier ni profession (1). « *Propriè* » *erronem sic definimus*, disait la loi romaine, *qui non* » *quidem fugit sed frequenter sinè causâ vagatur, et tem-* » *poribus in res nugatorias consumptis, seriùs domum* » *redit* (2). »

Le législateur de Rome semble, dans cette définition, n'avoir en vue que l'oisiveté; nos lois criminelles exigent, pour qu'il y ait vagabondage, la fuite du pays natal, le manque de domicile et d'état, et suppose une existence oisive et misérable.

Le vagabondage constitue un délit; c'est la loi qui prend soin de nous le dire : ARTICLE 269, C. P. — *Le vagabondage est un délit.*

---

(1) Article 270, C. P.— *Les vagabonds ou gens sans aveu sont ceux qui n'ont ni domicile certain, ni moyens de subsistance, et qui n'exercent habituellement ni métier ni profession.*

— Le décret du 10 vendémiaire, an IV (2 octobre 1795), sur la police intérieure des communes, titre III, déclarait :

ARTICLE 6 : « Tout individu voyageant, et trouvé hors de son canton sans passe-port, sera mis sur-le-champ en état d'arrestation et détenu jusqu'à ce qu'il ait justifié d'être inscrit sur le tableau de la commune de son domicile. »

ARTICLE 7 : « A défaut de justifier, dans deux décades (c'est-à-dire dans les 20 jours), son inscription sur le tableau d'une commune, il sera réputé vagabond et sans aveu, et traduit comme tel devant les tribunaux compétens. »

(2) Ulpianus, Dig., L. XXI, tit. I. L. 17, § 14. — De ædilitio edicto. Labéon ne voyait dans le vagabond qu'un fugitif de peu d'importance : « *Erronem (ita) definit Labeo, pusillum fugitivum esse* »; et, au contraire, dans le fugitif, qu'un vagabond fieffé : « *et ex diverso, fugitivum magnum erronem esse.* » — Voy. Dig., *eadem lex ut supra.*

Le législateur a agi sagement en punissant les vagabonds. La société ne peut souffrir dans son sein la présence
de gens inoccupés, paresseux et ordinairement sans famille.
Ces êtres désœuvrés, souvent d'une origine douteuse et la
plupart du temps illégitime, n'ayant point le courage de
demander au travail le pain de chaque jour, vont mendiant honteusement leur existence et dérobant çà et là la
nourriture qu'on leur refuse. Habitués au vol, ils ne recu-
lent bientôt plus devant le crime. Leurs vices se dévelop-
pent peu à peu, paralysant leur pensée, étouffant leur intelligence; la misère vient ensuite achever l'œuvre de la
nature, et la misère, quand elle ne tue pas l'homme, en
fait toujours une brute ou un tigre.

L'ordre social, la tranquillité publique et le repos des
citoyens ont trop à craindre le vagabondage et la secte
dangereuse (1) qui le pratique, pour les laisser impunis ; la
loi vient au secours de la société et protége à la fois ses
membres, en emprisonnant les vagabonds et les plaçant
sous la surveillance de la haute police (art. 271, C. P.) (2).

---

(1) Il suffit de lire les articles 277 et suivants du Code Pénal pour
apercevoir tout le danger que le vagabondage fait naître parmi nous.
— Voy. p. 257, le texte de ces articles.

(2) ARTICLE 271. — *Les vagabonds ou gens sans aveu qui auront été
légalement déclarés tels seront, pour ce seul fait, punis de trois à six
mois d'emprisonnement. Ils seront renvoyés, après avoir subi leur peine,
sous la surveillance de la haute police pendant cinq ans au moins et dix
ans au plus.*

*Néanmoins, les vagabonds âgés de moins de seize ans ne pourront être
condamnés à la peine d'emprisonnement; mais, sur la preuve des faits de
vagabondage, ils seront renvoyés sous la surveillance de la haute police*

Mais le législateur a usé d'indulgence à leur égard, dans l'article 273, C. P. Cet article établit évidemment une excuse dans le fait du renvoi des vagabonds dans la commune où ils sont nés. Il y a eu jugement, — l'article 273 le dit formellement, — par conséquent condamnation et emprisonnement. Donc le renvoi, par suite de la demande de la municipalité du lieu où est né le vagabond, ou de la caution offerte par un citoyen solvable, faisant cesser l'effet de la condamnation, constitue une excuse légale absolutoire en faveur du coupable.

Le gouvernement, agissant en exécution de la loi, remet la peine au condamné ; celui-ci abuse-t-il de la liberté qu'il recouvre, il ne pourra être repris en vertu du même jugement ; ce jugement est exécuté, il reste sans force à son égard. La discussion du Code au Corps législatif l'a implicitement reconnu. Le condamné reprend tous ses droits de citoyen.

Je crois que le gouvernement ne pourrait donner suite aux réclamations qu'autant que l'individu qui en est l'objet les aurait acceptées ; et il se gardera de les refuser, comme on le pense bien. Cependant le contraire s'est présenté, et c'est là le motif qui nous a fait écrire les lignes précédentes.

La forme de ces réclamations ne souffre aucune difficulté.

---

jusqu'à l'âge de vingt ans accomplis, à moins qu'avant cet âge ils n'aient contracté un engagement régulier dans les armées de terre ou de mer.

Nous reviendrons sur le § 2° de cet article dans la Section II de notre Chapitre deuxième.

Quant au cautionnement, le législateur ne s'est pas expliqué, mais il est évident qu'il s'agit d'une caution de bonne conduite. Il n'est pas nécessaire que le cautionnement soit déposé en espèces. Le taux du cautionnement et les risques qu'il entraîne, seront fixés dans le contrat, suivant le droit commun, entre l'administration et la caution ; ce contrat fera la loi des parties. (1)

L'autorité judiciaire ne pourrait jamais agréer d'elle-même la réclamation de la commune ou l'offre de la caution ; le gouvernement seul en a le droit. Ceci résulte clairement de la lecture de l'article 273. Du reste, la Cour de Cassation a confirmé cette solution le

10 *janvier* 1852...... Bull. n° 0 ,

cassant un arrêt de la Cour de la Martinique.

Les tribunaux seraient également incompétents pour déterminer le mode de conduite ou de renvoi du vagabond.

La remise pourrait-elle avoir lieu en tout état de cause ? On aurait peut-être quelque raison de le croire, car les travaux préparatoires du Code sont muets là-dessus et la jurisprudence n'a encore rien décidé. En outre, l'article 273 autorise la remise après le jugement même passé en force de chose jugée, et paraît ainsi la permettre avant que le jugement ait acquis cette force et avant qu'il ait été rendu. Et pourquoi, se demande-t-on, cette mesure bienveil-

(1) Voy. au sujet de la caution l'article 2040, C. C., et les articles du Titre xiv, C. C., susceptibles d'application en notre matière. — Code Tripier (grand format), p. 264 et suiv.

lante de la loi, — si l'inculpé l'admet, et il le fera vraisemblablement toujours, — n'aurait-elle pas lieu pendant l'information, plutôt que d'attendre que le jugement ait déclaré l'état de vagabondage ?

Un auteur, enfin, d'une grande autorité en Droit Pénal, M. Carnot, pense que l'article 273 vise les vagabonds non déclarés tels par jugement, et les excuse même lorsqu'ils ne sont encore que prévenus ; « ils peuvent être excusés à » plus forte raison dans ce cas, puisqu'ils le peuvent même » après jugement (1) ».

Ceci ne conclut en rien. Il y a eu remise de la peine, et en conséquence excuse, mais l'excuse suppose une déclaration de culpabilité, une condamnation prononcée. En vertu de quel titre l'administration renverrait-elle dans sa commune un individu qui, prévenu seulement, n'aurait pas été déclaré coupable comme ayant commis un délit ? Pas de culpabilité, point d'excuse. L'application de l'article 273, dirons-nous, ne peut être faite qu'à un condamné.

— L'acceptation du gouvernement intervenue après le jugement même passé en force de chose jugée, efface le délit, la peine avec toutes ses conséquences.

Le vagabond n'a plus à encourir ni emprisonnement ni surveillance, si elle lui a été appliquée. C'est une grâce absolue, une sorte d'amnistie, une excuse absolutoire que le gouvernement lui accorde ; aussi, doit-on, je crois, user fort rarement de cette faveur.

— Par ces mots « *dans la commune qui leur sera assignée*

(1) Carnot, *Commentaire sur le Droit Pénal.*

pour résidence» la loi a voulu faire une simple désignation de commune, ordinairement celle du conseil ou du citoyen bienveillant qui a réclamé le vagabond. Celui-ci est placé sous leur tutelle. Mais la loi n'a établi aucune peine pour le fait de son changement de résidence, ne voulant pas créer une surveillance obligée.

— Dans tout ce que nous venons de dire il n'est question que du vagabond né en France. Que décider à l'égard du vagabond étranger? La loi s'en est occupée dans l'article 272, C. P.

ARTICLE 272. — *Les individus déclarés vagabonds par jugement pourront, s'ils sont étrangers, être conduits, par les ordres du gouvernement, hors du territoire du Royaume (actuellement de la République).*

Ce texte a été puisé dans l'article 7 de la loi du 28 vendémiaire, an VI (10 octobre 1797), sur les passe-ports.

ARTICLE 7 : «Tous étrangers voyageant dans l'intérieur de la République ou y résidant sans y avoir une mission de puissances neutres et amies reconnue par le gouvernement français, ou sans y avoir acquis le titre de citoyens, sont mis sous la surveillance spéciale du Directoire exécutif, qui pourra retirer les passe-ports et leur enjoindre de sortir du territoire français, s'il juge leur présence susceptible de troubler l'ordre et la tranquillité publique. »

Déjà, avant la loi de l'an VI, le décret du 24 vendémiaire, an II (15 octobre 1793), titre II, article 6, avait prescrit :

ARTICLE 6 : «Tout mendiant, reconnu étranger, sera conduit sur la frontière de la République, aux frais de la nation ; il lui sera passé trois sous par lieue, jusqu'au premier village du territoire étranger, »

— Le délit de vagabondage peut être accompagné de

circonstances aggravantes (art. 277 à 282, C. P.) (1), mais qui toutefois n'empêcheront jamais l'application de l'excuse et ne pourront même pas la modifier.

(1) ARTICLE 277. — *Tout mendiant ou vagabond qui aura été saisi travesti d'une manière quelconque,*

Ou porteur d'armes, bien qu'il n'en ait usé ni menacé,

Ou muni de limes, crochets ou autres instruments propres soit à commettre des vols ou d'autres délits, soit à lui procurer les moyens de pénétrer dans les maisons,

Sera puni de deux à cinq ans d'emprisonnement.

ARTICLE 278. — *Tout mendiant ou vagabond qui sera trouvé porteur d'un ou de plusieurs effets d'une valeur supérieure à cent francs, et qui ne justifiera point d'où ils lui proviennent, sera puni de la peine portée en l'article 276 (six mois à 2 ans d'emprisonnement).*

ARTICLE 279 (Ainsi remplacé, L. 13 mai 1863). — *Tout mendiant ou vagabond qui aura exercé ou tenté d'exercer quelque acte de violence que ce soit envers les personnes sera puni d'un emprisonnement de deux à cinq ans, sans préjudice de peines plus fortes, s'il y a lieu, à raison du genre et des circonstances de la violence.*

Si le mendiant ou le vagabond qui a exercé ou tenté d'exercer des violences se trouvait, en outre, dans l'une des circonstances exprimées par l'article 277, il sera puni de la réclusion.

ANCIEN ARTICLE 279 : « Tout mendiant ou vagabond qui aura exercé quelque acte de violence que ce soit envers les personnes sera puni de la réclusion, sans préjudice de peines plus fortes, s'il y a lieu, à raison du genre et des circonstances de la violence. »

L'article 280 a été abrogé par l'article 12 de la loi du 28 avril 1832. Il était ainsi conçu : « Tout vagabond ou mendiant qui aura commis un crime emportant la peine des travaux forcés à temps sera en outre marqué. » — Voy. p. 47, note 1.

ARTICLE 281. — *Les peines établies par le présent Code contre les individus porteurs de faux certificats, faux passe-ports ou fausses feuilles de route, seront toujours, dans leur espèce, portées au MAXIMUM, quand elles seront appliquées à des vagabonds ou mendians.*

ARTICLE 282. — *Les mendians qui auront été condamnés aux peines*

Le décret du 24 vendémiaire, an II, qui, dans son article 3 (1), refusait l'élargissement du mendiant détenu avec causes aggravantes, a été abrogé par l'article 273, C. P. Mais ce dernier n'ayant point reproduit ces mots du décret de l'an II : « *détenu sans causes aggravantes* », on doit en conclure qu'il n'a pas voulu subordonner l'excuse au cas où il n'existerait aucune circonstance aggravante du délit.

portées par les articles précédens seront renvoyés, après l'expiration de leur peine, sous la surveillance de la haute police pour cinq ans au moins et dix ans au plus.

ANCIEN ARTICLE 282 : « Les vagabonds ou mendians qui auront subi les peines portées par les articles précédens demeureront, à la fin de ces peines, à la disposition du gouvernement. »

(1) Voy. la teneur de cet article, p. 250.

SECTION XIII

ARTICLE 237 (Liv. III, Tit. I, Chap. III, Sect. IV, § 4°). — *Toutes les fois qu'une évasion de détenus aura lieu, les huissiers, les commandans en chef ou en sous-ordre, soit de la gendarmerie, soit de la force armée servant d'escorte ou garnissant les postes, les concierges, gardiens, geôliers, et tous autres préposés à la conduite, au transport ou à la garde des détenus, seront punis ainsi qu'il suit.*

La loi du 4 vendémiaire, an VI (25 septembre 1797), disposait :

ARTICLE 1er : « Les huissiers, gendarmes, gardiens, concierges, geôliers et tous autres préposés à la conduite ou à la garde des individus mis en arrestation, détenus ou condamnés, sont responsables de l'évasion desdits individus, soit qu'ils y aient connivé, soient qu'ils n'aient été que négligens. »

ARTICLE 2 : « En sont également responsables les citoyens composant la force armée servant d'escorte ou garnissant les postes établis pour la garde des détenus. »

ARTICLE 238 (Liv. III, Tit. I, Chap. III, Section IV, § 4°), (Ainsi remplacé, L. 13 mai 1863). — *Si l'évadé était prévenu de délits de police ou de crimes simplement infamans, ou condamné pour l'un de ces crimes, s'il était prisonnier de guerre, les préposés à sa garde ou conduite seront punis, en cas de négligence, d'un emprisonnement de six jours à deux mois; et, en cas de connivence, d'un emprisonnement de six mois à deux ans.*

Ceux qui, n'étant pas chargés de la garde ou de la conduite du détenu, auront procuré ou facilité son évasion, seront punis de six jours à trois mois d'emprisonnement.

L'ancien article 238 était identique, sauf ces mots « *ou condamné pour l'un de ces crimes* », ajoutés par la loi du 13 mai 1863.

ARTICLE 239 (Liv. III, Tit. I, Chap. III, Section IV, § 4°). — *Si les détenus évadés, ou l'un d'eux, étaient prévenus ou accusés d'un crime de nature à entraîner une peine afflictive à temps, ou condamnés pour l'un de ces crimes, la peine sera, contre les préposés à la garde ou conduite, en cas de négligence, un emprisonnement de deux mois à six mois; en cas de connivence, la réclusion.*

Les individus non chargés de la garde des détenus, qui auront procuré ou facilité l'évasion, seront punis d'un emprisonnement de trois mois à deux ans.

La loi du 4 vendémiaire, an VI (25 septembre 1797), portait :

ARTICLE 7 : « Pour le cas de négligence, un emprisonnement de six mois, si le détenu évadé était inculpé d'un délit n'emportant point peine afflictive; — un emprisonnement d'un an, si le délit était susceptible de peine afflictive. »

ARTICLE 9 : « S'ils sont convaincus de connivence, ils seront con-damnés à deux ans de fers, lorsque le délit dont l'évadé était prévenu n'emportera point peine afflictive; et à quatre ans de fers, si le délit est susceptible de peine afflictive. »

ARTICLE 240 (Liv. III, Tit. I, Chap. III, Sect. IV, § 4e). — *Si les évadés, ou si l'un d'eux, sont prévenus ou ac-cusés de crimes de nature à entraîner la peine de mort ou des peines perpétuelles, ou s'ils sont condamnés à l'une de ces peines, leurs conducteurs ou gardiens seront punis d'un an à deux ans d'emprisonnement, en cas de négligence, et des travaux forcés à temps, en cas de connivence.*

Les individus non chargés de la conduite ou de la garde qui auront facilité ou procuré l'évasion seront punis d'un em-prisonnement d'un an au moins et de cinq ans au plus.

Voici ce que disait la loi du 4 vendémiaire, an VI (25 septembre 1797) :

ARTICLE 8 : « Si le détenu évadé était condamné aux fers ou à la mort, les prévenus convaincus de négligence subiront, dans le pre-mier cas, un an de fers, dans le second deux ans. »

ARTICLE 14 : « Les personnes étrangères à la garde des détenus, qui seront convaincues d'avoir préparé ou aidé leur évasion, seront condamnées pour ce seul fait à deux mois d'emprisonnement, si le détenu évadé n'était point inculpé d'un délit emportant peine afflic-tive. — L'emprisonnement sera de quatre mois si le délit imputé était susceptible de peine afflictive. — Et, si l'évadé était condamné à la détention, aux fers ou à la mort, la peine sera de deux ans de détention, sauf plus grande peine en cas de bris de prison, force, violence et attroupemens, lesquels seront réprimés par les peines prononcées dans le Code Pénal. — La peine du bris de prison contre les individus non détenus sera celle qui est prononcée par l'article 8, section IV, du Code Pénal (trois années de fers).

Nous remarquons que dans les articles 237, 238, 239

et 240, la loi ne punit pas les évasions des prisonniers pour dettes (1). Dans aucun article de la section IV, § 4ᵉ : ÉVASIONS DE DÉTENUS, le législateur n'a prévu ce cas. Il faut nécessairement en conclure qu'il n'a à cet égard porté au-

(1) Il s'agit ici de l'emprisonnement ordonné contre le débiteur, pendant un certain temps, pour le forcer à acquitter sa dette. C'est la contrainte par corps. La loi du 22 juillet 1867, qui l'a abolie en matière *civile*, *commerciale* et *contre les étrangers*, l'a maintenue en matière CRIMINELLE. Le mot CRIMINELLE est pris ici dans son sens le plus large et comprend les matières criminelles, correctionnelles et de police. Mais il ne faut pas confondre l'emprisonnement, peine encourue pour infraction à la loi pénale, avec l'emprisonnement dont il est question, mesure de coercition pour faire payer une dette.

La contrainte par corps peut être exercée soit dans l'intérêt de l'État, soit dans l'intérêt des particuliers. — Dans l'intérêt de l'État, elle s'exerce pour les *amendes*, *restitutions*, *dommages-intérêts* résultant de condamnations criminelles, et pour le recouvrement des FRAIS au profit de l'État (L. 19-23 décembre 1871, art. 1). — Dans l'intérêt des particuliers, elle s'exerce pour *réparations* de crimes, délits ou contraventions ; tant lorsque la condamnation émane d'un tribunal criminel devant lequel la personne lésée s'est portée partie civile, que lorsque la condamnation a été prononcée par un tribunal civil, pourvu dans ce dernier cas, que l'infraction à la loi pénale ait été précédemment reconnue par un tribunal criminel (Cour d'Assises, tribunaux correctionnels ou de police).

La durée de la contrainte par corps est de *2 jours à 2 ans* : elle est proportionnée au chiffre de la dette; mais on laisse aux juges la faculté de la faire varier entre un maximum et un minimum. En matière de police, elle ne peut excéder cinq jours quelqu'élevée que soit la condamnation, parce qu'en cette matière l'emprisonnement à titre de peine est de cinq jours au plus.

Voy. du reste, pour les détails, les articles 52, 467, 469, C. P.; — la loi du 17 avril 1832, tit. V; — la loi du 22 juillet 1867, et la loi du 19-23 décembre 1871. — [Code Tripier (petit format), p. 839, 919, 920; 1004, 1508 et 1615].

cune peine. Si donc un prisonnier pour dettes évadé venait à être repris et traduit devant les tribunaux, je crois qu'il pourrait se prévaloir du silence de la loi pour obtenir la remise de la peine.

La Cour de Cassation a reconnu que la loi laissait impunies les évasions des détenus pour dettes, dans ses

ARRÊTS des : 30 *avril* 1807. . . Bull. n° 108,

20 *août* 1824 . . . Sirey, 1807. 2. 700.

Par suite, je pense que les gardiens et les conducteurs des détenus qui, par négligence, auraient laissé évader leurs prisonniers, trouveraient une excuse dans le mutisme de la loi.

Les dispositions des articles 237, 238, 239 et 240, par les mêmes considérations, ne s'appliqueraient pas plus aux individus arrêtés en vertu d'une ordonnance d'extradition, qu'aux évasions de détenus pour dettes.

ARRÊTS de la Cour de Cassation des :

4 *nivôse,* an VII (24 décembre 1798). . Bull. n° 162,

30 *juin* 1827 . . . . — n° 173.

L'accusé pourra toujours invoquer comme excuse le silence de la loi (1).

_____

(1) Voy. M. A. Blanche, *Études pratiques sur le Code Pénal*, t. IV.

_____

13

SECTION XIV

—

SOMMAIRE

Excuse en faveur des cafetiers, cabaretiers et autres débitants qui auront distribué des liqueurs alcooliques à des mineurs âgés de moins de 16 ans accomplis.

ARTICLE 4, § 2, DE LA LOI DU 23 JANVIER 1873, SUR L'IVRESSE PUBLIQUE.

———

ARTICLE 4 (Loi du 23 janvier 1873). — *Seront puni d'une amende de un à cinq francs inclusivement les cafetiers, cabaretiers et autres débitants qui auront donné à boire à des gens manifestement ivres, ou qui les auront reçus dans leurs établissements, ou qui auront servi des liqueurs alcooliques à des mineurs âgés de moins de seize ans accomplis.*

Toutefois, dans le cas où le débitant sera prévenu d'avoir servi des liqueurs alcooliques à un mineur âgé de moins de seize ans accomplis, il pourra prouver qu'il a été induit en erreur sur l'âge du mineur; s'il fait cette preuve, aucune peine ne lui sera applicable de ce chef.

Les articles 474 et 483 du Code Pénal seront applicables aux contraventions indiquées aux paragraphes précédents.

Avant la loi du 23 janvier 1873, l'état d'ivresse ne constituait pas un fait punissable, bien que tout le monde fût d'accord pour convenir qu'entre toutes les causes de la dépravation des mœurs privées et des funestes idées politiques, la plus désastreuse était l'habitude de l'ivresse et surtout de l'ivresse publique. Ses périls avaient sans doute frappé le législateur ; le décret du 20 décembre 1851, sur *les débits de boissons*, avait été fait dans le but de restreindre la multitude excessivement croissante de ces établissements : « Considérant, porte-t-il dans son préam-
» bule, que la multiplicité toujours croissante des cafés,
» cabarets et débits de boissons est une cause de désordre
» et de démoralisation; considérant que, dans la cam-
» pagne surtout, ces établissements sont devenus, en
» grand nombre, des lieux de réunion et d'affiliation pour
» les sociétés secrètes, et ont favorisé d'une façon déplo-
» rable les progrès des mauvaises passions; considérant
» qu'il est du devoir du gouvernement de protéger par
» des mesures efficaces les mœurs publiques et la sûreté
» générale..., etc. »

C'était là un premier pas, mais ces sages prescriptions n'atteignirent pas le résultat qu'on s'était proposé. La vigilance de la police, l'attention de l'administration ne furent peut-être pas assez sévères ; de nombreux établissements et débits de boissons furent fondés depuis ce décret, et contribuèrent largement à augmenter et à répandre les déplorables progrès des mauvaises passions et les désordres de la plus inconcevable démoralisation.

Les malheureuses leçons du passé imposent aujourd'hui à l'administration, la plus ferme et la plus active surveillance, non-seulement dans les campagnes, mais surtout dans les villes, où, dans l'arrière-boutique d'un trop grand nombre de marchands de vins, les ouvriers, le jour même de la paye, se réunissent, et là s'élaborent l'athéisme et le matérialisme parmi les classes ouvrières, malheureuses inspirations qui commencent par n'être qu'une forfanterie et finissent par devenir une conviction. Là s'éteignent les nobles inspirations de la jeunesse, s'excitent toutes les passions, toutes jalousies, toutes les haines; là, enfin, se produisent ces doctrines atroces, ces menaces si monstrueuses et si extravagantes, qu'elles avaient semblé jusqu'à ces derniers temps n'être que des rêves d'imagination en délire.

La question de savoir s'il fallait punir l'ivresse n'a jamais fait aucun doute pour les esprits réellement sérieux, toujours unanimes à décider l'affirmative. L'ivresse est une maladie, une abominable plaie sociale; or, quel est le remède? C'est de punir la faute qui la produit, à cause des vices et des désordres qui en sont la suite. « Si l'ivrogne seul en était victime, disait » M. de Ladoucette, je le plaindrais, mais j'en prendrais » mon parti. Malheureusement ce n'est pas lui seul qui en » souffre, mais c'est la société, ce sont tous les témoins du » scandale qui en résulte, et c'est surtout la famille, la » femme, les enfants qui meurent peut-être de faim sur un » grabat, pendant que l'ouvrier va dépenser en un jour » tout le gain de la semaine (1). »

On entend par ivresse l'état d'une personne qui, par

(1) Séance du Sénat du 13 mars 1861.

l'excès de boissons alcooliques, a perdu tout sentiment raisonnable. L'ivresse est un vice hideux, immoral, et souvent une cause d'excitation aux passions populaires.

Le législateur a puni l'ivresse; il n'a pas seulement châtié les individus trouvés en état d'ivresse manifeste, mais encore les cafetiers, cabaretiers et autres débitants coupables d'avoir donné à boire à des gens manifestement ivres, ou d'avoir servi des liqueurs alcooliques à des mineurs âgés de moins de seize ans accomplis. En effet, le but de la loi de 1873 étant d'arrêter l'ivrognerie, il est nécessaire, comme le déclare l'article 4, que les débitants soient punis dans les cas spécifiés par cet article, et il est juste qu'ils le soient, car ils sont auteurs et complices de l'ivresse; ils sont même plus coupables. « L'homme qui se livre à la » boisson, a dit M. de Ladoucette, et qui se met en état » d'ivresse, cède à un entraînement, il est certainement » fort répréhensible; mais il a pour ainsi dire perdu la rai- » son; tandis que le débitant qui est de sang-froid, qui » voit ce qui se passe, qui persiste néanmoins à donner à » boire à cet homme par l'appât de vendre quelques litres » de vin de plus, celui-là, je le répète, est encore plus » coupable que le premier (1). »

Mais la loi n'a pas voulu porter contre le débitant une peine inflexible : s'il prouve qu'il a été induit en erreur sur l'âge du mineur, bien qu'il soit coupable pour avoir servi des liqueurs alcooliques, cependant aucune pénalité ne lui sera applicable. Voilà l'exemption créée en sa faveur par la loi, voilà l'excuse absolutoire.

(1) Séance du 13 mars 1861.

Cette excuse est prévue par le § 2° de l'article 4 de
la loi de 1873 ; nul doute à ce sujet. Quelles sont les
conditions nécessaires à l'existence de l'excuse ? Il faut
qu'un fait illicite ait été commis, qu'il soit imputable à
l'agent, par suite qu'il y ait culpabilité de sa part, et
qu'un texte spécial de loi vienne l'exempter de la peine
encourue. Tous ces éléments se rencontrent dans l'article 4,
§ 2°, l'excuse est donc bien établie. De plus elle est absolutoire, l'article 4 lui-même nous l'apprend : *aucune peine
ne sera applicable.*

Ce qui est défendu aux débitants, ce n'est pas de
« donner à boire » à des mineurs de moins de seize ans,
comme le portait l'article 8 du projet primitif de la loi de
1873, mais de leur *servir des liqueurs alcooliques.* Ce point
important a été complétement élucidé par les observations
échangées entre M. René Brice et M. Laboulaye, membres de la commission (1).

— Les liqueurs alcooliques sont celles qui ont pour base
l'eau-de-vie ou l'esprit-de-vin, et peuvent procurer une
ivresse manifeste. — Qu'est-ce que l'ivresse manifeste ?
« Voici ce que veulent dire les mots *ivresse manifeste.*
» C'est l'ivresse qui produit un scandale public par sa
» seule vue, et non par tel ou tel acte déjà répréhensible
» et puni par le Droit Criminel. C'est à ce scandale insépa-
» rable de l'ivresse manifeste, facile à attester par les
» témoins, facile à consigner dans un procès-verbal, que
» se reconnaîtra l'ivresse telle que nous la prévoyons et

(1) Voyez Sirey, 1873. — *Lois annotées*, p. 348.

» telle que nous vous demandons de la réprimer (1). »

L'ivresse publique est donc celle que tout le monde peut facilement apprécier.

La loi exige que le mineur, à qui on a servi des boissons alcooliques, ait moins de seize ans accomplis, c'est-à-dire seize ans non révolus : le mineur ne doit pas encore être entré dans sa dix-septième année.

— Le débitant doit prouver qu'il a été induit en erreur sur l'âge du mineur. La loi entend par là qu'il fasse la preuve qu'on l'a trompé sur l'âge; elle n'excuserait point le débitant sur une simple croyance de sa part que le mineur avait plus de seize ans. Que n'a-t-il pris, en effet, des renseignements à cet égard.

— L'excuse pourra s'établir par tous les moyens de preuves autorisés par la loi, et notamment par la preuve testimoniale. La disposition de l'article 4 de la loi de 1873 est générale et absolue; elle ne distingue pas suivant que les mineurs sont accompagnés ou non (2). Peu importe également que les liqueurs alcooliques aient été servies non pas aux mineurs personnellement, mais à une société musi-

(1) Desjardins, rapporteur.

(2) L'article du projet de loi permettait de donner à boire à des enfants âgés de moins de seize ans accomplis, s'ils étaient accompagnés. Ces mots : « s'ils étaient accompagnés » n'ayant pas été reproduits dans l'article 4 révisé par la commission, il est manifeste que les débitants ne doivent, sous aucun prétexte, donner à boire à des enfants âgés de moins de seize ans accomplis, fussent-ils accompagnés de quelqu'un ayant autorité sur eux, même le père ou la mère.

cale dont ils faisaient partie. Dans tous les cas, le débitant serait coupable.

Arrêt de la Cour de Cassation du
7 novembre 1873...... Sirey, 1874 1 175.

Le fait dont se rend coupable le débitant constitue une contravention de police. C'est la loi qui prend soin de nous le dire dans le § 3ᵉ de l'article 4 : « Les articles 474 et 483 du Code Pénal seront applicables aux *contraventions* indiquées aux paragraphes précédents » (1). Les tribunaux compétents seront les tribunaux de simple police ; les juges de paix et les maires connaîtront donc de l'excuse (art. 138, C. I. C.) (2).

— On établira la preuve de la contravention, soit par procès-verbaux ou rapports dressés par les officiers de police judiciaire, soit par témoins à défaut de rapports et de procès-verbaux, ou à leur appui. Ici s'appliquent les articles 154 et 156, C. I. C. (3).

Que signifie cette expression de la loi « aucune peine

(1) Article 137, C. I. C. — *Sont considérés comme contraventions de police simple, les faits qui, d'après les dispositions du quatrième livre du Code Pénal, peuvent donner lieu, soit à 15 francs d'amende ou au-dessous, soit à cinq jours d'emprisonnement ou au-dessous, qu'il y ait ou non confiscation des choses saisies, et quelle qu'en soit la valeur.*

En punissant le débitant coupable, d'une amende de un à cinq francs, la loi de 1873 prononce une peine de simple police, (art. 464, C. P. — Voy. p. 176, note 1).

(2) Voy. p. 78., note 2, le texte de l'article 138.

(3) Article 154. — *Les contraventions seront prouvées, soit par procès-verbaux ou rapports, soit par témoins à défaut de rapports et procès-verbaux, ou à leur appui.*

Nul ne sera admis, à peine de nullité, à faire preuve par témoins outre

ne lui sera applicable *de ce chef?* » Il faut comprendre par ces derniers mots le § 1er *in fine* de l'article 4, le cas où le débitant *aurait servi des liqueurs alcooliques à des mineurs âgés de moins de seize ans accomplis.* Alors seulement, — nous le répétons, — le débitant pourra prouver son erreur sur l'âge du mineur, et par suite obtenir une excuse à sa faute.

On a beaucoup critiqué la loi de 1873. Mais fallait-il donc voir sans indignation l'inobservance du décret du 20 décembre 1851 (1) et l'indifférence apportée à l'exécution de ses sages prescriptions? Le législateur a fait une œuvre utile en créant la loi de 1873. Nous approuvons cette mesure prévoyante prise dans le but efficace d'une véritable régénération.

Mieux vaut prévenir que punir ; si la peine est une expiation elle ne corrige point et n'améliore pas toujours, et

ou contre le contenu aux procès-verbaux ou rapports des officiers de police ayant reçu de la loi le pouvoir de constater les délits ou contraventions jusqu'à inscription de faux. Quant aux procès-verbaux et rapports faits par des agens, préposés ou officiers auxquels la loi n'a pas accordé le droit d'en être crus jusqu'à inscription de faux, ils pourront être débattus par des preuves contraires, soit écrites, soit testimoniales, si le tribunal juge à propos de les admettre.

ARTICLE 156. — *Les ascendans ou descendans de la personne prévenue, ses frères et sœurs ou alliés en pareil degré, la femme ou son mari, même après le* DIVORCE (L. 8 mai 1816, art. 1er: « Le divorce est aboli. ») *prononcé, ne seront ni appelés ni reçus en témoignage, sans néanmoins que l'audition des personnes ci-dessus désignées puisse opérer une nullité, lorsque, soit le ministère public, soit la partie civile, soit le prévenu ne se sont pas opposés à ce qu'elles soient entendues.*

(1) Décret du 20 décembre 1851, sur les débits de boissons.

c'est à l'amélioration qu'il faut tendre. De plus, cette peine ne produit, si ce n'est à titre d'exemple, d'effet direct que sur celui qu'elle frappe, et la société a intérêt à un résultat général, surtout si ce résultat général peut être produit par le progrès de la moralité publique et non par la crainte du châtiment.

Les bonnes lois sont toujours bien venues. Elles sont les règles de la conduite que chacun doit ponctuellement suivre; elles sont les liens salutaires qui unissent les hommes entre eux, par les droits et les devoirs réciproques qu'elles leur donnent ou qu'elles leur imposent dans leur propre intérêt comme envers leurs semblables, dans le but de pourvoir à leur conservation, à leur perfectionnement, à leur vrai bonheur. Ce sont ces lois qui mènent réellement au progrès, aux bonnes et véritables pratiques sociales. On ne peut que les approuver, celles surtout qui ont pour but d'inspirer au peuple une conduite honnête et sage, et qui, en enseignant la morale, élèvent l'âme et le cœur des populations.

APPENDICE

QUE FAUT-IL DÉCIDER DE L'ARTICLE 9 DU DÉCRET DU 2-21 FÉVRIER 1852?

L'article 9 du décret organique du 2-21 février 1852 est ainsi conçu :

Les députés ne pourront être recherchés, accusés ni jugés en aucun temps pour les opinions qu'ils auront émises dans le sein du Corps législatif.

On sait qu'un décret du 4-10 septembre 1870 (1) a dissous le Corps législatif. Doit-on en conclure que toutes les dispositions légales qui le concernaient ont, en conséquence, disparu de notre législation? Nous ne le croyons pas. L'Assemblée nationale a remplacé le Corps législatif : c'est elle qui exerce le pouvoir législatif. Or, comme une loi ne peut être abrogée que par une loi, et que nulle loi n'est venue abroger le décret de 1852, on en tire cette conclusion que ce décret est encore en vigueur. Par conséquent, l'article 9 du décret de 1852 est applicable aux

---

(1) DÉCRET DU 4-10 SEPT. 1870 : « *Le Corps législatif est dissous.* »

députés à l'Assemblée nationale, qui ont remplacé, dans leurs fonctions, les députés au Corps législatif.

L'article 9 du décret de 1852 pose, suivant nous, un cas d'excuse absolutoire. En effet, la loi donne-t-elle un brevet d'inculpabilité aux membres de l'Assemblée nationale? Non assurément. Nous citerions à l'appui M. Ortolan. Bien qu'il s'agisse de discours prononcés au Corps législatif par les députés, les paroles de l'éminent jurisconsulte répondent à notre question, et ne seront point déplacées en notre matière. « Il n'est pas impossible que ces discours » contiennent des excitations coupables contre l'État, des » diffamations, des calomnies même contre les particuliers » qui ne sont point là pour y répondre; le principe de la » justice absolue pourra souffrir de l'impunité: c'est un » sacrifice à faire, dans la justice pénale sociale, à l'intérêt » plus grand auquel se rattachent ces fonctions (1). » Ainsi, dans l'espèce, la diffamation est *excusée*; on *excuse* des excitations au trouble et à la révolte: le député ne peut être poursuivi ni puni pour ses actes de député, bien que l'imputabilité subsiste tout entière. Mais cette irresponsabilité de fait ne sort pas de l'ordre des fonctions de représentant.

Nous nous bornons à ses simples réflexions sur l'exemption pénale que nous venons de signaler. A notre avis, l'article 9 du décret de 1852 crée un véritable cas d'excuse.

(1) *Éléments de Droit Pénal*, p. 194.

CHAPITRE DEUXIÈME

Des Excuses Légales Atténuantes

PRÉAMBULE

Les *excuses légales atténuantes* sont des causes qui, tout en laissant subsister la culpabilité, atténuent la pénalité.

Les circonstances qui peuvent produire une exemption ou une atténuation de la peine sont, comme les circonstances aggravantes, de nature à influer tantôt sur la culpabilité absolue, tantôt sur la culpabilité individuelle. Dans.le premier cas, — nous le savons, — elles sont prévues par le législateur et se nomment *excuses;* dans le second cas, elles sont abandonnées, dans chaque cause, à l'appréciation des juges et reçoivent particulièrement le nom de *circonstances atténuantes.*

On trouve donc en Droit Pénal deux faits principaux qui peuvent diminuer la pénalité. Faut-il les confondre ? Non, les excuses atténuantes diffèrent, à plusieurs points de vue, des circonstances atténuantes. Il importe d'établir des distinctions :

1º Les circonstances atténuantes sont des faits indéfinis qui peuvent s'appliquer à tous les cas, et qui vont se traduire dans une faculté d'atténuation pénale ; —les excuses atténuantes, au contraire, sont des faits prévus et définis, applicables à certains cas ;

2° Les excuses atténuantes sont des faits précis, limitativement déterminés par la loi, hors desquels le jury n'en peut admettre et déclarer aucun, et ayant pour effet de modifier la culpabilité absolue. — Les circonstances atténuantes sont des faits moraux que la loi ne peut pas spécifier, atteindre, prévoir, des faits illimités que la conscience du jury, placée en présence de tel fait, de tel homme, peut seule comprendre et seule déclarer, et ayant pour effet de modifier la culpabilité individuelle ;

3° Quand il s'agit d'excuses, le jury est particulièrement consulté, sa réponse est spécialement provoquée ; toutes les fois qu'un accusé, traduit devant le jury, allègue qu'il se trouvait dans un des cas prévus par la loi, la Cour d'Assises doit, à peine de nullité, poser au jury la question du fait d'où l'accusé veut faire dériver son excuse (art. 339, C. I. C.) (1). — Au contraire, pour les circonstances atténuantes, le jury n'est pas consulté, aucune question expresse, spéciale, directe, ne lui est posée à cet égard. Le président de la Cour d'Assises avertit seulement le jury que, s'il reconnaît des circonstances atténuantes, il devra le déclarer ;

4° L'effet des excuses atténuantes et des circonstances atténuantes sur la pénalité n'est pas le même. Ainsi les

---

(1) ARTICLE 339 (Ainsi remplacé, L. 28 avril 1832, art. 3). — *Lorsque l'accusé aura proposé pour excuse un fait admis comme tel par la loi, le président devra, à peine de nullité, poser la question ainsi qu'il suit : « Tel fait est-il constant? »*

excuses peuvent faire tomber le crime au rang d'un délit, réduire les travaux forcés à perpétuité et à temps à un simple emprisonnement; — les circonstances atténuantes n'entraînent pas pour l'accusé un résultat aussi favorable : elles ne peuvent point, par exemple, réduire à un simple emprisonnement la peine des travaux forcés à perpétuité;

5° Le bénéfice des excuses atténuantes est acquis à l'accusé par cela seul qu'il y a partage de voix dans le jury (1). — Les circonstances atténuantes, au contraire, ne peuvent être déclarées par le jury qu'à la majorité des voix (2).

Bien qu'elles diffèrent essentiellement les unes des autres, les excuses légales atténuantes peuvent se combiner avec les circonstances atténuantes.

Mais à ce propos surgit une question très-délicate et des plus discutées en matière de compétence (Juridictions de jugement, — Cour d'Assises). Nous sommes au grand criminel, il y a lieu de combiner les excuses atténuantes avec les circonstances atténuantes; qui connaîtra de ces dernières? Il semble que le jury chargé d'apprécier la culpabilité de l'accusé, doit pouvoir le faire d'une manière complète et indivisible; néanmoins, la jurisprudence décide le contraire. Prenons des espèces. 1° L'excuse de provocation existe, le résultat est d'atténuer la peine (art. 326, C. P.); mais on trouve des cir-

(1) Il en serait de même des excuses absolutoires.
(2) Ainsi cette règle que *le doute est en faveur de l'accusé* est applicable en matière d'excuses et non dans le cas des circonstances atténuantes.

constances atténuantes, qui les prononcera? sera-ce la
Cour où le jury? La Cour dirons-nous, car le fait coupable
est dénaturé : de crime il s'est transformé en délit, dès
lors il échappe au jury, juge des crimes. Cela se conçoit,
la réponse affirmative des jurés sur l'excuse, ayant donné
au fait le caractère d'un délit de pol correctionnelle,
c'est à la juridiction correctionnelle exe par la Cour à
déclarer les circonstances atténuantes (art. 3, C. P.) (1).
En ce sens on remarque surtout un

ARRÊT de la Cour de Cassation du
20 *juin* 1807 . . . . Sirey, 1807.

2° Un mineur de 16 ans est traduit devant la Cour
d'Assises (art. 68, C. P. *à contrario*) (2); dans la cause il
apparaît des circonstances atténuantes ; qui les prononcera?
On peut dire qu'à raison de sa minorité le mineur n'en-

_____

(1) Le principe général de l'article 463 est celui-ci : Les circonstances atténuantes abaissent les peines obligatoirement d'un degré
et facultativement de deux degrés, pour les condamnations criminelles.

Quant aux délits, les tribunaux correctionnels, depuis un décret du
27 novembre 1870 (Voy. p. 48, note 1), peuvent, *dans tous les cas*,
par suite de circonstances atténuantes, « réduire l'emprisonnement
» même au-dessous de 6 jours, et l'amende même au-dessous de
» 16 francs, prononcer aussi séparément l'une ou l'autre de ces peines
» et même substituer l'amende à l'emprisonnement, sans qu'en
» aucun cas, elle puisse être au-dessous des peines de simple police. »

Pour les peines de simple police, l'effet des circonstances atténuantes sera, dans tous les cas, d'abaisser la peine jusqu'à 1 fr.
d'amende.

(2) Voy. le texte de cet article dans la Section II du présent
Chapitre.

courra que la peine du tribunal correctionnel, en ce cas
c'est la Cour qui prononcera les circonstances atténuantes.
Mais, d'un autre côté, pour connaître la peine applicable
à un mineur, il faut savoir quelle serait la peine applicable à un majeur, et pour connaître la peine d'un majeur, il faut savoir s'il existe ou non des circonstances
atténuantes. Plusieurs systèmes ont été présentés et les
auteurs qui les soutiennent ont posé chacun une solution
différente. M. Bertauld (1) prétend qu'il faut s'en remettre
entièrement à la Cour, c'est elle qui doit accorder les
circonstances atténuantes. D'autres auteurs regardent ce
droit comme exclusivement réservé au jury (2). Nous
adoptons pleinement cette dernière opinion qui, d'ailleurs,
est celle de la Cour de Cassation.

ARRÊT du 10 *août* 1860. . . . . . Sirey, 1860.

— Remarquons que les excuses absolutoires sont bien
plus nombreuses que les excuses atténuantes, n'en déplaise
à M. Bœuf qui prétend le contraire (3), sans doute parce
qu'il cite huit excuses atténuantes et dix excuses absolutoires, les seules peut-être qu'il ait trouvées.

(1) *Commentaire du Code Pénal.*
(2) V. h. s. M. P.-E. Vigneaux, à son Cours de Droit Pénal (1872-
1873) professé à la Faculté de Droit de Bordeaux. *(Des circonstances
atténuantes.)*
(3) *Répétitions écrites sur le Droit Pénal*, p. 158.

SECTION PREMIÈRE

Excuse en cas de provocation

I

RÈGLE GÉNÉRALE

SOMMAIRE

Article 321.(C. P. du 25 septembre—6 octobre 1791, 2e Part., Tit. II, Sect. 1re, art. 9).
Articles 322, § 1; 324, § 2; 325.

§ 1

ARTICLE 321 (Liv. III, Tit. II, Chap. I, Sect. III, § 2e).
— *Le meurtre ainsi que les blessures et les coups sont excusables, s'ils ont été provoqués par des coups ou violences graves envers les personnes.*

Le Code Pénal du 25 septembre — 6 octobre 1791, 2e part., tit. II, sect. 1re, disposait de même :

Article 9 : « Lorsque le meurtre sera la suite d'une provocation violente, sans toutefois que le fait puisse être qualifié homicide légitime, il pourra être déclaré excusable, et la peine sera de dix années de gêne.
— La provocation par injures verbales ne pourra, en aucun cas, être admise comme excuse du meurtre. »

La loi romaine atténuait la peine dans le cas de provocation (1).

— Les articles dont nous allons nous occuper dans cette section Ire, sont précédés d'une rubrique ainsi conçue : CRIMES ET DÉLITS EXCUSABLES ET CAS OU ILS NE PEUVENT ÊTRE EXCUSÉS. L'inexactitude de ce langage est évidente. La théorie des excuses n'est pas resserrée tout entière dans les articles 321 à 326. Le livre deuxième du Code Pénal, en parlant des personnes *punissables, excusables ou responsables*, comprend sous cette rubrique les mineurs de seize ans, et traite de l'excuse résultant de cette minorité. La doctrine et la jurisprudence ont largement interprété le langage du Code ; la Cour de Cassation a reconnu dans la plupart des cas ci-dessus énumérés, qu'il y avait lieu d'appliquer l'article 339 du Code d'Instruction criminelle, et de poser au jury, à peine de nullité, la question prévue par cet article (2). Le Code Pénal, en réalité, ne s'occupe que de la *provocation* dans les articles que nous allons analyser.

Il faut bien se garder de confondre la légitime défense et la provocation. Dans le premier cas, l'homme exerce un droit et n'est point coupable ; dans le second, il est poussé par un esprit de vengeance : il est coupable, quoique excusable. — La légitime défense consiste à combattre l'agression tant qu'elle dure, et dans la mesure nécessaire pour y résister ; dans la provocation, au contraire, c'est lorsque l'attaque est terminée que commence l'agression de la part de

(1) Voyez les lois citées p. 11, note 1.
(2) Voy. p. 278, note 1, le texte de l'article 339, C. I. C.

celui qui se défend. Mais la nuance est parfois insaisissable. Quand cesse la légitime défense? Quand commence l'acte commis en état de provocation? Comment distinguer dans la lutte l'esprit de colère et l'esprit de justice? Ce problème a dès longtemps embarrassé les moralistes et les jurisconsultes. Le célèbre philosophe Puffendorf nous semble, du reste, avoir parfaitement aperçu la différence entre la légitime défense et l'acte commis en état de provocation. Voici comment il s'exprime : « Ce que nous » avons dit jusqu'ici nous donne lieu de conclure que » quand on tue un agresseur en se tenant dans les bornes » d'une juste défense, on ne se rend par là coupable d'au- » cun crime, et qu'ainsi ce n'est pas une de ces choses qui, » méritant d'elles-mêmes punition, demeurent impunies » par l'indulgence des lois humaines, lesquelles donnent » quelque chose au trouble d'une passion violente, et sur- » tout aux mouvements d'une furieuse colère; comme » quand le mari tue le galant de sa femme, qu'il trouve » avec elle en flagrant délit. »

Aujourd'hui la doctrine est plus précise : elle voit sans doute une cause d'atténuation dans la réaction spontanée qui suit la lésion du droit; mais elle analyse minutieuse-ment les éléments moraux des actes humains et répond à la question si vivement agitée, sous une forme confuse dans les écrits des moralistes : si la provocation atténue, elle ne fait pas disparaître la culpabilité.

« Les crimes et délits, dit M. Monseignat, dans son » *rapport au Corps législatif* (1), sont excusables lorsqu'ils

(1) Séance du 17 février 1810.

» ont été commandés par une espèce de nécessité, que
» Bacon qualifie ingénieusement de nécessité coupable,
» pour la distinguer de la nécessité absolue, qui ne pré-
» sente aucun caractère de culpabilité. »

L'excuse de la provocation est fondée sur une idée de
justice; l'imputabilité subsiste, mais à un moindre
degré.

— La provocation ne justifie pas l'auteur du meurtre ou
des blessures et coups; en effet, il n'est pas permis de se
faire justice à soi-même et chacun doit laisser à la loi le
soin de venger l'injure qui lui a été faite. « Se charger soi-
» même de cette vengeance, disent MM. Chauveau et
» Faustin Hélie (1), c'est usurper la puissance sociale,
» c'est fixer arbitrairement au gré de la passion, le taux
» d'une réparation que la justice doit mesurer. » Mais il
est évident que celui qui répond, soit par le meurtre, soit
par les blessures ou les coups, à la provocation qu'il a
reçue, ne saurait être assimilé à celui qui a commis les
mêmes actes sans y être provoqué, et que, s'il est coupable, il l'est à un moindre degré. C'est cette différence
qui constitue l'excuse.

— Il faut, pour qu'il y ait lieu à l'excuse, que toutes les
dispositions mentionnées dans l'article 321 se trouvent
réunies dans le fait.

Et d'abord il est indispensable que le meurtre, les blessures et les coups aient été provoqués. Mais faudrait-il décider que la provocation formera une excuse, alors même

(1) *Théorie du Code Pénal*, t. IV.

qu'elle aurait précédé de quelque temps le meurtre, les blessures ou les coups? Oui, mais pourvu qu'elle ne soit pas séparée des violences par un intervalle de temps pendant lequel le coupable aurait pu recouvrer sa liberté d'esprit.

Arrêts de la Cour de Cassation des :

10 *mars* 1826. . . . . Bull. n° 45,
27 *messidor*, au x . .   —   212.

L'article 321 exige comme deuxième condition que la provocation dérive de coups ou violences. La provocation aurait beau résulter d'une imputation verbale, elle ne pourrait constituer une excuse.

Arrêt de la Cour de Cassation du

27 *février* 1813..... Bull. n° 40.

Pas d'excuse non plus, si la provocation provenait de menaces verbales. Il est de principe, en effet, que l'injure et la menace verbales ne constituent point des excuses; la loi, dans l'article 321, entend parler de coups ou violences *physiques*. Cependant l'injure verbale pourrait faire diminuer le châtiment; elle agirait alors comme circonstance atténuante. C'est ce que disait Farinacius dans l'ancienne jurisprudence : « Licet licitum sit percutere eum » qui verbalem injuriam infert, et si quis percutiat, aut » vulnerat, aut occidat, puniatur, sed non pœnâ ordinariâ » propter provocationem (1). »

(1) Quæst. 125, 498.

Voy. en outre MM. Chauveau et Faustin Hélie, *Théorie du Code Pénal*, t. v, p. 166.

M. Duret rapporte une décision analogue : « On a tenu
» pour doubteux, si celuy devoit mourir, qui provoqué de
» paroles, met la main à l'espée, et tue son provoquant,
» parce que l'iniure faicte sans armes, ne peut estre
» repoussée avec armes. Toutefois en fin la vie a esté sau-
» vée au délinquant, puny extraordinairement par bannis-
» sement ou autre peine légère (1). »

La menace pourrait aussi devenir une circonstance atténuante.

Il faut, en troisième lieu, que les coups ou violences
soient graves. La violence constituera une provocation légale, lorsque, comme le dit M. Faure dans l'*exposé des
motifs,* « elle sera telle que le coupable n'aura pas eu,
» au moment même de l'action qui lui est reprochée, toute
» la liberté d'esprit nécessaire pour agir avec mûre ré-
» flexion. » « Il faut, répète M. Monseignat dans son
» rapport, que la violence ait été capable d'effrayer un
» homme raisonnable et de lui faire craindre pour sa
» vie. »

Si les coups ou violences n'ont pas la gravité voulue,
ils ne constitueront pas provocation, et n'excuseront nullement celui qui s'en sera rendu coupable.

La solution change à l'égard des injures et des menaces
verbales dont nous avons parlé, si elles constituent des
violences graves, c'est-à-dire si l'injure est accompagnée de gestes offensifs et dangereux pour l'injurié, si la
menace est suivie de faits matériels capables d'en faire

(1) *Histoire des anciennes lois criminelles en France.*

craindre l'accomplissement. En ces cas il y aura excuse.
La Cour de Cassation a reconnu cette solution : « La
» provocation violente, dit-elle, peut exister sans blessure
» effectuée, mais par la seule menace avec une arme meur-
» trière approchée du corps. »

Arrêt du 15 *messidor*, an XIII...... Sirey, 1805 (1).

Il existe donc une grande importance à énoncer si les
coups et violences ont été graves ; car, sans cela, la Cour
d'Assises pourrait ne pas poser la question au jury.

Arrêts de la Cour de Cassation des :

19 *mars* 1835......	Bull. n° 102,	
22 *janvier* 1852 ...	—	29,
30 *juin* 1859......	—	159.

Enfin l'article 321 exige, pour quatrième condition, que
le meurtre, les coups ou violences aient été provoqués
envers les personnes (2). Il est clair qu'une voie de fait
envers des animaux ne saurait faire excuser les coups portés par le propriétaire.

Arrêt de la Cour de Cassation du
5 *février* 1814...... Sirey, 1814.

La Cour suprême a également décidé le
7 *février* 1812...... Bull. n° 22

et le 22 *janvier* 1852...... Bull. n° 29,

qu'il n'y aurait pas d'excuse si on ne faisait que recon-

---

(1) Voy. MM. Chauveau et F. Hélie, *Théorie du Code Pénal*, t. IV.
(2) Voy. MM. Chauveau et F. Hélie, *Théorie du Code Pénal*, t. IV,
   p. 107.
   Trébutien, *Cours élémentaire de Droit criminel*, t. I,
   p. 159.

naître que le fait a été provoqué par des coups ou violences graves; il faut encore déclarer le fait.

Mais les violences doivent-elles avoir été exercées sur la
personne de celui qui a commis le meurtre, porté les coups
ou occasionné les blessures? L'article 321 ne semble pas
l'exiger ; et je croirais excusable une personne qui, voyant
son semblable victime de violences, en serait émue, et par
un mouvement généreux, laissant le champ libre à son
indignation, vengerait cette malheureuse victime. Il n'est
pas nécessaire que l'accusé ait reçu les violences lui-même;
l'expression de la loi est générale. Ainsi on pourrait prendre la défense de son père, de sa mère, de son frère, de
son fils, d'un ami, d'un inconnu même, violemment provoqués en notre présence.

« La loi n'a pas voulu, disent MM. Chauveau et Faus-
» tin Hélie (1), imposer à chaque citoyen le rôle égoïste
» de spectateur impassible des outrages adressés à un
» autre homme. » N'est-ce pas le cas, dirons-nous, de
manifester et de faire briller de tout son éclat cette fraternité dont on parle tant de nos jours, que l'on ne
comprend point et qu'on pratique moins encore?

Bossuet, parlant des lois des Égyptiens, s'exprimait
ainsi : « Leurs lois étaient simples, pleines d'équité et
» propres à unir entr'eux les citoyens. Celui qui, pouvant
» sauver un homme attaqué, ne le faisait pas, était puni
» de mort, aussi rigoureusement que l'assassin. Que si on
» ne pouvait secourir le malheureux, il fallait du moins

_____

(1) *Théorie du Code Pénal*, t. IV, p. 108.

» dénoncer l'auteur de la violence, et il y avait des peines
» établies contre ceux qui manquaient à ce devoir (1). »

J. Bentham a dit avec une force irrésistible : « Mais ne
» peut-on défendre que soi-même ? Ne doit-on pas avoir le
» droit de protéger son semblable contre une agression
» injuste? Certes, c'est un beau mouvement du cœur
» humain que cette indignation qui s'allume à l'aspect du
» fort maltraitant le faible. C'est un beau mouvement que
» celui qui nous fait oublier notre danger personnel et
» courir aux premiers cris de détresse. La loi doit bien se
» garder d'affaiblir cette généreuse alliance entre le cou-
» rage et l'humanité. Qu'elle honore plutôt, qu'elle récom-
» pense celui qui fait la fonction du magistrat en faveur
» de l'opprimé; il importe au salut commun que tout hon-
» nête homme se considère comme le protecteur de tout
» autre (2). »

C'est là le conseil de la morale et de la science ; c'est là
que réside la véritable charité. Sénèque voulant qu'on
prévînt la faute s'écriait :

Qui non vetat peccare cùm possit, jubet. (3)

Sentence sévère, mais qui montre combien les anciens
avaient à honneur de maintenir entre les citoyens l'union
et cet esprit de concorde qui fait la force des nations.

Sans remonter si loin dans le passé, il nous est facile

(1) *Discours sur l'Histoire universelle,* 3e part., chap. III.
(2) *Traité de législation criminelle et pénale,* t. II, chap. XIV, p. 51
et 52.
(3) L. A. Sénèque, *Tragédies.*

de prouver la justesse de notre solution, en tirant argument des textes mêmes. Remarquons les termes très-va-
gues de l'article 321, et les termes très-précis de l'article
328 (1). L'article 321 dit : *les personnes*, sans rien spécifier ; l'article 328, fait pour le cas de légitime défense,
justifie les blessures et les coups commandés par la nécessité actuelle de la légitime défense de soi-même ou *d'autrui*.
L'analogie est évidente. Toutes les fois qu'il s'est agi de
la protection et de la défense des citoyens, le législateur a
établi des dispositions générales afin d'atteindre sûrement
et plus facilement le résultat qu'il s'est proposé : la bonne
harmonie entre tous, la tranquillité publique.

Nous ne pouvons enfin n'être pas dans la vérité lorsque
notre opinion est celle d'un grand nombre d'auteurs re-
commandables (2).

(1) Voy. p. 85, note 3, le texte de l'article 328, C. P.

(2) Voyez MM. Chauveau et Faustin Hélie, *Théorie du Code Pénal*,
t. IV.
A. Blanche, *Études pratiques sur le Code Pénal*, t. V.
Le Sellyer, *Traité de la criminalité*, t. I.
Farinacius, Quæst. 125, n° 287.
Damhouderius, *Praxis criminalis*, Cap. LXXX, n° 1.
Trébutien, *Cours élémentaire de Droit criminel*, t. I,
p. 159.
Julius Clarus.
Voy. aussi : Diodore de Sicile, Liv. I, c. LXXVII.
De Lamarre, *Traité de la police*, Liv. I, tit. II.
Goguet, *De l'origine des lois*, t. I. 1re part., Liv. I,
c. I, art. 4.
De Pastoret, *Histoire de la législation* (édition de
1817), t. II, c. XIV.
Albert du Boys, *Histoire du Droit criminel des peu-*

Que décider au sujet des violences et des coups envers les père et mère légitimes, naturels ou adoptifs ?

En cas de provocation, celui qui s'en serait rendu coupable, bénéficierait de l'excuse de l'article 321.

Arrêt de la Cour de Cassation du
10 *janvier* 1812. . . . . Dalloz, J. G., v. Peine, 474.

Il en serait de même à l'égard des ascendants autres que les père et mère.

— Mais voici qu'un magistrat, un dépositaire de l'autorité ou de la force publique a été victime d'un meurtre ou de coups et blessures ; il est vrai que des coups ou violences graves les ont provoqués, *quid juris ?* La provocation, suivant un

Arrêt de la Cour d'Assises de la Moselle du
9 *décembre* 1841...... Sirey, 1841,

est une excuse légale aussi bien pour les crimes commis envers les fonctionnaires et agents de la force publique, que pour ceux commis envers les simples particuliers. C'est aussi l'avis de Trébutien (1).

Nous croyons néanmoins que, dans l'hypothèse prévue, il n'y a pas d'excuse. D'abord on énerverait l'action publique, ce serait ensuite un encouragement à la rébellion et à la désorganisation de l'ordre social. D'ailleurs, l'ar-

---

ples anciens, C. I, p. 21 et 32.
Saint-Jérome, *Adversùs Pelagianos*, Liv. III, t. IV, 2e par., p. 737. (Édition des Bénédictins).
Rollin, *Histoire ancienne*, Liv. I. — *Histoire des Égyptiens*, 2e part., c. I.
(1) *Cours élémentaire de Droit Criminel*, t. I, p. 160.

ticle 186, C. P., vise très à propos le cas où le représentant de l'autorité userait ou ferait user de violence sans motif fondé.

ARTICLE 186. — *Lorsqu'un fonctionnaire ou un officier public, un administrateur, un agent ou préposé du gouvernement ou de la police, un exécuteur des mandats de justice ou jugemens, un commandant en chef ou en sous-ordre de la force publique, aura, sans motif légitime, usé ou fait user de violences envers les personnes, dans l'exercice ou à l'occasion de l'exercice de ses fonctions, il sera puni selon la nature et la gravité de ces violences, et en élevant la peine suivant la règle posée par l'article 198 ci-après* (1).

Du reste, c'est l'opinion de la Cour de Cassation :

ARRÊTS des : 13 *mars* 1817. . . . . Bull. n° 20,
  8 *avril* 1826. . . . . — 65,
  30 *avril* 1847. . . . . . . — 93,
  29 *novembre* 1855. . . . — 377,
  25 *avril* 1857. . . . . . . — 170.

—Renversons la proposition. Un fonctionnaire accusé de meurtre commis dans l'exercice de ses fonctions, pourrait-il faire poser la question d'excuse (provocation), dans le

(1) L'article 198, C. P. prononce le *maximum* de la peine, s'il s'agit d'un délit de police correctionnelle;—en cas de crime, la réclusion, si le crime emporte contre tout autre coupable la peine du bannissement ou de la dégradation civique ; — les travaux forcés à temps, si le crime emporte contre tout autre coupable la peine de la réclusion ou détention; — les travaux forcés à perpétuité, si le crime emporte contre tout autre coupable la peine de la déportation ou des travaux forcés à temps. — Au-delà de ces cas, plus d'aggravation.

cas où il serait reconnu qu'il a agi sans motifs légitimes?
La Cour de Cassation,

ARRÊT du 30 *janvier* 1835. . . . Sirey, 1835,

répond : « Les violences graves qui, aux termes de l'article 321, C. P., fournissent une cause d'excuse, ne constituent pas nécessairement les motifs légitimes qui, aux termes de l'article 186 du même Code (1), innocentent pleinement les violences pratiquées par des fonctionnaires : en conséquence, un fonctionnaire accusé de meurtre dans l'exercice de ses fonctions, a le droit de faire poser la question d'excuse, pour le cas où il serait déclaré qu'il a agi sans motifs légitimes. »

M. Calmettes a combattu cette décision avec force, prétendant que les violences graves, qui pourraient ne fournir qu'une cause d'excuse à un particulier, présentent nécessairement des motifs légitimes pour le fonctionnaire.

Nous n'admettons pas cette doctrine. « Ce n'est qu'au
» tant que sa dignité ou l'intérêt de la chose publique
» l'exigent de la manière la plus impérieuse, que le fonc-
» tionnaire doit repousser les violences par les violences.
» S'il agit autrement, il dépouille l'impassibilité qui est
» un de ses premiers devoirs; mais s'il est coupable comme
» fonctionnaire, il peut être au moins *excusable*, dans le
» sens légal de ce mot, comme ayant obéi à la colère et à
» l'emportement de l'homme privé (2). »

Nous partageons entièrement cette opinion.

(1) Voy. page précédente, le texte de l'article 186.
(2) Voy. M. Rodière, dans la *Revue de Jurisprudence et de Législation* (Wolowski), au mot *excuse.*

La Cour d'Assises doit donc, à peine de nullité, au cas d'accusation contre un fonctionnaire public pour meurtre commis dans l'exercice de ses fonctions, même en l'absence de toute réclamation de la part de l'accusé, et à plus forte raison quand cette réclamation est élevée, poser la question de savoir si l'accusé a agi sans motif légitime.

Arrêts de la Cour de Cassation des :

5 *décembre* 1822.....	Sirey, 1822,
14 *octobre* 1827......	— 1827,
1er *octobre* 1835.......	— 1835 1 254,
14 *janvier* 1869......	— 1869 1 287.

Il en serait ainsi alors même que la question de *provocation* serait en même temps proposée par l'accusé, l'excuse spéciale de motif légitime, en ce qui concerne les fonctionnaires publics, étant distincte de l'excuse de provocation.

Arrêts de la Cour de Cassation des :

15 *mars* 1821.......	Sirey, 1821,
5 *décembre* 1822 (déjà cité),	
30 *janvier* 1835.....	Sirey, 1835 1 429 (1).

Il faut que la provocation ait précédé *le fait dont elle a été cause.*

Arrêts de la Cour de Cassation des :

27 *messidor*, an x....	Bull. n° 212,
7 *février* 1812......	— n° 22.

(1) Voy. également : MM. Chauveau et F. Hélie, *Théorie du Code Pénal*, t. III, n° 764.

Faustin Hélie, *Instruction criminelle*, t. VIII, n° 3646.

A. Blanche, *Études pratiques sur le Code Pénal*, t. III, n°s 464 et suivants.

Les juges apprécieront la durée de l'intervalle qui s'est écoulé entre la provocation et le crime ou délit. C'est ce que décident Trébutien et MM. Chauveau et Faustin Hélie (1).

— La rixe ne rendrait pas excusable le meurtre commis sans provocation.

Arrêt de la Cour de Cassation du
    20 mars 1812. ... Dalloz, Rép. 35, p. 662.

— L'article 321 excuse l'homicide simple et non pas seulement le meurtre. La raison de la présence du mot meurtre dans le Code Pénal actuel, vient de ce que le Code de 1810 comprenait sous ce nom l'action de donner la mort, sans distinguer si l'on avait ou non l'intention de la donner. La loi de révision du 28 avril 1832 n'aurait point dû conserver le mot *meurtre*; que ne le remplaça-t-elle par cette expression générique : *homicide volontaire.*

— La réponse négative du jury à une question de provocation posée sur la demande de l'accusé, constitue contre cet accusé une décision qui doit, dès lors, à peine de nullité, exprimer qu'elle a été prise à la majorité des voix. La jurisprudence est constante à cet égard.

Arrêts de la Cour de Cassation des :

14 *septembre* 1854. . .	Bull. n° 280,	
20 *juin* 1861.	—· n° 126,	
2 *juillet* 1863.	— n° 186,	
19 *novembre* 1863. . . .	— n° 271,	
1 *juin* 1867	Sirey, 1868 1	96,
3 *avril* 1873	— 1873 1	352.

(1) Trébutien, *Cours élémentaire de Droit criminel*, t. 1.
    Chauveau et Faustin Hélie, *Théorie du Code Pénal*, t. III.

Suivant M. A. Blanche, ce point n'a jamais soulevé de doute ni créé de difficulté (1).

§ 2

ARTICLE 322 (Liv. III, Tit. II, Chap. I, Sect. III, § 2e).
— *Les crimes et délits mentionnés au précédent article sont également excusables, s'ils ont été commis en repoussant pendant le jour l'escalade ou l'effraction des clôtures, murs ou entrée d'une maison ou d'un appartement habité ou de leurs dépendances.*

Si le fait est arrivé pendant la nuit, ce cas est réglé par l'article 329.

Si les faits prévus par l'article 321, jouissent du bénéfice de l'excuse, à *fortiori* doit-on excuser le meurtre, les coups et blessures infligés en vue de repousser, pendant le jour, quiconque entrerait ou se trouverait dans une habitation après escalade ou effraction de clôtures.

Pourquoi distinguer le cas où l'attaque a eu lieu pendant le jour et celui où elle a été opérée pendant la nuit ? Cette distinction de la loi est fondée sur la nature même des choses. Dans le premier cas, en effet, le péril est moins grand, il est beaucoup plus facile de le détourner sans avoir recours soit à l'homicide, soit aux blessures et coups.

Déjà cette distinction entre le voleur de jour et le voleur de nuit avait été faite par l'Écriture sainte : « *Si*

---

(1) *Études pratiques sur le Code Pénal*, t. v, n° 37 *in fine*.

» *effringens fur domum*, disait-elle, *sive suffodiens fuerit*
» *inventus, et accepto vulnere mortuus fuerit, percussor non*
» *erit reus sanguinis. Quod si orto sole hoc fecerit, homici-*
» *dium perpetravit* (1). » Elle se trouvait également dans
les lois de Solon, ainsi que nous l'apprend Démosthènes :
« Εἰ μέν τις μεθ' ἡμέραν ὑπὲρ πεντήκοντα δραχμὰς κλέπτει, ἀπα-
» γωγὴν πρὸς τοὺς ἕνδεκα εἶναι. Εἰδὲ τις νύκτωρ ὁτιοῦν κλέπτει,
» τοῦτον ἐξεῖναι καὶ ἀποκτεῖναι, καὶ τρῶσαι διώκοντα, καὶ ἀπαγαγεῖν
» τοῖς ἕνδεκα εἰ βούλοιτο (2); » dans la loi des Douze-Tables :
« *Si noctu furtum fiat, furem autem aliquis occiderit, impunè*
» *esto.* » Cette loi, que contenaient les édits des préteurs,
fut recueillie par le Digeste : « *Lex duodecim tabularum*
» *furem noctu deprehensum occidere permittit* (3). » On lit
encore dans la loi romaine : « *Furem nocturnum si quis*
» *occiderit, ita demum impunè feret, si parcere ei sine peri-*
» *culo suo non potuit* (4). »

Les Capitulaires (5) de Charlemagne disposaient ainsi :

(1) Exode, Cap. XXII, nᵒˢ 2 et 3.

(2) Si quis *interdiu* supra quinquaginta drachmas furatus fuerit :
abduci liceat ad Undecimviros. Si quis vero *noctu* quippiam surripue-
rit : eum et occidere, et inter persequendum vulnerare, et ad Undecimviros, si cui lubet, abducere fas esto. — Demosthenis opera,
t. III, p. 476, C; (éd. 1572). « Ὁ κατὰ Τιμοκράτους λόγος. » — Hieronymo Vuolsio interprete.

(3) Dig., L. IX, t. II. L. 4, § 2. (Gaïus, lib. 7, ad Edictum provin-
ciale). Ad legem Aquilam.

(4) Dig., L. XLVIII, t. VIII. L. 9, Ad legem Corneliam de sicariis.—
Ces lois rentrent dans le cas de l'article 329, § 2ᵉ; nous ne les citons
ici que pour mieux faire saisir la distinction dont il s'agit.

(5) Les Ordonnances des Rois de la 1ʳᵉ et de la 2ᵐᵉ race s'appelaient
Capitulaires parce qu'elles étaient divisées en chapitres, ou plutôt

« *Fur nocturno tempore captus in furto, dum res furtivas*
» *secum portat, si fuerit occisus, nulla ex hoc homicidio*
» *querela nascatur* (1). »

Cette règle, ou mieux cette distinction n'avait cessé
d'exister dans notre ancienne jurisprudence (2).

L'article 322 excusant le meurtre, les coups et blessures
infligés au malfaiteur qui escalade ou brise les clôtures
pour pénétrer dans l'habitation (3), les excuse à plus forte
raison quand ils sont portés en expulsant de la maison
habitée l'individu qui s'y est introduit.

Mais, le crime accompli, par exemple le vol une fois
consommé (4), le meurtre ou les blessures commis sur les
voleurs au moment de la retraite, dans la vue de les arrêter

en articles appelés *capitula*. Les *Capitulaires* de Charlemagne forment
un cours complet de législation politique, ecclésiastique, militaire,
civile et économique.

(1) Capitularia regni Francorum ; Voy. Baluze, liv. v, n° 343.

(2) Voy. Farinacius, Quæst. 25, n° 199. — Jousse, t. III, p. 501.

(3) Xénophon, faisant l'éloge des lois de la Perse, rapporte que
leur but constant était d'assurer aux citoyens le bien-être et la paix.
Pour atteindre ce résultat, ajoute-t-il, les divers petits États de la
Perse défendaient, dans leur législation pénale, de voler, d'injurier, de
commettre des adultères, de *pénétrer par force dans les maisons*, etc.,
« αἱ δ'ἔπειτα προστάττουσιν μὴ βίᾳ εἰς οἰκίαν παριέναι. »
Ξενοφῶντος Κύρου παιδείας ἱστοριῶν βιβλίον πρῶτον, cap. II, n° 2;
(éd. 1572). — Interprete Johanne Lovuenklaio.
Nous voyons dans ce passage de l'historien grec une certaine
analogie avec l'article 322 de notre Code Pénal.

(4) Dans notre hypothèse les circonstances d'effraction et d'escalade donnent au vol le caractère de vol *qualifié*. Elles transforment
donc le vol simple, qui est un délit de police correctionnelle, en un
crime soumis à la juridiction de la Cour d'Assises et puni de peines

ou de reprendre les objets volés, sont-ils excusables? Nos anciens auteurs n'en doutèrent jamais (1); mais, de nos jours, la solution n'est plus la même. Il n'y aurait pas lieu à l'excuse, si le meurtre ou les coups et blessures avaient été exercés contre le malfaiteur *qui se retire*. Cette décision est puisée dans la théorie rationnelle de la provocation : l'article 322 exige qu'on repousse une attaque; or, dans l'espèce, on attaquerait soi-même; l'article 322 regarde l'escalade et l'effraction comme une provocation violente : par conséquent, dès que celle-ci a cessé, l'article 322 ne s'appliquera plus. On pourrait ajouter qu'au moment de la retraite, la *crainte* n'existe plus pour les habitants de la maison; d'ailleurs, l'incertitude de la répression n'autorise pas à se faire justice à soi-même.

criminelles. — (ARRÊT de la Cour de Bordeaux du 16 *septembre* 1874.)

ARTICLE 381, C. P. — *Seront punis des travaux forcés à perpétuité les individus coupables de vols commis avec la réunion des (cinq) circonstances suivantes :*

4° *S'ils* (les coupables) *ont commis le crime, soit à l'aide d'effraction extérieure, ou d'escalade....., dans une maison, appartement, chambre ou logement habité ou servant à l'habitation, ou leurs dépendances.....*

L'ancien article 381, abrogé par l'article 12 de la loi du 28 avril 1832, portait la peine de mort.

Le Code Pénal du 25 septembre — 6 octobre 1791, 2° part., tit. II, sect. II, art. 3, disposait comme suit : « Le crime mentionné en l'article précédent (le vol) sera puni de dix-huit années de fers, si le coupable s'est introduit dans l'intérieur de la maison ou du logement où il a commis le crime, à l'aide d'effraction faite par lui-même ou par ses complices aux portes et clôtures, soit en ladite maison, soit dudit logement....., ou en escaladant les murailles, toits ou autres clôtures extérieures de ladite maison...... »

(1) Voy. Farinacius, Quæst. 25, p. 171.

Jousse, *Instruction criminelle*, t. III, p. 501.

Que le meurtre ait été commis, que les blessures aient été faites par les habitants de la maison attaquée ou par une personne étrangère accourue pour porter secours, peu importe : l'excuse est admissible. « En effet, disent les » auteurs de la *Théorie du Code Pénal*, la loi ne distingue » pas, et son esprit, pas plus que son texte, ne comporte » une pareille distinction (1). »

Si l'escalade ou l'effraction était accompagnée de circonstances menaçantes pour la sûreté des habitants de la maison (par exemple, la menace par l'agresseur de faire usage d'armes, ou d'incendier l'habitation), et si en même temps l'isolement de cette maison ne permettait pas d'espérer des secours du dehors, l'homicide qui serait commis et les blessures qui seraient faites en repoussant cette attaque ne seraient pas seulement excusables, mais légitimes et ne pourraient être frappés d'aucune peine (2).

L'article 320, C. P., que mentionne la partie finale de l'article 322, justifie complétement le coupable, quand le crime a eu lieu la nuit pour repousser l'escalade ou l'effraction de clôtures. — Nous reviendrons sur l'article 322 (§ 2°) dans notre Chapitre troisième. — Mais dès à présent établissons une différence entre l'acte commis en

---

(1) *Théorie du Code Pénal*, t. IV, p. 131.
(2) Voy. MM. Chauveau et F. Hélie, *Théorie du Code Pénal*, t. IV,
    p. 126.
    Trébutien, *Cours élémentaire de Droit criminel*, t. Ier,
    p. 165.
Ces auteurs voient dans l'espèce un cas de légitime défense ; nous partageons leur avis.

état de provocation et l'acte commis en état de légitime défense.

Il y a légitime défense et par suite justification :

1° Si l'escalade ou l'effraction a été commise pendant la nuit (art. 322 *, 329 *, C. P.) (1);

2° Si l'agression change de nature et offre un danger pour la vie même des habitants de la maison. En effet, on appliquera l'article 328, C. P. (2).

Les actes énumérés par l'article 322 *, doivent donc être constitutifs de la provocation, mais *simplement* constitutifs de la provocation. Ainsi : il s'agit d'une simple violation de domicile; la vie des habitants n'est pas en danger; mais ils ignorent les projets de l'assaillant : l'homicide et les blessures sont excusables.

Supposons qu'il y ait escalade, mais que le propriétaire chez qui on la pratique, sache les projets du malfaiteur, et l'attende caché pour le tuer,

L'article 322 ne s'appliquera pas :

1° Parce que le meurtre n'a pas été commis en *repoussant* l'escalade (art. 322);

2° Parce qu'alors le meurtre devient un assassinat (art. 296, 207, 208, 322, C. P.) (3);

---

(1) ARTICLE 329. — *Sont compris dans les cas de nécessité actuelle de défense les (deux) cas suivants :*

1° *Si l'homicide a été commis, si les blessures ont été faites, ou si les coups ont été portés en repoussant pendant la nuit l'escalade ou l'effraction des clôtures, murs ou entrée d'une maison ou d'un appartement habité ou de leurs dépendances.*

(2) Voy. la note 3, p. 85.

(3) ARTICLE 296. — *Tout meurtre commis avec préméditation ou guet-*

3º Parce que l'acte n'est pas commis en état de provocation (Voy. Locré, t. xxx, p. 476).

Il y a lieu d'appliquer l'article 302 par lequel *tout coupable d'assassinat sera puni de mort.*

apens est qualifié assassinat.

Le Code Pénal du 25 septembre—6 octobre 1791, 2ᵉ part., tit. II, sect. 1, art 11, disait : « L'homicide commis avec préméditation sera qualifié d'assassinat et puni de mort. »

« Οἱ φονικοὶ (νόμοι), dit Démosthènes, τοὺς μὲν ἐκ προνοίας ἀποκτινύν- » τας, θανάτῳ καὶ ἀει φυγίᾳ, καὶ δημοσιεύσει των ὑπαρχόντων, ζημοῦσι. » — Leges capitalium facinorum, cædes *consilio* factas, morte perpetuoque exilio et publicatione bonorum puniunt. — [Demosthenis opera, t. III, p. 391, B; (éd. 1572). « Ὁ κατὰ Μειδίου λόγος περὶ κονδύλου. » — Hieronymo Vuolsio interprete].

ARTICLE 297. — *La préméditation consiste dans le dessein formé, avant l'action, d'attenter à la personne d'un individu déterminé, ou même de celui qui sera trouvé ou rencontré, quand même ce dessein serait dépendant de quelque circonstance ou de quelque condition.*

ARTICLE 298. — *Le guet-apens consiste à attendre plus ou moins de temps, dans un ou divers lieux, un individu, soit pour lui donner la mort, soit pour exercer sur lui des actes de violence.*

Qu'on nous permette une digression. Bien peu de personnes connaissent l'origine du mot *guet-apens;* peut-être nous sauront-elles gré de la leur apprendre. Elle fut décrite, sous le règne de Henri IV, par un savant, M. Étienne Pasquier, dans ses *Recherches de la France,* ouvrage dont il n'existe plus que deux ou trois exemplaires. L'un d'eux est en notre possession, nous y avons puisé le passage qu'on va lire :

« Me revient icy en memoire ce terme de *Guet-apens,* dont nous
» auons apris d'vser en commun langage, pour denoter, ou vne deli-
» beration proiettee ou vn propos deliberé pour Mal vser. Mot dont la
» derivaison n'est parauanture entenduë de tous. Car *Guet* venant
» d'vn *Gueter* parole assez cogneuë, on y adiousta d'auantage (pour
» rengreger le fait) vn *Apens,* qui vient d'vn vieux mot François, *Apen-*
» *ser:* comme si on eut voulu dire d'vn *Guet apense;* et ainsi lit on és

L'excuse de l'article 322, — on le voit, — repose sur une double base : 1° la violation du droit de propriété; 2° la menace indirecte contre les personnes. Cette violation et cette menace excitent la colère et la crainte des habitants

» grandes Chroniques de France *Chose Apensee* pour mesme signi-
» fiance, au lieu où elles font mention de la guerre que Childebert
» Roy de Mets eut contre Chilperic son oncle : Disans que les gens de
» Childebert murmuroient contre Gillon Archeuesque de Rheims,
» qu'ils auoient en soupçon de trahistre, luy voulant pour ceste occa-
» sion brasser la mort : Au plutost (dit le passage) qu'ils peurent
» le iour appercevoir, si vindrent tous armez de chose appensee au
» tref, & tente du Roy, pour occire, & mettre à mort l'Archeuesque
» Gillon. Et Monstrelet au chapitre 181 du premier Tome, parlant
» côme Lyon de Iacqueuille auoit outragé Hector de Saueuse, lequel
» pour s'en véger, assembla gens, dit qu'à certain iour luy & ses
» complices vindrêt *de fait apense* dedâs l'Eglise nostre Dame de
» Chartres, & le tirerent dehors, le delaissant à force coups, pour
» mort. Et au chapitre 245 le Seigneur Cohen Capitaine d'Abeuille
» de nuit fut assailly par quatre compagnons, qui là de *fait apense*
» l'attendoient. Aussi trouuerez vous ce mesme faict *apensé* dans les
» Arrests de Iean Gallus en la question 287 auxquels en droit est vsé
» de chose *apensee*, *de fait apensé*, tout ainsi comme nous disons
» *Guet apens*. Dont l'on peut aisement recueillir que nous practiquons
» ce mot *Apens*, par vne abreuiation pour *Apensé*, ayans pour exage-
» ration adiousté c'est *Apensement* auec le mot de *Guet*, lequel emporte
» de sa nature vne deliberation, & proiect, pour laquelle cause nous
» disons mesmement prendre vn homme *d'Aguet* en vn mot qui vient
» *d'Aguetter*, au lieu de dire *Guet apens*. Tellement qu'il sembleroit
» que ce fut vne parole superfluë que *l'Apens :* mais ce n'est pas chose
» nouuelle ny en ceste nostre Langue, ny en la Latine, joindre deux
» mots de mesmo signification ensemblément, pour rendre ce que
» l'on veut dire plus poignant, comme quand nous lisons dans Ciceron
» *Seruire seruitutem, mori mortem*, & dans vne Epistre escrite par Ce-
» lius à Ciceron, *Gaudium gaudere*, en plusieurs passages du Iuriscon-
» sulte, *Nauigare nauem, nocere noxiam :* Et nous coustumierement
» disons, *Surprendre vn homme à l'impourueu, ou improuist*, combien

contre l'assaillant : on abaissera la peine conformément à l'article 326, C. P.

L'article 322, § 1ᵉʳ, excuse l'homicide, les blessures et les coups infligés au malfaiteur en repoussant l'escalade ou l'effraction des murs, clôtures, etc. Mais que faut-il entendre par effraction et escalade ? Le Code Pénal lui-même nous répond dans ses articles 393 à 397 :

ARTICLE 393.—*Est qualifié* EFFRACTION, *tout forcement, rupture, dégradation, démolition, enlèvement de murs, toits, planchers, portes, fenêtres, serrures, cadenas, ou autres ustensiles ou instrumens servant à fermer ou à empêcher le passage, et de toute espèce de clôture, quelle qu'elle soit.*

ARTICLE 394. — *Les effractions sont extérieures ou intérieures.*

ARTICLE 395. — *Les effractions extérieures sont celles à l'aide desquelles on peut s'introduire dans les maisons, cours,*

» que le mot de *surprendre* emporte le demeurant, mais pour augmen-
» ter la surprise. Aussi d'vne mesme façon nos ancestres voulans
» rendre vn *Aguet* plus odieux l'accompagnerent d'vn *apensement* pour
» oster toute doute, & rendre la deliberation plus assuree de celuy
» qui auoit commis le forfaict : Maniere de parler que ie pense auoir
» autres fois leuë en quelque vieil autheur, reduite en vn seul mot,
» sous ceste diction *deliberément,* & ailleurs *aduisement,* côme dans
» Froissard au premier liure de ses Histoires, chapitre quinziesme,
» parlant de quelque esmotion qui suruint entre les Anglois & Hen-
» nuyers : « On supposoit (dit-il) que cecy fut aduisément fait d'au-
» cuns, qui est a dire de propos deliberé. » Iean le Bouteiller, en son
» *Somme Rural,* l'appelle aultrement, *Aduis apensé.* »

Les recherches de la France, Liv. vııᵉ, Ch. xxx, p. 869. (Édition de 1606.)

Notre citation est textuelle ; plusieurs expressions paraissent bizarres, c'est le langage de l'époque.

*basses-cours, enclos ou dépendances, ou dans les apparte-
mens ou logemens particuliers.*

Les effractions intérieures ne rentrant pas dans le cas
de l'article 322, C. P., nous ne rapporterons pas l'article
396, qui les définit.

ARTICLE 397. — *Est qualifiée* ESCALADE, *toute entrée dans
les maisons, bâtimens, cours, basses-cours, édifices quelconques, jardins, parcs et enclos, exécutée par-dessus les murs,
portes, toitures ou toute autre clôture. L'entrée par une ouverture souterraine, autre que celle qui a été établie pour servir d'entrée, est une circonstance de même gravité que l'escalade.*

Nous n'ajouterons rien aux dispositions de ces textes.

— Il nous reste à déterminer le sens de ces mots : *clôtures,
murs ou entrée d'une maison ou d'un appartement habité, ou
de leurs dépendances.* Le mot *dépendances* peut être ainsi
traduit, conformément au texte de l'article 390 (1) : « Tous
» les lieux situés dans l'enceinte générale de l'habitation

---

(1) ARTICLE 390, C. P. — *Est réputé maison habitée, tout bâtiment,
logement, loge, cabane, même mobile, qui, sans être actuellement habité, est destiné à l'habitation, et tout ce qui en dépend, comme cours,
basses-cours, granges, écuries, édifices qui y sont enfermés, quel qu'en
soit l'usage, et quand même ils auraient une clôture particulière dans la
clôture ou enceinte générale.*

Les articles 391 et 392, C. P. se rapportant évidemment à la clôture ou enceinte générale dont parle l'article 390, nous croyons devoir en donner connaissance.

ARTICLE 391. — *Est réputé parc ou enclos, tout terrain environné de
fossés, de pieux, de claies, de planches, de haies vives ou sèches, ou de
murs de quelque espèce de matériaux que ce soit, quelles que soient la
hauteur, la profondeur, la vétusté, la dégradation de ces diverses clôtu-*

» et qui peuvent y donner accès; » c'est ce que disent
MM. Chauveau et Faustin Hélie (1). Mais si nous puisons
cette interprétation grammaticale du mot *dépendances*
dans le texte de l'article 390, devons-nous appliquer à
notre matière la définition que l'article 390 donne du
mot *maison habitée?* A quoi bon pour la question? Si la
maison est inhabitée, personne ne repoussera l'assaillant;
s'il se trouve une personne dans la maison destinée à l'habitation et que l'assaillant croyait inhabitée, cette erreur
importe peu; le bâtiment n'en est pas moins habité : l'article 322 nous semble applicable (2).

§ 3

Ne adulteres.
SAINT MARC. — Évangile, Ch. x, v. 19.
Tu ne seras point adultère.
Lois de Moïse (3).

ARTICLE 324, § 2ᶜ (Liv. III, Tit. II, Chap. I, Sect. III,
§ 2ᶜ). — *Néanmoins, dans le cas d'adultère prévu*

res, *quand il n'y aurait pas de porte fermant à clef ou autrement, ou
quand la porte serait à claire-voie et ouverte habituellement.*
ARTICLE 392. — *Les parcs mobiles destinés à contenir du bétail dans
la campagne, de quelque matière qu'ils soient faits, sont réputés enclos;
et, lorsqu'ils tiennent aux cabanes mobiles ou autres abris destinés aux
gardiens, ils sont réputés dépendans de maison habitée.*
(1) *Théorie du Code Pénal*, t. IV.
(2) Voyez toutefois là-dessus ce que disent MM. Chauveau et
F. Hélie, *Théorie du Code Pénal*, t. IV.
(3) Les lois de Moïse concernant les jugements sont remarquables
par des garanties en faveur des accusés, que n'offraient point la plu-

par l'article 336, le meurtre commis par l'époux sur son épouse, ainsi que sur le complice, à l'instant où il les sur-prend en flagrant délit dans la maison conjugale, est excu-sable.

Des attentats aux mœurs dont la loi s'occupe dans la section IV, il en est un surtout, le plus avilissant de tous, qui détruit les affections de la famille, déprave et cor-rompt les mœurs, allume les haines, soulève les vengean-ces, et devient l'une des causes les plus actives de crimes odieux. On le nomme adultère (1).

L'adultère, « ce délit instantané, mystérieux, dont les » occasions sont si faciles et les conséquences si équivo-» ques (2), » ce délit qui viole la fidélité conjugale et déshonore le foyer domestique, a été dans toutes les légis-lations l'objet de châtiments rigoureux.

part des législations anciennes, et ses lois pénales par leur modéra-tion, quoique un grand nombre de crimes y fussent punis avec sévé-rité. Un seul témoignage ne suffisait pas pour motiver une condam-nation à mort. C'étaient les anciens, les juges et quelquefois le pon-tife qui prononçaient la sentence des coupables. L'adoration des faux dieux, la magie, le blasphème, tous les crimes enfin contre la reli-gion étaient punis de la peine capitale ; les crimes volontaires contre les personnes, le meurtre, les blessures étaient punis, soit de mort, soit de la peine du *talion*, qui consistait à infliger au coupable le mal qu'il avait fait subir à autrui. Les adultères et toutes les unions illi-cites ou infâmes étaient frappés de peines sévères. D'autres lois pro-tégeaient la propriété contre le vol.

(1) On désignait anciennement l'adultère sous le nom d'*aroutrie*. « Nos ancestres vserent du mot d'*aroutrie* pour celuy d'adultere dont » nous vsons. » — Estienne Pasquier, *Recherches de la France*, Liv. VIIme, Ch. XLVII, p. 902.

(2) Beccaria, *Traité des délits et des peines*, § XXXI.

Les Parthes, les Lydiens et les Arabes punissaient l'adultère de mort, parfois de mutilation, mais le flétrissaient toujours par une infamante dégradation (1). Solon défendait l'accès du temple à l'adultère : « Que le temple » soit interdit à l'adultère. » « Μὴ τῇ γυναικὶ ἐξέστω εἰσιέναι εἰς » τὰ ἱερὰ τὰ δημοτελῆ, ἐφ'ἧ ἂν μοιχὸς ἁλῶ · ἐὰν δ'εἰσίη νηποινεὶ » παχέτω ὅ, τι ἂν πάσχη, πλὴν θανάτου (2). »

« Que la femme adultère soit couronnée de laine et » vendue ; » telle était la peine ignominieuse établie par les lois de Minos, roi de Crète. Sous le règne de Romulus, le mari était le libre arbitre de l'adultère de sa femme. Toutefois avant de prononcer aucun châtiment, il devait prendre l'avis de la famille. Denys d'Halicarnasse nous l'apprend en ces termes : « Ἁμαρτάνουσα δέ τι, [γυνή] δικαστὴν » τὸν ἀδικούμενον ἐλάμβανε, καὶ τοῦ μεγέθους τῆς τιμωρίας κύριον. » Ταῦτα δὲ οἱ συγγενεῖς μετὰ τοῦ ἀνδρὸς ἐδίκαζον, εν οις ἦν φθορὰ » σώματος.... (3) »

Ce droit fut encore conservé au mari sous la Républi-

---

(1) Voy. Tiraqueau. — Leg. connub., Liv. XIII, nos 1 et 27. Damhouderius. — C. 89, nº 54 et suivants.

(2) Neque mulieri liceat ingredi in fana publica, cum quâ fuerit deprehensus adulter. Si ingressa fuerit : impunè quidvis in eam liceat, morte exceptâ.

Voy. Demosthenis opera, t. III, p. 529, C. B. (éd. 1572). « Ὁ κατὰ Νεαίρας λόγος. » — Hieronymo Vuolsio interprete.

(3) Διονυσίου Ἀλεξάνδρου τοῦ Ἁλικαρνασέως, Ῥωμαικῆς ἀρχαιολογίας βιβλίον δεύτερον, Cap. IV, p. 95 (édition de 1586). — Si (uxor) autem aliquid peccâsset pœnam luebat ex mariti læsi arbitrio ; de hujusmodi criminibus cognati cum ipso cognoscebant in quibus erat violata pudicitia.

que, mais le bannissement ne tarda pas à devenir la peine ordinaire de l'adultère. C'est Tacite qui nous le dit : « Adulterii graviorem pœnam deprecatus ut, exemplo » majorum, a propinquis ultrà ducentesimum lapidem » removerentur, suasit (1). » Le même historien, parlant des Germains, s'exprime ainsi : « Paucissima in tam nu- » merosâ gente adulteria, quorum pœna præsens et mari- » tis permissa. Accisis crinibus (2) nudatam (uxorem) » coram propinquis expellit domo maritus, ac per omnem » vicum verbere agit, publicatæ enim pudicitiæ nulla » venia, non formâ, non ætate, non opibus maritum in- » venerit (3). »

Quel était le châtiment réservé à la femme adultère au temps de l'empire romain ? La peine de mort créée, sui- vant quelques commentateurs et jurisconsultes, par Cons- tantin, édictée selon Tribonien, par la loi *Julia de adulte- riis.* La novelle cxxxiv de Justinien, et la loi *Julia de adulteriis* au Code, vinrent ensuite régler le sort de l'épouse infidèle.

« *Si quando vero adulterii crimen probetur; jubemus* » *illas pœnas peccantibus inferri, quas Constantinus divæ* » *memoriæ disposuit...... Adulteram vero mulierem compe-*

(1) *Annales*, Lib. ii.

(2) De même, en France, sous les Rois de la 1re et de la 2e race « il n'estoit peine plus deshonorante que l'abatis des cheveux, car, porter longues perruques estant tellement tiré à honneur, il n'y avoit plus grand signe d'ignominie que d'estre tondu. » — Estienne Pasquier, *Recherches de la France*, Liv. vii, Ch. ix, p. 835. — Voy. *Loix de Charlemaigne*, Liv. iiie, article 9 ; Liv. ive, article 17.

(3) *De moribus Germanorum*, p. 437 (édition de 1533).

» *tentibus vulneribus subactam, in monasterium mitti...* (1).»

« *Sed hodiè adultera verberata in monasterium mittatur.* (2)»

Selon le jurisconsulte Paul, la peine de la femme adultère était la déportation dans une île : « *Adulterii convictas*
» *mulieres dimidiâ parte dotis, et tertiâ parte bonorum, ac*
» *relegatione in insulam placuit coerceri* (3). »

Dans la Gaule il n'existait pas de lois sur l'adultère, la
femme qui s'en rendait coupable était mise à mort par son
mari. Les Gaulois avaient, en effet, droit de vie et de mort
sur leurs compagnes (4).

Depuis l'établissement des Francs dans les Gaules jusqu'en 481, l'adultère fut puni d'une peine pécuniaire; mais,
sous le règne de Clovis, on étouffait dans la boue la femme
qui manquait à son mari.

Les Capitulaires de Charlemagne instituèrent la peine
de mort : « *Sud pœnâ capitali adulteriq in Regno nostro a*
» *quibuscumque fieri prohibemus.* »

Les Coutumes de France réagirent contre cette dure
juridiction, elles condamnaient les coupables à « *courir tout*
» *nuds dans un certain espace de la seigneurie, soit à payer*
» *cent sols au seigneur, soit à estre fustigés par la ville.* » On
trouve néanmoins des arrêts portant la peine de mort, du
fouet et du bannissement.

(1) Voy. Justiniani Authenticæ, Collat. IX, tit. XVII. Novella
CXXXIV, cap. X. *Quæ sit mulieris adulteræ pœna.*

(2) Cod., L. IX, tit. IX. L. 30, *Sed hodiè.....* Ad legem Juliam de
adulteriis et stupro.

Voy. encore Leonis Constitutiones, Nov. XXXII. *De adulteris
manifesto deprehensis.*

(3) J. Pauli Sententiæ, Liv. II, t. XXVI, 14, De adultériis.

(4) Anquetil, *Histoire de France*, t. I, ch. 1er, p. 4.

21

Vers le xvie siècle les Parlements adoptèrent la jurisprudence des lois romaines et suivirent la novelle de
Justinien (1).

Plus tard, comme le rapporte Jousse, la peine de la loi
Julia de adulteriis, sauf le fouet, fut uniquement appliquée
à l'adultère. — Quant au Code de 1791, il était muet
en pareille matière.

Le légistateur de 1810, dédaignant d'avoir recours à la
législation de Rome, voulut au contraire innover et écrivit les articles 337 et 338 (2), que n'a point modifiés
notre Code Pénal actuel. L'article 324, plus rigoureux,
permet en quelque sorte au mari de laver son outrage dans
le sang. Cette jurisprudence est celle à peu près de tous
les peuples, et notamment de la Prusse (3), de l'Autriche (4), du Brésil (5) et des lois pénales de Naples.

De nos jours le mari qui, surprenant sa femme en flagrant délit d'adultère, l'a mise à mort, est excusable (6).
A Rome, le père seul (7) avait le droit de tuer sa fille et

(1) Voy. les textes cités, p. 310.
(2) Voy. p. 161, note 1, l'article 337, et p. 164, l'article 338, C. P.
(3) Code Pénal Prussien, art. 1064.
(4) Code Pénal Autrichien, art. 267, 2e partie.
(5) Code Pénal Brésilien, art. 250.
(6) Il ne faudrait pas dire, comme on le fait généralement, que le
mari a *le droit* de tuer la femme et son complice qu'il trouve en flagrant délit d'adultère. Souvent, il est vrai, le jury déclarera le mari
non coupable; mais il pourrait le déclarer coupable, et malgré le
flagrant délit reconnu, le mari serait condamné, conformément à l'article 326, dont nous parlerons plus loin.
(7) On doit néanmoins remarquer les lignes suivantes des *Sentences*
de Paul (Liv. ii, tit. 26) : « Inventam in adulterio uxorem maritus

son amant s'il les surprenait *in ipsâ turpitudine*, dans sa maison ou celle de son gendre (1). La raison en était « *quod* » *plerumque pietas paterni nominis consilium pro liberis* » *capit* (2). »

» ita demum occidere potest, si adulterum domi suæ deprehendat, » Cujas et Schulting construisent cette phrase autrement : « *Inventâ* in adulterio *uxore*, maritus ita demum *adulterum* occidere potest, si *cum* domi suæ deprehendat. » (Voy. *Collatio legum Mosaïcarum et Romanarum*, IV, 12.) Ces commentateurs nous paraissent avoir parfaitement saisi la pensée du jurisconsulte romain.

Il est peu probable que Paul se soit contredit, lui dont la logique est si exacte et dont la *merveilleuse dialectique*, selon l'expression de Leibnitz, *le cède à peine à la précision des géomètres*. Et pourtant, si l'on maintient le texte du n° 7 du titre XXVI, tel que le rapporte le CORPUS JURIS, la contradiction apparaît inévitablement à la lecture des n° 4 et 5 du même titre. (Voy. p. 316). Selon nous, Paul, après avoir dit (n° 4) que le mari peut mettre à mort l'amant de sa femme, lorsque celui-ci est esclave, affranchi, perdu d'honneur ou prostitué, revient sur cette idée dans le n° 7, et la complète en ajoutant : *si adulterum domi suæ deprehendat*. Et en cela il professe la même opinion que le jurisconsulte Macer (Lib. 1, *Publicorum*). Ou bien Paul a-t-il simplement voulu déclarer que le mari avait toujours le droit de tuer l'amant de sa femme quand il le surprenait *in adulterio* dans la maison conjugale. Ces deux solutions peuvent très-bien être admises.

Dans tout ceci la faute appartient apparemment au copiste qui, n'ayant point compris le texte latin primitif, l'aura reconstitué à sa façon, ou qui, n'ayant pas même cherché à le comprendre, aura interposé les mots, suivant sa louable habitude.

(1) Dig., L. XLVIII, tit. v. L. 20. Ad legem Juliam de adulteriis.
  Dig., L. XLVIII, tit. v. L. 21, 22, *in princip.*, 23, 32, *in princip.*, Ad legem Juliam de adulteriis.
  Voy. Farinacius, Quæst. 12, n° 24.
(2) Dig., L. XLVIII, tit. v. L. 22, § 4, *in princip.*, 23, § 2. Ad legem Juliam de adulteriis.
  Voy. Farinacius, Quæst. 12, n° 24.

Il en était autrement dans notre ancienne jurisprudence. « En France, dit Jousse, il n'est pas permis au père de tuer » sa fille, ni celui avec lequel elle est surprise en adultère (1). » Fournel en donne la raison. « Cette doctrine, dit-il, est » incompatible avec la qualité de *délit privé* attribuée à » l'adultère; il serait étrange que celui qui n'a pas le » droit de déférer un délit à la justice ait le droit de le » punir (2). » Mais les lettres de grâce s'obtenaient facilement, en cas de meurtre, et l'acquittement était presque toujours accordé.

Cependant, dans la législation romaine, si le mari, témoin de l'adultère de son épouse, l'avait tuée, il n'encourait pas la peine de la loi *Cornelia de sicariis*, c'est-à-dire la mort pour les *humiliores* et la déportation pour les *honestiores;* sed cum « *humiliore loco positum in* » *exilium perpetuum dari; in aliquâ dignitate positum, ad* » *tempus relegari,* » jussum est (3). De plus « *ei qui uxorem* » *suam in adulterio deprehensam occidisse se non negat,* » *ultimum supplicium remitti potest, cum sit difficillimum* » *justum dolorem temperare; et quia plus fecerit, quàm quia* » *vindicare se non debuerit, puniendus sit : sufficiet igitur,* » *si humilis loci sit, in opus perpetuum eum tradi; si qui* » *honestior, in insulam relegari* (4). »

_____

(1) *Justice criminelle*, t. III, p. 491.

(2) *De l'Adultère.*

(3) Dig., L. XLVIII, tit. VIII. L. 1, § 5. Ad legem Corneliam de sicariis.

(4) Dig., L. XLVIII, tit. V. L. 38, § 8. Ad legem Juliam de adulteriis. Cod., L. IX, tit. VIII. L. 4. Ad legem Juliam de adulteriis, et stupro.

On trouve au Digeste (L. XXIX, t. V, L. 3, § 3, De Sen^{to} Silaniano)

La loi romaine permettait encore au mari *(marito permittitur)* d'immoler à sa vengeance l'amant de sa femme,
domi suæ deprehensum, lorsque ce dernier était de basse
condition, tel qu'un acteur, un comédien, un affranchi, ou
s'il tenait un lieu de débauche (1). Mais le mari devait,
sur-le-champ, renvoyer sa femme « sub pœnâ attribuendi
» lenocinii. » Cette dernière décision se rencontre également dans la législation d'Athènes : « Επειδὰν ἕλει τὸν
» μοιχὸν, μὴ ἐξέστω τῷ ἑλόντι συνοικεῖν τῇ γυναικί. Ἐὰν συνοικῇ,
» ἄτιμος ἔστω (2). »

Le titre XXVI (Liv. IIᵉ) des *Sentences* de Paul expose
avec concision toute la théorie *de coercendis adulteriis* en
Droit Romain. Voici les principaux passages : « **1.** *Capite*
» *secundo legis Juliæ de adulteriis permittitur patri, tam*

le passage d'une loi qui semble innocenter le meurtre commis par le
mari sur sa femme adultère. En voici la disposition : « Si tamen
» maritus in adulterio deprehensam (uxorem) occidat : quia *ignosci-*
» *tur* ei, etc... » Ces derniers termes indiquent-ils une remise totale de
peine ? Nullement, ils ne faut point ici donner au mot *ignoscitur* toute
la force qu'il peut comporter. Ce n'est pas une absolution complète
que la loi accorde au mari, mais une remise partielle du châtiment ;
au lieu de la mort, l'époux coupable aura encouru l'*opus perpetuum*
ou la *relegationem in insulam*. *Ignoscitur* se rapporte, comme le
remarque M. Galisset, l'habile compilateur du Corpus Juris, aux lois
38, § 8 (Dig., 48. 5) et 1, § 5 (Dig., 48, 8), dont nous rapportons le
texte.

(1) Dig., L. XLVIII, tit. v. L. 24, *in princip.*, Ad legem Juliam de
adulteriis.

(2) Postquam adulterum deprehenderit, ei qui deprehendit, porro
in matrimonio habere mulierem eam ne liceat. Quam si retinuerit :
ignominiosus esto.

Voy. Demosthenis opera, loc. cit. p. 309, note 2.

» *adoptivo quàm naturali, adulterum cum filia, cujuscumque*
» *dignitatis, domi suæ vel generi sui deprehensum suâ manu*
» *occidere.* — **2.** *Filiusfamilias pater si filiam in adulterio*
» *deprehenderit, verbis quidem legis propè est ut non possit*
» *occidere; permitti tamen ei debet ut occidat.* — **4.** *Maritus*
» *in adulterio deprehensos, non alios quàm infames et eos*
» *qui corpore quæstum faciunt, servos etiam* ET LIBEROS (1),
» *exceptâ uxore quam prohibetur, occidere potest.* — **5.** *Ma-*
» *ritum, qui uxorem deprehensam cum adultero occidit,*
» *quia hoc impatientiâ justi doloris admisit, leniùs pu-*
» *niri placuit.* — **6.** *Occiso adultero, dimittere statim mari-*
» *tus debet uxorem, atque ita triduo proximo profiteri cum*

---

(1) Ita Cujacius ex Cod. Ves. — Vide *Collatio legum Mosaïcarum et Romanarum,* IV, 12.

La *Collectio legum Mosaïcarum et Romanarum* est une compilation et un rapprochement de fragments des livres du Droit Romain et de l'Écriture sainte, dans le but de démontrer que le Droit Romain émane du Droit Mosaïque. Ce recueil fut composé vers l'an 438. On présume que l'auteur est moine et non jurisconsulte. Dutillet, qui a retrouvé cet ouvrage, pense, d'après une indication de son manuscrit, que l'auteur s'appelait *Rufinus.* Mais M. Demangeat (*Cours élém. de Droit Romain,* I, p. 137) dit qu'il ne peut être question du jurisconsulte Licinius Rufinus, qui vivait du temps de Paul; car le recueil qui nous occupe cite les Codes Grégorien et Hermogénien, et cite même une Constitution de Théodose. Suivant Hulschke [*Ueber Alter und Verfasser der* LEGUM MOSAÏC. ET ROM. COLL. (*Zeitschrift für gesch. Rechtswiss.*, XIII, 1).] l'auteur serait un père de l'Église, appelé *Rufinus.* Ce recueil a cela d'intéressant, qu'il contient des extraits de constitutions impériales et d'écrits de jurisconsultes classiques dont les originaux sont perdus. Sa conservation est due à M. Pithou, qui le publia en 1573, d'après un manuscrit trouvé à Lyon. M. Blume en a publié, en 1835, à Bonn, une édition plus complète, d'après deux manuscrits récemment découverts.

» *quo adultero et in quo loco uxorem deprehenderit.* — **8.**
» *Eum qui in adulterio deprehensam uxorem non statim*
» *dimiserit, reum lenocinii postulari placuit.* — **9.** *Serei*
» *vero tam mariti quàm uxoris in causâ adulterii torqueri*
» *possunt : nec his libertas sub specie impunitatis data va-*
» *lebit.* — **17.** *In causâ adulterii dilatio postulata impartiri*
» *non potest* (1). »

Les lois grecques cependant n'établissaient pas la distinction des lois romaines et donnaient, dans tous les cas,
au mari, le droit de mettre à mort l'adultère. Voici ce
qu'écrit Xénophon à cet égard : « Μένους τοὺς μοιχοὺς νομί-
» ζουσι πολλαὶ τῶν πόλεων νηποινεὶ ἀποκτείνειν, δηλονότι διὰ ταῦτα
» ὅτι λυμαντῆρας αὐτοὺς νομίζουσι τῆς τῶν γυναικῶν φιλίας πρὸς
» τοὺς ἄνδρας εἶναι. — Οἱ ταῖς ἑαυτῶν γυναιξὶ λαμβάνοντες συνόντας
» ἀλλοτρίους ἄνδρας, οὐ τοῦτο αἰτιώμενοι αὐτοὺς κατακτείνουσιν ὡ
» σωφρονεστέρας ποιοῦντας τὰς γυναῖκας · ἀλλὰ νομίζοντες αρχι-
» ρεῖσθαι αὐτοὺς τὴν πρὸς ἑαυτοὺς φιλίαν, διὰ τοῦτο ὡς πολεμίοις
» αὐτοῖς χρῶνται (2). »

Si l'on en croit Erasme (D. Erasmus Roterodamus),

---

(1) Voy. p. 311, le n° 14, et p. 312, note 7, le n° 7 du même titre
(*De Adulteriis*) des Sent. de Paul.

(2) Plerisque in urbibus ea lex valet, ut impunè adulteros occidere
liceat : nimirum propterea, quod eos uxorum erga maritos amicitiæ
corruptores esse existiment.— Illi qui viros suis cum uxoribus consues-
centes deprehendunt, ob hanc culpam eos interficiunt, quod magis
impudicas reddant uxores suas : sed quod existimant amorem eos sibi
debitum præripere, idcirco ipsos pro hostibus habent.

Xenophontis opera (éd. 1572) ; « Ἱέρων ἢ τυραννικός, » p. 717, 17 ;
— « Κύρου παιδείας ἱστοριῶν βιβλίον τρίτον, » p. 57, 13. — Johanne
Leuuenklaio interprete.

l'un des premiers interprètes de Lucien, il aurait existé en
Grèce, vers le ii° siècle, une loi qui excusait le meurtre
commis par l'époux sur l'épouse et son complice surpris
en flagrant délit. « Tribus temporibus lex indulsit, dit
» Erasme, ut quis citra judicium hominem occidat. Pri-
» mùm adulterum, sed in uxore deprehensum : id quod
» intemperanti et insuperabili mariti dolori donatum est :
» at ita, si corpus utrumque pariter interimat, si argumen-
» tis idoneis deprehensum fuisse doceat (1). »

Jousse nous enseigne qu'il n'en était plus de même dans
notre ancien Droit : « Il n'est pas permis au mari, dit-il, de
» tuer l'adultère de sa femme ni sa femme, parce que l'homi-
» cide est indistinctement défendu dans nos mœurs. Mais
» comme sa douleur est juste, s'il éprouve ce malheur, s'il tue
» sa femme et l'adultère surpris en flagrant délit, il obtient
» facilement sa grâce du Roi. L'usage même est que si le
» mari avait négligé d'obtenir des lettres de grâce, on
» ordonne qu'il se retirera par devers le Prince pour les

(1) Luciani opera (éd. latine de 1546), *Declamatio Erasmica Lu-
cianicæ respondens*, p. 137, A. — Faisons ici une remarque. Ce n'est
pas seulement chez l'homme que se rencontrent ces sentiments ins-
pirés par la nature qui les portent à se venger des dérèglements de
leurs compagnes et à châtier l'adultère. « Brutis animalibusque, dit
» Élien, virtutis aliquod studium, si non judicio consultoque, naturâ
» tamen insitum est : et eadem (animalia) multis ac miris modis
» circa vitam, non minùs quàm homines excellant, id sanè magnum
» quiddam est. » — Æliani opera (éd. grecque et latine de 1550),
« Περὶ ζώων ἰδιότητος, » p. 2, προοίμιον. — P. Gillio interprete. —
Voy., au sujet de l'adultère chez les animaux, les curieux détails
que donne Élien dans son *Histoire naturelle* (Περὶ ζώων ἰδιότητος),
p. 657, 500, 437, 179 et 180.

» obtenir (1). » On donnait ainsi droit à la maxime : *maritus genitalis tori solus vindex.*

Aujourd'hui l'article 324 du Code Pénal pose une règle précise : il crée une exemption partielle de peine en faveur de l'époux qui est devenu le meurtrier de son épouse adultère et de son complice, mais à la condition qu'il les surprenne en flagrant délit, dans la maison conjugale.

C'est dans le deuxième paragraphe de l'article 324 que l'excuse est admise. Mais il faut, pour que cette excuse existe, que tous les caractères indiqués par la loi se trouvent réunis dans le fait.

Trois conditions sont nécessaires pour que le crime soit excusable. Il faut :

1° Que le meurtre ait été commis par le mari. Ce principe n'est pas à démontrer.

2° Que l'adultère ait été commis dans la maison conjugale. On a craint que si le meurtre commis dans un autre lieu était également excusable, la tranquillité des familles ne fût troublée par des époux méfiants qu'aveuglerait l'espoir de se venger des prétendus égarements de leurs épouses. C'est l'explication donnée par l'exposé des motifs. MM. Faure et Monseignat s'accordent sur ce point.

Que veulent dire ces mots *maison conjugale?* La loi

---

(1) *Justice criminelle*, t. III.

Voy. encore : Leprêtre, Cent. 4, c. 61, n° 17.

        Papon, Liv. II, tit. XCIX, *add.* n° 5.

        Henrys, T. I, Liv. IV, c. VI, Quest. 63.

        Laroche-Flavin, en ses Arrêts, Liv. I, 467, n° 4.

romaine donnait plusieurs définitions : « *domus pro do-*
» *micilio accipienda est* (1) » , « *domum accipere debemus,*
» *non proprietatem domûs, sed domicilium* (2), » domus
illa est « *in quâ cum suâ conjuge commanet* (3) » maritus.
La maison conjugale se prend encore « *pro habitatione* (4);
domus hæc intelligitur « *in quâ habitat maritus* (5). »

En Droit français, dans notre hypothèse, on entend par
maison conjugale, les lieux qui servent d'habitation aux
époux; où chacun a le droit de se présenter, d'aller et
venir sans sortir de chez soi. Les époux occupent la maison
tout entière et ses dépendances ; ainsi serait encore compris dans la dénomination de maison conjugale le pavillon
situé au fond d'un jardin. Tel est l'exemple donné par
M. Demolombe.

Après la séparation de corps le domicile du mari n'est
plus *domicile conjugal.*

Arrêt de la Cour de Cassation du
27 *avril* 1838. . . . . Sirey, 1838.

Peut-on étendre la décision de cet arrêt (en cas d'adultère) à l'article 324, § 2e? Nous ne le pensons pas; l'interprétation des lois criminelles est de droit étroit; et de plus
nous dirons qu'il n'y a excusabilité qu'autant que le mari
ne se serait pas enlevé à lui-même le droit de dénoncer sa
femme.

---

(1) Dig., L. xlviii, t. v. L. 22, § 2. Ad legem Juliam de adulteriis.
(2) Dig., L. xlvii , t. x. L. 5, § 2. De injuriis et famosis libellis.
(3) Justiniani Constitutiones, Nov. CXVII; cap. ix, § 5, Collat. viii,
tit. xviii.
(4) *Glossa, in lege Julia de adulteriis.*
(5) *Glossa,*   ibidem.

3° La colère égare souvent l'époux outragé, cependant la fougue d'une passion que l'homme peut contenir ne suffit pas à lui faire *pardonner* son crime. Son œuvre criminelle doit être motivée. Aux deux conditions que nous venons d'énumérer s'en ajoute une troisième, la plus essentielle de toutes : il faut que le mari surprenne le flagrant délit. Alors seulement son bras peut se lever pour frapper, la loi excusera le meurtre. Plus tard il a eu le temps de la réflexion et a dû penser qu'il n'était permis à personne de se faire justice.

Mais ici quel est le fait qui va constituer le flagrant délit? Nos anciens commentateurs s'inspirant de la loi romaine (1), répondent que le mari doit surprendre sa femme avec le complice : « Nudus cum nudâ, solus cum » solâ, in eodem lecto, in ipsâ turpitudine, in ipsis rebus » Veneris. » Solon et Dracon exigeaient que les coupables fussent trouvés ἐν ἔργῳ. Decianus est encore plus explicite : « Intelligo illa verba, dit-il, *id est in ipso actu adulterii,* » nam illa dicuntur propria res Veneris : illud verbum ipsum » denotat rem perfectam vel cœptam tantùm (1). » Il va

---

(1) Dig., L. XLVIII, t. v, L. 23 *in princip.*, 29 *in princip.*, Ad legem Juliam de adulteriis.

(1) Decianus, Lib. IX, c. XV, n° 15.
Vide etiam : Mathæus, *De pœnâ adulterii*, n° 15 (Dig., L. XLVIII, t. v).
Glossa, in leg. 23, *Dig., de adulteriis.*

Au XII⁰ siècle Bologne vit naître pour se répandre par toute l'Europe, une école de jurisconsultes, dont les travaux furent admirables, si l'on considère l'état d'ignorance des siècles précédents et le peu de ressources que possédaient ces juristes. Ce sont eux qui ont communiqué le Droit Romain aux nations européennes. On les nomma *Glossateurs* à cause des notes *(glossæ)* ajoutées par eux aux lois de

sans dire que le flagrant délit, dans notre hypothèse, n'est
pas celui que prévoit l'article 41 du Code d'Instruction criminelle (1). Le flagrant délit, en notre matière, n'existe que
si la femme et son complice sont trouvés dans une situation qui puisse démontrer ou faire supposer qu'ils commettent ou viennent de commettre l'acte constitutif
d'adultère.

M. Étienne Pasquier donne du flagrant délit une définition qui peut trouver ici sa place ; « Nous disons, écrit-il,
» qu'vn homme a esté pris en flagrant délict : quand il a
» esté surpris sur le faict, il (Iean Bouteiller en son
» *Somme Rural*) le dit *Estre pris en présent mesfaict* (2). »

L'excusabilité cesse avec la surprise et la colère qui
viennent altérer la liberté. Y avait-il provocation? Le coupable n'avait-il plus toute la liberté d'esprit nécessaire
pour agir avec réflexion? Voilà ce que le jury doit se
demander.

Justinien. Le premier des glossateurs fut Irnerius qui enseignait le
Droit à Bologne au commencement du XIIe siècle ; le dernier avait
nom Accurse, mort en 1260, qui réunit dans un traité nommé la
Grande Glose tout le travail, toutes les compilations de ses prédéces-
seurs. L'autorité de ces jurisconsultes était considérable dans la pratique, on en vint même à dire : *Quid non agnoscit Glossa, id non
agnoscit Curia*. Nous leur sommes redevables de la conservation des
textes de Justinien et d'une foule d'interprétations ingénieuses. Cependant en fait d'histoire l'ignorance des glossateurs est remarquable :
pour n'en citer qu'un exemple, ils considèrent Justinien comme contemporain de Jésus-Christ. Ce qui n'a point empêché Cujas, l'illustre
chef de l'école historique, de porter très-haut leur mérite.

(1) Voy. p. 162, note 3, le texte de l'article 41.
(2) *Recherches de la France*, Liv. VIIe, Ch. XLVII, p. 902.

— Le mari soupçonnant l'infidélité de sa femme, s'est caché pour la surprendre; la meurtre est-il excusable? Les auteurs de la *Théorie du Code Pénal* établissent une distinction très-sage. « Si le mari, soupçonnant l'infidélité, » s'est caché avec la seule pensée d'épier sa femme, et » qu'à la vue de l'outrage il n'est pas été maître de sa » colère, le fait d'avoir connu et favorisé le rendez-vous, » ne sera point un obstacle à ce qu'il jouisse du bénéfice » de l'excuse, car il n'avait qu'un seul but en se cachant, » celui de s'assurer de l'infidélité; il a prémédité de sur- » prendre le coupable et non de se venger; l'homicide est » le résultat d'un mouvement imprévu de colère; l'action » n'a pas changé de nature. Mais il en est autrement si le » mari s'est caché avec la certitude déjà complète du » crime, muni d'armes et dans la seule intention de le » punir...; quelque juste que soit sa fureur, son action » n'est qu'un guet-apens, l'homicide qu'il commet, qu'un » assassinat (1). »

— Une seconde question se présente non moins délicate et dont la solution offre une certaine difficulté.

Il s'agit de savoir si le mari, qui a entretenu une concubine dans la maison conjugale et qui dès lors ne peut plus dénoncer l'adultère de sa femme, pourrait néanmoins jouir du bénéfice de l'article 324, § 2e, lorsqu'il a mis à mort son épouse et son complice surpris par lui, *flagrante delicto*, dans le domicile conjugal?

On peut objecter que le mari qui, au mépris de la fidé-

(1) *Théorie du Code Pénal*, t. IV. — Voy. p. 302, note 3.

lité jurée, a eu l'impudence et la criminelle audace de préférer une concubine à sa femme légitime,

Cuetaque legitimi fallere jura tori (1);

qui, insultant à la faiblesse de sa compagne, a admis à côté d'elle au foyer sacré de la famille la vile créature qui venait s'associer à ses débauches, est à jamais déchu de la protection de la loi. On pourrait invoquer l'adultère de la femme comme étant sa vengeance, vengeance peu digne et blâmable, il est vrai, mais à laquelle un moment d'exaltation et de cruel délire peut quelquefois donner lieu. Ne pourrait-on prétendre avec raison que cette même loi, qui refuse au mari coupable d'adultère de venir devant les tribunaux se plaindre des dérèglements de son épouse, lui méconnaît *à fortiori* le droit de se venger lui-même.

Bien que ces arguments ne soient pas sans valeur, ils s'évanouissent devant l'interprétation rigoureuse des textes. Remarquons que l'article 324 ne distingue nullement entre le mari qui a conservé et celui qui n'a plus le droit de dénoncer l'adultère de sa femme; cet article se reporte à l'article 336 qui prévoit les deux cas où le mari a conservé et où il a perdu ce pouvoir dénonciateur (2). En outre, dans les deux cas, l'outrage est violent pour le mari, qui perd ainsi une partie de son libre arbitre, et qui, en même temps, trouve dans l'adultère de sa femme

(1) Ovide — *Amores.*
(2) Voy. p. 152, l'article 336, C. P.
Dig., Cod., Ad legem Juliam de adulteriis.

une atténuation à la criminalité de son acte. Le mari, dans ce cas, sera donc encore excusable.

— Arrivons à une troisième question où l'excuse pour la femme mariée aurait dû exister. La question est celle-ci : L'épouse qui, *impatientiâ justi doloris* (1), a mis à mort son époux et la complice de ce dernier, lorsqu'elle les a surpris en flagrant délit dans la maison conjugale, est-elle excusable? Non, on ne peut changer la loi : le Code Pénal n'excuse que le mari. M. Ortolan critique à juste titre cette disposition ; il préfère le système du Code Pénal de Sardaigne qui, dans son article 604, excuse la femme aussi bien que le mari : « S'il est beaucoup plus rare, ajoute-t-» il, que cette irritation pousse la femme au meurtre ou à » des blessures, celle qui s'y laisserait entraîner n'en au-» rait pas moins commis son crime sous l'impulsion pas-» sionnée à laquelle la violation de son droit l'aurait » provoquée, et serait par conséquent moins coupable. » Nous croyons que le Code dans sa disposition a cédé à » la tradition et au préjugé de longue date qui existe sur » ce point dans les mœurs (2). »

MM. Chauveau et Faustin Hélie prétendent que le législateur a eu un oubli et que l'excuse devrait être accordée à la femme tout comme au mari (3). C'est aussi l'opinion de Trébutien (4).

(1) J. Pauli Sententiæ. L. II, t. XXVI, § 5, De adulteriis.
Cicéron a dit avec non moins de force : « *Uxor pellicatûs dolore concitata*, etc... »
(2) Ortolan, *Éléments de Droit Pénal*.
(3) *Théorie du Code Pénal*, t. IV, p. 144.
(4) *Cours élémentaire de Droit criminel*, t. I, p. 164.

On ne voit que trop souvent un mari, τῆς ὀργῆς ἐμφορεύ-
μενος (1), se venger de l'adultère parce qu'il offense son
amour-propre, lorsque l'amour blessé de la femme peut la
porter à ces excès qui la rendraient coupable d'homicide.
Il y a là injustice. M. Henrys donne pour raison de la différence de pénalité, que la femme *est plus obligée d'aimer
son mari que non pas le mari à aimer sa femme* (2).
M. Bayard, dans son *Répertoire*, trouve ce motif détes-
table, nous partageons complétement son avis ; c'est le cas
d'ajouter, avec saint Grégoire de Nazianze : « *Non probo
» hanc legem; cam mares tulerunt, ideo feminas tantùm
» sequitur et incessit.* »

La loi, dirons-nous, n'excuse point la femme coupable
de meurtre sur la personne de son mari et de sa complice
surpris en flagrant délit d'adultère dans le domicile conjugal. Si l'article 324, dans son paragraphe 1er, parle de
l'époux et de l'épouse, dans son alinéa final — qui fait
l'objet de l'excuse, — il ne vise que le mari. Le législateur
a sans doute considéré l'adultère de la femme comme plus
grave et plus conséquent que celui de l'époux, en ce qu'il
peut introduire au sein de la famille des enfants qui lui
sont étrangers. C'est cette raison qui a déterminé le législateur à excuser le mari et non point sa femme; et voilà
pourquoi la loi punit l'adultère de l'épouse de l'emprisonnement (art. 337 le, C. P.) (3), tandis que le mari, pour ce
délit, n'encourt qu'une simple amende (art. 339, C. P.) (4).

(1) Τοῦ μεγάλου Βασιλείου λόγος πρὸς τοὺς νέους, XIII, p. 29.
(2) Tome IV, § 762.
(3) Voy. p. 161, note 1, l'article 337.
(4) Voy. p. 162, l'article 339.

L'excuse ne pourrait être invoquée par le mari qui, après avoir surpris et enfermé les coupables, viendrait longtemps après les mettre à mort. Elle protégerait au contraire celui qui, désarmé au moment où il a été témoin de l'adultère, a couru chercher une arme et est revenu aussitôt exercer sa vengeance, pourvu qu'il n'est pas cessé d'agir sous une impression instantanée. Il y a là une appréciation à faire. Elle rentre dans les attributions exclusives du jury.

MM. Chauveau et Faustin Hélie donnent la même décision (1).

Si, au lieu de commettre le meurtre de sa propre main, le mari se trouvant dans l'impossibilité d'accomplir par lui-même sa vengeance, avait employé l'aide d'un tiers, nous croyons qu'il serait toujours excusable, pourvu d'ailleurs qu'il se trouvât dans les conditions déterminées par l'article 324, § 2e, parce que cet emploi d'un bras étranger ne change pas la nature de l'acte. Mais comme cette excuse lui est personnelle, comme elle n'existe qu'à raison de sentiments, d'une pression que lui seul a dû éprouver, le tiers qui lui aurait servi d'instrument ne profiterait point de l'excuse, et devrait être puni comme meurtrier ordinaire.

Notre solution, qui est aussi celle de MM. Chauveau et Faustin Hélie (2), ne fut pas toujours admise dans la doctrine. Quelques jurisconsultes, jugeant ce concours légi-

(1) *Théorie du Code Pénal*, t. IV, p. 140.
(2) *Théorie du Code Pénal*, t. IV, p. 142.

time, déclaraient excusable la tierce personne qui l'avait prêté. « *Quod est licitum in personâ mandantis, est etiam* » *licitum in personâ mandatarii* (1) »; tel était leur principal argument. Nous ferons observer qu'il ne peut exister de mandat pour l'homicide commis en matière d'adultère. Le mandataire a-t-il été offensé? Non assurément. Or, n'a le droit de frapper que celui qui a reçu l'outrage.

On invoquait encore la loi *Julia de adulteriis :* « *Grac-* » *chus, quem Numérius in adulterio noctu deprehensum inter-* » *fecit, si ejus conditionis fuit, ut per legem Juliam impunè* » *occidi potuerit : quod legitimè factum est, nullam pœnam* » *merctur.* IDEMQUE FILIIS EJUS, QUI PATRI PARUERUNT, » PRÆSTANDUM EST (2). » Cette loi cruelle, horrible exemple d'impiété, *crudelis atque nefandi exempli* (3), convenait aux mœurs rigoureuses de Rome, mais ne pouvait influer sur nos institutions criminelles.

Sous l'empire de notre Code Pénal actuel l'excuse est personnelle au mari; lui seul, en effet, a ressenti la blessure que lui cause l'adultère de sa femme.

---

(1) Farinacius, Quæst. 121, n° 83.
(2) Cod., L. IX, t. IX. L. 4. Ad legem Juliam de adulteriis.
  Vide etiam : Dig., L. L, t. XVII. L. 4. De regulis juris.
(3) De matrimonio, § 7, n° 0.

§ 4

Qui scandalizaverit unum de pusillis istis..., expedit et ut suspendatur mola asinaria in collo ejus et demergatur in profundum maris.
Videte ne contemnatis unum ex his pusillis...
SAINT MATTHIEU. — Évangile,
Ch. XVIII, v. 6 et 10.

ARTICLE 325 (Liv. III, Tit. II, Chap. I, Sect. III, § 2e).
— *Le crime de castration, s'il a été immédiatement provoqué par un outrage violent à la pudeur, sera considéré comme meurtre ou blessures excusables.*

Au nombre des violences graves qui constituent la provocation et qui, par suite, rendent excusable le crime ou le délit commis contre leur auteur, il faut incontestablement placer les attentats à la pudeur(1). Il n'en est pas, en effet, qui soit de nature à troubler davantage l'esprit de la personne qui les subit, et à provoquer chez elle une plus violente et plus légitime irritation.

Le viol ou la tentative de viol(2), place la personne qui en est l'objet, dans le cas de légitime défense, et justifie même le meurtre qu'elle commet pour conserver son honneur. Il n'en est plus de même des autres attentats à la pudeur, de ceux qui ont pour but l'outrage et non le viol :

(1) Articles 331 à 333, C. P. — [Code Tripier (grand format), p. 887 et 888].
(2) Nous ne voulons donner aucune définition, la décence et le respect des convenances s'y opposent, nous en font même un devoir.

ils constituent seulement une provocation qui rend excusables, soit le meurtre, soit les coups ou blessures. L'article 321, C. P., embrasse dans sa généralité cette provocation aussi bien que celles qui résultent d'une violence d'une autre nature. De quelle utilité est donc l'article 325? Au premier abord, sa disposition paraît superflue en présence de l'article 321 qui dispose pour tous les cas. Mais le législateur, disent MM. Chauveau et Faustin Hélie (1), a dû faire de cette espèce de blessure (la castration) l'objet d'une disposition particulière, parce qu'elle suppose, en général, une sorte de préméditation; qu'il pourrait, dès lors, se lever dans cette hypothèse des doutes sur l'application de l'article 321, et qu'il était nécessaire de déclarer expressément cette application.

La peine du crime de castration est, selon les circonstances, la mort ou les travaux forcés à perpétuité :

ARTICLE 316, C. P. — *Toute personne coupable du crime de castration, subira la peine des travaux forcés à perpétuité.*

Si la mort en est résultée avant l'expiration des quarante jours qui auront suivi le crime, le coupable subira la peine de mort.

Le Code Pénal du 25 septembre — 6 octobre 1791, 2e partie, tit. II, sect. I, n'établissait aucune distinction :

ARTICLE 28 : « Le crime de castration sera puni de mort. »

L'excuse de l'article 325 réduira la peine à un emprisonnement de un à cinq ans (art. 326 P).

(1) *Théorie du Code Pénal*, t. IV, p. 123.

Pour que le crime de castration soit excusable, il faut qu'il ait été provoqué par un outrage violent à la pudeur. Il est nécessaire que l'outrage et la castration soient concomitants, et que l'outrage ait été violent. Ces conditions essentielles de l'excuse sont indispensables pour son existence et son admissibilité.

D'après Carnot (1), la loi suppose qu'il n'a pas été possible à la personne outragée d'employer un autre moyen que la castration pour repousser la violence ; il suffit qu'un autre moyen de défense ne se soit pas offert à l'esprit de la personne outragée, suivant d'autres jurisconsultes, et nous partageons cet avis.

De même que dans l'article 321, peu importe que la castration ne soit pas exercée par la victime de l'attentat. Ainsi, que l'outrage à la pudeur soit commis contre un tiers, le crime de castration peut encore être excusable; mais il faut qu'il y ait eu violence *envers la personne* (argᵗ. art. 321). Le crime de castration commis sur un ascendant, en pareille circonstance, serait également excusable, quand même la mort en serait résultée avant l'expiration des quarante jours. Le texte de l'article 325 ne résiste pas à cette solution. Il faut cependant excepter de la disposition ci-dessus le cas où « un complot aurait » été formé à l'avance pour l'exécution de la mutilation, » et où l'outrage violent à la pudeur n'aurait été que le » résultat et la suite d'une provocation faite à l'offenseur. » Il est évident que dans une telle hypothèse, les auteurs

(1) *Commentaire sur le Droit Pénal*, t. II, p. 77, n° 3.

» de la mutilation ne pourraient invoquer comme excuse
» un outrage qu'ils auraient eux-mêmes provoqué (1). »

Il peut se faire, comme nous le disions précédemment,
que la castration soit non pas excusée, mais complétement
justifiée ; c'est dans le cas où elle a eu lieu pour prévenir
l'accomplissement d'un viol. On rentre alors dans le domaine de la légitime défense ; l'article 328, C. P., prononce la justification (2).

II

EXCEPTIONS

SOMMAIRE

ARTICLES 323, 324, § 1er.

On trouve dans le § 2e de la Section III, Chap. 1,
Tit. II, Liv. III du Code Pénal, des cas exceptionnels, —
toute règle peut avoir son exception, — dans lesquels
la provocation cesse d'être une excuse. Le premier cas
est prévu par l'article 323 ; le second par l'article 324, § 1er.

(1) Chauveau et F. Hélie, *Théorie du Code Pénal*, t. IV, p. 124.
(2) Voy. p. 85, note 3, la disposition de l'article 328.

§ 1

ARTICLE 323 (Liv. III, Tit. II, Chap. I, Sect. III, § 2°).
— *Le parricide n'est jamais excusable.*

« Cette disposition, conforme à la nature et à la mo-
» rale, dit M. Monseignat, avait été déjà consacrée par
» l'Assemblée constituante. Comment concevoir, en effet,
» la possibilité d'un motif excusable, pour donner la
» mort à celui auquel on est redevable du bienfait de la
» vie. »

Dans les lois romines, le mot *parricide* était susceptible
de deux significations. Composé de *cædes*, meurtre, et *paris*,
de son semblable, il était synonyme de *homicidium*, meurtre d'un homme par un homme. Dans un sens restreint, il
signifiait *patris cædes*, meurtre d'un ascendant ou d'une
personne à laquelle on en donne le titre.

C'est dans ce dernier sens qu'on doit entendre le mot
parricide dans notre Droit Pénal. Du reste, le Code a pris
soin de définir le crime de parricide.

ARTICLE 299, C. P. — *Est qualifié parricide le meurtre
des père ou mère légitimes, naturels ou adoptifs, ou de tout
autre ascendant légitime* (1).

(1) La loi considérant le chef de l'État comme le père de tous ses
sujets, punit de la peine du parricide l'attentat contre la vie du Président de la République, et à plus forte raison le meurtre commis sur
sa personne.
ARTICLE 86 *, C. P. (Ainsi modifié, L. 10 juin 1853). — *L'attentat*

— La législation égyptienne punissait les parricides de la peine capitale. Les Perses n'avaient point de lois contre le parricide : ils regardaient ce crime comme impossible ; et s'il survenait une accusation de ce genre, les juges la déclaraient mal fondée. Solon, dont la législation subordonnait la politique à la morale, mais dans laquelle tout respirait l'humanité, ne porta aucune loi contre le sacrilége ni contre le parricide, parce que, disait-il, *le premier crime a été jusqu'ici inconnu à Athènes, et que le second est si horrible, que je ne crois pas qu'on puisse le commettre.* Cependant, Lucien nous apprend qu'il n'en était plus ainsi en Grèce, au IIe siècle de l'ère chrétienne : on condamnait les parricides et les sacriléges à être brûlés vifs sur la place publique. Cette peine entraînait toujours l'ignominie. « Ignis proprium est sacrilegorum et parricidarum, quos » judicis condemnatos, hoc ipso supplicio affici vide- » mus (1). »

A Rome, un affreux châtiment qu'accompagnaient toujours l'infamie et la flétrissure publique, était réservé aux parricides (2). La loi *Pompeia de parricidiis* (rendue sous le

---

contre la vie ou contre la personne de l'Empereur (actuellement du Président de la République) *est puni de la peine du parricide.*

— Voy. C. P. du 25 septembre—6 octobre 1791, 2e part., tit. 1, sect. 1, art. 2. — Ancien article 86[t] (C. P. de 1810).— Article 86[t] modifié par la loi du 28 avril 1832 ; — [voy. Code Tripier (grand format), p. 840, note *a*].

(1) Τοῦ Λουκιανοῦ ἑταιρικοὶ διάλογοι, — Περὶ τῆς Περεγρίνου τελευτῆς. — (Éd. latine de 1546), p. 328, D. — Vincentio Obsopœo interprete.

(2) Les Romains avaient en horreur le parricide. On peut en juger par la réponse célèbre adressée à Caracalla par Papinien, préfet du prétoire. Ce jurisconsulte, qui ne se piquait pas de philosophie, répon-

consulat de Pompée, an de Rome 701) est ainsi conçue :
« PŒNA PARRICIDII *more majorum hæc instituta est, ut parri-*
» *cida virgis sanguineis verberatus, deinde culleo insuatur*
» *cum cane, gallo gallinaceo,* [*et*] *viperâ, et simiâ : deinde in*
» *mare profundum culleus jactatur; hoc ita, si mare proxi-*
» *mum sit : alioquin bestiis objicitur, secundùm D. Hadriani*
» *constitutionem* (1). » Au temps du jurisconsulte Paul, le
parricide était livré aux flammes ou aux bêtes : « *Hi* (par-
» *ricidii*) *etsi antea insuti culleo in mare præcipitabantur,*
» *hodie tamen vivi exuruntur, vel ad bestias dantur* (2). »
Mais Constantin rétablit l'ancien supplice porté par la loi
Pompeia. « *Si quis parentis, aut filii, aut omnino adfectionis*
» *ejus, quæ nuncupatione* PARRICIDII *continetur, fata propera-*
» *verit : sive clàm, sive palàm id enisus fuerit (poenâ parrici-*
» *dii puniatur) : et neque gladio, neque ignibus, neque ulli*
» *alii solenni poenæ subjugetur, sed insutus culeo (cum cane*
» *et gallo gallinaceo, et viperâ, et simiâ), et inter eas ferales*

---

dit à l'Empereur qui lui ordonnait de justifier le meurtre de son frère
Geta : « Il est plus aisé de commettre un parricide que de le justifier, » réponse qui valut la mort au grand jurisconsulte. Mais laissons
parler l'historien : « *Multi dicunt Bassianum, occiso fratre, Papiniano*
» *mandâsse ut et in Senatu per se et apud populum facinus dilueret;*
» *illum autem respondisse :* NON TAM FACILE PARRICIDIUM EXCUSARI
» POSSE QUAM FIERI...; ALIUD EST PARRICIDIUM, ACCUSARE INNOCENTEM
» OCCISUM... *Constat eum quasi fautorem Getæ occisum.* » (Spartien.
Antoninus Caracallus, 8.)

(1) Dig., L. XLVIII, t. IX, L. 9, *in princip.,* De lege Pompeiâ de par-
ricidiis.
Voyez aussi : Justiniani Institutiones, L. IV, t. XVIII, § 6, *in medio.*
De publicis judiciis.

(2) J. Pauli Sententiæ, L. V, t. XXIV, Ad legem Pompeiam de parricidiis.

» *angustias comprehensus, serpentium contuberniis misceatur:*
» *et ut regionis qualitas tulerit, vel in vicinum mare, vel in*
» *amnem projiciatur, ut omni elementorum usu vivus carere*
» *incipiat, et ei cœlum superstiti, terra mortuo aufera-*
» *tur (1).* »

Notre législation a toujours appliqué la peine de mort aux parricides. Le Code Pénal du 25 septembre — 6 octobre 1791, 2⁰ partie, titre ɪɪ, section ɪ, article 10, s'exprimait en ces termes :

« Si le meurtre est commis dans la personne du père ou de la mère légitimes ou naturels, ou de tout autre ascendant légitime du coupable, le parricide sera puni de mort, etc... »

L'article 302, C. P., dispose comme suit : *Tout coupable d'assassinat, de* PARRICIDE, *d'infanticide et d'empoisonnement, sera puni de mort, etc...*

A l'exemple des lois romaines, le législateur français, dans un élan bien légitime d'indignation, voulut attacher au châtiment qui frappe le parricide, l'infamie et la flétrissure. Dans ce but il écrivit les articles suivants :

C. P., 25 SEPTEMBRE — 6 OCTOBRE 1791, 1ʳᵉ PARTIE, TITRE ɪ, ARTICLE 4 : « Quiconque aura été condamné à mort pour crime d'assassinat, d'incendie ou de poison, sera conduit au lieu de l'exécution revêtu d'une chemise rouge. — Le parricide aura la tête et le visage voilés d'une étoffe noire ; il ne sera découvert qu'au moment de l'exécution. »

Actuellement : ARTICLE 13, C. P. — *Le coupable condamné à mort pour parricide sera conduit sur le lieu de l'exécution, en chemise, nu-pieds, et la tête couverte d'un voile noir.*

(1) Cod., L. ɪx, t. xvɪɪ, L. 1. De his, qui parentes, vel liberos occidernnt.

Il sera exposé sur l'échafaud, pendant qu'un huissier fera au peuple lecture de l'arrêt de condamnation, et il sera immédiatement exécuté à mort.

L'ancien article 13 contenait en outre ces mots : « *il* » *aura ensuite le poing droit coupé* »; la loi de révision du 28 avril 1832 (art. 12) a supprimé la mutilation du poignet.

Le parricide n'est jamais excusable. « Si l'on prend ces » mots à la lettre, dit M. Blanche (1), il s'ensuit que le » parricide n'est excusable dans aucun cas. Il n'en est pour- » tant pas ainsi, ajoute cet auteur; nous savons [art. 463, » C. P. (2)] que le jury peut en effet admettre des circons- » tances atténuantes en faveur du parricide ; nous savons » encore que le parricide serait excusable, lorsqu'il y a eu » provocation, car il y a là aussi légitime défense. Un mineur » de seize ans profiterait encore de l'excuse de son âge. »

M. Blanche semble voir dans l'article 323 une règle générale pouvant s'étendre à tout le Code Pénal. Ce qui nous le fait supposer, c'est que le savant praticien trouve dans la minorité de seize ans et dans la provocation, des exceptions à l'article 323. Ce texte, à notre avis, ne s'applique exclusivement qu'aux articles 321 et 322 qui le précèdent, et ne sort nullement de la section où le législateur l'a placé.

C'est être subtil que de trouver une exception à l'article 323 dans l'article 403. Il a toujours été de principe

---

(1) *Études pratiques sur le Code Pénal*, t. v.
(2) Voy. p. 280, note I.

que les circonstances atténuantes pouvaient se combiner avec les excuses légales.

M. Blanche déclare le parricide excusable dans le cas de provocation. Mais c'est précisément parce qu'on aurait pu le croire que le législateur a écrit l'article 323. Remarquons que ce texte est placé dans le § 2° (L. III, t. II, C. I, S. III, C. P.), intitulé: CRIMES ET DÉLITS EXCUSABLES, ET CAS où ils ne peuvent être excusés; qu'il s'agit ici uniquement de provocations, et que le législateur, après avoir posé la règle (art. 321, 322), crée des exceptions. Celles-ci sont au nombre de deux, et la première n'est autre que l'article 323. Quel est, d'ailleurs, le sens de cet article? Il signifie simplement que le parricide ne sera jamais excusé par les faits indiqués dans les articles 321 et 322, à savoir : les coups ou violences graves et l'escalade pendant le jour. — Le crime de parricide sera excusable « lorsqu'il y a eu provocation, car il y a là aussi légitime défense, » L'erreur est notable. La culpabilité et l'inculpabilité ne sauraient exister conjointement; il ne peut y avoir à la fois excuse atténuante et acquittement. Du reste, la provocation et la légitime défense ne se confondent point. Nous avons déjà indiqué la différence (1). Le législateur, nous le répétons, créant dans l'article 323 une première exception à l'excuse de provocation, n'a pas voulu parler du cas de légitime défense proprement dite, où il n'y a pas de culpabilité et d'où, par conséquent, toute question d'excusabilité est écartée.

Quant à l'argument tiré de la minorité de seize ans, il

(1) Voy. p. 283.

vaut les précédents. La minorité de seize ans constitue un cas particulier d'excuse distinct de la provocation. Le mineur de seize ans, coupable de parricide, quoiqu'il ait été provoqué, sera excusable, non parce qu'il y a eu provocation, mais à cause de son âge. L'erreur de M. Blanche vient de ce que, dans l'hypothèse, il ne distingue pas l'excuse de provocation de l'excuse de la minorité. Deux excuses ne peuvent être l'exception l'une de l'autre.

Concluons : le parricide, dans le cas de provocation des articles 321 et 322, ne sera jamais excusable. M. Faure, dans *l'exposé des motifs*, s'exprime ainsi : « Il est certains » meurtres à l'égard desquels la loi n'admet point d'excuse, » quoiqu'il y ait eu provocation violente. Par exemple, » aucune provocation, quelque violente qu'elle soit, ne » peut excuser le parricide : le respect religieux qu'on doit » à l'auteur de ses jours ou à celui que la loi place au » même rang, impose le devoir de *tout souffrir* plutôt que » de porter sur eux une main sacrilége. »

Que décider, si l'on considère non plus le meurtre, mais les coups portés à un ascendant ? La Cour de Bruxelles assimile les coups au parricide ; la solution n'est plus la même dans notre Droit. La loi ne parle que du parricide, et on ne peut étendre la disposition de la loi. Quels que soient l'odieux et la gravité du crime dont il s'agit, ce n'est pas un meurtre.

« Nous avouons, disent MM. Chauveau et F. Hélie, » qu'il y a à cet égard lacune dans loi pénale ; il n'appar- » tient pas aux tribunaux de la remplir par des motifs

» d'analogie quelque frappants qu'ils puissent être (1). »
Nous croyons que s'il ne faut pas étendre la loi pénale,
on ne saurait toutefois y apercevoir une omission en ce
qui concerne les coups portés à un ascendant. Cette dernière hypothèse est celle de l'article 321, C. P., qui déclare
*excusables les coups provoqués par des coups ou violences
graves envers les personnes.* Or, nous avons établi, en com-
mentant l'article 321, que les coups envers les père et mère
légitimes, naturels ou adoptifs, ou autres autres ascendants,
étaient excusables en cas de provocation.

L'article 323 ne déclare inexcusables que le *meurtre*
des père et mère légitimes, naturels ou adoptifs, ou de
tout autre ascendant légitime. On peut, en faveur de cette
décision, tirer argument de la définition de l'article 299,
C. P., dont nous avons rapporté plus haut la disposition (2).

§ 2

.... *Suprema pericula semper
Dant veniam culpæ.*
                                   Claudius CLAUDIANUS.

ARTICLE 324, § 1er (Liv. III, Tit. II, Chap. I,
Sect. III, § 2e). — *Le meurtre commis par l'époux sur
l'épouse, ou par celle-ci sur son époux, n'est pas excusable,
si la vie de l'époux ou de l'épouse qui a commis le meurtre*

---

(1) *Théorie du Code Pénal,* t. IV, p. 116.
(2) Voy. p. 333, le texte de l'article 299.

n'a pas été mise en péril dans le moment même où le meurtre a eu lieu.

L'existence d'un danger présent est, en effet, disait *l'exposé des motifs*, « la seule excuse qui puisse être ad-
» mise à l'égard des personnes obligées par état de vivre
» ensemble et de n'épargner aucun sacrifice pour mainte-
» nir entre elles une parfaite union. »

Dans le premier paragraphe de l'article 324, l'excuse n'est admise que dans le cas où la vie de l'époux ou de l'épouse, qui a commis le meurtre, était en péril au moment même où l'homicide a eu lieu. Les articles 321 et 322, C. P., déclarent excusables le meurtre, les coups et bles-
sures provoqués par des coups ou violences graves, ou infligés en repoussant pendant le jour l'escalade ou l'effraction des clôtures, murs, entrée d'une maison, etc....
Mais le législateur a créé une exception à cette règle dans l'article 324 ; le meurtre commis par l'époux sur l'é-
pouse ou réciproquement, ne sera point excusé, à moins que la vie du meurtrier n'ait été mise en péril dans le moment même où le meurtre a eu lieu.

Pas d'excuse donc si des coups ou blessures graves avaient *simplement* provoqué le meurtre. L'article 324 ne parle que du meurtre, d'où il suit que l'excuse de la provocation s'applique aux coups et blessures. « Peut-être,
» disent MM. Chauveau et Faustin Hélie (1), cette solu-
» tion n'est-elle pas tout à fait conforme à l'esprit de la
» loi, mais son texte est trop positif pour en permettre

(1) *Théorie du Code Pénal*, t. IV, p. 134.

» une autre. » Ajoutons que cette décision pourrait s'appuyer sur un

Arrêt de la Cour de Cassation du
10 *janvier* 1812. . . . . Dalloz, J. G. v°, Peine, 474.

Toutefois, la Cour suprême a jugé que l'époux complice du meurtre commis sur son conjoint, n'était pas excusable :

Arrêt de la Cour de Cassation du
10 *janvier* 1838. . . . . . . Sirey, 1838.

L'article 324 " peut-il se concilier avec l'article 328, C. P.? Cette question fait l'objet d'une controverse importante dans la doctrine. On ne saurait voir dans l'article 324 ", a-t-on dit, une dérogation à l'article 328. Le premier de ces textes fait naître « un cas de légitime défense, » en accordant une justification à l'époux ou à l'épouse qui, » pour sauver sa vie, a mis à mort son conjoint. » Telle est l'opinion de MM. Chauveau et Faustin Hélie (1), Blanche (2) et Haus (3). Ces jurisconsultes se posent ensuite la question de savoir quand il y aura excuse légale, et quand justification? La réponse leur est facile : « il y » aura excuse, disent-ils, si le conjoint, dont la vie était en » péril, pouvait recourir à d'autres moyens de salut que » l'homicide volontaire; et il y aura justification lorsqu'il » ne pouvait échapper à la mort qu'en la donnant lui-» même. »

(1) *Théorie du Code Pénal*, t. iv, p. 133.
(2) *Études pratiques sur le Code Pénal*, t. v.
(3) *Observations sur le projet du Code Belge*, t. ii, p. 245.

Réfutons ce système. L'article 324 ¹ ne prévoit pas un nouveau cas de légitime défense et, par conséquent, n'accorde aucune justification ; quoique cet article exige, pour l'excusabilité, que la vie du meurtrier ait été en danger, il n'a point en vue le cas de légitime défense proprement dite, où la culpabilité n'existant pas, le mot d'*excuse* ne saurait être prononcé. Or, il est bien évident que le meurtrier est coupable dans l'article 324 ¹, car de deux choses l'une : ou sa vie a été mise en péril au moment du meurtre, en ce cas il est excusable, et l'excuse, — on le sait, — exige la culpabilité; ou bien sa vie n'était pas en péril au moment du meurtre, et alors coupable d'avoir donné la mort sans motif légitime, il sera puni de la peine réservée à l'homicide (art. 295, 304 C. P.) (1). La légitime défense suppose nécessairement la non-culpabilité, et sous quelque point de vue qu'on envisage l'article 324 ¹, quelque sens qu'on lui prête, la culpabilité subsiste toujours. Nous traitons uniquement de la provocation : en cette matière, la loi excuse, mais ne justifie point.

« Il y aura justification, lorsque le conjoint ne pouvait » échapper à la mort qu'en la donnant lui-même. » Mais où est la preuve que l'époux doive absolument donner la mort pour sauver ses jours? La loi ne l'exige pas : un simple coup adroitement porté, une blessure peuvent mettre l'agresseur hors d'état d'ôter la vie à l'époux attaqué. L'article 524 ¹ punit le meurtre de l'époux sur son

---

(1) ARTICLE 295. — *L'homicide commis volontairement est qualifié meurtre.*

Voy. p. 193, note 4, l'article 304.

épouse ou réciproquement, à moins que la vie de celui qui
l'a commis ait été mise en péril dans le moment même où
le meurtre a eu lieu; mais, bien que le meurtre soit nécessaire à son application, cet article ne dit pas que le
conjoint *ne peut* échapper à la mort qu'en la donnant
lui-même. L'article 324 " pose une exception et non
une règle. Voici son sens propre : la provocation par
coups ou violences graves de l'article 321, ou l'escalade
pendant le jour, conformément à l'article 322, n'excuseront le meurtre d'un époux sur son conjoint qu'autant
que la vie du meurtrier aura été mise en péril au moment du crime.

« Il y aura excuse si le conjoint pouvait recourir à d'au-
» tres moyens de salut que l'homicide volontaire. » A quoi
sert-il que le conjoint ait pu recourir à d'autres moyens de
salut que le meurtre, puisqu'il ne les a point employés ?
Sera-ce, par exemple, parce qu'il pouvait appeler du secours, prendre la fuite, qu'il bénéficiera de l'excuse ? Mais
l'époux sera d'autant moins excusable que, pouvant éviter
de se souiller du sang de son conjoint, il l'aura néanmoins
répandu. Bien plus, le meurtre est indispensable dans
l'hypothèse de l'article 324 "; en effet, la disposition de
ce texte, écrite spécialement pour la punition du meurtre,
ne saurait exister sans ce dernier; et du moment que l'homicide est accompli, il est inutile de rechercher si le conjoint pouvait se sauver sans le commettre.

D'ailleurs, l'article 324 " n'a pas le pouvoir d'établir
à la fois un châtiment, une excuse et une justification.
Telle n'a pas été la pensée du législateur. Les termes de
l'article 324 " sont précis : le crime n'est-il pas excusé,

on appliquera la peine de droit commun ; au contraire, est-il excusé, la pénalité sera réduite conformément à l'article 326, C. P.

On ne conçoit guère comment M. Blanche et les auteurs de la *Théorie du Code Pénal*, ont ici dérogé à leurs propres préceptes, alors qu'ils recommandent si souvent, dans le cours de leurs explications, de ne jamais donner à la loi, par des motifs d'analogie, un sens ou une extension qu'elle ne comporte pas.

Conclusion : l'article 324 ne se concilie nullement avec l'article 328, C. P. C'est là notre opinion et celle de MM. Morin (1) et Destrivaux (2).

III

EFFETS DE L'EXCUSE DE PROVOCATION

—

SOMMAIRE

ARTICLE 326. (C. D. P. du 3 brumaire, an IV, art. 646).

ARTICLE 326 (Liv. III, Tit. II, Chap. I, Sect. III, § 2°). — *Lorsque le fait d'excuse sera prouvé,*
S'il s'agit d'un crime emportant la peine de mort ou celle des travaux forcés à perpépuité, ou celle de la déportation, la

(1) *Droit criminel,* — *Défense légitime,* n° 7.
(2) *Essai sur le Code Pénal,* p. 114.

peine sera réduite à un emprisonnement d'un an à cinq ans;

S'il s'agit de tout autre crime, elle sera réduite à un emprisonnement de six mois à deux ans;

Dans ces deux premiers cas, les coupables pourront de plus être mis par l'arrêt ou le jugement sous la surveillance de la haute police pendant cinq ans au moins et dix ans au plus.

S'il s'agit d'un délit, la peine sera réduite à un emprisonnement de six jours à six mois.

Le *Code des délits et des peines* du 3 brumaire, an IV (25 octobre 1795), contenait une disposition analogue.

ARTICLE 646 : « Lorsque le jury a déclaré que le fait de l'excuse proposée par l'accusé est prouvé; s'il s'agit d'un meurtre, le tribunal criminel prononce ainsi qu'il est réglé par l'article 9 de la section première de la seconde partie du Code Pénal(1).

« S'il s'agit de tout autre délit, le tribunal réduit la peine établie par la loi à une punition correctionnelle qui, en aucun cas, ne peut excéder deux années d'emprisonnement. »

Lorsque l'excuse de la provocation est admise, la peine dont le crime ou le délit est passible, est atténuée dans les proportions établies par l'article 326, C. P. Ce texte ne donne lieu à aucun commentaire ; nous nous permettrons toutefois une simple observation. L'article 326, s'il ne pro-

(1) CODE PÉNAL, 25 SEPTEMBRE—6 OCTOBRE 1791, 2ᵉ PARTIE, TIT. II, SECT. I.
ARTICLE 9 : « Lorsque le meurtre sera la suite d'une provocation violente, sans toutefois que le fait puisse être qualifié homicide légitime, il pourra être déclaré excusable, et la peine sera de dix années de gêne. »

nonce pas le même châtiment pour les crimes et délits,
n'établit aucune distinction de pénalité entre les crimes
énumérés dans son paragraphe premier. N'est-il pas juste
cependant que le coupable d'un crime emportant peine de
mort, soit plus rigoureusement puni que celui dont le
crime emporte les travaux forcés à perpétuité ou la déportation? Le législateur est muet à cet égard ; c'est là un
oubli de sa part, et une lacune regrettable dans la loi pénale.

REMARQUE. — Quels sont les actes excusables pour
provocation? Le Code du 3 brumaire, an IV (25 octobre
1795), déclarait excusables tout crime et délit quelconques. La Cour d'Assises de la Moselle, dans son arrêt du
9 *décembre* 1841, partageait cette opinion, lorsqu'elle disait : « L'article 321 s'applique à toutes les provocations. »
Néanmoins, le Code de 1810 ne reconnaissait comme excusables que le meurtre, les coups et blessures : disposition fidèlement reproduite dans notre Code Pénal actuel.
Il aurait mieux valu, croyons-nous, rester à la définition
du Code de brumaire.

SECTION II

> .... *Puerum ætas excuset*........
> SÉNÈQUE. — *Tragédies.*
> *Indulge tentam pueris* ....,
> JUVÉNAL. — *Satires.*

L'enfance, dans ses premières années, ne peut être responsable de ses actions : elle n'en comprend pas la portée. Mais vient un temps où l'enfant a atteint le degré d'intelligence et de sens moral voulu pour supporter le fardeau de ses actes. A quel âge la loi rendra-t-elle cet enfant responsable de ses œuvres? Cette question, qui a sans cesse occupé les jurisconsultes et les criminalistes, fut toujours diversement interprétée dans les différentes législations. Il n'est pas facile, en effet, de déterminer à quel âge l'homme peut commencer à devenir criminel, et celui où il peut cesser de l'être.

Le Droit Romain divisait l'enfance en trois périodes :
l'enfance proprement dite, depuis la naissance jusqu'à
l'âge de sept ans pour les garçons, et de neuf ans pour les
filles. Dans cette période, l'enfant *proximus infantiæ*
n'était passible d'aucune peine *ob innocentiam consilii* (1),
et était réputé *non doli capax* (2).

La seconde période partait de sept ans et de neuf ans
et demi, pour se continuer jusques à douze ou quatorze
ans, selon le sexe. La loi ici protégeait encore l'enfant,
toutefois la preuve contraire était admise, suivant la
maxime : *malitia supplet ætatem*, et l'impubère pouvait
être puni si *proximus pubertati sit et ob id intelligat se delin-
quere* (3). La peine cependant était moindre que pour
l'homme d'un âge mûr, car *pupillus mitiùs punitur* (4).

---

(1) Voy. Gaïus, Comm. Liv. III, § 109.
        Dig., L. XLVIII, t. x. L. 22, *in princip.*, De lege Corneliâ
        de falsis.
        — L. XLVII, t. x. L. 3, § 1. De injuriis et famosis libellis.
(2) Voy. Farinacius, Quæst. 92, nos 4 et 5.
        Tiraqueau, *De pœnis temper.*, n° 28.
(3) Justiniani Institutiones. L. IV, t. I, § 18. De obligationibus
        quæ ex delicto...
    Gaii Institutiones, Comm. IV, § 208.
    Dig., L. XLVII, t. II. L. 23. De furtis.
        — L. L, t. XVII. L. 111, *in princip.*, De regulis juris.
        — — — L. 3.
        — L. XLIV, t. IV. L. 4, § 26. De doli mali et metûs excep-
                                    tione.
        — L. XXIX, t. v. L. 14. Ad senatusconsultum Silanianum.
        — — — L. 1, § 32
    Cod., L. IX, t. XLVII. L. 7. De pœnis.
(4) Voy. les lois citées, p. 8.

Telles étaient les dispositions des lois romaines. Il est probable que la législation gauloise fut la même après la conquête de Jules César.

— Dans la Germanie, outre la *composition* (1), — sorte de réparation civile, — due aux parents de la victime, pour les meurtres, torts et injures, il fallait encore payer un certain droit que les Codes de lois Barbares appelaient *fredum* [prix de la paix (2)]. C'était la récompense de la protection accordée contre le *droit de vengeance* (3).

Cet usage, ou plutôt cette loi introduite dans les Gaules lors de l'invasion des Francs (406 apr. J.-C.), se maintint dans notre pays jusques à la fin du règne de Charlemagne (814), c'est-à-dire pendant le long espace de quatre cent huit ans (4). Cependant, suivant la *loi*

---

(1) La composition, en langue Germanique *veregild* (argent de l'homme), était à proprement parler une compensation due à la partie lésée ou à ses héritiers, et qui était plus ou moins forte, suivant la différence des états et des conditions.

Voy. Tacite, *De moribus Germanorum*.

(2) De nos jours encore, en langue Suédoise, le mot *fred* signifie la paix.

(3) L'offensé et les membres de sa famille pouvaient demander contre l'agresseur le droit et l'exercice de la vengeance.

Le *fredum* consistait dans une *amende* que devait payer le coupable.

(4) « A juger des Français par les lois de Charlemagne, dit An-
» quetil *(Histoire de France*, t. I, p. 157), pour prévenir ou réprimer
» les désordres, les mœurs étaient encore sauvages et la civilisation
» peu avancée. Il fit revivre la loi Salique, la réforma, y fondit celle
» des Ripuaires, des Allemands, des Bavarois, et en fit un Code appro-
» prié aux différentes nations qui composaient son empire. Il y ajouta
» successivement des règlements selon le temps et les besoins. On

Salique (1), un enfant, qui avait commis quelque faute avant l'âge de *douze* ans, payait la *composition* sans le *fredum;* comme il ne portait pas encore les armes, il n'était point dans le cas où la partie lésée ou ses parents pouvaient réclamer la vengeance. C'était le coupable qui payait le *fredum*, pour la paix et la sécurité que les excès qu'il avait commis lui avaient fait perdre, et qu'il pouvait recouvrer par la protection. Mais un enfant ne perdait pas cette sécurité : il n'était point un homme, et ne pouvait être mis hors de la société des hommes (2).

» aperçoit par les ménagements du législateur, qu'il a souvent été
» obligé de conserver et d'autoriser des usages qu'il n'approuvait pas,
» tels que les duels privés et judiciaires, *le rachat par argent de la*
» *peine due au crime*, au lieu du châtiment personnel; des variations
» au sujet du divorce et du libertinage entre personnes libres qu'il
» défend dans un endroit, et que, dans d'autres, il se contente d'as-
» sujétir à des règlements. Sa principale attention se portait sur le
» clergé, etc..... En somme, au jugement de Mézeray *(Histoire*, t. I,
» p. 441), Charlemagne « a noblement agrandi et heureusement
» gouverné la France. »

(1) Tit. xxviii, § 6.

(2) Voy. *Décret* de Clotaire II, an 595.

    Capitulare incerti anni, cap. lvii (Baluze, t. i, p. 515).

    Loi des Angles, tit. i, § 1 ; tit. v, § 6.

    Loi des Bavarois, tit. i, c. viii et ix ; tit. i, § 10, 11.

    Loi des Frisons, tit. xv.

    Loi d'Ina (Cambridge, 1644).

    Loi des Saxons, c. iii, § 4 ; c. xviii.

    Loi des Ripuaires, tit. xviii, § 11 ; c. ixxxix.

    Loi des Lombards, Liv. i, tit. ix, § 8, 34 et 88 ; tit. xxv,
        § 21 ; tit. xxxvii, § 1 et 2.

    Loi des Allemands, tit. xlv, § 1 et 2.

(*Voir la suite de la note à l'autre page.*)

— Cependant, dans notre ancienne jurisprudence la législation romaine avait prévalu : les règles établies

Voy. *Capitulaire* de Charlemagne, *De villis*. (Les *villæ* étaient les domaines du Roi).
Capitulaires de Charlemagne, an 779, c. XXII; an 802, c. XXXII; an 805. c. V.
Formules de Marculfe, Liv. I, f. III et IV.
Grégoire de Tours, *Hist. ecclés. de la Gaule*, Liv. VII, c. XLVII.
Loi Salique, tit. LVII, § 5; tit. XVII, § 2; tit. III, IV, V, VI et VII.

Les savants se sont livrés à mille conjectures sur l'origine de la *loi Salique* et sur son étymologie; M. Pasquier, après avoir rapporté plusieurs opinions, donne la sienne : « Quelques-vns (comme Guillaume » Postel), dit-il, estiment que ceste Loy prit son ancienne origine des » Gaules, & qu'elle fut appelée Salique, au lieu de Gallique, pour la » proximité & voisinage que la lettre de G, en vieil moule, auoit auec » la lettre S: Il seroit mal-aisé de raconter la diuersité des opinions » qui se rencontrent en l'étimologie de ce nom. Iean Ceual, Euesque » d'Auranches, qui a laborieusement recherché plusieurs ancienneté, » & de la Gaule, & de la France, l'a voulu rapporter à ce mot Fran-» çois, Sale : Parce que ceste Loy estoit seulement ordonnée pour les » Sales & Palais Royaux. Claude Seissel, assez mal à propos, a pensé » qu'elle vint du mot de Sel en Latin, comme une Loy pleine de sel, » c'est à dire de sapience, par vne metaphore tirée du sel. Vn Docteur » ès droits nommé Ferrarius Montanus, a voulu dire que Pharamond » fut autrement appelé Saliq'. Les autres (comme l'Abbé Vespergense) » plus ingenieusement la tirent de Salogast, l'vn des principaux » Conseillers de Pharamond. Et les derniers pensans subtilizer d'auan-» tage, disent que pour la frequence des articles qui se trouuent dans » icelle Loy, commençans par ces mots, *Si aliquis*, & *Si aliqua*, elle » prit sa deriuaison. Combien que la verité soit qu'elle fut appelée » Salique, à cause des François Saliens, desquels est faicte assez fre-» quente mention dans Marcelin, & chose qui a esté fort bien reco-» gneuë par Paul Emile. »
Les Recherches de la France, Liv. IIme, Ch. XVI, p. 176.
Nous adoptons entièrement l'opinion de M. Etienne Pasquier.

par elle s'étaient transmises et conservées à peu près dans
nos lois criminelles (1). Bon nombre d'arrêts démontrent
que les impubères jouissaient de l'impunité, ou du moins
d'une peine fort minime pour des fautes quelquefois très-
graves. Ainsi un arrêt du 3 *mars* 1661 condamne un éco-
lier de quinze ans, coupable de meurtre, à une amende de
cent vingt livres *parisis,* applicable à l'entretien des prisonniers de la Conciergerie, et à huit cents livres *parisis*
d'intérêts civils. Un autre arrêt du 16 *mars* 1630 infirme
un décret de prise de corps décerné contre un impubère
âgé de onze ans et six mois, et accusé d'avoir tué un de
ses camarades d'un coup de pierre (2).

Néanmoins, les impubères encouraient parfois de véritables châtiments. Le vol, par exemple, entraînait pour
eux l'emprisonnement, le fouet sous la custode (3), et
l'exposition à la potence où le coupable était pendu sous
les aisselles.

On trouve en ce sens de nombreux arrêts et notamment
celui du 2 *décembre* 1682 et celui du 30 *juillet* 1722 (4).

(1) Voy. MM. Muyart de Vouglans, *Lois criminelles*, p. 27.
Rousseaud de la Combe, *Traité des Matières crimi-
nelles*, p. 69.
Jousse, *Traité de Justice criminelle*, t. II.
E. de Pastoret, *Lois pénales*, t. II, p. 148.

(2) Journal des audiences.

(3) « On dit figurément *donner le fouet sous la custode,* pour dire
» châtier en secret. » — Ch. Ribaux, *Dictionnaire de la langue française d'après l'Académie.*

(4) Ce dernier arrêt fut rendu contre le jeune frère de Cartouche,
désireux sans doute de marcher sur les traces du célèbre brigand.

Tout cela était une application de la *maxime* romaine :
malitia supplet ætatem.

Le Parlement alla même plus loin et prononça quelquefois contre les impubères la peine de mort. Le procès même
n'était pas toujours instruit, et l'exécution avait lieu sans
jugement. Pour n'en citer qu'un exemple : « En l'an 1407,
» écrit M. Pasquier, Messire Guillaume de Tignon-ville
» Peuost de Paris fist pendre deux Escoliers, estudians en
» l'Vniuersité de Paris, l'vn nommé Leger du Moussel,
» Normant, & l'autre Oliuier Bourgeois, Breton, tous deux
» malgisans, qui auoient tué vn homme de sens froid,
» lesquels ayant demandé leur renuoy, comme Escoliers,
» par deuât leur Iuge, Tignon-ville sans y auoir esgard,
» les condamna d'estre pendus, & estranglez au gibet de
» Mont-faucon, où il les fist conduire dés l'instant mesmes,
» à iour failly, auec la lumiere des torches. Craignant que
» s'il remettoit du iour au lendemain ceste execution, ils
» ne fussent recoux du Roy, en faueur de l'Vniuersité.
» Chose dont elle appela, & en fit l'espace de quatre mois
» telle instance, qu'il fust ordonné par Arrest de l'an 1408
» qu'ils seroient dependus, comme il fust faict. Et dit
» Alain Chartier que le Preuost y fut en personne, & les
» baisa en la bouche, & ennoya avecq' ses sergens, depuis
» le gibet iusques au Moustier, où ils furent inhumez,
» estans leurs corps emmenez dans vne biere, sur vne
» charrette; & estoit le bourreau sur le cheual, vestu d'vn
» surplis, comme vn Prestre. Monstrelet adiouste, que pour
» garder les priuileges de l'Vniuersité, il fust dit que les
» corps seroient rendus à l'Euesque, & au Recteur, comme
» il fust faict au Paruis de Nostre-Dame, & de là, ense-

» uelis au Cloîtestre des Mathurins, où l'on voit encores
» la tumbe (1). »

On trouve encore deux arrêts, l'un de 1606, l'autre de
1607, condamnant deux jeunes garçons à être décapités
pour vols domestiques. Heureusement ces faits ne se
renouvelaient que rarement. Les progrès de la civilisation
se faisaient de plus en plus sentir dans les lois, par un
adoucissement dans les peines; on était déjà en 1789,
époque où commencèrent la réorganisation et la refonte de
notre législation. Le Code Pénal de 1791 vint ensuite
créer les atténuations pénales perfectionnées par notre
Code actuel.

Il est fort difficile, je dirai même impossible d'établir
une époque fixe, entre l'enfance et l'âge mûr, où la raison
puisse nous faire discerner la portée de nos actes, l'intelligence en peser les conséquences et la conscience en juger
la moralité.

La responsabilité de l'homme ne peut s'établir, selon
nous, que dans chaque cas individuel et d'après l'ensemble
des faits. En cela ce serait au juge à apprécier le fait,
abstraction faite de l'âge. Ou bien faut-il s'arrêter à cette
décision : que l'enfant devenu adulte est supposé avoir
agi en pleine connaissance du crime? Le Code Pénal semble trancher la question en fixant une époque intermédiaire
entre l'enfance et l'âge viril, la *minorité de seize ans*.

Il nous faut adopter la solution donnée par le Code,

(1) Estienne Pasquier, *Les Recherches de la France*, Liv. IIIᵐᵉ,
Ch. XVIII, p. 316-317.

dit M. Rossi, car aucun fait n'autoriserait à réclamer contre elle (1). Tel n'était pas l'avis de M. Ortolan. Le système, proposé par cet éminent professeur, se rattachait aux périodes physiologiques du développement septennal. En voici la division : 1° Depuis la *naissance* jusques à *sept* ans, non-imputabilité ; 2° De *sept* à *quatorze* ans, imputabilité douteuse, par conséquent question à résoudre : en cas d'affirmative, culpabilité moindre ; 3° De *quatorze* à *vingt-un* ans, imputabilité certaine, culpabilité plus étendue que dans la deuxième période ; 4° A *vingt-un* ans accomplis, culpabilité au niveau commun (2).

Cette doctrine trop compliquée, quoique assez conforme à la raison, fut néanmoins rejetée.

Un second système, soutenu par M. Faustin Hélie, prévalut du moins en partie. « La théorie de l'excuse de » minorité, dit le savant jurisconsulte, peut se traduire » tout entière dans trois règles également importantes : » irresponsabilité de la première enfance jusqu'à l'âge de » neuf ou de dix ans; présomption d'innocence jusqu'à » l'âge de seize ou de dix-huit ans, et dès lors nécessité » d'une question sur le discernement ; enfin, atténuation » de la peine jusqu'à la même époque dans le cas où le » prévenu a agi avec discernement (3). »

Le Code Pénal n'a consacré que ces deux derniers principes.

Après avoir exposé l'opinion des auteurs, quelle

(1) *Traité de Droit Pénal*, t. 1.
(2) *Éléments de Droit Pénal.*
(3) *Instruction criminelle.*

sera la nôtre? Prendrons-nous parti pour le Code? Non
certes, nous voyons avec horreur l'excuse de la minorité
s'arrêter à seize ans. Pourquoi ne se prolongerait-elle pas
jusqu'à *dix-huit* ans? C'est à cet âge que l'homme peut
engager son avenir tout entier par le mariage, l'acte le
plus important de la vie. La loi le considère alors comme
capable de devenir maître de maison, chef de famille; or,
on ne voit pas pourquoi la loi ne protégerait pas l'homme
au moins jusqu'à l'époque où elle lui permet de gouverner
sa famille et de gérer son patrimoine. A dix-huit ans, la
raison, le sens moral, la conscience auront atteint chez
l'agent un degré plus élevé; il pourra mieux apprécier
l'étendue de sa faute, et plus juste serait la loi qui lui
en ferait supporter les conséquences. Quoi de plus déplorable, je le demande, qu'un jugement qui flétrirait injustement la vie d'un jeune homme, et frapperait de la
peine réservée au crime les premiers égarements de la
jeunesse?

« Le Code Pénal, disait M. Teulon, député au Corps
» législatif, en fixant à seize ans l'âge auquel est atta-
» chée la présomption légale que *l'accusé a agi avec*
» *discernement*, me paraît avoir complètement méconnu
» les lois qui président au développement de l'intelli-
» gence humaine. Il n'est pas vrai qu'un jeune homme
» de seize ans ait le bon sens de la réflexion qu'il aura
» dans un âge plus avancé; il n'est pas vrai qu'il ait
» sur ses passions l'empire qu'il acquerra probablement
» sur elles avec quelques années de plus; et lors même
» qu'on me citerait l'exemple d'individus de cet âge chez
» qui se seraient rencontrés l'instinct qui pousse au crime,

» les combinaisons qui en calculent l'exécution, la férocité
» qui étouffe le remords, je répondrai que la question n'est
» pas de savoir si toutes ces circonstances peuvent se ren-
» contrer ou même se rencontrent ordinairement chez les
» criminels de seize ans, mais, au contraire, de savoir s'il
» n'est pas quelques cas, quelque rares qu'ils puissent
» être, où ces mêmes circonstances ne se rencontrent
» pas (1). »

Ces paroles pleines de sens n'obtinrent pas le résultat
que l'orateur s'était proposé : toute modification de la loi
fut rejetée.

Le mineur au-dessus de *seize* ans est majeur aux yeux
de la loi criminelle. Le Code Pénal de 1810 n'a fait que
reproduire fidèlement le Code de 1791, en fixant la majorité pénale à l'âge de seize ans accomplis au moment du
délit.

La majorité pénale se trouve ainsi fixée avant la majorité civile, qui n'a lieu qu'à vingt-un ans. On explique
cette différence par cette considération que la notion du
bien ou du mal moral arrive avant la notion de l'utile.
L'homme a plutôt conscience d'un délit que de ses intérêts (2).

(1) Code Pénal progressif, p. 100.
(2) Nous trouvons dans le Code Civil une application de ces principes dans les articles 1305 et 1310.
ARTICLE 1305. — *La simple lésion donne lieu à la rescision en faveur
du mineur non émancipé, contre toutes sortes de conventions; et en faveur
du mineur émancipé, contre toutes conventions qui excèdent les bornes de
sa capacité, ainsi qu'elle est déterminée au titre* DE LA MINORITÉ, DE LA
TUTELLE ET DE L'ÉMANCIPATION.
ARTICLE 1310. — *Il (le mineur) n'est point restituable contre les obli-*

Mais à quelle influence historique peut se rattacher le choix de ce chiffre : *seize ans accomplis?* Il est impossible d'en apercevoir la trace dans notre ancienne législation. M. Ortolan cite cependant, dans une note de son ouvrage (1), un texte du *Somme rural* de Iean Bouteiller : « Si » sçachez que du fuict d'advocacerie par le droit escrit sont » privez *mineurs de seize ans,* pour la raison que trop » grande ieunesse et petite constance est encores en eux. » Toutefois, M. Ortolan fait remarquer que le texte romain auquel le jurisconsulte fait allusion, porte dix-sept ans. Il nous semble même que la loi 1, § 3, *De postulando* (2), d'où Bouteiller tire sa solution, exige dix-sept ans accomplis : « *Pueritiam, dum minorem annis decem et septem,* » *qui eos non in totum complevit, prohibet postulare.....* » La loi 13, *De manumissis vindictâ* (3), emploie même les expressions « *dummodo non minor annis decem et octo sit.* » Enfin, suivant la *Déclaration* du 17 *novembre* 1690, générale pour toutes les Universités, c'est pour la première

gations résultant de son délit ou quasi-délit.
Ainsi donc, le mineur peut, en principe, faire rescinder, pour lésion, les actes qu'il a faits; mais il ne peut se faire restituer contre les obligations résultant de ses délits ou quasi-délits.
En dehors du Code Pénal, l'âge de seize ans est rarement pris en considération. On peut remarquer néanmoins que c'est à seize ans que la première inscription de droit peut être prise (Loi du 22 ventôse, an XII, art. 1er), et qu'à cet âge le mineur peut tester et disposer de la moitié de ce dont la loi permet au majeur de disposer (Art. 904, C. C.).
(1) *Éléments de Droit Pénal.*
(2) Dig., L. III, t. I.
(3) Dig., L. XL, t. II.

inscription en droit et non plus pour la profession d'avocat que l'âge de seize ans accomplis est exigé.

L'enfance, chez tous les peuples civilisés, fut toujours de la part du législateur l'objet d'une bienveillante sollicitude. Mais, dans les lois pénales des diverses nations, la limite assignée à l'excuse de la minorité n'a pas autant d'étendue que dans le Droit criminel français ; moins longue est la durée de la protection qui sauvegarde les premières années de l'homme. Prenons au hasard quelques exemples. Une entière irresponsabilité, mettant l'agent à couvert de tout châtiment, l'accompagne jusqu'à *sept* ans en Angleterre (1), *neuf* ans en Espagne, *dix* ans en Autriche (2) et dans la Louisiane (3), *quatorze* ans dans le Piémont et le Brésil. La présomption favorable pour le mineur cesse à *quatorze* ans en Angleterre, en Autriche et en Italie, à *quinze* ans en Espagne et dans les États-Unis. La législation étrangère est donc — dans l'hypothèse actuelle — plus rigoureuse que la nôtre : ce qui ne signifie point qu'elle lui soit supérieure.

Tout ce que nous venons d'exposer peut se résumer à cette règle invariable : A seize ans, le délinquant est soumis à l'application de la pénalité ordinaire, pourvu, bien

(1) Voy. MM. Blakstone, *Commentaire sur le Code Criminel d'Angleterre*, t. 1, p. 20.
    Henry Stephen, *Summary of the criminal law*, p. 3.
(2) Voy. Code Pénal général d'Autriche, 1re part., art. 2, et 2e part., art. 4, — art. 10, 11, 13, 18.
(3) « To know the nature and illegality of the act which constituted the offence. » Code of crimes and punishments, art. 29 et 30.

entendu, qu'il soit dans les conditions d'imputabilité exigées par la loi. Lorsque le délinquant a moins de seize ans, la présomption de raison morale chez l'agent ne s'applique plus, et il y a lieu, selon les cas, de prononcer l'acquittement ou l'absolution partielle. Nous traiterons plus loin ces deux points.

La minorité de seize ans est un cas d'excuse légale. Bien que de nombreux auteurs, MM. Rauter, Ortolan, Blanche, Le Sellyer, Chauveau et Faustin Hélie, soutiennent, et avec raison, l'affirmative (1), M. Boitard, dont l'esprit d'antagonisme se fait jour à chaque page de ses *Leçons sur le Droit Pénal*, se déclare formellement en faveur de la négative (2). Nous ne chercherons pas à réfuter l'opinion de M. Boitard, la jurisprudence contraire des Cours d'Appel et la doctrine suivie par nos criminalistes les plus compétents y suffisent amplement.

L'acquittement de l'article 66 et l'excuse des articles 67 et suivants, C. P. sont fondés sur l'idée de justice. Le délit est imputable à l'agent, mais à un moindre degré. Le mineur de seize ans (3) n'a pas la plénitude de sa raison

(1) Voy. MM. Rauter, *Droit Criminel*, n° 83.

Ortolan, *Éléments de Droit Pénal*, n° 1113.

Le Sellyer, *Traité de la Criminalité*, t. 1.

Blanche, *Études pratiques sur le Code Pénal*, t. 11, n° 222.

Chauveau et Faustin Hélie, *Théorie du Code Pénal*, t. 1.

(2) Voy. M. Boitard, *Leçons sur le Droit Pénal*, p. 334 et 340.

(3) Dans notre ancienne jurisprudence, au lieu du mot *mineurs* on employait les expressions : *Moindres d'ans* et *soubs aages*. La pre-

morale et de sa liberté; la peine est atténuée. Les articles 66, 67, 68 et 69 ont donc uniquement pour but de
subvenir à la faiblesse de l'âge. C'est l'avis de la Cour de
Cassation :

ARRÊT du 3 *février* 1849...... Bull. n° 15.

A quel moment le mineur doit-il avoir moins de seize ans?

L'agent doit avoir moins de seize ans au moment de
l'action :

ARRÊT de la Cour de Cassation du

6 *août* 1810....... Sirey, 1810;

peu importe qu'il atteigne sa seizième année entre l'action
et le jugement. Ainsi, tant que la seizième année n'est pas
accomplie avant l'acte, la minorité de seize ans existe (1);
ici disparaît donc le vieil adage : *Annus incœptus pro com-
pleto habetur.*

Comment se fera la preuve de la minorité de seize ans ?

La minorité de l'accusé ou du prévenu se prouvera par
la production de son acte de naissance.

Mais, l'accusé qui n'a pu faire constater son âge par la
production de cet acte, doit-il perdre le bénéfice de la loi?
La question fit naître une controverse entre la doctrine et
la jurisprudence. MM. Legraverend, Carnot, Chauveau et

mière désignait les pupilles, la seconde les mineurs proprement dits.
— Estienne Pasquier, *Les recherches de la France*, Liv. VIIe, Ch. XLVII,
p. 902.

(1) Voy. ce qui a été dit à cet égard, p. 269.

Faustin Hélie se sont faits les défenseurs de la négative contre la Cour de Cassation (1).

ARRÊTS des :

10 *avril* 1821. . . . . J. P., t. XVI, p. 559,
17 *mars* 1838. . . . . Sirey, 1838.

Si le prévenu ne peut présenter son acte de naissance, il y a présomption légale qu'il n'était pas âgé de moins de seize ans : telle est la raison que donne la Cour de Cassation. En vérité, elle n'est guère logique. Sur quelle disposition de la loi s'appuie-t-elle? De ce que la preuve authentique d'un fait n'est pas produite, comment conclure qu'elle n'existe pas; comment une simple omission peut-elle faire naître une présomption légale ? Et cette présomption pourquoi la refuser à l'accusé? L'âge de seize ans accomplis est une circonstance aggravante, n'est-ce pas alors au ministère public à l'établir ?

Cependant, la Cour suprème se rallia à la doctrine, dans un

ARRÊT du 20 *septembre* 1850. . . . . Sirey, 1850, rendu sur le rapport de M. Faustin Hélie. L'arrêt vise les articles : 340, C. I. C., 66 et 67, C. P. (2), et déclare que la question de savoir si l'accusé a moins de seize ans, devant amener pour ou contre ce dernier une solution essentiellement modificative de la criminalité, doit être

(1) Voy. Legraverend, *Législation criminelle*, t. II, p. 229.
Carnot, *Commentaire sur le Droit Pénal*, t. I, p. 259.
Chauveau et Faustin Hélie, *Théorie du Code Pénal*, t. I,
p. 473.
(2) Voy. p. 371, 375, 408, le texte de ces articles.

posée au jury toutes les fois que les énonciations de l'arrêt de la mise en accusation ou les résultats des débats paraissent l'indiquer. En effet, l'âge de l'accusé est un fait, un fait qui doit exercer une notable influence sur l'application de la pénalité ; or, dans l'incertitude, ce fait comme tous les autres, doit être soumis à l'appréciation du jury (1). Celui-ci aura recours à tous les moyens de preuves légaux (2); le doute sera toujours en faveur de l'accusé.

(1) Le Sellyer, *Traité de la Criminalité*, t. 1, n° 101.
   Voy. aussi p. 363 note 1, les auteurs cités.

(2) Parmi les preuves légales figure la preuve par témoins. A cet égard, nous ferons ici une remarque. Les attentats, envisagés abstractivement, constituent des crimes, mais si l'on doit les considérer en appréciant la gravité qu'ils reçoivent de leur perpétration par l'agent du délit, le faux témoignage en pareille matière, c'est-à-dire en matière de crimes commis par un mineur de seize ans, et par conséquent justiciable des tribunaux correctionnels, le faux témoignage, dis-je, rendu devant ces derniers tribunaux sera puni conformément à l'article 362 (1°, 2°), C. P., et non pas comme le faux témoignage en matière criminelle. Ainsi l'a jugé la Chambre d'accusation de la Cour d'Angers par un ARRÊT du 15 *janvier* 1850 (Sirey, 1850).

Voici la disposition de l'article 362 :

ARTICLE 362, C. P. — 1° *Quiconque sera coupable de faux témoignage en matière correctionnelle, soit contre le prévenu, soit en sa faveur, sera puni d'un emprisonnement de deux ans au moins et de cinq ans au plus, et d'une amende de cinquante francs à deux mille francs.*

2° *Si néanmoins le prévenu a été condamné à plus de cinq années d'emprisonnement, le faux témoin qui a déposé contre lui subira la même peine.*

L'ancien article 362 portait la peine de la réclusion, la loi de 1832 qui abrogea ce texte ne modifia point la peine. Actuellement, la réclusion est le châtiment réservé au faux témoignage en matière criminelle. La loi du 13 mai 1863, après avoir de nouveau abrogé l'article 362, le reconstitua tel que nous l'avons cité.

Mais, objecte-t-on, si l'accusé ne présente pas ou refuse de présenter comme excuse sa minorité de seize ans ? Avouons que c'est là une subtilité, une objection que des esprits peu sérieux peuvent seuls émettre ; car on voit rarement, — peut-être même pourrais-je dire jamais, — un accusé, surtout d'un âge aussi jeune, négliger ou rejeter un moyen de défense que la loi lui donne. Néanmoins, admettons un instant que le cas supposé se présente, *quid juris ?* Rien de plus simple. Alors même que l'accusé n'aurait pas opposé sa minorité de seize ans, on doit rechercher s'il est mineur de cet âge. Devrait-il donc être victime de son imprévoyance ? « Faudrait-il » que l'accusé, dit M. Carnot, porte sa tête sur l'écha- » faud, lorsqu'il pourrait être si facilement constaté » qu'il n'avait pas réellement l'âge de seize ans accom- » plis, quand il s'était rendu coupable(1). » Non, il est du devoir du ministère public de s'assurer de l'âge de l'accusé ou du prévenu, et d'en faire valoir l'excuse en sa faveur. Du reste, l'avocat dans sa défense suppléera toujours au silence de l'accusé.

Le condamné, qui, devant la juridiction compétente, n'aurait pas fait la preuve qu'il était âgé de moins de seize ans accomplis au moment du crime ou du délit, pourrait la faire devant la Cour de Cassation, si le recours a été formé.

ARRÊT de la Cour de Cassation du

0 *messidor,* an VIII.......... J. P., 1800.

_____

(1) *Commentaire sur le Droit Pénal.*

MM. Carnot et Dalloz (1) professent la même opinion.

Dans la législation de 1810, la minorité de seize ans n'agissait que sur la peine ; de nos jours, elle influe en outre sur la compétence. Occupons-nous tout d'abord de l'effet produit sur la compétence par la minorité de seize ans.

Le Code Pénal de 1810 faisait indistinctement comparaître les mineurs de seize ans devant la Cour d'Assises. La loi du 25 juin 1824 fut moins rigoureuse à leur égard, et modifia dans son article 1er l'ancienne procédure.

LOI DE 1824, ARTICLE 1er : « Les mineurs âgés de moins de seize ans, qui n'auront pas de complices au-dessus de cet âge, et qui seront prévenus de crimes autres que ceux auxquels la loi attache la peine de mort, celle des travaux forcés à perpétuité, ou celle de la déportation, seront jugés par les tribunaux correctionnels qui se conformeront aux articles 66, 67 et 68 du Code Pénal (2). »

La loi du 28 avril 1832 (art. 12), a fait passer dans l'article 68 du Code Pénal l'article 1er de la loi du 25 juin 1824, en y ajoutant la peine politique de la détention.

ARTICLE 68 (Liv. II.). — *L'individu, âgé de moins de seize ans, qui n'aura pas de complices présens au-dessus de cet âge, et qui sera prévenu de crimes autres que ceux que la loi punit de la peine de mort, de celle des travaux forcés à perpétuité, de la peine de la déportation ou de celle*

_____

(1) Carnot, *Commentaire sur le Droit Pénal.*
  Dalloz, *Jurisprudence générale,* — au mot *Peine.*

(2) Nous donnerons plus loin, sous les articles actuellement en vigueur, le texte des anciens articles 67 et 68 dont parle la loi de 1824. Quant à l'article 66, il n'a reçu aucune modification.

*de la détention, sera jugé par les tribunaux correctionnels,
qui se conformeront aux deux articles ci-dessus.*

— La question d'excuse peut, en matière de compétence,
être examinée et résolue par le juge des mises en prévention et celui des mises en accusation. Si le juge d'instruction reconnaît que le mineur de seize ans, poursuivi pour
crime, est justiciable du tribunal de police correctionnelle,
il peut prononcer le renvoi à ce tribunal, sans examen
par la chambre d'accusation. La Cour de Cassation,

ARRÊT du 20 *avril* 1850 . . . . . . Bull. n° 135,

l'avait ainsi jugé pour la chambre du conseil, avant
la loi votée le 18 juin 1856 et promulguée le 17 juillet de
la même année (1).

De ce que les crimes commis par un mineur de seize
ans, que l'article 68, C. P. fait rentrer dans la compétence
des tribunaux correctionnels, et qui ne sont par conséquent
passibles que de peines correctionnelles, sont assimilés

---

(1) La loi du 17 juillet 1856 a supprimé la chambre du conseil et
en a transporté les fonctions au juge d'instruction seul.

Cette suppression de la chambre du conseil a été prononcée pour
deux raisons : 1° Cette chambre n'offrait pas une grande utilité,
attendu qu'il suffisait, dans l'hypothèse la plus grave, celle du renvoi
de l'affaire à la chambre des mises en accusation, qu'un seul juge fût
de l'avis du renvoi pour qu'il eût lieu. Or, c'était habituellement le
juge d'instruction qui formulait cet avis. Du reste, la connaissance
personnelle que ce dernier avait de l'affaire, par les actes d'instruction
auxquels il s'était livré, faisait le plus souvent prévaloir son opinion
dans le sein de la chambre ;

2° L'examen auquel cette chambre du conseil était obligée de se
livrer était une cause de lenteur qui prolongeait la détention préalable.

à de simples délits, il résulte qu'ils devront se prescrire par trois ans et non point seulement par dix ans (art. 638, C. I. C.) (1) :

ARRÊTS des Cours

de Cassation des : 22 *mai* 1841 . . .   Sirey, 1841,
                 25 *août* 1864 . . .   — 1865 1 101,
                 10 *décembre* 1869.   — 1870,
de Bourges des : 11 *juin* 1868. . .⎫
                 12 *novembre* 1868.⎭ Sirey, 1869 2 100.

Déjà la Cour d'Angers s'était opposée à cette jurisprudence dans un

ARRÊT du 3 *décembre* 1849. . .   Sirey, 1850 2 289.

---

(1) ARTICLE 638. — *Dans les deux cas exprimés en l'article précédent et suivant les distinctions d'époques qui y sont établies, la durée de la prescription sera réduite à trois années révolues, s'il s'agit d'un délit de nature à être puni correctionnellement.*

L'article 637, C. I. C. étant nécessaire à l'intelligence complète de l'article 638, nous en donnons la teneur :

ARTICLE 637. — *L'action publique et l'action civile résultant d'un crime de nature à entraîner la peine de mort ou des peines afflictives perpétuelles, ou de tout autre crime emportant peine afflictive ou infamante, se prescriront après dix années révolues à compter du jour où le crime aura été commis, si dans cet intervalle il n'a été fait aucun acte d'instruction ni de poursuite.*

S'il a été fait, dans cet intervalle, des actes d'instruction ou de poursuite non suivis de jugement, l'action publique et l'action civile ne se prescriront qu'après dix années révolues, à compter du dernier acte, à l'égard même des personnes qui ne seraient pas impliquées dans cet acte d'instruction ou de poursuite.

Voy. Code Pénal du 25 septembre — 6 octobre 1791, 1ʳᵉ part., tit. VI, art. 1 et 2.

C. D. P. du 3 brumaire, an IV (25 octobre 1795), art. 9 et 10.

Les mineurs de seize ans, nous le répétons, ne sont traduits devant les Cours d'Assises que dans deux cas : 1° lorsqu'ils sont accusés de crimes que la loi punit de mort, des travaux forcés à perpétuité, de la déportation ou de la détention ; et 2° quand ils ont des complices (1)

(1) Par *complices*, le Code désigne tous les individus, autres que les auteurs, qui *sciemment* ont joué dans le délit un certain rôle, sans avoir été les agents matériels et directement producteurs du délit.

— Quelle est l'étymologie du mot *complice?* M. E. Pasquier *(Recherches de la France*, Liv. viₑ, Ch. ii, p. 807), la découvre dans la langue gauloise : « Je repute, dit-il, le mot complice Gaulois, pour » n'estre François, Grec, ny Latin. » Peu juste est ce raisonnement. De ce qu'un mot n'est ni français, ni grec, ni latin, il ne s'ensuit pas infailliblement qu'il doive être gaulois : on serait tout aussi près de la vérité en déclarant qu'il est hébreu, turc ou arabe. M. Pasquier aurait au moins dû donner comme preuve de la vérité de son assertion, l'expression gauloise génératrice du mot complice. C'est là un petit oubli, bien involontaire sans doute. A moins cependant que complice soit cette expression même. Il est permis d'en douter.

Le mot complice, à notre avis, tire son origine de *complexus*, *complecti* (lier et frapper avec), et dérive par conséquent de la langue latine. A l'appui de notre croyance, nous citerons Sidoine Apollinaire, évêque de Clermont, épistolographe et poète, Cassiodore, polygraphe du ivₑ siècle, et Isidore, évêque de Séville, théologien et grammairien du viₑ siècle, auteurs dont les écrits (d'une basse latinité, il est vrai, — mais notre langue est née en partie du latin de la décadence), usent souvent du mot latin *complices* (de *complex*, *icis*) pour désigner des complices. Or, entre *complices* et complices quelles sont les différences ? Il n'en existe pas, à part la prononciation qui ne peut être la même : ceci se passe d'explication. Que *complices* soit un néologisme, personne n'en doute ; mais ce qu'on ne saurait nier, c'est que *complices* vienne de *complecti*, mot d'une excellente latinité, car il se trouve à satiété dans les œuvres des meilleurs écrivains de l'Italie primitive, tels que Cicéron, Quinte-Curce, Suétone, Salluste, Valère Maxime.

L'étymologie du mot complice appartient donc à la langue latine.

au-dessus de seize ans. Pourquoi cela? Parce que, dans le premier cas, le législateur, à cause de la gravité des crimes punis par les peines qu'énumère l'article 68, C. P., a voulu sans doute réserver l'examen de la culpabilité au juge spécial des crimes, au jury.

Dans le second cas, l'indivisibilité de la procédure exige que tous ceux qui ont pris part au crime comparaissent devant la même juridiction. La complicité, d'ailleurs, nous donne l'idée d'un lien qui unit plusieurs agents dans le délit et qui doit les unir dans le châtiment. Or, ce lien, dans le même délit, aura toujours pour effet nécessaire de produire une indivisibilité dans les poursuites, dans la procédure, et d'étendre, au besoin, la compétence pour permettre de juger ensemble les divers participants au délit.

— D'après la jurisprudence, la Cour d'Assises, devant laquelle un accusé de moins de seize ans serait renvoyé à raison de l'incertitude de son âge, ne peut se déclarer incompétente, après avoir reconnu que cet accusé a moins de seize ans. Pour cela, double motif : 1° Les arrêts des chambres d'accusation, qui ne sont qu'indicatifs de juridiction à l'égard des tribunaux correctionnels, sont attributifs de cette juridiction pour les Cours d'Assises; 2° Ces Cours d'Assises, étant investies de la plénitude de la juridiction criminelle, ne doivent jamais se déclarer incompétentes, soit à raison de la nature des faits, soit à raison de la qualité des personnes.

Arrêts de la Cour de Cassation des :

20 avril 1827.... Bull. n° 89,

13 juillet — .... — n° 182,

14 *septembre* 1827 .... Bull. n° 240,

5 *juillet* 1832...... J^{al} du D^t. C^{el}. 1832, p. 164.

— Le juge, devant lequel le mineur est traduit, a trois questions à se poser et à résoudre : 1° la *culpabilité*, 2° l'*âge*, 3° le *discernement*. En définitive, la minorité de seize ans et l'absence de discernement influent directement sur la peine; elles ne doivent donc passer qu'après la question de culpabilité. Du reste, il est dans la logique même des choses que l'on ne peut excuser ou acquitter quelqu'un qu'après avoir examiné s'il est coupable ou non.

Mais quel est le juge compétent pour statuer sur la minorité de seize ans et sur le discernement ?

1° Dans les questions soumises au jury, c'est le jury.

Arrêts de la Cour de Cassation des :

20 *avril* 1827 (déjà cité),
4 *mai* 1830....... Bull. n° 145,
20 *septembre* 1846. . — n° 258,
20 *septembre* 1850. . — n° 320.

Le président de la Cour d'Assises, aux termes de l'article 340 du Code d'Instruction criminelle, posera au jury, à peine de nullité, dit la loi du 28 avril 1832, art. 4, cette question : L'accusé a-t-il agi avec dicernement ?

Article 340, C. I. C. (Liv. II, Tit. II, Chap. IV, Sect. I).
— *Si l'accusé a moins de seize ans, le président posera, à peine de nullité, cette question :*

« *L'accusé a-t-il agi avec discernement ?* »

Il en était de même dans la législation de 1791.

Voici la disposition du Code Pénal du 25 septembre — 6 octobre 1701, 1ʳᵉ partie, titre v :

ARTICLE 1ᵉʳ : « Lorsqu'un accusé, déclaré coupable par le jury, aura commis le crime pour lequel il est poursuivi, avant l'âge de seize ans accomplis, les jurés décideront, dans les formes ordinaires de leurs délibérations, la question suivante : — « Le coupable a-t-il commis le crime avec ou sans discernement ? »

Toutefois, de ce que le Code de 1701 et celui de 1810 n'enjoignaient pas au président de poser la question de discernement *à peine de nullité,* faut-il conclure que l'omission de cette formalité entraînait l'annulation de l'arrêt de condamnation ? La Cour de Cassation, infirmant plusieurs arrêts des Cours d'Assises pour défaut de question, a décidé l'affirmative.

ARRÊTS des :

    0 *thermidor,* an VIII,

    8 *brumaire,* an IX,

    10 *avril* 1822. . . . .   Sirey, 1822.

Quelle utilité présente donc cette mention « *à peine de nullité* » ajoutée par la loi de 1832 à l'article 340, C. I. C.? On ne l'aperçoit guère. Cependant nous croyons que l'intention du législateur, en précisant davantage le texte de la loi, a été de mettre fin aux difficultés suscitées par la doctrine, d'éviter tout différend dans la jurisprudence et de rendre *indispensablement obligatoire* la position au jury de la question de discernement. La loi de 1832 a consacré la jurisprudence de la Cour suprême. Ainsi, plus de controverse possible, d'ailleurs tous les doutes s'évanouissent devant les termes formels de l'article 408 du Code d'Instruction criminelle.

ARTICLE 408, § 1er, C. I. C. (Liv. II, Tit. III, Chap. I, § 1er). — *Lorsque l'accusé aura subi une condamnation, et que, soit dans l'arrêt de la cour royale qui aura ordonné son renvoi devant une cour d'assises, soit dans l'instruction et la procédure qui auront été faites devant cette dernière cour, soit dans l'arrêt même de condamnation, il y aura eu violation ou omission de quelques-unes des formalités que le présent Code prescrit sous peine de nullité, cette omission ou violation donnera lieu, sur la poursuite de la partie condamnée ou du ministère public, à l'annulation de l'arrêt de condamnation et de ce qui l'a précédé, à partir du plus ancien acte nul.*

Ce principe, étendu à l'article 340, C. I. C. par la loi du 28 avril 1832, est bien antérieur au Code Pénal de 1810. Déjà le *Code des délits et des peines* du 3 brumaire an IV (25 octobre 1795) l'avait établi dans l'article qu'on va lire :

ARTICLE 456 : « Le tribunal de cassation ne peut annuler les jugemens des tribunaux criminels que dans les cas suivants : . . . . . — 2° Lorsque des formes ou procédures prescrites par la loi, sous peine de nullité, ont été violées ou omises ; . . . . . »

— *Quid* si le mineur est renvoyé devant la Cour d'Assises à raison de plusieurs chefs d'accusation ? Le président devra poser une question de discernement sur chaque chef séparément. Le discernement, en effet, est un des éléments essentiels de la culpabilité légale, et, par suite, la substance de l'accusation sur chacun des crimes qui en font l'objet. Du reste, une question unique commune à tous les chefs serait nulle pour vice de complexité.

ARRÊT de la Cour de Cassation du 9 *février* 1854. . . . . . . Bull. n° 30.

2° En matière correctionnelle, ce sont les juges qui statueront sur les questions de minorité et du défaut de discernement. Ce point est constant.

Une règle applicable aussi bien à la juridiction criminelle qu'à la juridiction correctionnelle, c'est que la question sur le discernement une fois posée et résolue, constatation en sera faite dans le jugement à peine de nullité.

ARRÊTS de la Cour de Cassation des :

20 *mars* 1841............. Bull. n° 74,
12 *août* 1843 .... Bull. n° 205.

— En matière de simple police, quel est le juge compétent pour statuer sur le défaut de discernement et sur l'excuse de minorité? Et d'abord, celle-ci s'applique-t-elle aux contraventions prévues par le Code Pénal, et aux infractions punies par des lois spéciales de police? Nous renvoyons l'examen de ces questions à la fin de la présente Section.

—Terminons ces notions préliminaires par une observation d'un certain intérêt. Il ne faut point confondre le défaut de discernement avec l'intention criminelle, comme on serait peut-être tenté de le faire. L'intention criminelle est le fait, chez le mineur de seize ans, de s'être proposé le crime en agissant. Le mineur, au contraire, a agi sans discernement lorsque, sentant que l'acte qu'il commettait était mauvais, il n'en comprenait pas bien la portée et l'étendue, et ignorait probablement qu'il s'exposait à une pénalité grave.

La période au-dessous de seize ans est, dans la loi pénale, une période de doute : le mineur, à cause de son âge, est excusable. Cependant il faut distinguer deux hypothèses : 1° Le mineur peut être reconnu avoir agi avec discernement ; 2° ou, au contraire, avoir agi sans discernement. Cette distinction est importante, car, dans le premiers cas, la peine est seulement mitigée, tandis que, dans le second, elle est entièrement effacée, il y a alors irresponsabilité complète.

I

Le mineur a agi *avec discernement.*

En ce cas, la peine subsiste, mais elle est atténuée. Dans quelle proportion? Deux hypothèses sont encore à considérer, selon qu'il s'agit d'un crime ou d'un délit.

Il s'agit d'un crime.

La peine est diminuée de la manière suivante :

ARTICLE 67, C. P. (Liv. II). — *S'il est décidé qu'il (le mineur) a agi* AVEC DISCERNEMENT, *les peines seront prononcées ainsi qu'il suit :*

S'il a encouru la peine de mort, des travaux forcés à perpétuité, de la déportation, il sera condamné à la peine de dix à vingt ans d'emprisonnement dans une maison de correction.

S'il a encouru la peine des travaux forcés à temps, de la détention ou de la réclusion, il sera condamné à être renfermé dans une maison de correction, pour un temps égal au tiers

25

au moins et à la moitié au plus de celui pour lequel il aurait pu être condamné à l'une de ces peines.

Dans tous les cas, il pourra être mis, par l'arrêt ou le jugement, sous la surveillance de la haute police pendant cinq ans au moins et dix ans au plus.

S'il a encouru la peine de la dégradation civique ou du bannissement, il sera condamné à être enfermé, d'un an à cinq ans, dans une maison de correction.

Plus sévère était la législation de 1701. Que disait, en effet, le Code Pénal du 25 septembre — 6 octobre 1701 ? L'article 3 (1ʳᵉ partie, titre v), nous répond :

ARTICLE 3 : « Si les jurés décident que le coupable a commis le crime avec discernement, il sera condamné ; mais en raison de son âge, les peines suivantes seront commuées :

» Si le coupable a encouru la peine de mort, il sera condamné à vingt années de détention dans une maison de correction.

» S'il a encouru les peines des fers, de la réclusion dans la maison de force, de la gêne ou de la détention, il sera condamné à être enfermé dans la maison de correction pendant un nombre d'années égal à celui pour lequel il aurait encouru l'une desdites peines, à raison du crime qu'il a commis. »

L'ancien article 67, C. P., à part les peines de la détention et du carcan, l'une ajoutée, l'autre abolie par la loi du 28 avril 1832, ne différait pas de l'article 67 actuellement en vigueur.

Les dispositions de ce dernier texte sont assez claires pour se passer de commentaire.

La difficulté réside tout entière dans cette question : Quelle pénalité sera applicable au mineur de seize ans ayant agi avec discernement, lorsque des circonstances atténuantes auront été admises en sa faveur ? — On n'a

point oublié que les circonstances atténuantes devront
parfois, dans l'avantage du coupable, se combiner avec
les excuses atténuantes. — Quatre cas spéciaux peuvent
se présenter. Nous allons les examiner successivement (1).

1er *Cas.* — Le crime emporte la peine de mort (art. 12,
C. P.).

Le mineur pourra n'être plus condamné qu'à vingt mois
d'emprisonnement. Prouvons-le. L'article 463 du Code
Pénal, lorsque les circonstances atténuantes sont admises,
remplace la peine de mort, soit par les travaux forcés à
perpétuité, soit par les travaux forcés à temps (2). Le
minimum de cette dernière peine est de cinq ans (3). Or,
l'article 67 3° porte que le mineur, condamné à la peine des
travaux forcés à temps, ne pourra subir que le tiers du
minimum de cette peine, ce qui constitue un emprisonnement de vingt mois.

La Cour de Cassation a confirmé cette solution,

ARRÊT du 15 *janvier* 1825. . . . . . Bull. n° 4.

Nous venons d'indiquer la marche suivie par la loi pour
la réduction de la pénalité que le mineur a encourue. Sur

_____

(1) Les explications qui précèdent et celles qui vont suivre se doivent comprendre, soit que le mineur ait été traduit devant la Cour
d'Assises ou devant le tribunal correctionnel, soit que les circonstances
atténuantes (quant au point qui nous occupe) aient été accordées
par le jury ou par les juges.

(2) ARTICLE 463, C. P. — .... *Si la peine prononcée par la loi est
la mort, la cour appliquera la peine des travaux forcés à perpétuité ou
celle des travaux forcés à temps.*

(3) ARTICLE 19, C. P. — *La condamnation à la peine des travaux forcés à temps sera prononcée pour cinq ans au moins, et vingt ans au plus.*

quels motifs est basée cette procédure ? La Cour suprême l'expose en ces termes : « Si la Cour d'Assises doit tenir compte de chacune de ces circonstances (reconnaissance que le mineur a agi avec discernement, déclaration de circonstances atténuantes) pour l'application de la peine, ce ne peut être qu'en prenant pour point de départ les réponses du jury. » C'est seulement après avoir ainsi fixé, eu égard à tous les éléments de ces réponses, la peine légalement applicable, qu'elle doit la modifier encore, conformément aux dispositions de l'article 67 du Code Pénal, et en vue de la minorité de l'accusé. Cette manière de procéder, qui s'accorde avec les règles relatives à l'application de l'article 463 du Code Pénal, soit que l'on considère ses conséquences, soit que l'on considère l'esprit de la loi, s'appuie d'ailleurs sur le texte même de l'article 67, lequel, en effet, pose pour base de l'atténuation de peine, dérivant de la minorité de l'accusé qui a agi avec discernement, la détermination préalable de la peine encourue indépendamment de la qualité de mineur. »

Arrêt du 24 *mars* 1853. . . . . . Bull. n° 111.

Si l'emprisonnement prononcé contre le mineur est parfois réduit au minimum de cinq ans, l'article 67 permet toujours aux juges de l'élever jusqu'au double. Expliquons-nous. Le mineur est reconnu coupable d'un crime emportant la peine de mort; les circonstances atténuantes accordées par le jury convertissent cette peine en celle des travaux forcés à temps. Le maximum des travaux forcés à temps étant de vingt ans, et l'article 67 ne condamnant le mineur qu'à la moitié de ce maximum, il en résulte que celui-ci subira un emprisonnement de dix ans.

En ce sens :

Arrêts de la Cour de Cassation des :

      26 *février* 1841 . . . . . . Bull. n° 53,

      27 *mai* 1852 . . . . — n° 160,

      24 *mars* 1853 (déjà cité).

Mais que décider lorsque, au moyen des circonstances atténuantes, la peine de mort encourue par le mineur a été abaissée d'un seul degré, c'est-à-dire réduite aux travaux forcés à perpétuité? Ici la difficulté s'accroît. L'article 67 2° condamne à un emprisonnement de dix à vingt ans le mineur qui a mérité la peine des travaux forcés à perpétuité. Cette disposition de la loi est-elle juste? La Cour de Cassation n'en doute pas, et l'affirme même dans un

Arrêt du 9 *juillet* 1841 . . . . . . Bull. n° 209.

Il est vrai que l'article 463, C. P. semble avoir reçu pleine satisfaction, puisque la peine de mort a été remplacée par les travaux forcés à perpétuité, peine moins rigoureuse. Il est également vrai que les travaux forcés à perpétuité se sont convertis en un emprisonnement de dix à vingt ans. Ce qui n'est plus vrai, c'est que cet emprisonnement soit un adoucissement de la peine représentant la peine de mort. Ce ne serait vrai que si la peine, représentant pour le mineur ce dernier châtiment, était une peine plus rigoureuse que cet emprisonnement. Mais si cet emprisonnement représente tout aussi bien la peine de mort que celle des travaux forcés à perpétuité (1), en y condamnant le mineur, il est évident qu'on le punit comme

(1) Voy. le texte de l'article 67 2°.

s'il encourait la peine de mort. On ne tient donc plus compte des circonstances atténuantes, et l'on viole l'article 463, C. P.

A cette considération vient s'en ajouter une autre. L'article 67, en substituant aux peines de mort et des travaux forcés à perpétuité un emprisonnement de dix à vingt ans, entend donner à chacune de ces peines la même gravité, par conséquent, la seconde ne sera plus un adoucissement de la première. Il faut en conclure que l'effet des circonstances atténuantes à l'égard du mineur passible de la peine de mort ou des travaux forcés à perpétuité, sera le même, celui de restreindre à dix ans la durée la plus longue de l'emprisonnement.

En définitive, je n'admets pas qu'un emprisonnement de plus de dix ans soit prononcé contre le mineur, bien que l'article 67 2° déclare expressément que le coupable ayant encouru la peine de mort, ou celle des travaux forcés à perpétuité, sera condamné à un emprisonnement de dix à *vingt ans* dans une maison de correction.

La déportation, comme châtiment applicable au mineur et réductible d'après l'article 67 2°, C. P., donnerait lieu aux mêmes observations.

En parlant dès maintenant de la déportation, nous anticipons sur le deuxième cas, mais, en agissant ainsi, notre but est de mieux faire ressortir la défectuosité de la loi dans l'exposé qui va suivre.

On n'aperçoit pas le motif qui a déterminé le législateur à reconnaître, dans l'article 67, la même gravité aux peines de mort, des travaux forcés à perpétuité et de la déportation, alors que plus d'un texte du Code Pénal établit entre elles une parfaite distinction, et attribue à chacune une importance et une destination particulières. Pourquoi le législateur aurait-il pris le soin de les classer (art. 7, C. P.), (1), si, par là, il n'avait pas eu l'intention d'assigner à chaque peine une portée différente, un caractère propre, et d'éviter toute confusion, quelque légère qu'elle fût.

D'ailleurs, la peine de mort étant plus rigoureuse que celle des travaux forcés à perpétuité, et la déportation étant moins rigoureuse que les précédentes (2), n'est-

---

(1) Article 7. — *Les peines afflictives et infamantes sont :*
1° *La mort ;*
2° *Les travaux forcés à perpétuité ;*
3° *La déportation ;* etc......

(2) Nul doute que la peine de mort, placée au sommet de l'échelle pénale, soit plus rigoureuse que la déportation. Du reste, l'une ôte la vie, l'autre au contraire a remplacé la peine capitale en matière politique (Loi du 8-16 juin 1850, art. 1er, — Constitution du 4 novembre 1848, art. 5).

Mais est-il bien vrai de dire que la déportation soit moins rigoureuse que les travaux forcés à perpétuité ? Assurément. Ces deux peines ont ceci de commun qu'elles entraînent la transportation (Loi du 30 mai — 1er juin 1854, art. 1er modifiant les art. 15 et 16 C. P., — et art. 17 t., C. P. rectifié par la loi du 9 septembre 1835), mais les travaux forcés à perpétuité astreignent toujours le coupable à de pénibles travaux de colonisation ou d'utilité publique (Art. 15, C. P., — Loi du 30 mai - 1er juin 1854, art. 2), tandis que la déportation ne le soumet à aucun travail (Loi du 8-16 juin 1850, art. 6 t.).

De plus, l'article 17 t., C. P. déclare que tout déporté qui rentre sur le territoire de France sera, sur la seule preuve de son identité, condamné aux travaux forcés à perpétuité. Or, c'est là une aggravation de peine, et toute aggravation pénale nécessite l'application au coupable d'une peine plus forte que celle qui le frappait primitivement.

il pas juste, quand il s'agit de les atténuer, que l'atténuation s'effectue proportionnellement à la gravité de la peine, de telle sorte que le coupable qui a mérité les travaux forcés à perpétuité subisse un châtiment moindre que celui qui a encouru le dernier supplice ? Cette vérité est incontestable. Et cependant l'article 67 2°, C. P. inflige indistinctement la même pénalité aux mineurs passibles de la peine de mort, des travaux forcés à perpétuité ou de la déportation. Il y a là une injustice, une lacune regrettable dans la loi pénale (1). Il était pourtant si facile d'y remédier : une simple modification apportée aux termes de l'article 67 2° suffisait pour faire disparaître toute difficulté. Par exemple, la disposition de la loi serait exacte, ainsi conçue : « S'il (le mineur) a encouru la peine de mort, des travaux forcés à perpétuité, de la déportation, il sera condamné à la peine de *vingt, quinze et dix* ans d'emprisonnement dans une maison de correction. »

Une semblable disposition offrirait une pénalité sagement réglée, et, par suite, toute confusion serait désormais impossible dans l'application du châtiment.

Les travaux forcés à perpétuité sont donc une peine plus rigoureuse que la déportation.

Bien entendu, il s'agit, dans ce que nous venons d'exposer, des deux espèces de déportation : la déportation dans un enceinte fortifiée, et la déportation simple.

(1) L'imperfection qui règne dans l'alinéa 2 de l'article 67, C. P., se reproduit dans le dernier alinéa où le mineur, passible de la dégradation civique ou du bannissement, peines d'une gravité différente, est condamné au même châtiment (1 an à 5 ans d'emprisonnement).

2me *Cas.* — Le crime emporte les travaux forcés à perpétuité ou la déportation (art. 15, 16, C. P., Loi du 3 mai 1854 ; art. 17, C. P., Loi du 8-16 juin 1850).

Le mineur peut n'être condamné qu'à un emprisonnement de dix ans, de cinq ans, de vingt mois et d'un à cinq ans. En effet, le maximum des peines, les circonstances atténuantes admises (1), est de dix et vingt ans, et le minimum de cinq années (2).

On ferait ici le même raisonnement que dans le premier cas.

Nous renvoyons aux explications déjà données touchant la déportation (3).

(1) ARTICLE 463, C. P. — ..... *Si la peine est celle des travaux forcés à perpétuité, la cour appliquera la peine des travaux forcés à temps ou celle de la réclusion.*

Si la peine est celle de la déportation dans une enceinte fortifiée, la cour appliquera celle de la déportation simple ou celle de la détention ; mais dans les cas prévus par les articles 96 et 97 (Voy. p. 105, note 1, et p. 116, note 1, le texte de ces articles), la peine de la déportation simple sera seule appliquée.

Si la peine est celle de la déportation, la cour appliquera la peine de la détention ou celle du bannissement.

(2) Voy. p. 377, note 3, l'article 19, C. P.

ARTICLE 21, C. P. — .... *La durée de cette peine (réclusion) sera au moins de cinq années, et de dix ans au plus.*

ARTICLE 20, C. P. — .... *La détention ne peut être prononcée pour moins de cinq ans, ni pour plus de vingt ans, sauf le cas prévu par l'article 33.*

L'article 33 n'étant pas nécessaire à nos explications, nous n'en donnons pas le texte.

ARTICLE 32, C. P. — .... *La durée du bannissement sera au moins de cinq années, et de dix ans au plus.*

(3) Voy. p. 380 et suiv.

3me *Cas.* — Le crime emporte les travaux forcés à temps (art. 15, 16, 19, C. P.).

Nous n'adopterons point ici l'opinion professée par les auteurs de Droit Pénal et que la Cour de Cassation semble consacrer. Tout différent est notre système dont la base, du reste, repose sur un axiôme de droit irréfragable.

L'article 67 [3], C. P., a-t-on prétendu, doit toujours se combiner avec l'article 463 [6], C. P. (1). À notre avis, il ne peut en être ainsi que lorsque le mineur ayant encouru les travaux forcés à temps, cette peine a été, par l'effet des circonstances atténuantes, réduite d'un seul degré, c'est-à-dire remplacée par la réclusion. Si l'atténuation atteint deux degrés, toute combinaison de l'article 67 [3] avec l'article 463 devient impossible.

Entrons dans les détails. Un mineur de seize ans a commis un crime emportant la peine des travaux forcés à temps, les circonstances atténuantes, admises en sa faveur, convertissent (art. 463 [6], C. P.) la peine des travaux forcés à temps en celle de la réclusion, de plus l'article 67 [3], C. P., quand la réclusion est encourue, prononce contre le coupable un emprisonnement pour un temps égal au tiers au moins et à la moitié au plus de la durée de la réclusion (2). Le mineur sera donc condamné à un emprisonnement de cinq ans à vingt mois. En cela, nous sommes d'accord avec

(1) ARTICLE 463. — .... *Si la peine est celle des travaux forcés à temps, la cour appliquera la peine de la réclusion ou les dispositions de l'article 401, sans toutefois pouvoir réduire la durée de l'emprisonnement au-dessous de deux ans.*

(2) Voy. p. 383, note 2, l'article 21, C. P.

MM. Chauveau et Faustin Hélie, Blanche, Sirey, Dalloz (1) et avec la Cour de Cassation.

ARRÊT du 6 *juin* 1840. . . . . Bull. n° 164.

Mais l'article 67, C. P. est tout-à-fait inconciliable avec l'article 463, C. P., lorsque, par ce dernier texte, la peine est abaissée de deux degrés. Cette solution, quoique rejetée par la doctrine, paraîtra irréfutable à qui voudra l'examiner consciencieusement, et suivre avec impartialité notre raisonnement. Voici nos arguments. Il faut d'abord reconnaître cet axiome de tout temps incontesté, qu'on ne peut excuser quiconque n'est pas coupable. Par conséquent, le mineur ne bénéficiera de l'excuse de son âge qu'une fois la culpabilité parfaitement établie. Mais la culpabilité de l'accusé n'est entièrement déterminée qu'autant qu'on tient compte des faits qui tendent à l'aggraver ou à la modifier. Or, les circonstances atténuantes étant des faits modificatifs de la culpabilité individuelle, il est du devoir du juge d'en faire l'application avant toute réduction de peine (2). Cependant on pourrait objecter que les circonstances atténuantes, tout comme les excuses, réduisent la

(1) Voy. MM. Chauveau et F. Hélie, *Théorie du Code Pénal*, t. I, p. 468, 480.
A. Blanche, *Études pratiques sur le Code Pénal*, t. II.
Sirey, *Recueil de jurispr.*, 1840, 1, 646.
Dalloz, *Jurisprudence générale*, 1840, p. 425, 368; *Répert.* 35, p. 656, n° 448.

(2) Dans l'admission, par le jury ou les juges, des faits d'atténuation pénale, les excuses priment les circonstances atténuantes (Voy. le préambule du chap. 2e); dans l'application de ces mêmes faits, le contraire a lieu.

pénalité ; nous ne l'ignorons pas, mais les circonstances atténuantes entraînent une diminution de peine uniquement parce qu'elles produisent une modification dans la culpabilité. L'une est la conséquence forcée de l'autre.

Partant de ce principe, supposons que le mineur ait commis un crime emportant la peine des travaux forcés à temps. Le juge, les circonstances atténuantes admises, croit devoir réduire la peine de deux degrés : l'article 463, C. P. déclare que le coupable sera condamné d'après les dispositions de l'article 401, C. P., ce qui constitue un emprisonnement de cinq ans à un an (1). Toutefois, l'article 463 fait observer que le minimum de cet emprisonnement sera de deux ans. La peine, de criminelle qu'elle était, est donc devenue correctionnelle (2), et, par suite, le crime a dégénéré en délit. Que dit, en effet, l'article 1 2°, du Code Pénal ? *L'infraction que les lois punissent de peines correctionnelles est un délit.* Cette règle ne comporte pas d'exceptions. C'est ensuite ce que répète M. Faustin Hélie en ces termes : « La peine se détermine d'après le degré
» de culpabilité ; car deux éléments concourent à former
» un crime : le fait matériel et l'intention criminelle. Or,
» si cette intention n'a pas été entachée d'une perversité
» profonde, l'un des éléments du crime se trouve modifié,
» et la peine abaissée proclame cette modification : Afflic-
» tive ou infamante, elle maintient la qualification origi-

(1) Voy. p. 391 note 1, l'article 401, C. P.
(2) L'emprisonnement est une peine correctionnelle.
ARTICLE 9, C. P. — *Les peines en matière correctionnelle sont :*
1° *L'emprisonnement à temps dans un lieu de correction......*

» naive au fait ; *correctionnelle, elle le transforme en simple*
» *délit* (1). » Le législateur a ainsi assimilé le crime puni
de peines correctionnelles à un délit correctionnel, et il lui
a semblé avec raison que le fait, qualifié crime par les
poursuites, se convertissait en délit par l'effet des circonstances atténuantes affaiblissant la culpabilité et en conséquence le châtiment.

De ce qui précède, il résulte que nous n'avons plus à
nous occuper que d'un délit puni d'une peine correctionnelle. Outre cette première atténuation pénale dont jouit
le mineur, il doit encore profiter de l'excuse tirée de son
âge. Le coupable a agi avec discernement : réduira-t-on la
pénalité conformément à l'article 67 3°, C. P.? Nullement ;
la peine à réduire est une peine correctionnelle, et l'article 67 ne s'occupe que de peines criminelles et, par conséquent, de crimes (2). Comment alors opérer la réduction?
D'après le texte qui traite des délits, et des peines correctionnelles à infliger au mineur qui a agi avec discernement. Ce texte est l'article 69, C. P., par lequel la peine
applicable au mineur ne peut s'élever *au-dessus* (3) de la
moitié de celle qu'il aurait dû subir s'il eût eu seize
ans (4). L'article 463 6°, C. P. — on ne l'a pas oublié —
se référant aux dispositions de l'article 401, C. P., a réduit

(1) Voy. *Instruction Criminelle.*
(2) ARTICLE 1 3°, C. P. — *L'infraction que les lois punissent d'une
peine afflictive ou infamante est un crime.*
ARTICLE 6, C. P. — *Les peines en matière criminelle sont ou afflictives et infamantes, ou seulement infamantes.*
(3) Voy. p. 400.
(4) Voy. p. 399, la disposition de l'article 69, C. P.

les travaux forcés à temps à un emprisonnement de cinq
à deux ans; mais, en vertu de l'article 69, C. P., cette
peine est réductible de moitié : le coupable ne sera plus
condamné qu'à un emprisonnement de deux ans et demi
à un an.

MM. Blanche, Dalloz, Sirey, Chauveau et Faustin
Hélie (1), ne partagent pas notre opinion. Selon eux la peine
déjà réduite par l'article 463 ne saurait plus l'être que par
l'article 67 3°. Ainsi, l'emprisonnement définitivement applicable au mineur ne varierait pas de la moitié du maximum à la moitié du minimum, mais de la moitié du maximum au tiers du minimum de l'emprisonnement prononcé
par les articles 463 et 401, C. P. Ce qui doit se traduire de
la façon suivante : Le mineur de seize ans, coupable d'un
crime emportant la peine des travaux forcés à temps, et
pour lequel militent des circonstances atténuantes et l'excuse de sa minorité, pourra n'être condamné qu'à un emprisonnement de deux ans et demi à huit mois.

Malheureusement, nul argument sérieux n'appuie cette
solution. Sur quel principe repose-t-elle, quel fait constant
lui sert de base et de soutien ? Silence absolu dans la doctrine. Chacun des auteurs précités se borne à répéter ce
que son prédécesseur a posé, sans preuve aucune, comme
une règle invariable. Tous, il est vrai, se fondent sur l'arrêt de la Cour de Cassation du 3 juin 1840 ; mais n'avons-
nous pas démontré que cet arrêt vise uniquement le
cas où la peine a été abaissée d'un seul degré par l'article 463 6°, C. P. ? Et, à cet égard, notre manière de voir

(1) Voy. p. 385, note 1.

est conforme à la décision donnée par la Cour suprême.
Au contraire, s'agit-il de réduire davantage la pénalité;
la peine a-t-elle été abaissée de deux degrés; de crime elle
est-elle devenue correctionnelle? l'arrêt du 6 juin 1840
perd toute force probante, et l'argument qu'on en tire est
sans valeur. Du reste, nous indiquerons plus loin à quelle
occasion ce jugement fut rendu par la Cour de Cassation,
et l'hypothèse particulière dont il s'occupe.

— Peut-on se fonder pour soutenir que la pénalité atténuée de deux degrés par l'article 463, C. P., doit l'être de
nouveau par l'article 67[3°], sur ce que la peine primitivement encourue, avant que les circonstances atténuantes
l'aient modifiée, était celle des travaux forcés à temps?
Par exemple : un mineur de seize ans a commis un crime
puni des travaux forcés à temps, et ne subira (art. 463[6°])
qu'un emprisonnement correctionnel; comme cette dernière peine est censée représenter les travaux forcés à
temps, faut-il appliquer l'article 67[3°] et réduire l'emprisonnement au tiers au minimum, ou à la moitié au maximum? Admettons qu'une pareille supposition soit vraie
pour le paragraphe 3 de l'article 67, — ce qui pourrait se
faire si, le fait restant crime, la peine n'était pas correctionnalisée, — à coup sûr, elle ne l'est plus quant au paragraphe 5. En effet, lorsque le mineur a encouru la peine
du bannissement ou de la dégradation civique, l'article 463[7°] (1) réduit la peine à un emprisonnement de
cinq ans à un an, conformément à l'article 401 C. P.;
l'article 67[5°], lorsque le mineur est passible de la dégra-

_____

(1) Voy. p. 395, note 1, le texte de l'article 463[7°], C. P.

dation civique ou du bannissement, le condamne à être enfermé, d'un an à cinq ans, dans une maison de correction. Or, l'article 463 7° et l'article 67 5°, dans leur atténuation, prononcent la même pénalité, toute réduction de la peine portée par l'article 463 7° devient donc impossible par l'article 67 5°.

L'intention du législateur, en créant l'article 67, C. P., a été de protéger l'enfance, aussi a-t-il déclaré que toute peine criminelle serait réduite correctionnellement à l'égard du mineur âgé de moins de seize ans qui a agi avec discernement. Le but poursuivi n'était point la combinaison des articles 67 et 463, C. P., combinaison alors impossible, puisqu'en 1810, époque de la promulgation du Code Pénal, l'article 463 ne s'occupait encore que des délits de police correctionnelle (1). (Dans notre hypothèse, il s'agit de crimes.) Il n'y a donc rien d'étonnant à ce que l'article 67, quand

---

(1) L'article 67, avec le livre IIᵉ, C. P., dont il fait partie, fut décrété le 13 février 1810 et promulgué le 23 du même mois. L'article 463, sous l'empire du Code de 1810, n'agissait que sur les délits de police correctionnelle punis d'emprisonnement, et seulement dans le cas où le préjudice n'excédait pas vingt-cinq francs. Une loi du 25 juin 1824 étendit le principe de l'article 463 à certains crimes : l'infanticide, les coups ou blessures ayant produit une incapacité de travail de plus de vingt jours, et divers vols qualifiés. Enfin, la grande loi de révision du 28 avril 1832 vint généraliser le système des circonstances atténuantes. Elle permit de les reconnaître et d'en appliquer le bénéfice à tous les crimes, à tous les délits de police correctionnelle et même à toutes les contraventions de simple police, en un mot, à toutes les infractions à la loi pénale.

Plus tard, l'article 463 fut successivement modifié par la loi du 13 mai 1863 et le décret du 27 novembre 1870 qui rétablit le texte de l'article tel qu'il existait avant 1863.

l'acte coupable est un crime et que la peine est criminelle,
ne puisse pas toujours se combiner avec l'article 463.
Cependant, si l'on en croit MM. Blanche, Sirey, Dalloz,
Chauveau et Faustin Hélie, la combinaison des articles 67 et 463 se produira toutes les fois qu'on se trouvera
en présence d'un crime et d'une peine criminelle politique
ou de droit commun. On essaierait vainement de soutenir
un pareil système, ses partisans eux-mêmes semblent
avoir pris soin de négliger les preuves et moyens de défense.
Que l'article 67 se combine parfois avec l'article 463, pas
de doute, nous en avons donné des exemples ; mais prétendre qu'il en est de même dans tous les cas où le mineur
a commis un crime emportant peine afflictive ou infamante, c'est là le comble de l'erreur.

— L'article 463⁰, C. P., quand la peine est réductible
de deux degrés, s'exprime ainsi : « La Cour appliquera
les dispositions de l'article 401. » Que faut-il entendre par
ces mots ? Toutes les dispositions de l'article 401 seront-
elles forcément appliquées ? Non, l'expression de la loi
signifie que les dispositions de l'article 401, à part l'emprisonnement peine obligatoire, sont *susceptibles* d'application. L'article 401, C. P. prononce un emprisonnement
de un à cinq ans, une amende facultative de seize à cinq
cents francs, une interdiction facultative des droits civiques, civils et de famille de cinq à dix ans, et une mise
en surveillance facultative pendant le même nombre d'années (1). Le juge peut, à son gré, appliquer au coupable

(1) ARTICLE 401, C. P.— *Les autres vols non spécifiés dans la présente*
section, les larcins et filouteries, ainsi que les tentatives de ces mêmes dé-

tout ou partie des dispositions de l'article 401. Supposons qu'à l'emprisonnement il ajoute la peine accessoire de la surveillance, qu'arrivera-t-il ? Comme le coupable doit encore jouir de l'excuse de son âge, si l'on opère une seconde réduction de peine d'après l'article 67, C. P., la peine de la surveillance fera double emploi avec le paragraphe 4 de ce dernier texte, et ne pourra pas être réduite. L'article 67 4° dit, en effet : *Dans tous les cas, il* (le mineur) *pourra être mis, par l'arrêt ou le jugement, sous la surveillance de la haute police pendant cinq ans au moins et dix ans au plus.*

Plus d'un obstacle, on le voit, s'oppose à la combinaison des articles 67 3° et 463 6°, lorsque les circonstances atténuantes ont eu pour effet d'abaisser la peine de deux degrés. Il est regrettable que des auteurs compétents en Droit Pénal aient émis une assertion que rien ne justifie. On sait quelle est notre opinion, nous la croyons inattaquable.

Quelle est donc, en résumé, la pénalité applicable au mineur passible des travaux forcés à temps, si à l'excuse de la minorité viennent se joindre les circonstances atté-

---

lits, seront punis d'un emprisonnement d'un an au moins et de cinq ans au plus, et POURRONT *même l'être d'une amende qui sera de seize francs et de cinq cents francs au plus.*

Les coupables POURRONT *encore être interdits des droits mentionnés en l'article 42 du présent Code, pendant cinq ans au moins et dix ans au plus, à compter du jour où ils auront subi leur peine.*

Ils POURRONT *aussi être mis, par l'arrêt ou le jugement, sous la surveillance de la haute police pendant le même nombre d'années.*

Voy. p. 203, l'alinéa 3 de la note.

nuantes ? Le mineur, selon le plus ou moins de bienveil-
lance du juge, sera condamné obligatoirement à un emprisonnement de cinq ans à vingt mois, de deux ans et demi
à un an, et facultativement à une amende de deux cent
cinquante francs à huit francs, à une surveillance de cinq
ans à deux ans et demi, et enfin à la peine de l'article 42,
C. P. (1) durant l'espace de cinq ans à deux ans et demi.

Cette dernière peine donne lieu à une remarque qui
n'est point ici hors de propos, et dont l'importance
n'échappera à personne.

Toutes les dispositions pénales de l'article 42, C. P.
s'appliqueront-elles indistinctement au coupable ? Trois
solutions répondent à cette question :

1° Certaines dispositions, telles que le droit d'éligibilité,
le droit d'être nommé aux fonctions de juré, ne s'appli-
queront jamais. La loi ne concède ces droits qu'aux personnes âgées de vingt-cinq ans et de trente ans, et, — dans
notre hypothèse : lorsque l'article 401 (art. 463⁶) se
combine avec l'article 69, — la peine de l'article 42 aban-
donne toujours le coupable à vingt-trois ans et demi (2).
Or, on ne peut priver quelqu'un d'un droit qu'il n'a pas.

2° Quelques dispositions peuvent ne pas être appliquées.

_____

(1) Voy. p. 203, l'alinéa 3 de la note.

(2) Nous calculons sur le maximum de la peine, et supposons le
coupable âgé de seize ans au moment du jugement, afin d'obtenir la
limite extrême (vingt-trois ans et demi) assignée à l'interdiction.
Condamné à deux ans et demi d'emprisonnement, le coupable ne sera
donc libéré qu'à dix-huit ans et demi, sauf à rester durant cinq
ans sous le coup d'une interdiction qui, par conséquent, prendra fin à
vingt-trois ans et demi.

Prenons une espèce : Le coupable est condamné à un an d'emprisonnement et à deux ou trois ans d'interdiction des droits mentionnés dans l'article 42, C. P. L'interdiction n'est applicable (art. 401²°, C. P.) qu'à compter du jour où le détenu aura subi sa peine (emprisonnement), mais à sa sortie de prison le condamné est mineur de 21 ans, en conséquence, les dispositions uniquement applicables aux majeurs lui sont parfaitement étrangères. Toutefois, la peine prononcée par l'article 42, C. P., est-elle susceptible d'une application partielle ? A cet égard, les termes explicites, dont s'est servi le législateur, ne laissent s'élever aucun doute.

ARTICLE 42, C. P. — *Les tribunaux jugeant correctionnellement pourront, dans certains cas, interdire,* EN TOUT OU PARTIE, *l'exercice des droits civiques, civils et de famille......* (1).

En cela, l'interdiction dont il s'agit, diffère notablement de la dégradation civique qui est un ensemble de déchéances formant un tout indivisible (2).

3° Plusieurs des dispositions de l'article 42, qui n'atteignent point le coupable mineur de vingt et un ans, lui seront applicables dès sa majorité. Supposons le coupable âgé de seize ans au moment du jugement (3), la Cour le condamne

____

(1) Non-seulement le juge peut faire un triage des déchéances énoncées dans l'article 42, C. P., mais le législateur le lui ordonne quelquefois, par exemple dans l'article 335, C. P. — [Code Tripier (grand format), p. 889].

(2) Voy. p. 235, note 2.

(3) Peu importe que le coupable soit âgé de 16, 15 ou 14 ans au

à deux ans et six mois d'emprisonnement et à l'interdiction durant cinq ans des droits civiques, civils et de famille (art. 42, C. P.). Cette dernière peine, ne devenant applicable à l'interdit qu'à dix-huit ans et demi, expirera fatalement à vingt-trois ans et demi. Mais la déchéance édictée par l'article 42 est inhérente à la personne du condamné, et ne s'en sépare jamais quelque changement juridique qui s'opère en lui. D'où l'on doit induire que ce même condamné, quoique parvenu à sa majorité, ne jouira point de certains droits énumérés dans l'article 42, et que la loi confère à tout Français âgé de vingt et un ans révolus, qu'il ne pourra, par suite, les recouvrer qu'à l'expiration de sa peine, c'est-à-dire à vingt-trois ans et demi.

4me *Cas.* — Le crime emporte la détention, la réclusion, le bannissement ou la dégradation civique (art. 20, 21, 31 et 34, C. P.).

Le mineur, grâce à la combinaison des articles 403 7o (401) (1) et 69, C. P., peut n'être condamné qu'à un emprisonnement de deux ans et demi à six mois, à une amende facultative de deux cent cinquante à huit francs, à une interdiction facultative des droits civiques, civils et de famille (art. 42, C. P.) de cinq à deux ans et demi, et

moment de la condamnation ; toutes les fois que la durée de l'interdiction dépassera l'âge de 21 ans, ne serait-ce que d'un jour, juste sera notre solution.

(1) ARTICLE 463, C. P. — .... *Si la peine est celle de la réclusion, de la détention, du bannissement ou de la dégradation civique, la cour appliquera les dispositions de l'article 401, sans toutefois pouvoir réduire la durée de l'emprisonnement au-dessous d'un an.*

Voy. p. 391, note 1, l'article 401, C. P.

à une surveillance facultative de la haute police pendant le même nombre d'années.

Il serait superflu de revenir sur les explications données au cas précédent : la peine correctionnalisée par l'effet des circonstances atténuantes n'est plus réductible par l'article 67, comme le prétendent un

ARRÊT de la Cour de Cassation du

17 *septembre* 1839... Dalloz, Jur. G^le, 1840, p. 368,

et MM. Blanche, Dalloz, Sirey, Chauveau et Faustin Hélie (1), mais, au contraire, d'après l'article 69.

Bien que la dégradation civique soit une peine habituellement accessoire (art. 28, C. P., et L. du 31 mai 1854), dans notre cas, elle ne saurait être que principale. Du reste, plus d'une fois dans le Code Pénal la dégradation civique fonctionne comme peine principale, notamment dans les articles 114 et 119 (attentat à la liberté individuelle) ; 127 et 130 (empiètement des autorités administratives et judiciaires) ; 166 et 167 (crime de forfaiture); 177 et 179 (corruption de fonctionnaires publics) ; 263 (le fait d'avoir frappé un ministre du culte dans ses fonctions).

— Ainsi qu'on en peut juger par l'exposé que nous venons de présenter, le cumul des circonstances atténuantes avec les excuses atténuantes aura toujours pour résultat une diminution considérable de peine en faveur du mineur de seize ans.

Dans quelle mesure la peine, après les réductions suc-

(1) Voy. p. 385, note 1.

cessives dont elle a été l'objet, sera-t-elle appliquée au
mineur? La Cour doit-elle, dans les deux premiers cas,
appliquer forcément le tiers du minimum ou la moitié du
maximum ; la Cour ou le tribunal correctionnel doivent-ils,
dans les deux derniers cas, appliquer la moitié du
maximum ou du minimum de la peine encourue? Nous ne
le croyons pas ; la loi n'impose ni à la Cour ni au tribunal correctionnel de prononcer invariablement le maximum
ou le minimum de la peine applicable : elle leur laisse, au
contraire, la liberté de se mouvoir entre ces deux degrés
d'atténuation. C'est l'opinion de la Cour de Cassation
dans son ARRÊT du 6 *juin* 1840. M. Dalloz en tire la
conséquence suivante : « Lorsqu'un mineur de seize ans
» s'est rendu coupable avec discernement d'un crime
» emportant la peine des travaux forcés à temps, la base
» de la réduction de la peine d'emprisonnement à laquelle
» il doit être condamné, d'après l'article 67, C. P. (1),
» n'est pas uniquement le tiers ou au plus la moitié ni
» du maximum ni du minimum de la peine encourue,
» *mais facultativement depuis le tiers du minimum jusqu'à*
» *la moitié du maximum.*

» Ainsi, le mineur de seize ans ayant encouru la peine
» des travaux forcés à temps, mais avec des circonstances
» atténuantes, peut être condamné à deux ans d'empri-
» sonnement, sans que les articles 67 et 463, C. P. aient
» été violés à son égard (2). »

(1) Il ne faut pas oublier que les travaux forcés à temps ont été
réduits à la réclusion, et que l'emprisonnement remplace la réclusion.
(2) Voy. Dalloz, *Jurisp. génér.* (1840), p. 425.

L'arrêt de 1840 pose un principe général. Rappelons seulement que, lorsque la seconde atténuation s'opère d'après l'article 69 (1) et non suivant l'article 67, la base de la réduction se déplace : la pénalité varie non plus du tiers du minimum à la moitié du maximum, mais infailliblement de la moitié de l'un à la moitié de l'autre.

Revenons à notre hypothèse première : il s'agit d'un crime commis par un mineur de seize ans, qui a agi avec discernement; l'article 67, C. P. est applicable, sans le concours des circonstances atténuantes. On peut se demander si l'article 67 doit être appliqué au parricide. Cette question, déjà énoncée dans la première Section de ce Chapitre (2), n'est cependant point ici hors de propos. Pour la négative, on invoquerait l'article 323, C. P., qui porte que le parricide n'est jamais excusable; mais on répondrait avec raison que cet article, bien que conçu en termes généraux, se réfère uniquement aux articles 321 et 322 qui précèdent (3), lesquels sont tout-à-fait étrangers à l'objet qui nous occupe. On peut ajouter que l'excuse résultant de la minorité de l'accusé est une loi générale fondée sur la nature des choses, et qui domine toutes les législations, une loi à laquelle aucune exception ne s'oppose, parce que la raison qui l'a fait établir s'applique à tous les cas, à toutes les incriminations, et ne comporte elle-même

(1) Voy. p. 399, et suivantes.
(2) Voy. p. 338 et 339.
(3) Voy. p. 337.

aucune exception. Le parricide mineur de seize ans est donc excusable quand il a agi avec discernement. En ce sens se sont prononcés MM. Chauveau et Faustin Hélie (1).

Il s'agit d'un délit.

La peine sera réduite conformément à l'article 69 du Code Pénal.

ARTICLE 69, C. P. (Liv. II). — *Dans tous les cas où le mineur de seize ans n'aura commis qu'un simple délit, la peine qui sera prononcée contre lui ne pourra s'élever au-dessus de la moitié de celle à laquelle il aurait pu être condamné s'il avait eu seize ans.*

Il existe entre le texte primitif de l'article 69 et le texte actuel des différences qu'il importe de noter.

Et d'abord quelle était la teneur de l'article 69 avant son abrogation par la loi du 28 avril 1832, article 12 ?

Ancien Article 69 : « Si le coupable n'a encouru qu'une peine correctionnelle, il pourra être condamné à telle peine correctionnelle qui sera jugée convenable, pourvu qu'elle soit au-dessous de la moitié de celle qu'il aurait subie s'il avait eu seize ans. »

Si le coupable n'a encouru qu'une *peine correctionnelle*... Dans tous les cas où le mineur n'aura commis qu'un *simple délit*...... Telles sont les deux expressions dont s'est servi le législateur. En vérité, on ne voit guère quel a été son but en annulant la première phrase, pour lui substituer la seconde dont la signification est identique. La loi de 1810 fait de la peine correctionnelle son point de départ, la loi

(1) *Théorie du Code Pénal*, t. IV, p. 118.

de 1832 préfère le délit au châtiment ; cependant, toute peine correctionnelle suppose inévitablement l'existence d'un délit correctionnel, et, réciproquement, tout délit correctionnel nécessite l'application d'une peine correctionnelle. Le législateur de 1832 a donc pris la cause pour l'effet, mais cette sorte de métonymie ne présente aucun avantage.

Sous l'empire du Code de 1810, il était nécessaire que la peine appliquée au mineur fut *au-dessous* de la moitié de celle qu'il aurait dû subir s'il avait eu seize ans. Un ARRÊT de la Cour de Bordeaux du

26 *août* 1830....... J^{al} D^t. C^{el}. 1830, p. 359,

consacra même la solution donnée par le Code ; néanmoins, cette décision était, deux ans plus tard, repoussée par la nouvelle rédaction de l'article 69. Actuellement, rien n'exige que la peine applicable au mineur soit au-dessous de celle à laquelle il aurait été condamné s'il avait eu seize ans ; la loi déclare que *la peine ne pourra s'élever au-dessus de la moitié...* etc..., c'est dire qu'elle pourra toujours atteindre la moitié, tant au maximum qu'au minimum, de la peine applicable au majeur de seize ans.

La disposition de l'article 69, C. P. ne donne lieu à aucune difficulté. M. Blanche, toutefois, soulève une objection, et se demande quel sera le minimum de la peine applicable au mineur. Réduira-t-on l'emprisonnement à six jours et l'amende à seize francs ? Sans doute, « cette » conclusion peut parfaitement se déduire de l'article 69 » qui ne fixe rien pour le minimum (1). »

(1) A. Blanche, *Études pratiques sur le Code Pénal*, t. II.

Bien que la solution de M. Blanche s'appuie sur deux ARRÊTS de la Cour de Cassation des :

3 *février* 1849. . . . . .   Bull. n° 28,
11 *janvier* 1850. . . .   — n° 15,

nous ne partageons nullement l'opinion du savant praticien.

Que dit l'article 69 ? La peine prononcée contre le mineur ne pourra s'élever au-dessus de la moitié de celle à laquelle il aurait pu être condamné s'il avait eu seize ans. Choisissons une peine correctionnelle, l'emprisonnement, et supposons qu'un majeur de seize ans ait commis un délit puni d'un emprisonnement. Pour plus de clarté, prenons au hasard un exemple dans le Code Pénal.

ARTICLE 451 (Liv. III, Tit. II, Chap. II, Sect. III). — *Toute rupture, toute destruction d'instrumens d'agriculture, de parcs de bestiaux, de cabanes de gardiens, sera punie d'un emprisonnement d'un mois au moins, d'un an au plus* (1).

Un majeur de seize ans a commis le délit prévu dans l'article 451, C. P., et le tribunal le condamne à un emprisonnement d'un mois, minimum de la peine. Si, au lieu d'être majeur de seize ans, le coupable est mineur de cet

_____

(1) Cette disposition pénale a été tirée du décret du 28 septembre— 6 octobre 1791, *concernant les biens et usages ruraux, et la police;* tit. II, ARTICLE 31 : « Toute rupture ou destruction d'instrumens de l'exploitation des terres, qui aura été commise dans les champs ouverts, sera punie d'une amende égale à la somme du dédommagement dû au cultivateur, d'une détention qui ne sera jamais de moins d'un mois, et qui pourra être prolongée jusqu'à six mois, suivant la gravité des circonstances. »

âge, que va-t-il se produire ? D'après l'article 69, la peine qui lui est applicable ne peut s'élever au-dessus de la moitié de celle qu'il aurait subie s'il avait eu seize ans. Dans ce dernier cas, il eut été passible d'un mois d'emprisonnement, il ne sera donc plus condamné qu'à un emprisonnement de quinze jours (1).

Qu'on adopte l'opinion de M. Blanche et de la Cour de Cassation, et il faut décider que, relativement au minimum, le majeur et le mineur de seize ans devront toujours encourir une même pénalité. Décision souverainement injuste. Que servirait, en effet, au coupable d'être âgé de moins de seize ans, de quelle utilité lui serait le bénéfice accordé par la loi, enfin quel effet aurait l'excuse atténuante ?

Notre solution repose sur un principe de justice, et se fonde sur les termes formels de l'article 69, C. P. La loi, par cette expression générale : « *La peine ne pourra s'élever au-dessus de la moitié de celle à laquelle il aurait pu être condamné s'il avait eu seize ans* », entend parler nonseulement du maximum, mais encore du minimum. L'article 69 ne dit pas : la peine ne pourra s'élever au-dessus de la moitié *du maximum* de celle.... etc..., il porte simplement que la peine ne pourra s'élever au-dessus de la moitié *de celle* applicable à un majeur de seize ans, ce qui comprend à la fois maximum et minimum, en un mot, la peine entière telle que l'édicte le Code Pénal. Ainsi, lorsque ce dernier prononce un emprisonnement de cinq à

---

(1) ARTICLE 40e, C. P. — *La peine à un mois d'emprisonnement est de trente jours.*

deux ans, l'article 69 signifie qu'à l'égard du mineur, le maximum ne peut s'élever au-dessus de deux ans et six mois, et le minimum au-dessus d'un an.

Parfois le mineur qui a commis un délit sera puni d'une peine de simple police. On objecterait en vain que la compétence du tribunal correctionnel est enfermée dans la limite des peines correctionnelles; l'interprétation que nous donnons de l'article 69 répond suffisamment à l'objection. L'article 69 crée une exception à la compétence des tribunaux de police correctionnelle.

En matière de délits, comme en matière criminelle, les excuses atténuantes peuvent se combiner avec les circonstances atténuantes. « Il ne saurait être douteux, disent » MM. Chauveau et Faustin Hélie, que la peine d'emprisonnement portée par les articles 67 et 69 ne puisse » outre l'atténuation que motive l'âge de l'accusé recevoir, » s'il existe des circonstances atténuantes, l'application » de l'article 463, et être réduite par conséquent même à » une peine de simple police (1). »

La peine correctionnelle, par la combinaison des articles 463 et 69, C. P., sera notablement réduite, et le plus souvent convertie en peine de simple police. Voyez en ce sens un

Arrêt de la Cour de Bordeaux du

9 *septembre* 1874. . . . . . . Sirey, 1874.

Nous ne reviendrons pas ici sur les explications données

_____

(1) *Théorie du Code Pénal*, t. 1, p. 527.

plus haut; du reste, la procédure suivie par la loi dans son atténuation pénale se comprend aisément.

Indépendamment des peines qu'il doit encourir, le mineur peut être condamné aux frais (art. 162, 194 et 368, C. I. C.) (1) et même à des dommages-intérêts envers la partie civile (art. 1382, C. C.) (2).

Le mineur condamné à des dommages-intérêts pourra-t-il défendre à cette action civile sans autorisation de son tuteur? La question est controversée. On se demande avec raison pourquoi les intérêts du mineur seraient moins protégés devant les tribunaux criminels que devant les tribunaux civils : le tuteur ne complète-t-il pas la personne civile du mineur? Il s'agit de mettre en cause le tuteur avec le pupille, le défenseur légal avec le prévenu. Pourquoi la partie civile réclamerait-elle une exception au droit commun?

Les Cours d'Assises de la Moselle et du Haut-Rhin ont soutenu que l'autorisation du tuteur était nécessaire (3). C'était l'opinion de la législation romaine, et qui valut à l'empereur Justinien l'une de ses plus belles lois. En voici la disposition : « *Clarum posteritati facientes, san-* » *cimus, omnino debere, et agentibus et pulsatis in crimina-* » *libus causis minoribus vigintiquinque annis adesse tuto-*

---

(1) Voy. p. 81, note 2, les articles 162, 194 et 368, C. I. C.

(2) Voy. p. 78, note 3, le texte de l'article 1382, C. C.; voy. aussi la note 4.

Voy. p. 79, 80 et 81 quels sont les tribunaux compétents pour statuer sur les dommages-intérêts.

(3) Voy. le *Journal du Droit criminel*, 1829, p. 283, et 1831, p. 261.

» res, *vel curatores, in quibus casibus* [*adultos, et*] *pupillos*
» *leges accusari concedunt : cùm cautius et melius sit cum*
» *suasione perfectissimâ , et responsa facere minores, litem-*
» *que inferre, ne ex suâ imperitiâ vel juvenili calore aliquid,*
» *vel dicant, vel taceant, quod si fuisset prolatum, vel non*
» *expressum, prodesse eis poterat, et a deteriore calculo eos*
» *eripere* (1). »

Néanmoins, la jurisprudence se range à l'opinion contraire :

ARRÊTS des Cours
    de Cassation des : 15 *janvier* 1846. .   Bull. n° 21 ,
                     9 *mai* 1846 . . . Sirey, 1846,
                     5 *septembre* 1846. — 1846,
                     9 *mars* 1849 . . . — 1849,
    de Grenoble du 4 *mars* 1835.... Sirey, 1835 2 308,
    de Bourges du 18 *août* 1838..... — 1839 2 32.

M. Magnin (2) prétend aussi la négative, parce que le
mineur en matière criminelle peut procéder comme s'il
était majeur. On invoque, en effet, les formes ordinaires de

(1) Cod., L. v, t. LIX. L. 4. De auctoritate præstandâ.
Bon nombre de lois romaines exigeaient l'autorisation et la pré-
sence des tuteurs dans les procès où devaient figurer des mineurs.
On pourrait citer les lois suivantes :
Cod., L. III, t. VI. L. 1 et 2. Qui legitimam personam standi in ju-
    diciis...
  — L. IX, t. VIII. L. 7, *in medio.* Ad legem Juliam de adulteriis.
Dig., L. XLVIII, t. II. L. 2, § 1. De accusationibus et inscript...
  — L. XLII, t. II. L. 6, § 5. De confessis.
  — L. XXXIX, t. I, L. 5, *in princip.*, De operis novi nunciatione.
(2) *Traité des minorités*, t. II, p. 491.

procéder de nos juridictions répressives qui ne comportent point l'appel en cause des tuteurs ou autres représentants légaux. N'y a-t-il pas là une pétition de principes? Nous croyons avec MM. Chauveau et Faustin Hélie (1) que la présence et l'autorisation du tuteur sont nécessaires au mineur.

Pourra-t-on agir contre le mineur par la voie de la contrainte par corps pour se faire indemniser des dommages causés? L'article 13 de la loi du 22 juillet 1867, relative à la contrainte par corps, s'y oppose formellement.

Loi de 1867, Article 13. — *Les tribunaux ne peuvent prononcer la contrainte par corps contre les individus âgés de moins de seize ans accomplis à l'époque des faits qui ont motivé la poursuite.*

— La disposition de l'article 22, § 3, C. P. affranchissant les mineurs de dix-huit ans de l'exposition publique (2), est devenue inutile devant le décret du 12-14 avril 1848 abolissant la peine publique de l'exposition.

(1) Voy. *Théorie du Code Pénal*, t. II, p. 192.

(2) La peine de l'exposition publique fut édictée en premier par le Code Pénal du 25 septembre — 6 octobre 1791 (1re part., tit. 1, art. 28), le Code de 1810 la conserva. La seule différence entre ces deux législations, relativement à l'exécution de la peine, est que, dans la première, le condamné, durant le temps de l'exposition, était lié à un poteau placé sur l'échafaud, tandis que, dans la seconde, il était attaché au carcan. Mais ni le Code de 1791 ni celui de 1810 ne créèrent d'exception en faveur des mineurs et des septuagénaires. Cette tâche était réservée à la loi du 28 avril 1832 (art. 12) qui créa l'ar-

DÉCRET DE 1848. — *Le Gouvernement provisoire,* — *Vu l'article 22 du Code Pénal,* — *Considérant que la peine de l'exposition publique dégrade la dignité humaine, flétrit à jamais le condamné, et lui ôte par le sentiment de son infamie, la possibilité de la réhabilitation ;* — *Considérant que cette peine est empreinte d'une odieuse inégalité, en ce qu'elle touche à peine le criminel endurci, tandis qu'elle frappe d'une atteinte irréparable le condamné repentant ;* — *Considérant enfin que le spectacle des expositions publiques éteint le sentiment de la pitié et familiarise avec la vue du crime,* — *Décrète :*

La peine de l'exposition publique est abolie.

Loin de goûter les considérations émises par le législateur dans le décret de 1848, et notamment la première, nous nous abstenons néanmoins de tout commentaire à leur égard, préférant laisser à chacun le soin de les apprécier.

ticle 22, C. P. abrogé par le décret de 1848, et dont voici la disposition :

ARTICLE 22 : « Quiconque aura été condamné à l'une des peines des travaux forcés à perpétuité, des travaux forcés à temps ou de la réclusion, avant de subir sa peine, demeurera durant une heure exposé aux regards du peuple sur la place publique. Au-dessus de sa tête sera placé un écriteau portant, en caractères gros et lisibles, ses noms, sa profession, son domicile, sa peine et la cause de sa condamnation.

» En cas de condamnation aux travaux forcés à temps ou à la réclusion, la Cour d'Assises pourra ordonner par son arrêt que le condamné, s'il n'est pas en état de récidive, ne subira pas l'exposition publique.

» Néanmoins, l'exposition publique ne sera jamais prononcée à l'égard des mineurs de dix-huit ans et des septuagénaires. »

II

Le mineur a agi *sans discernement.*

En ce cas, la peine est entièrement effacée : le mineur est acquitté conformément à l'article 66, C. P.

ARTICLE 66, C. P. (Liv. II). — *Lorsque l'accusé aura moins de seize ans, s'il est décidé qu'il a agi* SANS DISCERNEMENT, *il sera acquitté ; mais il sera, selon les circonstances, remis à ses parens, ou conduit dans une maison de correction, pour y être élevé et détenu pendant tel nombre d'années que le jugement déterminera, et qui toutefois ne pourra excéder l'époque où il aura accompli sa vingtième année.*

— Le Code Pénal du 25 septembre — 6 octobre 1791, 1ᵉ Part., Tit. V, contenait une disposition semblable dans son article 2 :

ARTICLE 2 : « Si les jurés décident que le coupable a commis le crime sans discernement, il sera acquitté du crime ; mais le tribunal criminel pourra, suivant les circonstances, ordonner que le coupable sera rendu à ses parens, ou qu'il sera conduit dans une maison de correction, pour y être élevé et détenu pendant tel nombre d'années que le jugement déterminera, et qui toutefois ne pourra excéder l'époque à laquelle il aura atteint l'âge de vingt ans. »

Le Code de 1791 jetait ainsi les bases de notre législation actuelle.

— L'article 66, C. P. commence ainsi : « Lorsque *l'accusé....,* » de là, faut-il conclure qu'il ne comprend point les prévenus coupables d'un délit ? Il les comprend ; on ne voit pas pourquoi la loi aurait moins favorisé ces derniers. Du reste, si l'on soutenait la négative, — à quoi se serait peut-être prêtée la rédaction du Code de 1791, — où serait dans le Code Pénal le texte portant que le mineur, auteur d'un délit commis sans discernement, doit être acquitté? Et cependant il est juste et de toute nécessité que le mineur accusé d'un crime ou prévenu d'un délit soit exempt de peine, quand le discernement ne l'a pas guidé dans son œuvre coupable. Les dispositions de l'article 66, C. P. sont générales, et atteignent les prévenus comme les accusés.

D'où la conclusion que les tribunaux correctionnels devront examiner si le mineur a agi avec ou sans discernement avant de prononcer aucune peine.

La Cour de Cassation partage cette opinion.

ARRÊTS des : 8 *octobre* 1813. . . . . Bull. n° 52,

16 *août* 1822. . . . . . — 109,

17 *avril* 1824. . . . . . — 215.

— Le législateur dans l'article 66 commet une erreur en employant le mot *acquitté*, mieux valait dire *absous*. Cette solution avancée par M. Blanche (1) trouve un sérieux appui dans un

ARRÊT de la Cour de Cassation du

2 *juin* 1831. . . . . . Bull. n° 121.

L'absolution, à la vérité, en renvoyant les poursuites, empêche la peine d'être prononcée; toutefois, l'absolution exige la culpabilité, le défaut de discernement, au contraire, donne naissance à la non-culpabilité et, par conséquent, à l'acquittement, donc l'agent non-coupable est

(1) *Études pratiques sur le Code Pénal*, t. II.

acquitté et non absous. Mais alors, dans le cas où le mineur a agi sans discernement, il ne peut être question d'excuse, puisque le mineur acquitté est non-coupable, et que l'excuse suppose toujours la culpabilité? Assurément, et si, dans cet ouvrage, nous commentons l'article 66 du Code Pénal, c'est uniquement pour mieux faire saisir l'esprit de la loi, l'intérêt qu'il y a à distinguer entre ces deux points de droit tout-à-fait opposés : 1° *discernement*, 2° *non-discernement* chez l'agent mineur de seize ans ; et qu'enfin nous croyons que le défaut de discernement et l'acquittement dont parle l'article 66, C. P., peuvent être rangés sous cette rubrique : *Minorité de seize ans*, expression générale par laquelle tous les auteurs de Droit Pénal désignent les faits qui motivent, quant au mineur, l'indulgence de la loi dans la rémission plus ou moins forte de la peine.

— De l'acquittement du mineur découlent deux conséquences :

1° Le mineur ne peut être mis sous la surveillance de de la haute police,

ARRÊT de la Cour de Cassation du
16 *août* 1822 . . . . Dalloz, J. P., t. XVII, p. 567, car cette surveillance constitue une peine, et l'acquittement emporte l'affranchissement de toute pénalité.

2° Le mineur ne pourrait être condamné à un emprisonnement quelconque,

ARRÊT de la Cour de Cassation du
4 *octobre* 1845 . . . . . Bull. n° 316.

— Malgré l'acquittement, le mineur ne doit pas être affranchi des frais de procédure. « Lorsque l'accusé est

» acquitté comme ayant agi sans discernement (art. 66,
» C. P.), il y a obligation pour les juges de le condamner
» aux frais. »

ARRÊTS de la Cour de Cassation des :

6 *août* 1813	Bull. n° 170,
19 *mai* 1815.	— n° 33,
17 *mars* 1823.	— n° 44,
30 *avril* 1825.	— n° 81,
12 *février* 1829	— n° 35,
16 *décembre* 1831. . . .	Sirey, 1832 1 234,
5 *janvier* 1832	Bull. n° 1,
13 *avril* 1832	— n° 134,
25 *juin* 1835.	n° 261,
22 *septembre* 1836 . . .	— n° 309,
26 *mai* 1838.	— n° 141,
12 *février* 1841	— n° 86,
10 *juin* 1842.	n° 142,
25 *mars* 1843.	Jal Dt. Cel. 1843, p. 205,
12 *août* 1843.	Bull. n° 205,
11 *octobre* 1845.	— n° 321,
16 *janvier* 1846	Jal Dt. Cel. 1846, p. 154.

Contrairement à la décision donnée par la jurisprudence,
MM. Chauveau et Faustin Hélie (1) soutiennent que le
mineur ne sera pas condamné aux frais. L'erreur de nos
théoristes vient sans doute de ce qu'ils ne distinguent pas
l'acquittement dont le mineur est l'objet dans l'article 66,
C. P., de l'acquittement ordinaire par suite duquel l'ac-

(1) *Théorie du Code Pénal*, t. I.

cusé n'est jamais condamné aux frais. L'accusé n'est-il renvoyé des poursuites que parce que le fait à sa charge ne constitue ni un crime, ni un délit, il n'y a pas lieu de le condamner aux frais; au contraire, n'est-il renvoyé des poursuites que par une circonstance particulière, indépendante du fait lui-même, la condamnation aux frais est de rigueur. Telles sont les raisons données par la Cour de Cassation dans les nombreux arrêts ci-dessus rapportés.

Du reste, dans certains cas exceptionnels, les frais devront rester à la charge d'un individu acquitté. C'est ce qui arrivera, en dehors de notre hypothèse, pour le condamné par défaut qui, sur son opposition au jugement, aura été acquitté ; dans ce cas, la condamnation aux frais du jugement par défaut et de l'opposition est facultative (art. 187, C. I. C.) (1); pour le contumax qui, après s'être

---

(1) ARTICLE 187 (Ainsi remplacé, L. 27 juin 1866). — *La condamnation par défaut sera comme non avenue si, dans les cinq jours de la signification qui en aura été faite au prévenu ou à son domicile, outre un jour par cinq myriamètres, celui-ci forme opposition à l'exécution du jugement et notifie son opposition tant au ministère public qu'à la partie civile.*

Les frais de l'expédition, de la signification du jugement par défaut et de l'opposition pourront être laissés à la charge du prévenu.

Toutefois, si la signification n'a pas été faite à personne ou s'il ne résulte pas d'acte d'exécution du jugement que le prévenu en a eu connaissance, l'opposition sera recevable jusqu'à l'expiration des délais de la prescription de la peine.

L'ancien article 187 ne comprenait que les deux premiers paragraphes du nouvel article, et avec cette différence que ces mots : *pourront être laissés à la charge du prévenu,* y étaient remplacés par ceux ci: *demeureront à la charge du prévenu.* La condamnation aux frais, avant la loi de 1866, était donc obligatoire.

représenté, a été renvoyé de l'accusation : dans ce cas, la condamnation aux frais occasionnés par la contumace est obligatoire (art. 478, C. I. C.) (1).

— Les juges ont, à l'égard des mineurs acquittés par l'article 66, C. P., plusieurs partis à prendre. Ils peuvent, en premier lieu, les remettre à leur parents. La loi entend par parents le père et la mère ; cependant la pratique a étendu cette dénomination, et cette extension, qui certes n'est point regrettable, s'appliquerait aux autres membres de la famille, ainsi qu'à des patrons chez lesquels les mineurs seront en apprentissage, ou même à des gens bienfaisants et estimables. En un mot, le mineur acquitté pourrait être remis à quiconque présenterait des garanties de moralité et s'offrirait à diriger son instruction et son éducation. Souvent même il arrive que les tribunaux ren-

(1) ARTICLE 478.— *Le contumax qui, après s'être représenté, obtiendrait son renvoi de l'accusation, sera toujours condamné aux frais occasionnés par sa contumace.*

Les dispositions pénales frappant le contumax étaient toutes différentes dans la législation de 1791 et de 1795.

LOI DU 16-29 SEPTEMBRE 1791 (2ᵉ part., tit. IX), ARTICLE 12 : « Dans le cas même d'absolution, l'accusé qui a été contumax pourra être condamné, par forme de correction, à garder prison pendant huit jours ; le juge pourra aussi lui faire en public une réprimande pour avoir douté de la justice et de la loyauté de ses concitoyens. »

C. D. P. DU 3 BRUMAIRE, AN IV (25 octobre 1795) ARTICLE 479 : « Dans le cas même d'absolution, l'accusé qui a été contumax est condamné, par forme de correction, à garder prison pendant une décade : le juge lui fait en public une réprimande pour avoir douté de la justice et de la loyauté de ses concitoyens, et il ne lui est accordé aucun recours contre son dénonciateur. »

voient le jugement de l'affaire à une autre audience, dans l'espoir que, dans l'intervalle, des personnes charitables viendront réclamer le soin de s'occuper de l'avenir de l'enfant.

' « En agissant ainsi, la loi pénale, dit M. Faustin Hé-
» lie, a voulu préserver les mineurs du souffle contagieux
» des prisons, elle a voulu qu'ils restassent purs de la
» lèpre morale dont le séjour de ces maisons les eût infec-
» tés. C'est pour atteindre ce but qu'elle les a rendus à la
» correction de la famille, toutes les fois qu'elle l'a pu
» sans péril, toutes les fois qu'ils avaient agi sans discer-
» nement (1). »

Les juges peuvent, en second lieu, ordonner que les mineurs seront conduits dans une maison de correction, pour y être élevés pendant un temps déterminé par le jugement, et qui ne pourra dépasser l'époque où ils auront leur vingtième année révolue.

Il importe de remarquer que cette mesure n'a pas les caractères d'une peine. Que lit-on, en effet, dans l'*Exposé des motifs?* « La détention prononcée par l'article 66 ne
» sera point une peine, mais un moyen de suppléer à la
» correction domestique, lorsque les circonstances ne per-
» mettront pas de confier le mineur à la famille. » Mais si, pendant le cours de la détention, les parents réclamaient leur enfant, on devrait le leur remettre, « car l'éducation de famille a toujours la préférence. »

ARRÊT de la Cour de Cassation du
6 *avril* 1842. . . . . . Sirey, 1842.

(1) *Instruction criminelle.*

Un ARRÊT postérieur de la Cour suprême du
25 mars 1843. . . . . . Bull. n° 68,

déclare également que « la correction autorisée par la loi
» n'a aucun caractère pénal, et a été instituée au contraire,
» par le législateur, dans des vues de protection en faveur
» des individus qui en sont l'objet. » Le but de la loi est
donc ici de prévenir de perverses inclinations, et de corriger des penchants vicieux chez les mineurs de seize ans.

Dans tous les cas où le fait qualifié crime ou délit aurait
été puni d'une peine criminelle ou correctionnelle, la
détention de l'article 66, C. P. serait infligée au mineur ;
mais elle ne saurait, plus tard, être prise en considération
pour l'application des peines de la récidive.

Les tribunaux ont donc le droit de renvoyer le mineur
dans une maison de correction. La loi des 13 juin, 13 juillet, 5-12 août 1850, *sur l'éducation et le patronage des
jeunes détenus*, a même ordonné, en principe, l'établissement de colonies ou maisons pénitentiaires où les jeunes
détenus acquittés doivent recevoir une éducation morale,
religieuse et professionnelle. Une énumération complète
des dispositions de la loi de 1850 serait trop longue ;
nous mentionnerons seulement les principales.

LOI DE 1850. — ARTICLE 2. — *Dans les maisons d'arrêt et de justice, un quartier distinct est affecté aux jeunes
détenus de toute catégorie.*

ARTICLE 3. — *Les jeunes détenus acquittés en vertu de
l'article 66 du Code Pénal, comme ayant agi sans discernement, mais non remis à leurs parens, sont conduits dans
une colonie pénitentiaire; ils y sont élevés en commun, sous
une discipline sévère, et appliqués aux travaux de l'agricul-*

ture, ainsi qu'aux principales industries qui s'y rattachent.
Il est pourvu à leur instruction élémentaire.

ARTICLE 4. — Les colonies pénitentiaires reçoivent égalemment les jeunes détenus condamnés à un emprisonnement de
plus de six mois et qui n'excède pas deux ans. — Pendant
les trois premiers mois, ces jeunes détenus sont renfermés
dans un quartier distinct, et appliqués à des travaux sédentaires. — A l'expiration de ce terme, le directeur peut, en
raison de leur bonne conduite, les admettre aux travaux
agricoles de la colonie.

ARTICLE 8. — Il est établi auprès de toute colonie pénitentiaire un conseil de surveillance qui se compose : — d'un
délégué du préfet ; — d'un ecclésiastique désigné par l'évêque
du diocèse ; — de deux délégués du conseil général ; — d'un
membre du tribunal civil de l'arrondissement élu par ses
collègues.

ARTICLE 10. — Il est établi, soit en France, soit en Algérie, une ou plusieurs colonies correctionnelles où sont conduits
et élevés : — 1° Les jeunes détenus condamnés à un emprisonnement de plus de deux années; — 2° Les jeunes détenus
des colonies pénitentiaires qui auront été déclarés insubordonnés. — Cette déclaration est rendue, sur la proposition
du directeur, par le conseil de surveillance. Elle est soumise
à l'approbation du ministre de l'intérieur.

ARTICLE 11. — Les jeunes détenus des colonies correctionnelles sont, pendant les six premiers mois, soumis à
l'emprisonnement et appliqués à des travaux sédentaires. —
A l'expiration de ce terme, le directeur peut, en raison de

leur bonne conduite, les admettre aux travaux agricoles de la colonie.

ARTICLE 12. — *Sauf les prescriptions de l'article précédent, les règles fixées par la présente loi pour les colonies pénitentiaires sont applicables aux colonies correctionnelles. — Les membres du conseil de surveillance des colonies correctionnelles établies en Algérie seront au nombre de cinq, et désignés par le préfet du département.*

ARTICLE 16. — *Les maisons pénitentiaires reçoivent :* 1° *Les mineures détenues par voie de correction paternelle;* 2° *Les jeunes filles de moins de seize ans condamnées à l'emprisonnement pour une durée quelconque;* 3° *Les jeunes filles acquittées comme ayant agi sans discernement, et non remises à leurs parens.* — C. C. art. 376 et suiv. (1). — C. P. 66 et suiv.

ARTICLE 17. — *Les jeunes filles détenues dans les maisons pénitentiaires sont élevées sous une discipline sévère et appliquées aux travaux qui conviennent à leur sexe.*

ARTICLE 18. — *Le conseil de surveillance des maisons pénitentiaires se compose : — D'un ecclésiastique désigné par l'évêque du diocèse; — De quatre dames déléguées par le préfet du département. — L'inspection, faite au nom du ministre de l'intérieur, sera exercée par une dame inspectrice.*

La loi de 1850 présente de sérieux avantages, mais la doctrine lui reproche de n'avoir pas séparé radicalement, dans l'exécution, ces deux catégories on ne peut plus dis-

_____

(1) Voy. Code Tripier (grand format), p. 65.

tinctes suivant la justice et suivant le texte du Code Pénal :
« les mineurs condamnés et les mineurs acquittés. »

— On s'est occupé et l'on s'occupe encore activement
de procurer aux jeunes détenus de moins de seize ans une
éducation solide et réformatrice qui étouffe en eux la fougue des mauvaises passions. Déjà, peu après la loi de
1850, s'était formée à Paris la *Société protectrice des
jeunes détenus*, dont le titre indique assez le noble but.
Sur l'heureuse initiative et par les soins de M. Th. Moreau,
l'un de ses membres les plus zélés, une maison de secours
s'éleva au siége même de la société, où ceux qu'elle reçut
ont toujours trouvé dans les règles pénitentiaires celles
qui les ont conduits dans la bonne voie. C'était là une
pensée d'humanité, la France entière s'y associa, et
l'exemple une fois donné fut bientôt suivi.

Ce n'était pas assez, disent avec raison MM. Chauveau
et Faustin Hélie, « d'instruire, pendant la durée de leur
» peine, les condamnés de moins de seize ans. Une consi-
» dération fondamentale de tout système pénal amélioré
» est que les sujets libérés ne soient point jetés sur le
» pavé, sans surveillance et sans appui ; c'est à ce besoin,
» aussi profond peut-être que le premier, qu'une société
» fondée par une philantropique pensée a répondu : son
» but est de prendre sous sa protection les jeunes libérés
» à la sortie de la maison de correction, de leur choisir
» une profession suivant leurs penchants, de les placer
» en apprentissage, de les surveiller. Puisse cette pater-
» nelle tutelle s'étendre sur tous les points de la France,
» offrir à tous les jeunes détenus un frein salutaire, un
» appui protecteur. Puisse cette généreuse tentative

» embrasser peu à peu toutes les classes des con-
» damnés (1). »

Ces loyales paroles trouvèrent un écho dans tous les
cœurs vraiment français, et actuellement nos grandes cités
possèdent chacune ces sociétés que la charité a fondées et
que le dévoûment en retient. Dans leurs seins se trouvent
ces hommes généreux dont la main est tendue au malheur,
au repentir. Parmi eux réside la véritable fraternité si
différente de cette fraternité hypocrite qui n'est plus, pour
une caste pervertie, qu'un moyen de réaliser ses abomi-
nables desseins, d'atteindre son idéal infâme : l'athéisme
social, l'anarchie politique. Plus de Dieu ! hurle cette
horde immonde, car Dieu c'est la justice et le droit, et on
ne veut ni justice ni droit. Plus d'autorité, plus de loi,
plus de devoir ! car l'autorité, la loi, le devoir sont des
digues infranchissables posées devant le flot désordonné
des ambitions insatiables.

Mais, en vain, les partisans d'un libéralisme menteur
renouvelleront-ils leurs attaques, en face d'eux se dresseront sans cesse des adversaires invincibles, parce qu'ils ont
la foi et le désintéressement. Et qu'importe qu'en roulant
aux abîmes ces sectaires corrompus du matérialisme
essaient encore de maudire et d'insulter.

Il est doux de penser que nos sociétés de bienfaisance
se multiplient toujours fidèles à leurs devoirs sacrés,
devoirs de rapprochement et de paix, devoirs de travail
commun pour la régénération de la patrie, mais surtout

(1) *Théorie du Code Pénal*, t. I.

devoirs de lutte commune et plus énergique que jamais contre l'impiété et la révolte.

L'article 66, C. P. prononce contre le mineur une détention *pendant tel nombre d'années* que le jugement déterminera : les juges ne pourraient-ils pas condamner seulement à quelques mois ? La Cour de Cassation a décidé l'affirmative le

       8 *février* 1833. . . . . .   J. P. t. xxv, p. 145,
                            Bull. n° 47,

après avoir, dans un ARRÊT antérieur du

       10 *octobre* 1811. . . . . .   J. P. t. ix, p. 649,

déclaré que la détention ne serait pas moindre d'une année. De plus, l'article 66 ne fixant que le maximum à la durée de la détention, la loi semble par là laisser le minimum à l'appréciation du juge.

  — Le prévenu âgé de moins de seize ans qui, acquitté pour avoir agi sans discernement, doit, je suppose, être enfermé jusqu'à vingt ans, peut interjeter appel de ce jugement, quoiqu'il n'y puisse réussir sans faire décider qu'il a agi avec discernement, et sans subir en conséquence la peine infligée au délit.

 ARRÊT de la Cour de Rennes du

       21 *mai* 1844. . . . . . ,   Sirey, 1844,

  — Le mineur acquitté peut être condamné à la réparation du dommage causé par le fait dont il est l'auteur. L'article 66, C. P., effectivement, ne met pas obstacle à l'application de l'article 1382, C. C. (1).

_____

(1) Voy. p. 78, note 3, le texte de l'article 1382, C. C.; voy. aussi

Arrêts de la Cour de Cassation des :
18 *mai* 1842. . . . . . . Sirey, 1842,
13 *mars* 1844. . . . . . — 1844.

Mais agira-t-on valablement contre le mineur par voie de contrainte par corps? Non, l'article 13 (1) de la loi du 22 juillet 1867 relative à la contrainte par corps, n'autorise pas un semblable moyen d'obtenir réparation du dommage causé. En outre, si le mineur est condamné à la réparation du délit, c'est par l'effet d'une action purement civile ; or, en matière civile, la contrainte par corps est abolie (2).

Loi du 22 juillet 1867, Article 1er, § 1er. — *La contrainte par corps est supprimée en matière commerciale, civile et contre les étrangers.*

Deux cents ans avant la loi de 1867, sous le règne de Louis XIV, une ordonnance royale avait proclamé la même abolition dans des termes toutefois moins absolus :

Ordonnance d'avril 1667, Tit. xxiv, Article 4 : « Défendons à nos cours et à autres juges, de condamner aucuns de nos sujets par corps en matière civile, sinon et au cas de réintégrande pour délaisser un héritage en exécution des jugemens, pour stellionat, pour dépôt nécessaire, consignation faite par ordonnance de justice ou

la note 4.

Voy. p. 79, 80 et 81 quels sont les tribunaux compétents pour statuer sur les dommages-intérêts.

(1) Voy. p. 406, l'article 13 de la loi de 1867.

(2) Quatre motifs firent abolir la contrainte par corps en matière civile, on la regardait comme étant illégitime, injuste, immorale et inefficace. Ces accusations paraissent exagérées. Voyez, du reste, à ce sujet une judicieuse appréciation de M. P. Rambaud ; *Code civil par demandes et réponses*, t. iii, p. 340.

entre les mains de personnes publiques, représentation des biens par les séquestres, commissaires ou gardiens, lettres de change quand il y aura remise de place en place, dettes entre marchands, pour fait de marchandise dont ils se mêlent. »

D'ailleurs, la contrainte par corps eût-elle été maintenue en matière civile, l'article 2064 du Code Civil en aurait préservé les mineurs.

ANCIEN ARTICLE 2064, C. C. : « Dans les cas même ci-dessus énoncés (1), la contrainte par corps ne peut être prononcée contre les mineurs. »

La loi du 15 germinal an VI (4 avril 1798), tit. I, art. 5, contenait une disposition analogue.

ARTICLE 5 : « La contrainte par corps ne peut être décernée, en matière civile, contre les septuagénaires, les mineurs, les femmes et les filles, si ce n'est pour stellionat procédant de leur fait. »

Les mineurs de seize ans ne seront donc jamais contraints par corps à la réparation civile du dommage provenant de leur fait. La Cour de Cassation partage cette opinion dans un

ARRÊT du 25 mars 1843...... Bull. n° 68,

où elle revient sur une décision prise en sens contraire dans un autre

ARRÊT du 27 juin 1835...... Bull. n° 201.

De ce que la majorité pénale est fixée à seize ans accomplis, il ne s'ensuit pas que le délit commis par un agent de cet âge réunisse infailliblement tous les éléments consti-

(1) Voy. le Titre XVI, Liv. III, C. C. — [Code Tripier (grand format), p. 269 et suiv.].

tutifs du délit pénal. L'existence du discernement, chez les accusés de plus de seize ans, n'est et ne peut être que *présumée* par le législateur. Le jugement sur la responsabilité morale est entièrement abandonné à la conscience des jurés, des juges, et s'ils acquièrent la conviction de l'accusé, quoique âgé de plus de seize ans, a néanmoins agi sans discernement, ils doivent l'acquitter, comme ils l'acquitteraient s'il avait moins de seize ans. Seulement cette formule, que l'accusé a agi sans discernement, ne suffirait plus pour entraîner cet acquittement. Il faudrait qu'il fût déclaré coupable.

Arrêt de la Cour de Cassation du
1ᵉʳ *septembre* 1826. . . . . . Sirey, 1827 1 203.

Enfin, si l'accusé de plus de seize ans requiert la position de la question de discernement, le jugement qui rejettera cette demande devra être motivé (1).

Arrêt de la Cour de Cassation du
14 *octobre* 1826. . . . . Sirey, 1827.

Le Code Pénal, dans les articles 66 à 69, ne s'occupe que de crimes et de délits de police correctionnelle.

Deux questions principales, sujet de nombreuses controverses dans la jurisprudence et dans la doctrine, se rattachent à ces textes. Faut-il appliquer ces articles aux crimes et aux délits prévus par des lois spéciales? Faut-il même les étendre aux contraventions de simple police, et

(1) Voy. MM. Chauveau et F. Hélie, *Théorie du Code Pénal*, t. 1, p. 472.
Dalloz, *Répert...* V.

permettre pour celles-ci les mesures de correction domestique de l'article 66 et la réduction de moitié de l'article 69?

La Cour de Cassation a d'abord prétendu « que les lois » spéciales qui punissent ces crimes et ces délits, ne con- » tiennent aucune disposition qui autorise les tribunaux à » prendre en considération l'âge et le défaut de discerne- » ment des délinquants dont elles s'occupent. » Nous répondrons en puisant nos arguments dans les lois de la nature humaine, ou plutôt dans cette loi générale qui domine toutes les autres, et prend son origine dans un fait commun à toutes les actions de l'homme : son ignorance présumée de la criminalité de ses actes jusqu'à l'âge de seize ans révolus. Peut-on créer une exception à cette loi commune, à l'égard des crimes et délits spéciaux? Non, car il faudrait prouver que l'enfant, dont l'intelligence est trop débile pour concevoir la criminalité d'un délit com- mun, a toute l'intelligence nécessaire pour apprécier et comprendre les crimes et délits spéciaux.

On a ajouté que les juges ne peuvent modifier les peines établies par la loi. Mais nous ne voulons nullement trans- porter hors du Code Pénal ses articles 67 et 69, il ne s'agit plus ici de l'excuse qui peut militer en faveur du mineur de seize ans, mais de la présomption favorable qui doit planer sur tout accusé ou prévenu de cet âge, et de l'obligation de renvoyer des poursuites celui qui a commis le fait imputé, mais sans discernement.

On a encore objecté que l'article 484 du Code Pénal (1)

___

(1) ARTICLE 484. — *Dans toutes les matières qui n'ont pas été réglées par le présent Code et qui sont régies par des lois et règlemens particuliers, les cours et les tribunaux continueront de les obse* .

maintient toutes les lois pénales relatives à des matières sur lesquelles le Code n'a pas statué. Mais le but de cet article a été de ne pas entraver les poursuites dirigées en vertu de ces lois particulières, mais il ne peut en résulter que l'article 66, C. P., posant un principe général, ne puisse s'étendre à tous les crimes et les délits, soit ordinaires, soit spéciaux, commis par les mineurs. L'article 484 C. P., en effet, ne défend pas de combiner les lois particulières avec les principes généraux du Droit Pénal.

En ce sens se sont prononcés MM. Chauveau et Faustin Hélie (1), Le Sellyer (2) et Dalloz (3).

— La Cour de Cassation qui, jusqu'en 1845 environ, n'appliquait pas les dispositions des articles 66, 67, 68 et 69, C. P. aux différentes lois spéciales en matière pénale, leur en fait depuis une application constante.

C'est ainsi que l'on trouve notamment, pour la négative : les

ARRÊTS des : 2 *juillet* 1813. . . . . . .   Bull. n° 145,

15 *avril* 1810. . . . . .   Sirey, 1810,

11 *août* 1836. . . . .   — 1836,

5 *juillet* 1839. . . . . .   Bull. n° 210;

Pour l'affirmative : les

ARRÊTS des : 3 *janvier* 1845 . . . . .   Bull. n°   4,

18 *juin* 1846. . . . . . .   — n° 151,

3 *février* 1849. . . . . .   — n° 28,

20 *décembre* 1846. . . .   — n° 371,

(1) Voy. *Théorie du Code Pénal*, t. 1. p. 477.
(2) Voy. *Traité de la criminalité et de la pénalité*, t. 1, n° 109.
(3) Voy. *Répert.* v.

3 *janvier* 1840	—	n°	8,
21 *mars* 1840	—	n°	79,
20 *mars* 1841	—	n°	74,
18 *mars* 1842	—	n°	67,
14 *mai* 1842	—	n°	121,
13 *mars* 1844	—	n°	98,
11 *octobre* 1855	—	n°.	345,
11 *janvier* 1856	—	n°	15 (1).

Les Arrêts des Cours

de Grenoble des : 12 *janvier* 1825 ..... Sirey, 1825,

13 *janvier* 1825 ..... — 1825,

28 *novembre* 1833 ... — 1833,

d'Orléans du : 24 *janvier* 1843 ..... Sirey, 1843,
indiqueraient que quelques Cours d'Appel se conformaient
aux décisions données par la Cour suprême, avant qu'elle
eût renié sa première opinion. La jurisprudence étrangère
même semblait vouloir se rallier à la négative ; on peut
citer à cet égard un Arrêt de la Cour de Cassation Belge
du

31 *mars* 1836 ..... Dalloz, Répert... v.

Mais aujourd'hui la jurisprudence est d'accord pour
reconnaître que les termes généraux des articles 60 à 69,
C. P. doivent comprendre les crimes et les délits prévus
par des lois spéciales.

---

(1) Des douze derniers arrêts ci-dessus mentionnés les trois premiers furent rendus en matière de chasse ; les trois suivants, en matière d'eaux et forêts ; les six derniers, en matière de douanes.

On remarquera que la Cour de Cassation usa plus tôt d'indulgence
envers les infractions aux lois sur les douanes qu'à l'égard des infractions aux autres lois spéciales.

Les infractions aux lois particulières (1) donneront donc lieu à l'application des mêmes règles que celles établies pour les crimes et délits punis par le Code Pénal. Nous ne reviendrons pas sur des détails donnés plus haut et qui seraient ici superflus (2).

Il est bien entendu que les articles 66 et 60, C. P. ne s'appliqueraient pas aux délits visés par les lois spéciales, si l'amende, que souvent elles prononcent, était plutôt une réparation civile qu'une peine.

En ce qui concerne les contraventions de simple police, la place qu'occupent dans le Code les articles 66 et 69,

(1) Certaines infractions aux lois spéciales et principalement aux lois sur la chasse, les douanes, l'octroi, la pêche fluviale, etc... constitueront des contraventions, encore bien qu'elles soient qualifiées délits et punies de peines correctionnelles. Elles ne pourraient par suite être excusées par la bonne foi des délinquants.

Arrêts de la Cour de Cassation du
15 décembre 1870...... Sirey, 1871 1 39,
Arrêt de la Cour de Dijon du
15 janvier 1873........ Sirey, 1873 2 280.

D'ailleurs, si ces infractions ne peuvent être excusées par l'intention de celui auquel elles sont imputées, elles ne constituent néanmoins des délits punissables qu'autant qu'elles ont été librement et volontairement commises.

Arrêts de la Cour de Cassation des :
16 novembre 1866...... Sirey, 1867 1 344,
23 janvier 1873.....:. — 1873 1 344.

(2) Une controverse s'est élevée relativement à l'application de l'article 66, C. P., lorsqu'il y a eu fraude dans les contraventions aux lois spéciales. MM. Chauveau et F. Hélie (Théorie du Code Pénal) et un Arrêt de la Cour de Bordeaux du 17 mars 1841 soutiennent la négative. Nous serions de l'avis contraire, toutefois nous abandonnons l'examen de cette controverse à qui désirera l'étudier.

leurs expressions précises, qui ne se rapportent qu'aux crimes et délits, le peu de gravité des contraventions de simple police et l'élément purement matériel (contrà venire) qui, le plus souvent, s'y rencontre, devraient, ce semble, faire décider que les articles 66 et 69, C. P. ne sauraient leur être appliqués. Néanmoins, la jurisprudence ne s'est point arrêtée à ces considérations et, dans de nombreux arrêts, elle a reconnu l'application de ces textes aux contraventions de simple police.

Arrêts de la Cour de Cassation des :

10 *juin* 1842........	Bull.	n° 142,
2 *septembre* 1842....	—	n° 228,
8 *décembre* 1842	—	n° 310,
13 *avril* 1844........	—	n° 130,
7 *mars* 1845........	—	n° 87,
24 *mai* 1855........	—	n° 172,
22 *juin* 1855........	—	n° 227,
24 *mai* 1855........	Sirey,	1855 1 610,
21 *mars* 1868	—	1869 1 368.

La doctrine s'est également prononcée : l'opinion de la Cour de Cassation a été embrassée par des auteurs d'une haute compétence en Droit Pénal, tels que MM. Bertault, Trébutien, Blanche, Morin, Chauveau et Faustin Hélie (1) ;

(1) Voy. Bertault, *Commentaire du Code Pénal*, p. 337.

Trébutien, *Cours élémentaire de Droit criminel*, t. 1, p. 112.

Blanche, *Études pratiques sur le Code Pénal*, t. 11, n° 354 et suiv.

Morin, *Répertoire de Droit criminel*, V° Mineur, n° 4.

Chauveau et F. Hélie, *Théorie du Code Pénal*, t. 1, 241 in fine.

mais la Cour suprême a toujours trouvé dans MM. Ortolan et Le Sellyer (1) un antagonisme opiniâtre.

— Si le mineur prévenu a agi avec discernement, la peine variera de la moitié du *maximum* à la moitié du *minimum* de la peine applicable à un majeur ; s'il a agi sans discernement, il sera acquitté. Cependant, lorsque le mineur a agi avec discernement, le juge, tant en matière de délits spéciaux qu'en matière de contraventions de simple police, pourra le renvoyer à ses parents ou bien le faire enfermer dans une maison de correction. Telle est l'opinion de M. A. Blanche (2). Bien que cette solution ait pour heureux résultat d'assurer le plus souvent l'amendement du coupable, elle ne peut se soutenir devant une interprétation stricte des textes.

Que décider si le mineur a agi sans discernement ? Au point de vue théorique, il est assez difficile de méconnaître au juge le droit de renvoyer l'enfant à ses parents ou de le faire conduire dans une maison de correction (3), mais, dans la pratique, le juge, croyons-nous, devra toujours s'abstenir du pouvoir rigoureux que lui confère l'article 66 du Code Pénal.

— Des circonstances atténuantes peuvent être accordées aux mineurs de seize ans coupables de crimes ou de délits

(1) Voy. Ortolan, *Éléments de Droit Pénal*, n° 298.
Le Sellyer, *Traité de la Criminalité*, t. 1, n° 118.
(2) *Études pratiques sur le Code Pénal*, t. 11.
(3) Nous rappelons que cette détention n'est pas une peine, mais une simple mesure de correction.

prévus par des lois spéciales, et de contraventions de simple police (1). En pareil cas, les dispositions de l'article 463, C. P. doivent-elles, dans le but d'une réduction de peine, se combiner avec les dispositions des articles 66 et suivants, C. P.? Certainement, et la réduction s'opérera d'après les règles établies pour les crimes et délits réprimés par le Code Pénal.

Deux questions particulières se rattachent, dans une

(1) On pourrait se demander si la déclaration de circonstances atténuantes et le bénéfice d'atténuation qui en résulte s'appliquent seulement aux infractions au Code Pénal ou même aux infractions prévues et punies par des lois spéciales. Cette question importante, qui souleva de nombreuses discussions dans la doctrine, est formellement résolue par les textes.

Il faut distinguer entre les crimes d'une part, et les délits de police correctionnelle et les contraventions de simple police d'autre part.

Pour les *crimes*, les termes généraux de l'article 463, C. P., et les termes plus explicites encore de l'article 341, C. I. C. : « en *toute matière criminelle*, etc., » permettent *toujours* de déclarer l'existence de circonstances atténuantes, même s'il s'agit de crimes prévus par des lois spéciales. (Voy. p. 48, note 3).

Pour les *délits* de police correctionnelle et les *contraventions* de simple police, les termes non moins formels des articles 463 et 483, C. P. restreignent le bénéfice des circonstances atténuantes à ceux qui ont été prévus par le Code Pénal. Les délits de police correctionnelle et les contraventions de simple police résultant de *lois spéciales* ne donneront lieu à l'application des circonstances atténuantes qu'autant qu'un texte positif des lois spéciales l'aurait autorisée.

La raison pour laquelle le législateur, dans la loi de révision du 28 avril 1832 généralisatrice du système des circonstances atténuantes, n'a pas étendu aux délits et contraventions prévus par des lois spéciales le bénéfice desdites circonstances, c'est qu'il a craint de déranger l'économie de ces lois spéciales.

certaine proportion, à l'excuse de la minorité. Nous allons en donner un court aperçu, et, par là, clore nos explications.

Question I. — L'article 66 du Code Pénal s'applique-t-il au paragraphe 2° de l'article 271 du même Code?

Et d'abord quelle est la disposition de ce texte?

ARTICLE 271, § 2°. — *Néanmoins les vagabonds âgés de moins de seize ans ne pourront être condamnés à la peine d'emprisonnement; mais, sur la preuve des faits de vagabondage, ils seront renvoyés sous la surveillance de la haute police jusqu'à l'âge de vingt ans accomplis, à moins qu'avant cet âge ils n'aient contracté un engagement régulier dans les armées de terre ou de mer (1).*

Ce second paragraphe a été ajouté à l'article 271 par la loi du 28 avril 1832, article 12, sur la proposition d'un député M. Charles Comte. Modifié par la chambre des

(1) Le paragraphe 1er de l'article 271, C. P., étant nécessaire à l'entière intelligence du § 2, bien que nous l'ayons déjà cité p. 252, note 2, nous en redonnons ci-après la teneur.

ARTICLE 271, § 1er. — *Les vagabonds ou gens sans aveu qui auront été légalement déclarés tels seront, pour ce seul fait, punis de trois à six mois d'emprisonnement. Ils seront renvoyés, après avoir subi leur peine, sous la surveillance de la haute police pendant cinq ans au moins et dix ans au plus.*

L'ancien article 271 ne différait du précédent que par cette disposition finale : « et demeureront........ à la disposition du gouvernement pendant le temps qu'il déterminera, eu égard à leur conduite. »

Voy. le Décret du 20 vendémiaire an II (15 octobre 1793), *contenant des mesures pour l'extinction de la mendicité,* tit. III, art. 4, et tit. IV, art. 2 et 3.

députés, l'amendement de M. Comte fut remanié de nouveau par la chambre des pairs qui remplaça la puissance
paternelle par la surveillance de la haute police, comme
peine applicable au vagabond mineur de seize ans (1).

Sous l'empire du Code de 1810, on s'était demandé si
l'enfant mineur pouvait se trouver en vagabondage. On
avait cru l'affirmative, mais bientôt cette croyance s'éva-
nouit devant le jugement contraire de la Cour de Cassation.
« Le vagabondage, disait l'avocat général près la même
» Cour, est dangereux à tout âge, il a surtout pour un en-
» fant ce caractère particulier de façonner son âme à l'oisi-
» veté, de lui inspirer le dégoût du travail et de le mettre
» sur le penchant du vice. Si, trop jeune encore, il ne sent
» pas tout le mal qu'il se fait à lui-même, et celui dont il
» menace la société, la justice trouve dans nos Codes des
» dispositions qui lui permettent d'atténuer la peine ;
» mais la loi veut une punition. »

Cette solution fut adoptée par un

Arrêt du 21 *mars* 1823. . . . . Sirey, 1823 1 240.

La Cour de Colmar soutint néanmoins que le mineur de
seize ans ne pouvait être déclaré vagabond, et vit sa décision annulée par deux

Arrêts de la Cour de Cassation des :
10 et 11 *novembre* 1831... J^al D^t. C^el. 1831, p. 358 et 359.

Le législateur trancha définitivement la difficulté dans
la loi de 1832 : l'article 271, § 2, C. P. est déclaratoire
du vagabondage des mineurs.

(1) Voy. Code Pénal progressif, p. 267.

Ce principe établi, revenons à la question. L'article 271,
§ 2, tombe-t-il sous l'application de l'article 66 ? D'aucuns ont objecté que l'article 271, § 2, dérogeait aux
articles 66 et 69, C. P. D'autres regardent cette dérogation comme implicite ; ce que critique avec raison
M. Carnot (1). L'article 271, § 2, à notre avis, déroge
très explicitement aux articles 66 et 69 (2). En s'appliquant à des prévenus de moins de seize ans, le paragraphe 2 de l'article 271 porte pour eux des mesures
spéciales remplaçant les dispositions générales des articles 66 et 69.

L'objection tirée de la dérogation de l'article 271, § 2
aux articles 66 et 69, est sans valeur. Peu importe cette
dérogation, les juges devront toujours rechercher si le mineur a agi avec ou sans discernement. « La question de
» discernement, disent MM. Chauveau et F. Hélie, ne
» doit pas moins être posée à l'égard des prévenus de
» vagabondage âgés de moins de seize ans, et ce n'est
» que dans le cas où ils ont agi avec discernement qu'ils
» peuvent encourir la surveillance de la haute police jus-
» qu'à l'âge de vingt ans (3). »

M. A. Blanche est encore plus précis : « Les tribunaux
» correctionnels pourront décider que les vagabonds, âgés
» de moins de seize ans, ont agi sans discernement, et
» les remettre à leurs parents ou les renvoyer dans une

(1) Voy. *Commentaire sur le Droit Pénal*, t. 1, p. 637.
  Voy. aussi Sirey, t. XXIII, p. 249.
(2) Voy. p. 251, l'article 269, C. P.
(3) *Théorie du Code Pénal*, t. III, p. 298.

» maison de correction jusqu'à vingt ans accomplis (1). »

À l'appui de leur solution, MM. Blanche, Chauveau et Faustin Hélie invoquent les

ARRÊTS de la Cour de Cassation des :

> 12 août 1843. . . . . . Bull. n° 205,
> 28 avril 1852. . . . . — n° 75.

Nous adoptons l'opinion de ces auteurs.

Question II. — Les articles 66, 67, 68 et 69 du Code Pénal s'appliqueraient-ils au cas où l'agent du délit est *sourd-muet ?*

Déterminer exactement la responsabilité imputable aux sourds - muets, n'est point chose facile. « Les sourds- » muets, suivant l'heureuse expression de M. Vigneaux, » sont dans une sorte de minorité intellectuelle (2), » il semble dès lors que la loi eut dû particulièrement les favoriser. Le Code Pénal n'a pas prévu la question ; le Code d'Instruction criminelle ne s'occupe qu'une seule fois de l'accusé sourd-muet.

ARTICLE 333, § 1er, C. I. C. — *Si l'accusé est sourd-muet et ne sait pas écrire, le président nommera d'office pour son interprète la personne qui aura le plus d'habitude de converser avec lui.*

---

(1) *Études pratiques sur le Code Pénal*, t. III.
(2) M. P.-E. Vigneaux, à son cours de Droit Pénal (1872-1873), professé à la Faculté de Droit de Bordeaux. (*Des cas de non-culpabilité*).

Cette disposition a été puisée dans l'Ordonnance criminelle du mois d'août 1670, titre XVIII, article 1er.

ORDONNANCE DE 1670, ARTICLE 1er : « Si l'accusé est muet ou tellement sourd qu'il ne puisse ouïr, le juge lui nommera d'office un curateur qui saura lire et écrire. »

Le Code Pénal du Royaume d'Italie assimile les sourds-
muets aux mineurs : c'est là une sage mesure sur laquelle
nous appelons l'attention du législateur français.

A défaut de textes, c'est donc dans la pratique que nous
chercherons notre solution. La responsabilité plus ou moins
complète du sourd-muet sera visée par les juges assistés
de l'homme de l'art. S'il est constaté que le sourd-muet
a agi sans aucun discernement, il faudra l'acquitter ; si,
au contraire, il est constaté qu'il a agi avec discernement,
il sera condamné, mais la surdité et le mutisme constitueront en sa faveur une circonstance atténuante. Mais le
tribunal croit-il que le sourd-muet a agi en plein discernement, qu'il le condamne.

La surdité et le mutisme ne constituent point une
excuse légale.

ARRÊT de la Cour de Cassation du

25 juin 1827. . . . . . . Sirey, 1827.

On a toujours regretté que la présomption d'innocence
qui protège les accusés de moins de seize ans n'ait pas
été étendue jusqu'aux sourds-muets. En effet, l'instruction,
l'éducation peuvent leur manquer complètement, ou, si
elles ne leur manquent pas, ne pas avoir atteint le degré
voulu. Ils sont déjà assez disgraciés de la nature et assez
malheureux, faudrait-il donc les traiter plus sévèrement
que ceux qui jouissent de l'intégrité de tous leurs sens ?

Tout délit appelle une peine, mais toute peine doit être juste.

> « . . . . Adsit
> » Regula peccatis quæ pœnas irroget æquas
> » Ne scuticâ dignum, horribili sectere flagello (1). »

(1) Horace, *Satires*, Liv. i, sat. iii, v. 117.

SECTION III

—

SOMMAIRE

Excuse en faveur de celui qui a fait usage de pièces de monnaie falsifiées.

ARTICLE 135.

—

ARTICLE 135 (Liv. III, Tit. I, Chap. III, Sect. I, § 1er). (Ainsi remplacé, L. 13 mai 1863). — *La participation énoncée aux précédents articles ne s'applique point à ceux qui, ayant reçu pour bonnes des pièces de monnaie contrefaites, altérées ou colorées, les ont remises en circulation.*

Toutefois, celui qui aura fait usage desdites pièces, après en avoir vérifié ou fait vérifier les vices, sera puni d'une amende triple au moins et sextuple au plus de la somme représentée par les pièces qu'il aura rendues à la circulation, sans que cette amende puisse, en aucun cas, être inférieure à seize francs.

Cet article a littéralement reproduit l'ancien article 135, le mot *colorées* seul a été ajouté.

— La participation à l'émission des monnaies contrefaites, altérées ou colorées, est punie, suivant les circonstances, des travaux forcés à temps, des travaux forcés à perpétuité, ou d'un emprisonnement de six mois à trois ans (art. 132, 133, 134, C. P.) (1).

— Les crimes de fausse monnaie furent toujours sévèrement punis dans toutes les législations. Solôn, donnant

(1) ARTICLE 132, C. P. (Ainsi remplacé, L. 13 mai 1863). — *Quiconque aura contrefait ou altéré les monnaies d'or ou d'argent ayant cours légal en France, ou participé à l'émission ou exposition desdites monnaies contrefaites ou altérées, ou à leur introduction sur le territoire français, sera puni des travaux forcés à perpétuité.*

Celui qui aura contrefait ou altéré des monnaies de billon ou de cuivre ayant cours légal en France, ou participé à l'émission ou exposition desdites monnaies contrefaites ou altérées, ou à leur introduction sur le territoire français, sera puni des travaux forcés à temps.

Le nouvel article 132 reproduit textuellement les anciens articles 132 et 133 tels que la loi du 28 avril 1832 les avait modifiés. Dans l'édition de 1810, l'article 132 portait la peine de mort et la confiscation des biens, l'article 133 prononçait les travaux forcés à perpétuité.

Le Code Pénal du 25 septembre — 6 octobre 1791, 2ᵉ part., tit. II, sect. VI, disposait : ARTICLE 1er : « Quiconque sera convaincu d'avoir contrefait ou altéré les espèces ou monnaies nationales ayant cours, ou d'avoir contribué sciemment à l'exposition desdites espèces ou monnaies contrefaites ou altérées, ou à leur introduction dans l'enceinte de l'Empire français, sera puni de la peine de quinze années de fers. »

La loi du 14 germinal an XI (4 avril 1803) était plus concise et plus rigoureuse : ARTICLE 5 : « Les auteurs, fauteurs et complices de l'altération et de la contrefaçon des monnaies nationales, seront punis de mort. »

ARTICLE 133, C. P. (Ainsi remplacé, L. 13 mai 1863). — *Tout individu qui aura, en France, contrefait ou altéré des monnaies étrangères, ou participé à l'émission, exposition ou introduction en France de monnaies étrangères contrefaites ou altérées, sera puni des travaux forcés à temps.*

Cet article n'est qu'une reproduction fidèle de l'ancien article 134.

ARTICLE 134, C. P. (Ainsi remplacé, L. 13 mai 1863). — *Sera puni*

une loi contre les faux-monnayeurs, disait : « Ἐάν τις πόλεως
» νόμισμα διαφθείρῃ, καὶ παράσημον εἰσφέρῃ, δικαστὰς μισεῖν, καὶ
» κολάζειν. »

Νόμος νκ. (1).

Ce législateur laissait donc la punition à l'arbitrage
des juges. Mais déjà, en l'an 381 av. J.-C., les faux-monnayeurs encouraient la peine capitale, ainsi que l'atteste le
passage suivant d'un discours de Démosthènes : « Θαυμάζω
» δ'ἔγωγε, εἰ τοῖς μὲν τὸ νόμισμα διαφθείρουσι, θάνατος παρ'ὑμῖν
» ἐστιν ἡ ζημία..... (2) »

La loi romaine, suivant les cas et la personne des coupables, les condamnait au dernier supplice, à être livrés
aux bêtes féroces, à la déportation, et confisquait les instruments ayant servi à la perpétration du crime (3).

Nos anciennes lois criminelles (4) furent aussi rigou-

*d'un emprisonnement de six mois à trois ans quiconque aura coloré les mon-
naies ayant cours légal en France ou les monnaies étrangères dans le but
de tromper sur la nature du métal, ou les aura émises ou introduites sur
le territoire français.*

*Seront punis de la même peine ceux qui auront participé à l'émission ou
à l'introduction des monnaies ainsi colorées.*

Cette disposition est entièrement nouvelle.

(1) Si quis civitatis nomisma corruperit, aut adulterium induxerit,
judices odiunto, et puniunto. (Σόλωνος Ἀθηναίων ἄρχοντος ἀξόνικοι
νόμοι).

(2) Voy. Demosthenis opera, t. III, p. 383, B. (éd. 1572). «Ὁ' πρὸς
» τὸν Λεπτίνην λόγος. » — Hieronymo Vuolfio interprete.

(3) Dig., L. XLVIII, t. X. — L. 8, 9, *in princip.*, § 1 ; L. 19. De lege
    Corneliâ de falsis.
    Cod., L. IX, t. XXIV. L. 1, 2. De falsâ monetâ.

(4) Nos ancêtres avaient en grande horreur le crime de fausse monnaie, ainsi que l'indique ce vieil adage : « Celuy qui forge la fausse

reuses et punirent les coupables de fausse monnaie, de la
peine du feu, de l'eau et de l'huile bouillante. On distinguait cependant entre ceux qui fabriquaient, em-
ployaient, rognaient, coloraient, changeaient, fondaient ou
bordaient la monnaie. Quant à ceux qui la faisaient circu-
ler, voici ce que dit M. Duret : « Donques n'estans parti-
» cipans av buttin, sans sçavoir qui a fait telle mon-
» noye favsse, s'ils l'exposent pour la passer, & svrprins
» ne peuvent nommer ceux, de qui ils l'ont receuë, la
» somme estant petite *on les absoult*, au préalable ayant
» faict serment, que malicieusement, ils ne se sont ingé-
» rez l'employer, & n'ont intelligence avec favx mon-
» noyeurs....., etc.,, (1). »

N'était-ce pas là une excuse absolutoire ?

L'article 135 renferme une excuse atténuante. La
peine est mitigée, parce que la loi regarde comme excusables l'exposition et introduction en France de la monnaie contrefaite et altérée, l'émission et l'introduction en
France de la pièce colorée, par ce seul motif que, lorsque la pièce fausse à été remise comme bonne à celui qui
l'a reçue, ce dernier à été trompé.

Les Cours d'Assises ont souvent voulu nier l'existence
de l'excuse dans l'article 135, mais évidemment une semblable décision ne peut se concilier avec l'article 65 du
Code Pénal, par lequel le fait est excusable dans tous les
cas où la loi le déclare, ou permet *d'appliquer une peine*

» monnoye donne vn souflet au Roy. » — E. Pasquier, *Les recherches
de la France*, Liv. vii°, Chap. XXI, p. 858.

(1) *Histoire des anciennes lois criminelles en France.*

moins rigoureuse, et avec le second paragraphe même de
l'article 135, qui, s'il n'excuse pas directement, conduit
au même résultat.

En effet, si la personne qui a reçu la pièce pour bonne
l'avait reçue pour fausse, elle serait passible d'une peine
beaucoup plus importante que l'amende. De nombreux
arrêts, du reste, ont déclaré en termes formels que, « lorsque
l'accusé d'émission de monnaies contrefaites ou altérées
soutient qu'il les a reçues pour bonnes, cette circonstance
constitue une excuse légale, qui doit être l'objet d'une
question à poser au jury; et que l'article 339, C. I. C. (1)
impose au président de la Cour d'Assises l'obligation de
poser cette question à peine de nullité. »

ARRÊTS de la Cour de Cassation des :

14 *décembre* 1831	Bull.	n° 505,
3 *mai* 1832	—	153,
15 *mai* 1834	—	142,
12 *novembre* 1835	—	412,
7 *juin* 1838	—	159,
23 *janvier* 1840	—	28,
9 *avril* 1840	—	107,
15 *avril* 1841	—	96,
31 *mars* 1842	—	74,
21 *juin* 1844	—	228,
27 *juin* 1845	—	211,
10 *juillet* 1845	—	226,
26 *mai* 1846	Dalloz,	1846 4 293,

(1) Voy. p. 278, note 1, le texte de l'article 339, C. I. C.

17 *avril* 1846	—	1847 4 202,
25 *mars* 1847, ...	—	1847 4 257,
21 *mars* 1851	—	1851 5 263,
27 *mai* 1853	·	1853 5 224,
31 *janvier* 1857	Bull. nº	40,
1ᵉʳ *octobre* 1857	—	357,
14 *novembre* 1861	—	227,
28 *juillet* 1864	—	201.

—Les conclusions, prises par la défense à l'égard de l'admission de l'excuse et, par conséquent, de la question à poser au jury, sont réputées prises par l'accusé lui-même.

Arrêts de la Cour de Cassation des :

31 *mars* 1842 (déjà cité),

10 *juillet* 1845 (déjà cité).

Si la défense ne prend pas de conclusions, MM. Chauveau et Faustin Hélie pensent que la Cour n'est pas tenue de suppléer au silence de l'avocat. Ils se basent pour en décider ainsi sur un

Arrêt du 20 *avril* 1860 . . . . . Bull. nº 104.

Nous ne reviendrons pas sur ce qui a été dit aux notions générales de notre Chapitre préliminaire (1), qu'il nous suffise de déclarer fausse la solution des auteurs de la *Théorie du Code Pénal*.

On ne doit pas ignorer que, dans une accusation d'émission de fausse monnaie, lorsqu'une question d'excuse a été proposée par la défense dans les termes de l'article 135 2º, C. P., il y a nullité si le président des Assi-

---

(1) Voy. p. 71 et suiv.

ses en supprime la circonstance que l'accusé avait reçu pour bonnes les pièces de monnaie dont il a été fait usage après en avoir vérifié les vices.

ARRÊT de la Cour de Cassation du
23 *novembre* 1872...... Sirey, 1873 1 184.

— Quelle est l'étendue de l'excuse de l'article 135? Quoi qu'on en ait dit, il faut décider que l'excuse non-seulement mitige la peine, mais encore transforme le crime en délit. Nous alléguerions à l'appui de notre dire que l'article 135, contrairement à l'article 326 du Code Pénal (1), ne qualifie pas de crime le fait excusé. De plus, les deux paragraphes de l'article 135 combinés démontrent que, dans le second, il est question seulement d'une excuse modifiant en même temps le caractère du fait primordial et la peine.

Le fait d'introduire, d'émettre ou d'exposer des pièces après les avoir reçues comme fausses, et le fait d'émettre, d'introduire ou d'exposer en France ces mêmes pièces après les avoir reçues pour bonnes, ces deux faits, dis-je, sont tout-à-fait inconciliables, et ils expliquent fort bien que le délit puni soit l'excuse du crime.

L'opinion, d'ailleurs, que nous soutenons, est celle qu'a reconnue la Cour de Cassation dans ses

ARRÊTS des : 28 *août* 1812...... Sirey, 1812,
15 *avril* 1820...... Bull. n° 76.

_____

(1) ARTICLE 326. — *Lorsque le fait d'excuse sera prouvé,*
S'il s'agit d'UN CRIME *emportant la peine de mort....., etc...*
S'il s'agit de TOUT AUTRE CRIME....., etc.
Voy. p. 345.

— L'excuse de l'article 135, en changeant le crime en délit, donne naissance à plusieurs conséquences :

L'une, c'est que le juge des mises en prévention aura plein pouvoir pour rechercher et déclarer l'existence de l'excuse. Si elle existe, le prévenu sera renvoyé devant les tribunaux correctionnels; si elle n'existe pas, il sera renvoyé devant la Cour d'Assises.

Il faut que l'excuse résulte clairement de l'information et que le juge des mises en prévention déclare, dans sa décision, l'existence de l'excuse.

ARRÊT de la Cour de Cassation du

3 *mars* 1842...... Bull. n° 45.

Le tribunal correctionnel pourra néanmoins, comme la décision du juge n'est *que déclarative de juridiction*, prononcer l'inexistence de l'excuse et se déclarer incompétent.

Une deuxième conséquence de l'article 135, c'est que la tentative du fait prescrit par cet article n'est pas punissable ; car la tentative (1) n'est punie que dans les cas expressément indiqués par la loi.

---

(1) La tentative consiste dans des actes d'exécution qui n'ont pas produit le mal constitutif du délit auquel ils tendaient. La tentative de *crime* est, en général, punie comme le crime même [art. 2, C. P., Voy. p. 101, note 1; Voy. aussi L. du 22 prairial an IV (10 juin 1796)]; celle de *délit de police correctionnelle* n'est punie comme le délit qu'exceptionnellement (art. 3, C. P.). Dans l'un et l'autre cas, elle n'est punissable qu'autant qu'elle a été suspendue ou qu'elle a manqué son effet par des circonstances indépendantes de la volonté de l'auteur. La tentative n'est pas punissable si l'agent s'est volontairement arrêté. Enfin, à défaut de texte, elle n'est jamais punissable en matière de *contraventions de simple police*.

Arrêt de la Cour de Cassation du
15 *avril* 1820. . . . . . Bull. n° 75.

A ce sujet, les auteurs de la *Théorie du Code Pénal* font
remarquer que, le crime de participation à l'émission étant
converti en simple délit, et les tentatives de délits n'étant
considérées comme *délits* que dans les cas déterminés par
une disposition spéciale de la loi (art. 3, C. P.) (1), la simple
tentative d'une émission de pièces qu'on sait être fausses,
mais qu'on a reçues pour bonnes, n'est pas punissable. —
Il faut que le délit ait été consommé par l'acceptation de
celui auquel les pièces ont été offertes.

— Que la pièce soit contrefaite, colorée ou altérée,
l'amende sera triple, au moins, et sextuple, au plus, de la
somme que représentaient les pièces remises en circulation.

Toutefois, l'amende ne pourra jamais descendre au-dessous de seize francs. La peine sera donc toujours correctionnelle, à moins, cependant, que les circonstances atténuantes ne viennent concourir avec l'excuse. En ce cas, la
peine pourrait être une peine de simple police.

— On voit que l'excuse s'applique même aux faits
d'émission, d'exposition et d'introduction en France de la
pièce fausse. Le jury sera toujours interrogé sur la question de savoir si l'accusé a reçu les pièces pour bonnes ou
mauvaises,

(1) ARTICLE 3, C. P. — *Les tentatives de délits ne sont considérées
comme délits que dans les cas déterminés par une disposition spéciale de
la loi.*

Voy. la Loi du 25 frimaire an VIII (16 décembre 1799), art. 17.

Arrêt de la Cour de Cassation du
      23 *février* 1860. . . . . . Sirey, 1860 1 588 (1).

L'excuse doit être posée au jury toutes les fois que l'accusé l'invoque formellement.

Arrêt de la Cour de Cassation du
      5 *juillet* 1867. . . . . . . Sirey, 1867.

Si l'accusé allègue comme excuse le fait justificatif du paragraphe premier de l'article 135, la Cour peut, et doit, croyons-nous, ne pas poser la question. Il y a, en effet, absolution complète pour l'accusé, car il n'existe point d'acte reprochable commis par l'accusé, ainsi que le déclare l'article 163, C. P. (2), et comme l'a reconnu M. Berlier dans l'*Exposé des motifs* (3).

Si l'accusé invoque seulement l'article 135 comme excuse, c'est dans le sens du second paragraphe que la Cour doit poser la question au jury.

Arrêts de la Cour de Cassation des :
      9 *avril* 1840. . . . . . Bull. n° 107,
      15 *avril* 1841. . . . . . —   96.

— Il faut poser au jury autant de questions d'excuse que de questions principales.

----

(1) Voy. MM. Boitard, *Leçons sur le Droit Pénal*, n° 214.
      Chauveau et F. Hélie, *Théorie du Code Pénal*, t. ii, 467.
      Morin, *Répertoire de Droit criminel*, V° Fausse monnaie,
      n° 5.
(2) Article commenté dans notre Chapitre 1er, Sect. ix.
(3) Voy. Locré, t. xxx, p. 237.
      Arrêt du 3 *mai* 1832 (ci-dessus cité).
      Bourguignon, *Manuel de Jurisprudence des Cours Criminelles*, sur les articles 135 et 163, C. P.

ARRÊT de la Cour de Cassation du
29 *mai* 1857. . . . . . Bull. n° 210.

C'est le jury seul qui doit *reconnaître* l'excuse, la Cour
serait incompétente à cet effet.

ARRÊTS de la Cour de Cassation des :
3 *mai* 1832. . . . . . Bull. n° 153,
12 *novembre* 1835. J^{al} D^t. C^{el}. 1835 4 55.

C'est à l'accusé, bien entendu, à prouver qu'il a reçu
pour bonnes les pièces à l'émission desquelles il a participé. Mais, une fois ce fait établi, c'est à l'accusation à
prouver que le prévenu a vérifié les vices des pièces
émises.

Enfin, il nous paraît évident qu'il n'est pas dérogé par
l'article 135, C. P. à l'article 463, C. P. L'amende ne
peut être inférieure à seize francs, dit l'article 135 ; cela
n'est vrai — nous le répétons — que s'il s'agit d'appliquer purement et simplement la peine édictée par cet article, mais pourquoi, dans cette hypothèse, refuser au coupable excusé le bénéfice des circonstances atténuantes ?

SECTION IV

———

*Excuse en faveur des crieurs, vendeurs, afficheurs, distributeurs, etc.,
d'écrits et ouvrages quelconques illégaux.*

ARTICLE 284, (Loi du 28 germinal an IV [17 avril 1796], art. 1, 2,
3, 4. — Loi du 21 octobre 1814, art. 17.)

———

ARTICLE 284 (Liv. III, Tit. I, Chap. III, Sect. VI). —
Cette disposition sera réduite à des peines de simple police,

1° — *A l'égard des crieurs, afficheurs, vendeurs ou distributeurs, qui auront fait connaître la personne de laquelle ils
tiennent l'écrit imprimé;*

2° — *A l'égard de quiconque aura fait connaître l'imprimeur;*

3° — *A l'égard même de l'imprimeur qui aura fait connaître l'auteur.*

La disposition pénale réduite par ce texte est celle de
l'article précédent, cela nécessite par conséquent la connaissance de l'article 283, C. P.

ARTICLE 283. — *Toute publication ou distribution d'ouvrages, écrits, avis, bulletins, affiches, journaux, feuilles*

périodiques ou autres imprimés, dans lesquels ne se trouvera pas l'indication vraie des noms, profession et demeure de l'auteur ou de l'imprimeur, sera, pour ce seul fait, punie d'un emprisonnement de six jours à six mois, contre toute personne qui aura sciemment contribué à la publication ou distribution.

— La loi du 28 germinal an IV (17 avril 1796), contenant des mesures répressives des délits qui peuvent être commis par la voie de la presse, disposait à peu près de même (1) dans ses quatre premiers articles :

LOI DE GERMINAL AN IV, ARTICLE 1er : « Il ne doit être imprimé aucuns journaux, gazettes, ou autres feuilles périodiques que ce soit, distribué aucun avis dans le public, imprimé ou placardé aucune affiche, qu'ils ne portent le nom de l'auteur ou des auteurs, le nom et l'indication de la demeure de l'imprimeur. »

ARTICLE 2 : « La contravention à cette disposition, soit par le défaut de mention du nom de l'auteur ou du nom et de la demeure de l'imprimeur, soit par l'expression d'un faux nom ou d'une fausse demeure, sera poursuivie par les officiers de police, et punie, indépendamment de ce qui pourrait donner lieu aux poursuites dont il sera parlé ci-après, d'un emprisonnement, par forme de police cor-

----

(1) La loi de germinal an IV diffère de l'article 283 en ce que :

1° Le fait prévu est qualifié de délit par l'article 283, et de contravention par la loi de l'an IV, mais de contravention punie d'une peine correctionnelle « *par forme de police correctionnelle;* »

2° L'article 283 fixe le *minimum* et le *maximum* de la peine, et laisse ainsi au juge la faculté de se mouvoir entre ces deux limites pénales; tandis que la loi de germinal an IV porte une pénalité fixe (six mois d'emprisonnement) ;

3° La loi de l'an IV prévoit la récidive et détermine, en ce cas, la peine applicable, alors que l'article 283 ne s'occupe pas du récidiviste.

rectionnelle, du temps de six mois pour la première fois, et, en cas de récidive, du temps de deux années. »

ARTICLE 3 : « S'il est inséré dans les écrits mentionnés ci-dessus quelque article non signé, ou extrait ou supposé extrait de papiers étrangers, celui qui fait publier le journal ou autre écrit sous son nom en sera responsable. »

ARTICLE 4 : « Les mêmes peines seront appliquées aux distributeurs, vendeurs, colporteurs et afficheurs d'écrits imprimés en contravention à l'article précédent. »

L'article 284, C. P., en permettant aux personnes qui ont contribué à la publication ou distribution d'écrits et ouvrages illégaux de diminuer la peine, leur accorde une excuse atténuante. Les personnes qui jouissent ainsi du bienfait de la loi sont les crieurs, afficheurs, vendeurs, distributeurs, imprimeurs et quiconque fera connaître ces derniers. Toutefois, que faut-il entendre par ce mot « *qui-conque* » dont le législateur s'est servi dans l'article 284, 2°? On comprend par ce terme général toute personne, autre que les crieurs, vendeurs, afficheurs ou distributeurs, accusée d'avoir sciemment contribué à la publication ou distribution.

La justice est-elle fidèlement observée lorsque la loi punit indistinctement de la même peine tous ceux qui ont participé à la publication ou distribution des ouvrages et écrits énumérés dans l'article 283, C. P.? Berlier ne le pensait pas quand il proposa d'exempter les distributeurs (1) de toute pénalité. « Il faut, disait-il, bien fixer le but poli-

_____

(1) Par cette expression, M. Berlier veut parler non-seulement des distributeurs, mais des crieurs, vendeurs et afficheurs.

» tique; ce qui importe, c'est d'arriver à l'auteur par des
» révélations. C'est peut-être une question que de savoir
» s'il ne vaudrait pas mieux exempter de toutes peines ces
» espèces de machines qui colportent ou distribuent ce que
» souvent elles ne connaissent pas, quand elles désignent
» l'homme qu'il est utile d'atteindre. Que sont ordinaire-
» ment les colporteurs (1) d'écrits? De pauvres gens qui
» trouvent dans ce métier facile deux ou trois francs à
» gagner par jour......; c'est la tête qu'il faut atteindre, et
» l'imprimeur, s'il est découvert, conduira lui-même à
» l'auteur : c'est ainsi que, d'échelon en échelon, on attein-
» dra le but en frappant ou ménageant les coups, non-seu-
» lement d'après les circonstances particulières de chaque
» affaire, mais aussi d'après les principes qui ont l'intérêt
» social pour base. »

M. Ségur combattit ces arguments, en disant que la
révélation n'effaçait pas la contravention venant du fait de
distribution, qu'il fallait une peine moindre, mais qu'il en
fallait une.

La loi, néanmoins, regarde comme coupables au même
degré tous les individus participant à la publication ou
distribution, et leur inflige, en conséquence, la même
peine. Est-ce là un moyen d'arriver promptement et sûrement à la découverte de l'auteur par la révélation? On le
croirait d'autant plus que, pour prix de cette dénonciation,

---

(1) On sait quelle est l'étymologie du mot *colporteur*. « Les reuen-
» deurs de liures, dit M. E. Pasquier, qui les portent à leur col par
» la ville, sont appelez Contre-porteurs d'vn mot corrompu, au lieu
» de *Colporteurs.* »
Les Recherches de la France, Liv. vii°, Ch. lviii, p. 634.

l'article 284, C. P. abaisse la pein à l'égard des révélateurs.

L'existence de l'excuse est liée au fait de révélation (1). Mais l'excuse, la révélation faite, s'appliquera-t-elle à toutes les personnes dont parle l'article 284 ou seulement aux révélateurs? L'article 284 dit : « ...... *qui auront fait connaître*..... » ; ce sont donc les dénonciateurs seuls qui bénéficieront de l'excuse.

Bien entendu, les vendeurs, afficheurs, crieurs et distributeurs doivent avoir agi *sciemment*, c'est-à-dire en connaissance de cause, sachant que dans les ouvrages, écrits, avis, etc., qu'ils distribuaient, ne se trouvait pas l'indication vraie des noms, profession et demeure de l'auteur ou de l'imprimeur. C'est, d'ailleurs, une question que les tribunaux auront à résoudre.

Les articles 283 et 284, 1°, disent : « *l'écrit imprimé* », faut-il conclure de là que les manuscrits contenant un faux nom d'auteur ne rentrent pas dans l'hypothèse de ces articles. Je crois que cette solution peut parfaitement se déduire des termes formels de la loi.

Au lieu d'un emprisonnement correctionnel de six jours à six mois, les délinquants, par l'effet de l'excuse, n'encourront plus qu'une peine de simple police. Quelle sera cette peine? Celle qui est énoncée dans l'article 475, 13°, du Code Pénal.

ARTICLE 475. — *Seront punis d'amende, depuis six francs jusqu'à dix francs inclusivement :*

_____

(1) Voy. p. 00 et suivantes, les considérations générales émises sur l'excuse de la révélation.

13° — *Les personnes désignées aux articles* 284 *et* 288 (1) *du présent Code.*

De plus, les exemplaires saisis seront confisqués.

ARTICLE 280, C. P. — *Dans tous les cas ci-dessus, il y aura confiscation des exemplaires saisis.*

Ces mêmes exemplaires sont immédiatement mis sous le pilon, conformément à l'article 477, 3° C. P.

En cas de récidive, un emprisonnement de cinq jours au plus constituera la peine des récidivistes (art. 478 1°).

ARTICLE 478 1°, C. P. — *La peine de l'emprisonnement pendant cinq jours au plus sera toujours prononcée, en cas de récidive, contre toutes les personnes mentionnées dans l'article* 475.

Cet emprisonnement est donc applicable aux personnes désignées dans l'article 284, (art. 475, 13°).

— L'excuse de l'article 284, C. P., s'appliquerait-elle aux distributeurs exerçant la profession d'imprimeurs et de libraires? MM. Blanche (2), Chauveau et Faustin Hélie (3) décident la négative. Selon eux, le dernier paragraphe de l'article 284 est abrogé par la loi du 24 octobre 1814, article 17, relative à la liberté de la presse.

ARTICLE 17. — *Le défaut d'indication, de la part de l'imprimeur, de son nom et de sa demeure, sera puni d'une amende de* 3,000 *francs. L'indication d'un faux nom ou d'une fausse demeure sera punie d'une amende de* 6,000 *francs,*

---

(1) L'article 288 fait l'objet de la Section VI de ce Chapitre. Voy. p. 461.

(2) Voy. *Études pratiques sur le Code Pénal*, t. III.

(3) Voy. *Théorie du Code Pénal*, t. III.

sans préjudice de l'emprisonnement prononcé par le Code Pénal.

Le Code de 1810 n'exigeait que la désignation de l'auteur *ou* de l'imprimeur : la loi de 1814 exige expressément la mention des nom et demeure de l'imprimeur. Par conséquent, la révélation du nom de l'auteur ne constituerait plus une excuse. Tel n'est pas notre avis.

Si la demeure et le nom de l'imprimeur ne sont pas indiqués, c'est une infraction à la loi du 21 octobre 1814; il n'y a pas lieu d'appliquer l'article 284.

Mais si l'ouvrage contient une fausse indication du nom de l'auteur, il y a lieu d'appliquer l'article 283, C. P. Dès lors, pourquoi refuser à l'imprimeur le bénéfice de l'excuse établie par l'article 284 ?

Nos auteurs soutiennent, en second lieu, que le deuxième paragraphe de l'article 284 ne peut plus être invoqué par les distributeurs ayant la qualité de libraires : ils se fondent sur l'article 10 de la loi du 21 octobre 1814.

ARTICLE 10. — *Tout libraire, chez qui il sera trouvé ou qui sera convaincu d'avoir mis en vente ou distribué un ouvrage sans nom d'imprimeur, sera condamné à une amende de 2,000 francs, à moins qu'il ne prouve qu'il a été imprimé avant la promulgation de la présente loi. L'amende sera réduite à 1,000 francs, si le libraire fait connaître l'imprimeur.*

Mais s'il y avait un *faux nom* d'imprimeur? Le cas n'est pas prévu par cet article 10 : pourquoi donc refuser au libraire distributeur, puni par l'article 283, C. P., le bénéfice de la révélation que lui donne l'article 284? On peut avoir intérêt à connaître cet imprimeur qui cache son nom : la meilleure preuve se tire de l'article 10 lui-même, fait pour une hypothèse analogue et qui réduit l'amende de moitié.

— De l'écrit pseudonyme des articles 283 et 284, passons à l'écrit provocateur dont s'occupe l'article 285, C. P., et voyons la deuxième excuse atténuante accordée par la loi à la révélation.

SECTION V

SOMMAIRE

Excuse en faveur des crieurs, vendeurs, afficheurs, distributeurs, etc., d'écrits et ouvrages quelconques provocateurs.

ARTICLE 285. (Loi du 28 germinal an IV [17 avril 1796], art. 5, 6, 8. — Loi du 17 mai 1819, art. 1er).

ARTICLE 285 (Liv. III, Tit. I, Chap. III, Sect. VI). — *Si l'écrit imprimé contient quelques provocations à des crimes ou délits, les crieurs, afficheurs, vendeurs et distributeurs seront punis comme complices des provocateurs, à moins qu'ils n'aient fait connaître ceux dont ils tiennent l'écrit contenant la provocation.*

En cas de récélation, ils n'encourront qu'un emprisonnement de six jours à trois mois; et la peine de complicité ne restera applicable qu'à ceux qui n'auront point fait connaître les personnes dont ils auront reçu l'écrit imprimé, et à l'imprimeur, s'il est connu.

Analogues étaient les dispositions de la loi du 28 germinal an IV (17 avril 1796), dans ses articles 5, 6 et 8. Toutefois, d'après la même loi, lorsque les accusés n'avaient indiqué et dénoncé personne, ou avaient donné de fausses indications, ils devaient subir deux années de fers, et, en cas de récidive, la déportation.

LOI DE GERMINAL AN IV, ARTICLE 5 : « Les auteurs qui se permet-
traient de composer, et généralement toutes personnes qui imprime-
raient, distribueraient, vendraient, colporteraient, afficheraient des
écrits contenant les provocations déclarées criminelles par la loi du
27 germinal présent mois (Voy. p. 106, note 1), seront poursuivis de
la manière qu'il est porté dans ladite loi contre les auteurs de ces
provocations. »

ARTICLE 6 : « Ceux qui seront trouvés vendant, distribuant, colpor-
tant ou affichant un desdits écrits, seront arrêtés et conduits devant
le directeur du jury d'accusation ; ils seront tenus de nommer les personnes qui leur ont remis lesdits écrits. Les personnes déclarées
seront successivement appelées, jusqu'à ce que le directeur du jury
parvienne à l'imprimeur ou à l'auteur. »

ARTICLE 8 : « Dans le cas où l'auteur ne serait point indiqué par
les imprimeurs, vendeurs, distributeurs, colporteurs et afficheurs,
ainsi que dans les cas où les indications qu'ils auraient données se
trouveraient fausses, ou porteraient, soit sur un étranger, soit sur une
personne non domiciliée, ils seront punis de deux années de fers ; en
cas de récidive, il seront punis de la déportation. »

L'article 1er de la loi du 17 mai 1810, sur la répression
des crimes et délits commis par la voie de la presse, ou
par tout autre moyen de publication, présente également
une grande analogie avec l'article 285 10, C. P.

LOI DE 1810, ARTICLE 1er. — *Quiconque, soit par . . . . .
des écrits, des imprimés . . . . vendus ou distribués,
mis en vente, ou exposés dans des lieux ou réunions publics,
soit par des placards ou affiches exposés aux regards du
public, aura provoqué l'auteur ou les auteurs de toute action
qualifiée crime ou délit à la commettre, sera réputé complice
et puni comme tel.*

Cet article n'a point infirmé le premier paragraphe de
l'article 285, C. P., quoi qu'on en ait dit. Il suffit, pour
s'en convaincre, de lire l'article 20 de la loi du 17 mai 1810,

qui, abrogeant plusieurs articles du Code Pénal, ne parle nullement de l'article 285.

ARTICLE 26. — *Les articles* 102, 217, 307, 308, 309, 370, 371, 372, 374, 375, 377 *du Code Pénal, et la loi du 9 novembre 1815, sont abrogés.* — *Toutes les autres dispositions du Code Pénal, auxquelles il n'est pas dérogé par la présente loi, continueront d'être exécutées.*

L'article 285, C. P. renferme deux principes distincts : l'un déclare les crieurs, afficheurs, vendeurs et distributeurs complices des provocateurs; l'autre atténue leur peine lorsqu'ils ont fait connaître les personnes dont ils tiennent l'écrit provocateur.

Le premier de ces principes est dû à l'initiative de la loi romaine. « EADEM PŒNA, dit-elle, EX SENATUSCONSULTO » TENETUR (*etiam is qui* ἐπιγράψατι, *id est, inscriptiones,* » *aliudve quid sine scripturâ in notam aliquorum produxe-* » *rit*) : ITEM QUI EMENDUM VENDENDUMVE CURAVERIT (1).»

Les jurisconsultes regardèrent toujours comme constante la règle posée par la législation de Rome. Dans notre ancienne jurisprudence, les imprimeurs, vendeurs et distributeurs étaient passibles de la même peine que les auteurs. Ainsi l'avaient décidé un *Édit* du 10 avril 1371, une *Ordonnance* du 17 janvier 1561, art. 13, des *Lettres patentes* du 10 septembre 1563, l'*Ordonnance de Moulins* de 1566, art. 77, des *Édits* du 7 septembre 1577, art. 14, de janvier 1629, art. 170, et un *Règlement* du 28 février 1723, art. 90. « Non-seulement, dit Jousse, les

(1) Dig., L. XLVII, t. x. L. 5, § 10. De injuriis et famosis libellis.

» auteurs et compositeurs de ces libelles (libelles provoca-
» teurs d'un crime ou délit), sont coupables de ce crime,
» mais aussi ceux qui les débitent, publient, impriment,
» affichent et exposent en vente (1). »

Le législateur de 1810, dans l'article 285, § 1er, est
resté fidèle aux traditions de l'ancien Droit.

L'article 285 ne s'occupe que des distributeurs, vendeurs, etc., se référant, pour l'écrit imprimé, aux articles
précédents. Les distributeurs, dit Perezius, ne sont regar-
dés comme complices qu'autant qu'ils n'ont point dénoncé
celui duquel ils tiennent l'écrit, « quia cùm auctorem non
prodat, ipse auctor præsumitur (2). » On ne pourrait cependant pas induire du silence du distributeur qu'il est
complice; sa complicité sera seulement présumée, et le
fera mettre en état de prévention. Il ne faudrait pas voir
dans l'article 285 une rigoureuse alternative entre la complicité du distributeur et l'excuse qu'il puise dans la
délation. La complicité suppose nécessairement la connaissance de la provocation et l'intention de la propager; il
ne suffit donc pas, pour que le distributeur soit responsable du contenu de l'écrit, qu'il l'ait répandu; il faut qu'en
le distribuant, il ait agi avec connaissance (3).

L'article 285 a trait aux écrits anonymes et pseudonymes, et non pas uniquement aux écrits anonymes, ainsi
qu'on l'avait prétendu. En effet, le texte commence par
ces mots : *Si l'écrit imprimé...* Quel écrit imprimé ? Celui

---

(1) *Traité de justice criminelle.*
(2) *Prœlectiones,* t. II, p. 208.
(3) Voy. p. 168, note 1, l'article 60, § 3, C. P.

dont il est question dans l'article 283 ; or, ce dernier est un écrit pseudonyme (1). M. Blanche (2) professe la même opinion.

Les peines des crieurs, vendeurs, afficheurs, distributeurs, au lieu d'un emprisonnement de six jours à six mois (art. 283, C. P.), seront celles applicables aux provocateurs (3). Mais, et c'est là l'excuse, si ces crieurs, vendeurs, etc., ont dénoncé ceux dont ils tiennent l'écrit, ils n'encourront plus que la peine de six jours à trois mois d'emprisonnement. L'imprimeur, toutefois, même dénonçant l'auteur, ne pourra échapper aux peines réservées aux complices. Néanmoins, l'imprimeur ne serait poursuivi comme complice que dans le cas où il aurait agi sciemment. C'est ce que déclare la loi du 17 mai 1819, art. 24.

ARTICLE 24. — *Les imprimeurs d'écrits dont les auteurs seraient mis en jugement en vertu de la présente loi, et qui auraient rempli les obligations prescrites par le titre II de la loi du 21 octobre 1814 (4), ne pourront être recherchés pour le simple fait d'impression de ces écrits, à moins qu'ils n'aient agi sciemment, ainsi qu'il est dit à l'article 60 du Code Pénal (5) qui définit la complicité.*

Le même intérêt politique qui a dicté l'article 284, C. P. a aussi inspiré l'article 285. Nous renvoyons, à l'égard de ce dernier texte, aux détails donnés dans la précédente Section.

---

(1) L'article 283 s'occupe de l'écrit pseudonyme, à plus forte raison a-t-il en vue l'écrit anonyme.

(2) *Études pratiques sur le Code Pénal*, t. III.

(3) Voy. p. 164, note 1, l'article 59, C. P.

(4) Voy. Code Tripier (grand format), p. 1350.

(5) Voy. p. 168, note 1, l'article 60, § 3, C. P.

SECTION VI

ARTICLE 288 (Liv. III, Tit. I, Chap. III, Sect. VI). — *La peine d'emprisonnement et l'amende prononcées par l'article précédent seront réduites à des peines de simple police,*

1° — *A l'égard des crieurs, vendeurs ou distributeurs qui auront fait connaître la personne qui leur a remis l'objet du délit;*

2° — *A l'égard de quiconque aura fait connaître l'imprimeur ou le graveur;*

3° — *A l'égard même de l'imprimeur ou du graveur qui auront fait connaître l'auteur ou la personne qui les aura chargés de l'impression ou de la gravure.*

Le fait, pour lequel l'article 288 atténue la peine en faveur des personnes ci-dessus désignées, est prévu par l'article 287, C. P.

ARTICLE 287. — *Toute exposition ou distribution de chansons, pamphlets, figures ou images contraires aux bonnes mœurs, sera punie d'une amende de seize francs à cinq cents francs, d'un emprisonnement d'un mois à un an, et de la confiscation des planches et des exemplaires imprimés ou gravés de chansons, figures ou autres objets du délit.*

Le décret du 19-22 juillet 1791, relatif à l'organisation d'une police municipale et correctionnelle, disposait de même dans son titre II, articles 8, 9 et 10. Toutefois, le *maximum* de l'emprisonnement n'était que de six mois au lieu d'un an, mais, en revanche, le *minimum* de l'amende atteignait cinquante francs au lieu de seize. Les peines étaient doubles en cas de récidive.

DÉCRET de 1791, ARTICLE 8 : « Ceux qui seraient prévenus d'avoir attenté publiquement aux mœurs.......... par exposition ou vente d'images obscènes........, pourront être saisis sur-le-champ et conduits devant le juge de paix, lequel est autorisé à les faire retenir jusqu'à la prochaine audience de la police correctionnelle. »

ARTICLE 9 : « Si le délit est prouvé, les coupables seront condamnés, selon la gravité des faits, à une amende de cinquante à cinq cents livres, et à un emprisonnement qui ne pourra excéder six mois, s'il s'agit d'images obscènes. Les estampes et les planches seront en outre confisquées et brisées. »

ARTICLE 10 : « Les peines portées en l'article précédent seront doubles en cas de récidive. »

La loi agit sagement en interdisant l'exposition et la distribution de chansons, pamphlets, figures, images contraires aux bonnes mœurs. Mais l'autorité veille-t-elle avec un soin scrupuleux à l'observation de la loi? Il est bien permis d'en douter, lorsqu'on voit exposées tous les jours aux regards du public les images les plus indécentes, les gravures les plus immondes, outrage fait à la pudeur, insulte adressée à tous ceux qui, dans ce siècle de corruption, ont encore conservé le sentiment de leur dignité et de leur honneur. Partout sont étalés et se vendent ces livres obscènes, ces brochures vides d'esprit et de sens commun, mais d'où jaillit à flots le venin impur des plus honteuses passions. Si grave est la faute de ceux qui se sont fait les propagateurs de pareils ouvrages, quelle ne doit pas être celle des auteurs qui les ont conçus.

La propagande de démoralisation et de haines sociales qui, nous le disons avec douleur, se fait de nos jours avec la plus entière impunité, aura toujours les plus funestes conséquences. Le poison des mauvaises doctrines est colporté en tous lieux; il pénètre dans le palais du riche comme dans les plus humbles demeures, et l'on ne comprend pas la liberté accordée à cette presse d'empoisonneurs.

Que dirait-on d'un gouvernement qui, ayant constaté que certaines liqueurs empoisonnent ceux qui les boivent, continuerait à les laisser fabriquer librement, se chargerait même de les transporter et de les distribuer? Et c'est là pourtant ce qui se passe (1).

Il est certain que les brochures, dont nous parlons, empoisonnent l'opinion publique, qu'elles habituent les esprits à mépriser la religion et l'autorité, à haïr ceux qui

(1) Nous lisons dans un journal : « Une *société*..... organisée par département, par arrondissement, avec un comité central, a répandu pendant le dernier trimestre 1,800,000 brochures *immorales* et *antisociales*, avec autorisation au moins tacite du gouvernement. »

possèdent, à quelque classe qu'ils appartiennent, en un
mot, qu'elles disposent à bouleverser la société. Elles
attaquent les fondements mêmes de cette société, les
principes d'ordre et de morale, sans lesquels un État ne
peut subsister. La police interdit la vente des poisons qui
tuent le corps. N'est-il pas étrange que le gouvernement
tolère et protége tacitement la vente de pamphlets qui
tuent les âmes?

Propager l'immoralité dans les masses populaires, leur
inspirer l'égoïsme et le mépris pour la vertu, tel est le
but constant poursuivi avec une fiévreuse ardeur par cet
ennemi commun qui peut s'appeler matérialisme, athéisme
ou socialisme. Véritable lèpre sociale, elle corrompt ceux
qui l'abordent, déplorable insanité, elle ne répond à aucun
intérêt et les menace tous.

Aujourd'hui plus que jamais, il est nécessaire de combattre cet ennemi d'autant plus à craindre qu'il est habile,
qu'il est doué d'une grande persistance, qu'il a reçu du
génie du mal le don de revêtir mille formes diverses, sous
lesquelles il s'introduit partout, infectant tout de sa per-
nicieuse haleine.

Luttons d'une lutte énergique. Que l'enfant, le jeune
homme puisent aux sources pures et vivifiantes de la
vérité ces principes d'honneur et de vertu qui doivent
réjouir leur vieillesse, consoler leur agonie. Qu'ils
apprennent à l'âge où la mémoire a toute sa fraîcheur et
où l'intelligence ne cherche pas à douter, qu'ils apprennent ces sublimes formules de foi, de devoir, de charité,
qui font les hommes de bien et les vrais patriotes.

Un jour viendra, espérons-le, où sans danger la justice

pourra s'exercer : ce jour, nous l'appelons de tous nos
vœux, et ce n'est pas nous qui ferons obstacle à son avène-
ment. Quand l'ordre moral sera rétabli, quand l'autorité
sera replacée sur ses bases traditionnelles, quand tout en
France sera à sa place, il n'y aura plus à redouter ces
tentatives de démoralisation et de bouleversement; la
pacification générale laissera le champ libre aux doctrines
saines et morales, qui font la force des nations et le
bonheur des peuples.

— L'article 288, C. P. accorde aux distributeurs, etc.,
aux imprimeurs révélateurs une réduction de peine analogue à celle de l'article 284, C. P.

Mais l'article 8 de la loi du 17 mai 1819 (1) a, dit-on,
abrogé l'article 288 en même temps que l'article 287. La
Cour de Paris semble même confirmer cette opinion dans
un

ARRÊT du 7 avril 1853. . . J. P. 1853, t. ı, p. 601.

Là où la Cour de Paris voit une abrogation, nous ne
voyons qu'une simple conciliation de textes. D'ailleurs,
l'article 20 de la loi du 17 mai 1819 (2), annulant plusieurs articles du Code Pénal, ne mentionne pas les articles 287 et 288. Enfin, des auteurs d'une grande autorité
en Droit Pénal, MM. Chauveau et Faustin Hélie, s'expriment ainsi à propos de l'article 288 : « Le bénéfice de cet

(1) LOI DU 17 MAI 1819, ARTICLE 8. — *Tout outrage à la morale
publique et religieuse ou aux bonnes mœurs, par l'un des moyens énoncés
en l'article 1er (Voy. p. 457), sera puni d'un emprisonnement d'un mois à
un an, et d'une amende de seize francs à cinq cents francs.*

(2) Voy. p. 458, l'article 26 de la loi du 17 mai 1819.

» article continuera toujours à être appliqué aux personnes
» qu'il désigne, puisque nulle loi postérieure ne les a
» réprimées (1). »

Les dispositions de l'article 288 étant à peu près identi-
ques aux dispositions de l'article 284, nous renvoyons aux
explications fournies dans la Section IV (2). Remarquons
seulement : 1° Que la délation faite par les crieurs, vendeurs,
distributeurs, ne les excuse que de la peine principale du
délit, édictée par l'article 287, et non de la contravention
qu'ils auront commise en distribuant, vendant, etc., sans
autorisation préalable de l'administration, des dessins,
gravures, lithographies, pamphlets, etc..... Dans ce dernier
cas, ils restent soumis aux lois du 10 février 1834, art. 1
et 2, et du 9 septembre 1835, art. 20.

Loi de 1834, Article 1er. — *Nul ne pourra exercer,
même temporairement, la profession de crieur, de vendeur
ou de distributeur, sur la voie publique, d'écrits, dessins ou
emblèmes imprimés, lithographiés, autographiés, moulés, gravés ou à la main, sans autorisation préalable de l'autorité
municipale.* — *Cette autorisation pourra être retirée.* —
*Les dispositions ci-dessus sont applicables aux chanteurs
sur la voie publique.*

Article 2. — *Toute contravention à la disposition ci-
dessus sera punie d'un emprisonnement de six jours à deux
mois pour la première fois, et de deux mois à un an en cas
de récidive. Les contrevenans seront traduits devant les tri-*

(1) *Théorie du Code Pénal,* t. III.
(2) Voy. p. 448 et suiv.

bunaux correctionnels, qui pourront, dans tous les cas, appliquer les dispositions de l'article 463 du Code Pénal.

LOI DE 1835, TITRE III, ARTICLE 20. — *Aucun dessin, aucunes gravures, lithographies, médailles et estampes, aucun emblème, de quelque nature et espèce qu'ils soient, ne pourront être publiés, exposés ou mis en vente sans l'autorisation préalable du ministre de l'intérieur, à Paris, et des préfets, dans les départemens. — En cas de contravention, les dessins, gravures, lithographies, médailles, estampes ou emblèmes pourront être confisqués, et le publicateur sera condamné, par les tribunaux correctionnels, à un emprisonnement d'un mois à un an, et à une amende de cent francs à mille francs, sans préjudice des poursuites auxquelles pourraient donner lieu la publication, l'exposition et la mise en vente desdits objets.*

2° Que les distributeurs ou colporteurs devront se conformer à l'article 6 de la loi du 27-29 juillet 1849, qui leur enjoint de se munir d'une autorisation générale, délivrée, pour le département de la Seine, par le préfet de police, et pour les autres départements, par les préfets, et punit les contrevenants d'une amende de vingt-cinq à cinq cents francs et d'un emprisonnement d'un mois à six mois.

LOI DE 1849, ARTICLE 6. — *Tous distributeurs ou colporteurs de livres, écrits, brochures, gravures et lithographies devront être pourvus d'une autorisation qui leur sera délivrée, pour le département de la Seine, par le préfet de police, et, pour les autres départemens, par les préfets. — Ces autorisations pourront toujours être retirées par les autorités qui les auront délivrées. — Les contrevenans seront condamnés, par les tribunaux correctionnels, à un emprisonnement d'un mois à six mois et à une amende de vingt-cinq francs à cinq cents francs, sans préjudice des poursuites qui pourraient être dirigées pour crimes ou délits, soit contre les auteurs ou éditeurs de ces écrits, soit contre les distributeurs ou colporteurs eux-mêmes.*

3º Que le deuxième paragraphe de l'article 288, C. P. ne s'appliquera que dans le cas où l'imprimeur ou le graveur est inconnu.

4º Que les imprimeurs, d'après l'article 24 de la loi du 17 mai 1819 (1), ne pourront user de l'excuse de l'article 288 que s'ils ont concouru sciemment à l'exposition ou distribution des écrits immoraux, et les ont imprimés avec connaissance de leur caractère et de la publicité à laquelle on les destinait. Sans cela, ils seraient pleinement justifiés, n'ayant commis aucun délit.

— Une règle commune aux articles 283 à 288 du Code Pénal, est celle de l'article 289, C. P.

ARTICLE 289. — *Dans tous les cas exprimés en la présente section, et où l'auteur sera connu, il subira le maximum de la peine attachée au délit.*

Dans les articles 283 à 289, C. P. qui font l'objet de nos Sections IV, V et VI, on voit que la loi, poursuivant la distribution, vente, exposition, impression d'écrits anonymes ou pseudonymes illégaux, provocateurs ou immoraux, tend toujours à ce but unique de remonter à l'auteur, et qu'elle lui applique la plus forte peine. C'est là une sage mesure fondée sur un principe immuable de justice.

(1) Voy. p. 460, l'article 24 de la loi du 17 mai 1819.

SECTION VII

SOMMAIRE

Excuse en faveur de ceux qui, avant les 10 jours depuis l'arrestation, détention ou séquestration non autorisées et illégales, auront donné la liberté aux détenus.

ARTICLE 343. (C. P. du 25 septembre — 6 octobre 1791, 2ᵐᵉ Part., Tit. ɪ, Sect. ɪɪɪ, art. 19).

ARTICLE 343 (Liv. ɪɪɪ, Tit. ɪɪ, Chap. ɪ, Sect. ᴠ). — *La peine sera réduite à l'emprisonnement de deux à cinq ans, si les coupables des délits mentionnés en l'article 341, non encore poursuivis de fait, ont rendu la liberté à la personne arrêtée, séquestrée ou détenue, avant le dixième jour accompli depuis celui de l'arrestation, détention ou séquestration. Ils pourront néanmoins être renvoyés sous la surveillance de la haute police, depuis cinq ans jusqu'à dix ans.*

Il est nécessaire, pour l'intelligence de ce texte, de connaître la disposition de l'article 341, C. P.

ARTICLE 341. — *Seront punis de la peine des travaux forcés à temps ceux qui, sans ordre des autorités constituées et hors les cas où la loi ordonne de saisir des prévenus, auront arrêté, détenu ou séquestré des personnes quelconques.*

Quiconque aura prêté un lieu pour exécuter la détention ou séquestration subira la même peine. (1).

— L'article 343, C. P. convertit la peine criminelle en une peine correctionnelle : les travaux forcés à temps sont réduits à un emprisonnement de deux à cinq ans. Mais quelle est la cause de cette réduction ? Est-ce parce que l'arrestation, la détention ou la séquestration, qui s'est produite dans les conditions de l'article 343, C. P., ne constitue plus qu'un délit ; ou bien est-ce parce que, le fait conservant son caractère criminel, l'excuse, qui résulte des mêmes conditions, réduit tout simplement la peine à un emprisonnement ? Cette question est très-importante. Car, dans le premier cas, les tribunaux correctionnels sont compétents ; tandis que, dans le second, c'est la Cour d'Assises qui est compétente.

En tenant compte de l'ordre suivi par le Code Pénal dans le classement des articles 341, 342 (2) et 343, on remarque que le fait puni garde son caractère criminel, et que ce n'est que par l'effet d'une excuse que la peine est atténuée.

On avait cru trouver un argument contraire dans les lignes suivantes de l'*Exposé des motifs* : « Le Code se » relâche de sa rigueur envers le coupable...., la loi com-» mue la peine en faveur de son repentir, et veut bien sup-» poser que sa faute a été plutôt le résultat de l'irréflexion » du moment, que d'une préméditation tenant à des con-

(1) Voy. p. 235, note 1.
(2) ARTICLE 342, C. P. — *Si la détention ou séquestration a duré plus d'un mois, la peine sera celle des travaux forcés à perpétuité.*

» binaisons criminelles. » Mais quel sens attacher à ces paroles? Elles signifient proprement que le fait, de la part de l'agent, d'avoir rendu à la liberté la personne arrêtée ou séquestrée, — fait dans lequel l'excuse prend naissance, — suppose que cet agent a agi sans intention criminelle en opérant l'arrestation ou séquestration, bien que le fait même de l'arrestation ou séquestration soit toujours criminel.

C'est après avoir donné la définition du crime et l'avoir puni des travaux forcés à temps (art. 341) et même à perpétuité (art. 342), que la loi déclare la peine réduite à un emprisonnement correctionnel (art. 343). Or, cette marche est la marche habituelle du Code Pénal quand il excuse un crime. L'excuse seule est la cause de la réduction pénale. Notre opinion, du reste, partagée par M. Dalloz (1), trouve un sérieux appui dans les

ARRÊTS de la Cour de Cassation des :

10 *juin* 1828. . . . . Dalloz, 1828, J. G.,
24 *avril* 1841 . . . . Bull. n° 116.

— L'existence de l'excuse exige la réunion de toutes les circonstances énumérées dans l'article 343, c'est-à-dire qu'il est indispensable :

1° Que la personne arrêtée, détenue ou séquestrée, ait été rendue à la liberté par les coupables mêmes avant le dixième jour accompli depuis celui de l'arrestation, détention ou séquestration.

Le délit dont il s'agit dans notre hypothèse est un délit

(1) Voy. *Jurisprud... Génér*, 1828, *Liberté individuelle*, n° 70.

continu (1). — Nous prenons ici le mot délit dans le sens d'infraction à la loi pénale. — Toutefois, le délit continu est un délit unique, quoique la qualification de successif, employée aussi pour le désigner, semble réveiller l'idée de plusieurs délits se succédant sans interruption. Il se continue, en effet, identique à lui-même : c'est un délit plus ou moins prolongé et acquérant par là plus ou moins de gravité. Voilà pourquoi sa durée est quelquefois prise en considération dans l'application de la peine. Ainsi, la détention ou séquestration a-t-elle dépassé dix jours, la peine sera celle des travaux forcés à temps ; s'est-elle continuée au-delà d'un mois, le coupable subira les travaux forcés à perpétuité. « La loi ne voit plus alors en lui, sui-
» vant l'*Exposé des motifs*, qu'un méchant tellement obs-
» tiné, tellement endurci, qu'il serait un fléau pour la
» société, s'il pouvait jamais rentrer dans son sein : elle
» l'en exclut pour toujours. »

2° Il faut que les coupables n'aient pas été poursuivis de fait.

Ces mots *poursuivis de fait* doivent être entendus en ce

---

(1) Comme exemples de délits continus, on peut encore citer, parmi les délits d'action : le port d'armes contre la patrie (art. 75, C. P.), la détention de munitions ou armes de guerre prohibées, la détention de faux poids ou de fausses mesures (art. 423 et 424, C. P.), le fait de tenir une maison de jeu (art. 410, C. P.), d'entretenir une concubine dans la maison conjugale (art. 339, C. P.) ; et, parmi les délits d'inaction : le fait de n'avoir pas éclairé des matériaux ou des excavations dans les rues (art. 471, n° 4, C. P.), le fait de n'avoir pas mis une plaque sur les voitures circulant sur les routes nationales, départementales, ou sur les chemins vicinaux de grande communication (art. 3 de la loi du 30 mai 1851 sur la police du roulage).

sens, qu'il ne suffit pas que des poursuites aient été dirigées au sujet du crime; qu'il est nécessaire, pour que les coupables soient déchus du bénéfice de l'article 343, C. P., que les poursuites aient été nominativement dirigées contre eux ou l'un d'eux.

3° Enfin, il ne doit être question que du crime mentionné dans l'article 341, C. P.

Quand le crime est accompagné d'une des circonstances prévues par l'article 344 (1), le caractère de la détention ou séquestration étant complètement changé, l'accusé ne peut plus alléguer l'excuse atténuante établie par l'article 343; c'est ce qui ressort du texte même de cet article : *les coupables des délits mentionnés en l'article 341.*

Les trois conditions essentielles à l'admission de l'excuse, et que nous venons d'énumérer, se trouvent énoncées avec une concision remarquable dans un Arrêt déjà cité de la Cour de Cassation du 24 avril 1841. Il est ainsi conçu : « On doit inférer des termes de l'article 65 du Code » Pénal que tout fait prévu par la loi et qui est de nature, » lorsqu'il aura été déclaré constant, à permettre au

(1) ARTICLE 344, C. P. — *Dans chacun des cas suivans :*
1° *Si l'arrestation a été exécutée avec le faux costume, sous un faux nom, ou sur un faux ordre de l'autorité publique;*
2° *Si l'individu arrêté, détenu ou séquestré, a été menacé de la mort,*
Les coupables seront punis des travaux forcés à perpétuité.
Mais la peine sera celle de la mort, si les personnes arrêtées, détenues ou séquestrées, ont été soumises à des tortures corporelles.
Cet article a été ainsi remanié par la loi du 28 avril 1832, art. 12. Le Code Pénal de 1810, plus rigoureux, portait la peine capitale dans les trois cas de l'article 344.

» juge d'appliquer à l'accusé une peine moins rigoureuse,
» constitue, dans le sens légal, un fait d'excuse ; que l'ar-
» ticle 343, C. P. admet comme fait entraînant une atté-
» nuation de peine en faveur des coupables du crime men-
» tionné en l'article 341, C. P., la circonstance que les
» auteurs d'arrestation, détention ou séquestration illéga-
» les, ont, avant d'être poursuivis de fait, rendu la liberté
» à la personne arrêtée, détenue ou séquestrée, avant le
» dixième jour accompli depuis celui de l'arrestation,
» détention ou séquestration. »

— Que décider du complice ? MM. Chauveau et Faustin
Hélie (1) posent comme solution que le complice, s'il a
aidé à l'arrestation, détention ou séquestration, s'il a
fourni des instruments de torture, etc., sera puni, sans
nul doute, des peines de l'article 344, C. P. ; mais qu'il
en est autrement, s'il n'a fait que prêter le local pour la
détention ou séquestration, il bénéficiera de l'excuse
comme l'auteur.

En ce dernier cas, l'excuse du complice dépend donc de
l'excuse de l'auteur.

Nous adoptons l'opinion de MM. Chauveau et Faustin
Hélie.

— L'excuse de l'article 343 serait-elle applicable au
chef d'une patrouille qui aurait arrêté et conduit au poste
des individus trouvés sur son parcours. La Cour de Caen,
dans un

ARRÊT du 28 *juin* 1871..... Sirey, 1872 2 43,
a jugé qu'il n'y avait point d'excuse dans le cas où le

_____

(1) *Théorie du Code Pénal*, t. IV.

chef de patrouille arrête, soit par erreur, soit sur un simple soupçon d'insulte envers les hommes qu'il commande,
fait conduire au poste des individus rencontrés en tournée,
surtout si, au moment où s'est produite l'offense supposée,
la patrouille n'offrait plus aucun caractère officiel de force
publique, une partie des hommes qui la composaient, s'en
étant détachés pour faire des provisions. Telle est la disposition de l'arrêt, elle nous paraît trancher la question qui,
d'ailleurs, rentre plutôt dans le domaine du Code de justice militaire.

Les explications données dans notre Chapitre deuxième
font nettement ressortir le rôle que jouent, dans le Code
Pénal, les excuses atténuantes, au point de vue de la
pénalité. A la différence des excuses absolutoires anéan-
tissant la peine, elles se bornent à la mitiger ; selon
l'expression si précise de Farinacius, « non excusant in
» totum, sed tantùm faciunt ut mitiùs delinquens punia-
» tur (1). »

(1) Farinacius, Quæst. 91, n° 4.

CHAPITRE TROISIÈME

Questions controversées.

I

Les articles 70, 71, (72), — 190, 319, 348, 441 du Code Pénal constituent-ils des excuses légales? (1)

§ I

(ARTICLES 70, 71, [72], C. P.; Loi du 30 mai - 1er juin 1354, art. 5.)

> *Magna fuit quondam capitis reverentia cani.*
> OVIDE. — *Fastes*, LIV. V, v. 57.
> *Ætati donctur.*
> SÉNÈQUE (le Philosophe).

L'homme, quel que soit son âge, est soumis aux rigueurs de la loi. De tout temps, néanmoins, une foule de priviléges entourèrent l'enfance et la vieillesse, ces deux époques extrêmes de la vie où l'homme nous apparaît le front ceint de couronnes, ici d'innocence et de pureté, là de cheveux blancs. Mais le vieillard, pas plus que l'enfant, n'est exempt de fautes. Doit-il cependant se courber impi-

(1) Notre intention n'est point d'examiner dans les détails les quelques controverses qui font l'objet de ce Chapitre troisième. Nous ne donnerons qu'un exposé succinct, aussi précis que possible, des questions controversées, et la solution généralement admise par la doctrine et la jurisprudence.

toyablement sous le joug imposé par la loi à l'homme que sa jeunesse et sa vigueur aident à supporter avec plus de force le poids de sa mauvaise action? Le législateur ne l'a pas voulu : homme il eut pitié de l'homme, et diminua le châtiment.

La législation de Rome atténuait la peine applicable aux vieillards. « *Ignoscitur his qui* ÆTATE DEFECTI *sunt*(1) », lisait la loi romaine, et ailleurs : « *Ferè in omnibus pœnalibus judiciis et œtati..... succurritur* (2) ».

Toutefois, la peine corporelle seule était abaissée, la peine pécuniaire demeurait intacte (3).

Dans notre ancienne jurisprudence, on avait suivi le système du Droit Romain. Les vieillards étaient assimilés aux enfants. « Senectus est, dit Tiraqueau, velut altera » pueritia (4). » « Senes, répète Farinacius, sunt diminuti » sensu et intellectu ita quod repuerascere incipiant (5). »

Quant à l'âge que devaient avoir les coupables pour jouir du bienfait de la loi, des jurisconsultes, les uns fixent soixante ans, les autres soixante-dix ans. A cette dernière limite, chez les Grecs, commençait la vieillesse. C'est Denys d'Halicarnasse qui nous l'apprend dans un passage de ses écrits sur les anciens orateurs de la Grèce, et où il

---

(1) Dig., L. xxix, tit. v. L. 3, § 7, De Senatusconsulto Silaniano.

(2) Dig., L. l, t. xvii. L. 108. De regulis juris.

(3) Dig., L. xlviii, t. xxi. L. 22. De termino moto.
— L. xlviii, t. xiii. L. 4. Ad legem Juliam peculatus...
— Dans les Gaules les châtiments étaient toujours adoucis à l'égard des vieillards. — Voy. Tacite, *De moribus Germanorum.*

(4) Voy. Tiraqueau, *De pœnis temperandis*, p. 29.

(5) Voy. Farinacius, Quæst. 92, n° 23.

parle de Dinarque, orateur athénien. « Τίθεμεν δὴ αὐτὸν
» (Δείναρχον) ἑβδομηκοστὸν ἔχοντα ἔτος, ἀπὸ τῆς φυγῆς κατεληλυ-
» θέναι· ὡς καὶ αὐτός φησι, γέροντα αὐτὸν ἀποκαλῶν· ἀφ᾽οὗ χρόνου
» καὶ καλεῖν τοὺς ἐν τῇ ἡλικίᾳ ταύτῃ μάλιστα εἰώθαμεν (1). »

Notre Code Pénal de 1791 (1re part., tit. v, art. 5 et 6) (2)
basait l'atténuation pénale sur l'âge de soixante-quinze
ans. Le Code de 1810 accorde une commutation de peine
aux coupables âgés de soixante-dix ans. Plus généreuse
a été la loi du 30 mai — 1er juin 1854, en fixant l'âge
de soixante ans (3).

Mais, arrivons à la question. Faut-il voir un cas d'excuse
légale dans les articles 70, 71, C. P. et dans l'article 5
de la loi du 30 mai — 1er juin 1854? En un mot, la vieillesse, quel que soit son point de départ, est-elle une
excuse? « Aujourd'hui, écrit Merlin, la vieillesse n'est
» plus une cause d'excuse; elle doit seulement empêcher
» l'application de certaines peines, et faire diminuer la
» durée de quelques autres (4). » *Aujourd'hui.....,* dit le
savant jurisconsulte, la vieillesse a donc autrefois constitué
une excuse légale. Actuellement, il n'en est plus de même.
On ne considère pas la vieillesse comme étant un motif
d'excuse; c'est en considération de l'excessive gravité que

(1) Dionysii Halicarnassei opera, t. ii (édition de 1586), p. 114.
Περὶ τῶν ἀρχαίων ῥητόρων; Δείναρχος.—Nous croyons qu'il (Dinarque)
avait soixante-dix ans, quand il revint de l'exil; je ne suis plus qu'un
vieillard, disait-il; aussi, depuis lors, considérons-nous comme des
vieillards tous ceux qui ont passé l'âge de soixante-dix ans.
(2) Voy. p. 483, 484, les articles 5 et 6 du C. P. de 1791.
(3) Voy. p. 485, l'article 5, § 1er de la loi de 1854.
(4) *Répertoire de Jurisprud...*

comporteraient certaines peines en les appliquant à des individus d'un âge trop avancé, que la loi a tempéré la peine. « Ce n'est pas, selon M. Vigneaux, une excuse » légale que la loi crée dans les articles 70 et suivants, » mais un adoucissement dans l'exécution de la peine, » comme pour les femmes et les malades (1). »

Il serait difficile d'assimiler, ainsi qu'on l'avait projeté, la vieillesse à l'enfance, au point de vue de la culpabilité et, par conséquent, de la pénalité à appliquer. Le vieillard est d'autant plus coupable qu'il a pour lui une longue expérience, les habitudes morales de la vie, l'amortissement des passions. La présomption de discernement pèse sur lui. Si le vieillard a agi sans connaissance, si ses facultés intellectuelles sont tellement affaiblies, si une torpeur a engourdi ses sens, on pourrait alors poser la question de discernement, mais elle ne ferait qu'un avec celle de la volonté, on n'excuserait plus, on justifierait, on déclarerait qu'il n'y a ni crime, ni délit (2).

On a toujours reconnu qu'il était convenable de mitiger les peines à l'égard des vieillards parvenus à un âge avancé, parce que l'affaiblissement de leurs organes commande certains ménagements. Si rigoureux, si inflexibles que soient le législateur et le juge, ils ne peuvent oublier cette parole sublime du poète :

Homo sum : humani nihil a me alienum puto ! (3).

(1) M. P.-E. Vigneaux, à son cours de Droit Pénal (1872-1873) professé à la Faculté de Droit de Bordeaux. (Des excuses légales.)
(2) Voy. h. s. MM. Chauveau et F. Hélie, Théorie du C. Pénal, t. i.
(3) P. Térence, Heautontimorumenos, Act. I, Sc. i, v. 25.

Voix éloquente, qui, traversant les siècles, trouvait naguère un écho fidèle dans ce cri venu encore du cœur du poète :

Homme, l'homme est ton frère !............ (1).

— Les articles qui, dans le Code Pénal, adoucissent la peine applicable aux vieillards sont les suivants :

ARTICLE 70. — *Les peines des travaux forcés à perpétuité, de la déportation et des travaux forcés à temps, ne seront prononcées contre aucun individu âgé de soixante-dix ans accomplis au moment du jugement.*

Le Code Pénal du 25 septembre — 6 octobre 1791 (1re part., tit. v), établissait, comme nous l'avons déjà dit, l'âge de soixante-quinze ans.

ARTICLE 5 : « Nul ne pourra être déporté s'il a soixante-quinze ans accomplis. »

Il ne suffit pas que les septuagénaires, dont s'occupe l'article 70, C. P., soient entrés dans leur soixante-dixième année, il faut qu'ils l'aient accomplie.

ARRÊT de la Cour de Cassation du
　　　　5 septembre 1833. . . . . Sirey, 1833.

ARTICLE 71. — *Ces peines* (art. 70) *seront remplacées, à leur égard, savoir : celle de la déportation, par la détention à perpétuité; et les autres, par celle de la réclusion, soit à perpétuité, soit à temps, selon la durée de la peine qu'elle remplacera.*

(1) A. de Lamartine.

Différente était la disposition du Code Pénal du 25 septembre — 6 octobre 1791 (1re part., tit. v) :

ARTICLE 6 : « Dans les cas où la loi prononce l'une des peines des fers, de la réclusion dans la maison de force, de la gêne ou de la détention pour plus de cinq années, la durée de la peine sera réduite à cinq ans, si l'accusé trouvé coupable est âgé de soixante-quinze ans accomplis ou au-delà. »

L'ancien article 71 ne distinguait pas, comme le fait l'article 71 actuel, entre les peines mentionnées dans l'article 70, et les remplaçait toutes par la réclusion.

ANCIEN ARTICLE 71 : « Ces peines (art. 70) seront remplacées, à leur égard, par celle de la réclusion, soit à perpétuité, soit à temps, et selon la durée de la peine qu'elle remplacera. »

Ce texte fut abrogé par la loi du 28 avril 1832, art 12.
— La loi usait encore d'indulgence envers les vieillards dans l'article 72, C. P.

ARTICLE 72. — « Tout condamné à la peine des travaux forcés à perpétuité ou à temps, dès qu'il aura atteint l'âge de soixante-dix ans accomplis, en sera relevé, et sera renfermé dans la maison de force pour tout le temps à expirer de sa peine, comme s'il n'eût été condamné qu'à la réclusion. »

Voici quelle était la disposition du Code Pénal du 25 septembre — 6 octobre 1791 (1re part., tit. v) :

ARTICLE 7 : « Tout condamné à l'une desdites peines (Voy. l'article 6), qui aura atteint l'âge de quatre-vingts ans accomplis, sera mis en liberté par jugement du tribunal criminel, rendu sur sa requête, s'il a subi au moins cinq années de sa peine. »

L'article 72, C. P. a été abrogé par la loi du 30 mai — 1er juin 1854, art. 5.

ARTICLE 5, § 2. — *L'article 72 du Code Pénal est abrogé.*

On ne peut que regretter une telle abrogation, car, s'il est juste de mitiger la pénalité en faveur des accusés âgés de soixante-dix ans, à cause de la faiblesse de leur âge, il ne l'est pas moins d'agir de la sorte à l'égard des condamnés qui ont également accompli leur soixante-dixième année, et ont déjà subi une partie de leurs peines.

L'abrogation prononcée par la loi de 1854 s'applique non-seulement aux condamnations postérieures, mais même aux condamnations antérieures à cette loi.

ARTICLE 15. — *Les dispositions de la présente loi, à l'exception de celles prescrites par les articles 6 et 8 (1), sont applicables aux condamnations antérieurement prononcées et aux crimes antérieurement commis.*

La loi de 1854 a aussi modifié l'article 70 du Code Pénal. Ceci ressort clairement de l'article 5, § 1er, de ladite loi.

ARTICLE 5, § 1er. — *Les peines des travaux forcés à perpétuité et des travaux forcés à temps ne seront pronon-*

---

(1) LOI DU 30 MAI — 1er JUIN 1854, ARTICLE 6. — *Tout condamné à moins de huit années de travaux forcés sera tenu, à l'expiration de sa peine, de résider dans la colonie pendant un temps égal à la durée de sa condamnation. — Si la peine est de huit années, il sera tenu d'y résider pendant toute sa vie. — Toutefois, le libéré pourra quitter momentanément la colonie en vertu d'une autorisation expresse du gouverneur. Il ne pourra, en aucun cas, être autorisé à se rendre en France. — En cas de grâce, le libéré ne pourra être dispensé de l'obligation de la résidence que par une disposition spéciale des lettres de grâce.*

ARTICLE 8. — *Tout libéré coupable d'avoir, contrairement à l'article 6 de la présente loi, quitté la colonie sans autorisation, ou d'avoir dépassé le délai fixé par l'autorisation, sera puni de la peine d'un an à trois ans de travaux forcés.*

ces contre aucun individu âgé de soixante ans accomplis au moment du jugement ; elles seront remplacées par celle de la réclusion, soit à perpétuité, soit à temps, selon la durée de la peine qu'elle remplacera.

De plus, militent en ce sens les

ARRÊTS de la Cour de Cassation des :

13 *octobre* 1854	Bull. n° 299,
30 *novembre* 1854	— 324,
21 *décembre* 1854	— 351,
21 *juin* 1856	— 224,
28 *août* 1856	— 301,
16 *juillet* 1857	— 267,
30 *septembre* 1858	— 257,
25 *novembre* 1858	— 284,
27 *janvier* 1859	— 33.

L'article 5 de la loi de 1854 comprend les coupables des deux sexes. Le caractère de la peine ne change pas l'effet de la loi de 1854 ; celle-ci n'a fait qu'établir un mode d'exécution plus doux. En outre, elle ne met aucun obstacle à l'application des circonstances atténuantes aux coupables sexagénaires.

ARRÊT de la Cour de Cassation du

      7 *janvier* 1858 . . . . Bull. n° 3.

— Le but de la loi, dans les articles 70 et 71, C. P., a été non de diminuer la durée des peines, mais de leur substituer une pénalité plus en rapport avec les forces du septuagénaire. « Nous avons pensé, porte l'*Exposé des* » *motifs* (1), qu'il serait plus convenable de ne rien chan-

___
(1) M. Faure. — Voy. Locré, t. XXIX. p. 267.

» ger à la durée des peines, mais d'y substituer la réclu-
» sion comme mieux appropriée à l'état du vieillard. Les
» travaux forcés seraient trop rigoureux pour la plupart
» des septuagénaires; il n'en est pas ainsi de la réclusion,
» et comme le but de la loi ne peut être de faire rentrer
» dans la société le coupable qui a soixante-dix ans,
» plutôt qu'un autre coupable moins âgé, comme il s'agit
» uniquement d'empêcher qu'il ne succombe par l'effet des
» travaux et de fatigues excessives, on a donné la préfé-
» rence au mode proposé. »

La substitution doit être prononcée par le juge (1).

— Des principes posés par les articles 70, 71, C. P. et
5 de la loi du 30 mai—1er juin 1854 découlent les conséquences suivantes :

1° La réclusion et la détention prenant la place des
travaux forcés à perpétuité ou des travaux forcés à temps,
et de la déportation, si le sexagénaire ou le septuagénaire
est reconnu coupable d'un crime emportant les travaux
forcés à perpétuité, la déportation ou les travaux forcés à
temps, et que le jury admette des circonstances atténuantes,
on devra calculer la réduction de la peine, non sur la réclusion ou détention, mais sur la peine dont elle tempère la
rigueur.

ARRÊT de la Cour de Cassation du
18 *décembre* 1856. . . . . . . Bull. n° 401;

2° La détention et la réclusion durent autant que la
peine remplacée;

(1) La maison centrale de Belle-Isle-en-Mer est spécialement affec-
tée aux condamnés âgés de 60 ans ou de 70 ans, qui se livrent, dans
cet établissement, à des travaux agricoles.

3° Les incapacités des peines remplacées passent à la détention et à la réclusion.

— C'est le jury qui statue sur l'âge de l'accusé (1). Il suffit que ce dernier ait atteint l'âge de soixante ou de soixante-dix ans accomplis pour jouir du bienfait de la loi.

— Les articles 70, 71, C. P., et 5 de la loi de 1854 ne sont pas les seuls textes qui, dans notre législation, mitigent la peine en faveur des vieillards. On sait que la durée de la contrainte par corps est réduite de moitié, dans l'intérêt des sexagénaires, conformément à l'article 14 de la loi du 22 juillet 1867.

ARTICLE 14. — *Si le débiteur a commencé sa soixantième année, la contrainte par corps est réduite à la moitié de la durée fixée par le jugement, sans préjudice des dispositions de l'article 10 (2).*

Toutefois, à la différence de la loi du 30 mai — 1er juin 1854, la loi de 1867 n'exige pas l'âge de soixante ans accomplis, mais seulement que le justiciable soit entré dans sa soixantième année.

L'article 14 de la loi de 1867 constitue une véritable

---

(1) Voy. M. A. Blanche, *Études pratiques sur le Code Pénal*, t. II, p. 271.

(2) LOI DU 22 JUILLET 1867, ARTICLE 10. — *Les condamnés qui justifient de leur insolvabilité, suivant l'article 420 du Code d'Instruction criminelle, sont mis en liberté après avoir subi la contrainte pendant la moitié de la durée fixée par le jugement.*

Les condamnés justifieront de leur insolvabilité en fournissant, d'après l'ARTICLE 420 **, n° 2, — *un certificat d'indigence à eux délivré par le maire de la commune de leur domicile ou par son adjoint, visé par le sous-préfet et approuvé par le préfet de leur département.*

réduction de peine. C'est au sexagénaire lui-même à réclamer en temps utile le bénéfice résultant pour lui de l'article 14, car il ne serait plus fondé à se pourvoir en Cassation contre l'arrêt qui aurait omis de réduire à moitié la durée de la contrainte par corps.

Arrêt de la Cour de Cassation du
21 *novembre* 1873. . . . . Sirey, 1874 1 136.

L'article 70, C. P. et la loi du 30 mai — 1er juin 1854 ne parlent nullement de la peine de mort, il en résulte que la peine capitale sera toujours subie, quel que soit l'âge du coupable.

Cette dure disposition de la loi inspire, au premier abord, un profond dégoût, et, comme le dit très-bien M. Faustin Hélie : « Peut-être eût-on pu épargner l'écha-
» faud aux cheveux blancs du vieillard, il y a quelque
» chose qui répugne à trancher cette vie expirante, à ache-
» ver des jours épuisés et à demi-éteints. Et qu'est-ce que
» la mort, d'ailleurs, comme peine, à cette époque où la
» nature ouvre la tombe devant l'homme ? La société n'est-
» elle pas suffisamment protégée par la détention contre
» les dernières tentatives d'une vie qui n'a plus de force à
» déployer contre elle (1) ? »

La légitimité de la peine de mort fut sans cesse le sujet des plus vives discussions. Beccaria, Robespierre, Condorcet, Fonfrède, Victor Hugo, Franck (de l'Institut), ont successivement demandé l'abolition de la peine capitale, alors que Jean-Jacques Rousseau, Montesquieu, Merlin,

(1) *Instruction criminelle.*

Rossi, Joseph de Maistre, Bertault, Faustin Hélie et la majorité des auteurs ont toujours réclamé sa conservation.

La peine suprême n'a point disparu de notre Code Pénal. Doit-elle en être bannie? Nous laissons aux jurisconsultes, aux criminalistes le soin de trancher une aussi importante question. Mais ce que nous n'hésitons pas à affirmer, c'est que l'atrocité dans les châtiments et l'iniquité dans les lois sont deux faits dont le législateur seul doit répondre, car lui seul en assume la responsabilité : « Væ vobis qui leges conditis iniquas (1). »

§ II

(Article 190)

ARTICLE 190 (Liv. III, Tit. I, Chap. III, Sect. II, § 5e). — *Les peines énoncées aux articles 188 et 189 ne cesseront d'être applicables aux fonctionnaires ou préposés qui auraient agi par ordre de leurs supérieurs, qu'autant que cet ordre aura été donné par ceux-ci pour des objets de leur ressort, et sur lesquels il leur était dû obéissance hiérarchique; dans ce cas, les peines portées ci-dessus ne seront appliquées qu'aux supérieurs qui les premiers auront donné cet ordre.*

Quelles sont les peines édictées par les articles 188 et 189, C. P. ? Consultons les textes.

ARTICLE 188. — *Tout fonctionnaire public, agent ou préposé du gouvernement, de quelque état et grade qu'il soit,*

(1) Isaïe, X, I.

*qui aura requis ou ordonné, fait requérir ou ordonner l'action
ou l'emploi de la force publique contre l'exécution d'une loi
ou contre la perception d'une contribution légale, ou contre
l'exécution soit d'une ordonnance ou mandat de justice, soit
de tout autre ordre émané de l'autorité légitime, sera puni de
la réclusion.*

On peut rapprocher de cette disposition pénale celles
des articles 1 et 2 de la section v du titre i de la 2ᵉ partie
du Code Pénal du 25 septembre — 6 octobre 1791.

ARTICLE 1ᵉʳ : « Tout agent du pouvoir exécutif ou fonctionnaire
public quelconque, qui aura employé ou requis l'action de la force
publique dont la disposition lui est confiée, pour empêcher l'exécution
d'une loi, ou la perception d'une contribution légitimement établie
sera puni de la peine de la gêne pendant dix années. »

ARTICLE 2 : « Tout agent du pouvoir exécutif, tout fonctionnaire
public quelconque, qui aura employé ou requis l'action de la force
publique dont la disposition lui est confiée, pour empêcher l'exécution d'un jugement, mandat ou ordonnance de justice, ou d'un ordre
émané d'officiers municipaux de police ou de corps administratifs, ou
pour empêcher l'action d'un pouvoir légitime, sera puni de la peine
de six années de détention. — Le supérieur qui le premier aura donné
lesdits ordres en sera seul responsable, et subira la peine portée au
présent article. »

ARTICLE 189. — *Si cette réquisition ou cet ordre ont été
suivis de leur effet, la peine sera le maximum de la réclusion.*

Avant la loi de révision du 28 avril 1832, l'article 189
était ainsi conçu :

« Si cette réquisition ou cet ordre ont été suivis de leur effet, la
peine sera la déportation. »

L'exemption de peine accordée par l'article 190, C. P.
aux fonctionnaires ou employés subalternes constitue-t-

elle une excuse légale ou un cas de non-culpabilité ?
M. A. Blanche (1) et M. Carnot (2) diffèrent d'opinion
à cet égard, le premier voit dans l'article 190, C. P. une
excuse légale absolutoire, le second, un cas de non-culpabilité.

« Dans certains cas, écrit M. Boitard (3), la peine est
» mitigée ou même complètement remise, à raison de faits
» qui, *sans être à proprement parler des excuses*, jouent
» cependant ce rôle dans la procédure criminelle. » Et
M. Boitard cite plusieurs textes du Code Pénal, parmi
lesquels figure l'article 190. Le même auteur dit encore
en parlant des mêmes textes : « nous trouvons là *des cas*
» *d'excuse* »...., et visant plus particulièrement l'art. 190 :
« on est dans le cas de l'article 65, C. P., *on est dans le*
» *cas d'excuse*, quoique la loi ne se serve pas de ce mot. »

Bien que M. Boitard semble un moment se contredire,
nous adoptons néanmoins son opinion. L'article 190 renferme une excuse légale.

Selon MM. Chauveau et Faustin Hélie (4), il y a, dans
l'article 190, contrainte de la part de l'agent, par conséquent non-culpabilité et justification. Nous ne pensons pas
de même : à notre avis, on ne doit voir dans l'article 190
qu'une simple obéissance. L'agent a obéi, alors que rien
ne l'y obligeait ; il a agi arbitrairement, telle est sa faute.
Sera-t-il châtié ? Non, car il peut prouver qu'il a agi par

(1) *Études pratiques sur le Code Pénal*, t. II, nᵒ 222.
(2) *Commentaire sur le Droit Pénal*, sur article 190, nᵒ 2.
(3) *Leçons sur le Droit Pénal*, p. 198, 199, 200.
(4) Voy. *Théorie du Code Pénal*, t. III.

ordre de ses supérieurs, pour des objets de leur ressort, et sur lesquels il leur devait obéissance hiérarchique. La peine sera appliquée uniquement aux supérieurs.

La contrainte exige que l'agent ait été contraint par une force à laquelle il n'a pu résister (art. 64, C. P.) (1); or, dans l'hypothèse de l'article 100, l'agent pouvait impunément s'opposer à l'ordre de ses supérieurs. « Dans le cas » de l'article 100, dit M. Boitard, il n'y a pas contrainte » à laquelle on n'a pu résister....., on pouvait donner sa » démission, abandonner sa place, etc....., (2). »

Enfin, la loi ne justifie que lorsqu'il n'existe ni crime ni délit (art. 64, 327, 328, C. P.) (3), et l'absence de crime ou de délit constitue la non-culpabilité. Mais, en notre matière, nous avons un fonctionnaire subalterne coupable d'un crime, donc point de justification.

— Trois conditions sont requises pour l'admission de l'excuse. Il faut : 1° que les fonctionnaires préposés aient agi par ordre de leurs supérieurs ; 2° que cet ordre ait été donné par ces derniers pour des objets de leur ressort; 3° pour des objets sur lesquels il leur était dû obéissance hiérarchique.

Nous bornons là nos explications, nous contentant de renvoyer aux développements donnés dans la Section x de notre Chapitre premier. L'article 114, § 2, C. P., qui fait l'objet de cette section, comprend une excuse identique à celle de l'article 100, C. P.

(1) Voy. p. 240, note 1, l'article 64, C. P.
(2) Voy. *Leçons sur le Droit Pénal*, ut suprà.
(3) Voy. les articles 327 et 328, C. P., p. 85, notes 2 et 3.

§ III

(Article 319)

ARTICLE 319 (Liv. III, Tit. II, Chap. I, Sect. III, § 1er).
— *Quiconque, par maladresse, imprudence, inattention,
négligence ou inobservation des règlemens, aura commis
involontairement un homicide, ou en aura involontairement
été la cause, sera puni d'un emprisonnement de trois mois
à deux ans, et d'une amende de cinquante francs à six cents
francs.*

La législation de 1791 était moins rigoureuse. On en
peut juger par l'article 15 (Titre II) du Décret du 19-
22 juillet 1791, relatif à l'organisation d'une police municipale et correctionnelle, et par l'article 2 (2e part., tit. II,
sect. I), du Code Pénal du 25 septembre — 6 octobre 1791.

Décret de 1791, Article 15 : « En cas d'homicide dénoncé comme
involontaire, ou reconnu tel par la déclaration du jury, s'il est la suite
de l'imprudence ou de la négligence de son auteur, celui-ci sera condamné à une amende qui ne pourra excéder le double de sa contribution mobilière; et, s'il y a lieu, à un emprisonnement qui ne pourra
excéder un an. »

C. P. de 1791, Article 2 : « En cas d'homicide commis involontairement, mais par l'effet de l'imprudence ou de la négligence de
celui qui l'a commis, il n'existe point de crime, et l'accusé sera acquitté ; mais, en ce cas, il sera statué par les juges sur les dommages-
intérêts, et même sur les peines correctionnelles, suivant les circonstances. »

Ici le législateur a voulu particulièrement protéger notre
existence. La loi, même dans les cas prévus en l'article 319,

C. P., punit l'homicide ; la loi le doit en effet : la sûreté de la vie de l'homme est d'un trop haut prix pour que tout ce qui la menace ne soit pas l'objet d'une pénalité.

Mais, on s'est demandé si, en l'absence des conditions posées par l'article 319, C. P., c'est-à-dire quand il n'y aura eu ni maladresse, ni imprudence, ni inattention, ni négligence, ni enfin inobservation des règlements, l'agent devait être excusé. La loi, répondra-t-on, ne punit l'homicide que dans les cas de l'article 319, C. P., et, suivant l'*Exposé des motifs,* si ces circonstances manquent, l'homicide purement involontaire ne constitue ni un crime, ni un délit, et ne donne lieu à l'application d'aucune pénalité. L'exemption totale de peine accordée à l'agent est-elle alors une excuse absolutoire ou une justification ? Une justification : la culpabilité n'est pas reconnue ; or, nul ne peut être excusé s'il n'est pas coupable.

Nous avons dit que l'*Exposé des motifs* avait décidé qu'en l'absence des circonstances de l'article 319, il n'y avait ni crime, ni délit ; un des éléments constitutifs de la culpabilité fait donc défaut, de là l'existence de la non-culpabilité. L'accusé déclaré non-coupable, non-seulement n'encourra aucune peine, mais sera pleinement justifié.

Telle est, d'ailleurs, l'opinion de MM. Boitard (1), Blanche (2) et Faustin Hélie (3).

(1) Voy. *Leçons sur le Droit Pénal.*
(2) Voy. *Études pratiques sur Code Pénal.*
(3) Voy. *Traité d'Instruction criminelle.*

§ IV

(Article 348)

ARTICLE 348 (Liv. iii, Tit. ii, Chap. i, Sect. vi, § 1er). — *Ceux qui auront porté à un hospice un enfant au-dessous de l'âge de sept ans accomplis, qui leur aurait été confié afin qu'ils en prissent soin ou pour toute autre cause, seront punis d'un emprisonnement de six semaines à six mois, et d'une amende de seize francs à cinquante francs.*

Toutefois, aucune peine ne sera prononcée, s'ils n'étaient pas tenus ou ne s'étaient pas obligés de pourvoir gratuitement à la nourriture et à l'entretien de l'enfant, et si personne n'y avait pourvu.

Les termes un peu vagues dont s'est servi le législateur dans l'article 348, C. P., ne permettent guère, dès l'abord, d'en saisir le vrai sens. Une lecture attentive, cependant, découvre la signification propre de l'article 348, et l'on peut dire qu'il s'applique uniquement à ceux qui, par une sorte d'abus de confiance, se débarrassent d'un enfant confié à leurs soins.

Mais ce texte ne comprend point le père et la mère, car, en portant leur enfant à l'hospice, ils n'y déposent point un enfant qu'on leur a confié. Ce point, sans doute, fit difficulté, puisque la Cour de Cassation fut appelée à se prononcer :

ARRÊTS des 7 *juin* 1834. . . . . Sirey, 1834,
10 *décembre* 1845. . — 1845.

— La disposition pénale du premier paragraphe de l'article 348, C. P. cesse dans le cas du paragraphe second. Faut-il regarder cette exemption de peine comme constituant une excuse légale absolutoire, comme semblent le prétendre quelques criminalistes, et, entr'autres, M. Carnot (1).

Remarquons que c'est seulement l'engagement pris par les personnes dépositaires de l'enfant, qui donne naissance au délit. Par conséquent, ce délit n'existe pas si l'engagement n'a pas eu lieu, lorsque les personnes ne sont pas tenues ou ne se sont pas obligées de pourvoir gratuitement à la nourriture et à l'entretien de l'enfant, et que personne n'y a pourvu. Donc, pas de délit, pas de culpabilité; pas de culpabilité, pas de peine et, par suite, justification. La solution est la même que pour l'article 319, C. P.

M. Boitard (2) porte un jugement conforme au nôtre.

§ V

(ARTICLE 441)

ARTICLE 441 (Liv. III, Tit. II, Chap. II, Sect. III). — *Néanmoins ceux qui prouveront avoir été entraînés par des provocations ou sollicitations à prendre part à ces violences pourront n'être punis que de la peine de la réclusion.*

(1) Voy. *Commentaire sur le Code Pénal,* sur article 348.
(2) Voy. *Leçons sur le Droit Pénal.*

De quelles violences s'agit-il ? Des violences énoncées dans l'article 440, C. P.

ARTICLE 440. — *Tout pillage, tout dégât de denrées ou marchandises, effets, propriétés mobilières, commis en réunion ou bande et à force ouverte, sera puni des travaux forcés à temps; chacun des coupables sera de plus condamné à une amende de deux cents francs à cinq mille francs.*

Le Code Pénal du 25 septembre — 6 octobre 1791 (2ᵐᵉ part., tit. II, sect. II, art. 39), punissait les coupables de six années de fers.

C. P. DE 1791, ARTICLE 39 : « Toute espèce de pillage et dégât de marchandises, d'effets et de propriétés mobilières, commis avec attroupement et à force ouverte, sera puni de la peine à six années de fers. »

Au moyen-âge, les auteurs du crime défini par l'article 440, C. P. étaient mis à mort (1). Plus tard, les condamnés étaient, suivant les cas, punis de mort, ou expo-

***

(1) Cependant, à la même époque, lorsque le crime ne consistait pas dans un meurtre, des coups ou blessures, le coupable pouvait être racheté de sa peine. C'est ainsi que les jeunes filles avaient le privilège de sauver les criminels en les épousant. Nous en trouvons un exemple dans un manuscrit du XVᵐᵉ siècle. Il y est question du crime de *pillerie*, aujourd'hui pillage (art. 440, C. P.). « Au moment où on » alloit exécuter un très-bel jeune fils d'environ vingt-quatre ans, qui » avoit faict des pilleries autour de Paris, une jeune fille née des » Halles le vint hardiment demander; et tant fit par son bon pour- » chas, qu'il fust ramené au Chastellet, et depuis furent espousez » ensemble. » — *Journal d'un bourgeois de Paris* (1429).

sés tout nus sur la place publique, fustigés, et envoyés sur les galères de l'État (1).

L'article 441, C. P. ne s'applique qu'à ceux qui prouveront avoir été entraînés par des provocations ou sollicitations aux faits prévus par l'article 440.

Quand y aura-t-il provocation ou sollicitation? C'est là une question de fait : les auteurs de la *Théorie du Code Pénal* (2) avancent donc avec quelque témérité « qu'il ne » faudrait pas ranger dans cette catégorie les dons et les » promesses agréés par l'accusé. » M. Blanche (3) est tombé dans le même travers. A notre avis, le jury appréciera.

L'article 441 permet de diminuer la peine, mais contient-il un de ces faits d'excuse légale, qui, aux termes de l'article 339 du Code d'Instruction criminelle (4), doivent être, à peine de nullité, soumis à la décision du jury,

---

(1) Duret, *Histoire des anciennes lois criminelles en France.*
— Quant à la pénalité encourue pour vol et pillage, en Droit Romain, voyez notamment les textes suivants :
Dig., L. XLVII, t. II. De furtis.
— L. XXV, t. II. Rerum amotarum.
— L. XLVII, t. VIII. Vi bonorum raptorum...
Voy. aussi Aulu-Gelle, *Nuits attiques*, XI, XVIII.
Justiniani Institutiones, L. IV, t. II. De bonis vi raptis.
Gaïus, *Comment.*, III.
(2) MM. Chauveau et F. Hélie, *Th. du C. P.*, t. VI.
(3) *Études pratiques sur le Code Pénal*, t. VI.
(4) Voy. p. 278, note 1, l'article 339, C. I. C.

lorsque l'accusé le requiert? M. Blanche (1) ne le croit pas. MM. Chauveau et Faustin Hélie (2), au contraire, admettent l'existence d'une excuse atténuante. Avouons qu'on serait tenté, au premier abord, de résoudre l'affirmative : l'article 441 abaisse la peine habituelle du crime défini par l'article 440, en faveur de celui qui s'y est laissé entraîner par des provocations ou sollicitations. Cependant toute solution favorable à la reconnaissance de l'excuse disparaît devant un examen minutieux de l'article 441, surtout si on rapproche cet article de textes prévoyant des excuses atténuantes, par exemple des articles 321 et 326, C. P. (3).

L'article 441 ne dit pas que les personnes entraînées par des sollicitations ou des provocations seront excusables, il ne dit pas non plus que la peine sera réduite; il porte seulement que ces personnes « pourront n'être punies que de la peine de la réclusion. » Or, les articles 321 et 326, C. P. ne procèdent pas de la sorte. Le premier déclare les meurtres et les blessures excusables, le second réduit la peine en cas de preuve de l'excuse.

On va, sans doute, nous reprocher une interprétation scrupuleusement littérale de l'article 441, C. P. Des criminalistes, des publicistes et, le premier de tous, Beccaria (4) s'élèvent avec force contre cet axiome souvent répété, que, dans l'application des lois, il faut entrer dans

(1) *Études pratiques sur le Code Pénal*, t. VI.
(2) *Théorie du Code Pénal*, t. VI.
(3) Voy. ces articles, p. 282 et 345.
(4) *Traité des délits et des peines*, § IV.

l'esprit du législateur, non s'attacher à la lettre. Cette doctrine, en effet, a peut-être l'inconvénient d'ériger le juge en législateur, et de faire, pour ainsi dire, une loi pour chaque cas ; mais que d'abus n'entraîne pas après elle la doctrine contraire. Elle donne naissance à l'arbitraire, et l'arbitraire engendre toujours l'injustice qui est la négation même de la loi, de toute loi sagement réglée.

Si les deux extrêmes ont leurs excès, au moins ne doit-on pas choisir celui qui en renferme le plus et les plus dangereux.

C'est au législateur, dirons-nous, à prévoir tous les cas possibles, et à fermer les lois à l'arbitraire, à l'absurde, en les rendant plus claires que la lumière du soleil, *meridiana luce clariores,* suivant l'expression du Digeste en parlant des preuves.

L'article 441, C. P. n'enjoint pas au juge de poser au jury la question de savoir si l'accusé a été entraîné par sollicitations ou provocations, c'est une simple *faculté* qu'il accorde au juge. La Cour de Cassation l'a ainsi jugé dans un

ARRÊT du 14 *décembre* 1850 . . . . Bull. nº 421.

Même la question une fois posée au jury et résolue affirmativement, le juge peut se refuser à n'appliquer que la peine de la réclusion ; la loi, nous le répétons, lui confère une *faculté.* Telle est la décision de la Cour de Cassation dans ses

ARRÊTS des : 15 *mai* 1847 . . . . . Bull. nº 104,
14 *décembre* 1850 (déjà cité).

Le mécanisme de l'article 441, C. P. est donc tout spécial.

La loi, en autorisant la Cour d'Assises à ne punir le coupable que de la peine de la réclusion, l'autorise également, si elle le juge convenable, à ne pas prononcer l'amende de l'article 440.

On ne saurait voir une excuse légale dans l'article 441, C. P. L'atténuation pénale, permise par ce texte, est purement facultative et entièrement abandonnée à la conscience du juge. En est-il ainsi en cas d'excuse? Nullement, car la position au jury de la question d'excuse est obligatoire à peine de nullité, et l'atténuation de la peine est de rigueur.

De même que, dans une infinité de textes, la loi confie à la sage appréciation du juge l'application de telle ou telle peine, de même, dans l'article 441, C. P., elle donne au juge le pouvoir d'atténuer ou non la peine édictée par l'article 440. Cette mesure est fondée sur un motif de justice : il y a une différence entre la culpabilité de l'instigateur et celle de l'agent qui cède à l'instigation.

II

Que décider de l'article 322, paragraphe final, du Code Pénal ?

ARTICLE 322, § 2 (Liv. III, Tit. II, Chap. I, Sect. III, § 2°). — *Si le fait est arrivé pendant la nuit, ce cas est réglé par l'article 329.*

Le fait, dont parle ce paragraphe, est indiqué dans le paragraphe premier du même article.

ARTICLE 322, § 1er. — *Les crimes et les délits mentionnés au précédent article* (1) *sont également excusables, s'ils ont été commis en repoussant pendant le jour l'escalade ou l'effraction des clôtures, murs ou entrée d'une maison ou d'un appartement habité ou de leurs dépendances.*

L'article 322, § 1er, comme nous l'avons déjà exposé dans la Section 1 de notre Chapitre deuxième, renferme un des cas les plus importants d'excuse légale atténuante, basée sur la provocation. Peut-on en dire autant du paragraphe final du même texte? Le législateur nous renvoie, à cet égard, aux dispositions de l'article 329, C. P.

Quelles sont ces dispositions?

ARTICLE 329 (Liv. III, Tit. II, Chap. I, Sect. III, § 3e). — *Sont compris dans les cas de nécessité actuelle de défense les deux cas suivans :*

1° *Si l'homicide a été commis, si les blessures ont été faites, ou si les coups ont été portés en repoussant pendant la nuit, l'escalade ou l'effraction des clôtures, murs ou entrée d'une maison ou d'un appartement habité ou de leurs dépendances* (2).

---

(1) Nous croyons utile de reproduire ici les termes de l'article 321, C. P. déjà cité, page 282.

ARTICLE 321. — *Le meurtre ainsi que les blessures et les coups sont excusables, s'ils ont été provoqués par des coups ou violences graves envers les personnes.*

(2) L'article 322, § 2, C. P. ne se rapportant qu'au n° 1 de l'article 329, il serait superflu de citer le n° 2 de ce dernier texte.

L'article 329 s'occupe uniquement du cas de légitime défense. La légitime défense est la reconnaissance de la non-culpabilité de l'agent, reconnaissance qui entraîne toujours la justification. De là cette conclusion que le fait prévu par l'article 322, lorsqu'il s'est produit durant la nuit (§ 2), étant réglé par l'article 329, constitue un cas de légitime défense et non une excuse légale atténuante. Par conséquent, l'auteur du meurtre, des coups ou blessures (art. 321 et 322, C. P.), sera justifié et non plus excusé. Cette immunité repose sur un principe de justice : la loi, quand les faits ont lieu de nuit, prévoit un danger extrême qu'elle ne présume pas quand ils se passent de jour. La conservation sociale, du reste, commandait une telle impunité : l'homme a le droit de se protéger lui-même et de se défendre contre une injuste agression. C'est là une loi sacrée que la nature nous offrit gravée dans son Code immortel, et cette loi nous crie : dans un péril imminent préparé par l'astuce et la violence, sous le poignard de la cupidité ou de la haine, tout moyen de salut est légitime.

Nous venons d'établir que le paragraphe final de l'article 322, C. P. ne constituait pas une excuse légale de provocation. Mais voici surgir une question dont la solution, selon nous, crée une exception à cette règle. L'escalade et l'effraction commises *pendant la nuit,* toutes les fois qu'elles ne peuvent être un moyen de légitime défense pour l'agent du délit, peuvent-elles être regardées comme des éléments de la provocation? La loi pénale, objectera-t-on, est inextensible : or, l'article 322, § 1er, C. P. ne parle que de l'escalade et de l'effraction *commises pendant le jour.* A notre avis, dès qu'il y a *légitime défense incomplète,* l'acte peut être regardé comme étant commis en état de provocation. Que dit d'ailleurs le rapport de M. Monseignat, orateur de la commission législative ? « Le projet » donne pour exemple de l'excuse de l'homicide les voies » de fait employées pour repousser pendant le jour l'esca» lade, l'effraction, la violation du domicile. » Si le législateur a simplement voulu *donner un exemple,* il faut chercher une solution dans la théorie rationnelle de la provocation. Or, la science nous conduit à chercher et à fixer un état intermédiaire entre la justification et l'imputabilité complète.

III

L'ivresse et la monomanie sont-elles des cas d'excuse légale ?

---

§ 1

IVRESSE.

L'ivresse, ce mal social, ce fléau démoralisateur, produit en l'homme le désordre des sens, la privation de la raison, et devient souvent la cause de crimes ou de délits. Mais l'ivresse peut-elle être pour l'accusé et le prévenu un motif d'excuse? Telle est la question qui a parfois divisé les jurisconsultes, et dont nous allons donner un rapide aperçu.

Un philosophe célèbre de l'antiquité, fondateur de l'école péripatéticienne, Aristote, ne regardait pas l'ivresse comme constituant une excuse en faveur du coupable. « Quandoque, dit-il, chm perpetrandi aliquid, causa fue-
» rit ignorantiâ, id non fit sponte : et proinde ne afficit
» quidem injuriâ. At chm ipse suæ causa fuerit ignoran-
» tiæ perpetrâritque qüippiam, ex ignorantiâ cujus ipse
» exstiterit causa, is planè afficit injuriâ, ac ejusmodi
» jure criminis arguetur ; velut in ebriis evenit : vino
» namque mersi, si quid mali perpetrârint, sine côntrover-
» siâ, afferunt injuriam ; quandoquidem ipsi sibi ejus igno-
» rantiæ causa exstiterunt; in iis enim tuit ne tantûm pro-
» luerentur (1). » Le même philosophe dit encore : « Quod
» enim, plures delinquunt ebrii quàm sobrii, non ad id res-
» pexit (Pittacus) quod magis esse debeat ebriis venia,
» sed ad utilitatem (2). »

Le législation grecque, du reste, portait les peines les plus rigoureuses contre le délit d'ivresse. Platon, dans sa philosophie, défendait l'usage du vin tant aux princes qu'aux citoyens constitués en dignités ou occupant des charges publiques. Licurgue faisait arracher la vigne. Une loi de Dracon punissait de mort l'ivrognerie. Solon avait également édicté la peine capitale envers les princes et les magistrats.

(1) Aristote, Διχῶν Μεγάλων, Lib. ι, Cap. 34.
(2) Aristote, Πολιτιχων, Lib. ιr, Cap. 12. — N'ayant pu nous procurer le texte grec, nous en donnons une traduction latine.

« Ἡγεμόνα καταληφθέντα μεθύοντα θανάτῳ ζημιοῦσθαι. »

Νόμος η' (1).

« Que le magistrat ivre boive la ciguë. »

Tous les législateurs anciens eurent l'ivresse en horreur ; sévères furent les lois qui la réprimèrent. Moïse, suivant le commandement qu'il avait reçu de Dieu, mettait à mort tous les lévites qui s'étaient oubliés jusqu'à s'enivrer. Mahomet a défendu à ses sectateurs l'usage du vin et des boissons fermentées. Mais à quoi bon accumuler les exemples. Revenons à la question, on voudra bien nous pardonner cette petite digression.

— Dans notre ancienne jurisprudence, les lois répressives de l'ivrognerie et des faits d'ivresse publique n'abondent pas. La meilleure et la dernière de toutes fut l'Édit de François Ier du 15 avril 1536. L'ivresse n'y était point une cause d'excuse. Il statuait en ces termes :

« Informé des désordres que cause l'ivrognerie, voulant
» y mettre un terme et faire cesser les homicides et les
» autres inconvénients qui arrivent de l'ébriété, nous
» ordonnons que quiconque sera trouvé ivre soit inconti-
» nent constitué et retenu prisonnier au pain et à l'eau,
» pour la première fois ; que la seconde, outre cette peine,
» il soit battu de verges ou de fouets dans la prison ; que,
» s'il est incorrigible, il soit puni d'amputation d'oreilles,
» d'infamie et de bannissement, avec injonction très-

(1) Princeps deprehensus ebrius, morte mulctatur. (Σολῶνος Ἀθηναίων ἄρχοντος ἀξόνικοι νόμοι). — *Jurisprudentia vetus*, Pardulpho Prateio collectore et interprete. (Anno 1559).

» expresse aux juges, chacun en son territoire, d'y veiller
» diligemment; et qu'enfin, s'il arrive que, par ébriété ou
» chaleur du vin, les ivrognes commettent quelque faute
» ou quelque crime, *l'ivresse ne pourra leur servir d'ex-*
» *cuse*, qu'au contraire, ils seront punis de la peine due
» au délit qu'ils auront commis, et encore punis par une
» autre peine, à l'arbitrage du juge, pour s'être eni-
» vrés (1). »

Ces dispositions remarquables durent promptement.
tomber en désuétude à cause de leur sévérité même et de
l'admission des peines telles que l'amputation de l'oreille
et le bannissement (2).

(1) Voy. Joly, t. II, p. 580.

(2) Cette graduation des peines, qu'on remarque dans l'Édit de 1536
se retrouve dans les meilleures lois édictées dans les pays étrangers.
Pour n'en citer qu'un exemple : le Statut suédois du 14 août 1813
ordonne que « tout individu qui a été vu ivre, soit condamné,
» pour la première fois, à une amende de 3 dollars; pour la seconde
» fois, à une amende double; pour la troisième et la quatrième fois,
» à une amende encore plus forte, avec privation du droit de vote
» aux élections, du droit d'être nommé représentant et de divers
» autres droits fondés sur la confiance qu'un homme peut inspirer à
» ses concitoyens. Tout individu trouvé en faute une cinquième fois
» doit être enfermé dans une maison de correction et condamné à six
» mois de travaux forcés. Enfin, s'il recommence encore, il doit être
» emprisonné pour un an. »

Ces peines sont assurément trop sévères, mais le principe de leur
graduation est essentiel et sage.

La graduation pénale a été observée par le législateur français
dans la loi du 23 janvier 1873, sur l'ivresse publique. La justice et la
nécessité commandaient une telle mesure : la loi de 1873 est l'une de
de celles que l'Assemblée nationale peut s'honorer d'avoir votées.

Selon M. Blakstone (1), l'ivresse, dans la législation anglaise, loin d'être une excuse, est, au contraire, une circonstance aggravante.

Le Droit Romain et le Droit Canonique étaient plus indulgents sur les délits d'ivresse. Les lois romaines présentent l'ivresse comme motif d'excuse. « *Si quis temulen-* » *tiâ turbulentus obtrectator temporum* [*nostrorum*] *fuerit,* *eum pœnæ nolumus subjugari, neque durum aliquid, nec* » *asperum* [*volumus*] *sustinere* (2). » « *Per vinum lapsis* (militibus qui se vulneraverunt, vel alias mortem sibi » *consciverê*) *capitalis pœna remittenda est, et militiæ muta-* » *tio irroganda* (3). » « *Divus Hadrianus Statilio Secundo* » *legato rescripsit afficiendos supplicio milites quibus custo-* » *diæ evaserint, si culpa eorum nimia deprehendatur..........,* » *si tamen per vinum custodis id evenerit, castigandum eum,* » *et in deteriorem militiam dare* (4). »

De même que les lois romaines, les lois canoniques excusaient les crimes et les délits commis en état d'ivresse. On trouve, en effet, dans un Décret de Gratien (2ᵉ part.), ces paroles de saint Ambroise : « Ideoque, si per vinum delin- » querint, apud judices sapientes veniâ quidem facto » donantur, sed *levitatis* damnantur auctores (5). »

M. Duret rapporte qu'au moyen-âge, en France, l'ivresse

(1) *Commentaire sur le Code Criminel d'Angleterre.*
(2) Cod., L. ıx, t. vıı. L. 1. Si quis imperatori maledixerit.
(3) Dig., L. xlıx, t. xvı. L. 6, § 7. De re militari.
(4) Dig., L. xlvııı, t. ııı. L. 12. De custodiâ et exhibit'one reorum. Voy. encore : Dig., L. xlvııı, t. xıx. L. 11, § 2. De pœnis.
(5) L. 7, C. 15, Quest. ı.

du criminel entraînait parfois une diminution de peine.
« Si le crime, écrit-il, est odieux, le criminel, pour estre
» yvrogne, ne doubte d'estre puny *avec quelque diminution
» de la peine*, qu'il endureroit sain d'entendement ; quel-
» quefois pour exemple, sans en faire aucune diminu-
» tion (1). »

Sous le règne de Maximilien Ier, en l'an 1495, avait
paru un décret de l'Empire qui, prononçant la peine capitale contre les blasphémateurs, faisait grâce de la vie à
ceux qui auraient proféré des blasphèmes pendant l'ivresse
ou dans un état de colère violente. De là, la distinction que
faisaient les Allemands en ivresse volontaire et habituelle
et ivresse accidentelle. C'était aussi la doctrine de Farina-
cius(2). Ce fut, plus tard, celle de Merlin. « Non culpa vini,
» sed culpa bibentis », disait le célèbre jurisconsulte ; qui
veut la cause veut l'effet. L'ivresse accidentelle était, à
son avis, un cas d'excuse ; l'ivresse volontaire donnait
lieu à l'indulgence du juge envers le coupable, si celui-ci
s'était enivré pour la première fois.

Telle était la législation de l'Allemagne en 1495, telle
elle est encore de nos jours. Plusieurs Codes Allemands (3)

---

(1) Duret, *Histoire des anciennes lois criminelles en France.*
Le même auteur nous apprend que la peine réservée au fait
d'ivresse était atténuée à l'égard de certaines personnes. « Et d'au-
» tant qu'il y a quelque similitude entre le gendarme celeste & sécu-
» lier, soit pour leurs priviléges ou peines, ainsi que la peine est
» *mitigée* au prestre yvrogne, aussi le gendarme armé faisant mes-
» tier de s'en yvrer doit estre cassé, & suspendu du bénéfice qu'il
» tient s'il est clerc. »
(2) Farinacius, Quæst. 93.
(3) Code Pénal Prussien, Code Pénal Bavarois.

voient dans l'état d'ivresse, pendant lequel un acte coupable a été commis, un cas d'excuse ou d'atténuation. Les commentateurs de ces Codes distinguent entre l'ivresse habituelle et volontaire et l'ivresse accidentelle. Ce système repose sur une fausse base. Il faut rechercher non les causes de l'ivresse, mais si, au moment où l'agent a commis l'acte criminel ou délictueux, il était dans tel ou tel état d'ivresse, et si alors il avait plus ou moins l'usage de ses sens.

M. Boitard, prenant l'hypothèse d'une ivresse accidentelle, mais, d'ailleurs, absolument complète, s'exprime ainsi : « Quoiqu'il n'y ait pas démence dans le sens tech-
» nique du mot, c'est-à-dire quoiqu'il n'y ait pas état
» durable, permanent, habituel, il est cependant clair
» qu'il n'y a pas eu intelligence, sentiment, conscience de
» l'acte, et que, hors de ces circonstances, aucune peine
» ne peut être appliquée (1). » Et M. Boitard cite à titre d'exemple le cas d'homicide. Le savant juriste reconnaît qu'il n'y a pas imputabilité, par conséquent qu'il n'existe point de culpabilité et qu'aucune peine ne sera encourue. Il y aura, si l'on veut, négligence, imprudence, imputabilité civile, mais on ne pourra trouver chez l'agent la volonté, l'intention du crime, conditions essentielles à la culpabilité et à l'application de la peine.

M. Boitard n'admet pas que l'ivresse puisse constituer une excuse ; « ce n'est point comme excuse que nous pré-
» sentons ici le cas d'ivresse. » La solution donnée par

(1) *Leçons sur le Droit Pénal*, p. 189.

M. Boitard est la solution généralement admise dans la doctrine (1).

Mais que décider s'il s'agit d'une ivresse qui n'est pas complète, entière, qui n'a pas étouffé tout sens moral chez l'agent qui l'a même préméditée pour accomplir le crime ou le délit? Il est alors certain que cette ivresse n'aura nulle influence sur la déclaration de culpabilité et l'application du châtiment.

Entre les deux hypothèses dont nous venons de parler, s'en placent une infinité d'autres, les plus ordinaires, où l'intelligence et le sens moral ne seront pas paralysés, mais affaiblis, chez l'auteur du fait, où il aura eu la volonté de le commettre. En ce cas, d'après M. Boitard, il y aura simplement lieu à l'application de l'article 463, C. P. ; le jury sera libre d'admettre des circonstances atténuantes.

Des explications qui précèdent, il faut nécessairement conclure que l'ivresse ne constitue pas une excuse légale. « La loi française, dit M. Dufour, ne la considère jamais » comme un motif d'excuse (2). » A cet égard, la jurisprudence est constante.

---

(1) Voy. MM. Chauveau et F. Hélie, *Théorie du Code Pénal.*
　　　Le Sellyer, *Traité de la Criminalité.*
　　　Bertault, *Commentaire du Code Pénal.*
　　　Ortolan, *Éléments de Droit Pénal.*
　　　Rauter, *Droit criminel.*
　　　P.-E. Vigneaux, à son cours de Droit Pénal (1872-1873), professé à la Faculté de Droit de Bordeaux. (*Des cas de non-culpabilité.*)
(2) Voy. Revue *Thémis*, t. I, p. 103.

— 513 —

ARRÊTS des Cours

de Cassation des : *7 prairial,* an IX .   Bull. n° 104,
               15 *novembre* 1807.   Sirey, 1808 1 24,
               20 *octobre* 1812 . .   —   1812,
               18 *mai* 1815 . . . .   Dalloz, J. G. 1815,
                                    p. 412,
               23 *août* 1824 . . . .   Bull. n° 57,
               1er *juin* 1843 . . . .   Sirey, 1843,
       d'Aix du 1er *juin* 1870 . . . .   — 1871 2 98 (1).

La jurisprudence des Cours de France s'exprime ainsi :
« L'ivresse, étant un fait volontaire et répréhensible, ne
» peut jamais constituer une excuse que la loi et la mo-
» rale permettent d'accueillir. »

Depuis la loi du 23 janvier 1873, l'ivresse est un fait
punissable ; voilà donc bien des théories anéanties. On ne
saurait trop féliciter le législateur d'avoir réprimé l'ivresse.
La loi punit les vagabonds, les mendiants et les individus
en rupture de ban (2), parce qu'en cet état, ils menacent
éventuellement la chose publique ; il doit en être de même
de l'homme ivre ; car on ne pourrait pas, en effet, indiquer un seul crime, un seul délit, un seul fait de nature à
porter atteinte à la propriété ou à la sécurité des personnes, dont l'ivresse ne puisse être l'occasion plus ou moins
prochaine.

(1) Voy. aussi : Table Génle Devill.. et Gilb..., V° Ivresse, nos 9 et
suiv.
       Répertoire du Palais, Ivresse, nos 15 et suiv.
(2) Voy. les articles 33, 271, 274, 275, 276, 277 et suiv. du Code
Pénal. — Voy. Code Tripier (grand format), p. 829, 873 et suiv.

— 514 —

L'homme qui se met en état d'ivresse, abdiquant ainsi plus ou moins volontairement sa raison, « τὸ γὰρ μεθύειν, » dit Xénophon, λήθην ἐμποιεῖ πάντων τῶν πράττειν δεομέ- » νων (1) », se constitue, par ce fait, en tentation permanente d'actes criminels ou délictueux ; devenu brute, aucune loi humaine ne contient ses instincts malfaisants.

Le but de la loi de 1873 a été la nécessité de frapper de déplorables abus et de funestes habitudes, afin d'arriver à l'amélioration morale et physique de l'homme. Il s'agit de remèdes contre une de ces calamités imprévues et grandissantes de notre civilisation, qui, après de tant de succès dans l'ordre matériel et tant de conquêtes de l'esprit, humilient notre génération autant qu'ils la lèsent profondément en la décimant, en la frappant dans ses forces productives, en diminuant les sources de son bien-être et corrompant même les jouissances qui semblaient devenues le but suprême de la vie. Ces mesures atteindront et corrigeront, il faut l'espérer, cette partie turbulente et dangereuse de la population que les boissons alcooliques poussent aveuglément dans les dernières extrémités de la destruction ; cette partie d'individus tout prêts encore de lever la tête et de secouer la torche révolutionnaire, pour entraîner de nouveau la nation à la dernière période de la dégradation et de la ruine. Honneur, donc, au législateur qui, par des mesures rigoureuses, mais de salutaires prévoyances, aura édicté et prescrit des règles assez puis-

(1) Xenophontis Atheniensis opera (édition de 1572), t. II, p. 674, Οἰκονομικός λόγος.

santes pour anéantir, dans l'intérêt sacré de la patrie, le retour d'événements à jamais déplorables !

§ II

MONOMANIE.

Faut-il voir dans la monomanie un cas d'excuse ou d'acquittement ? M. Boitard distingue deux sortes de monomanie. « Si vous prenez, dit-il, le mot de monoma-
» nie à la lettre, dans son étymologie, la question serait
» tranchée d'avance ; le nom de monomanie présente à vos
» esprits l'idée d'une démence, d'une folie partielle, d'une
» folie qui, concentrée sur un objet unique, n'en est pas
» moins une démence dans l'acception du mot. » « Le mot
» monomanie, ajoute-t-il ailleurs, dans les auteurs qui trai-
» tent de médecine légale, ne s'applique point à ce cas :
» la monomanie exige un dérangement partiel, physique,
» intellectuel de quelque organe (1). » Puis M. Boitard
se lance dans des hypothèses aussi rares que subtiles, et
pose pour conclusion que la monomanie séparée de tout
fait de folie ne rentre ni dans le cas de démence, ni dans
ceux de l'article 64, C. P. (2).

Sans nous occuper de la distinction établie par M. Boitard, nous dirons que le législateur, sous l'expression
générale de démence, a voulu comprendre toute aliénation
d'esprit, toute perte quelconque d'intelligence, telles que
la folie, la manie, la monomanie, l'idiotisme, l'imbécil-

(1) *Leçons sur le Droit Pénal*, p. 191.
(2) Voy. p. 68, note 2, l'article 64 C. P.

lité complète, etc. « La monomanie rentre dans les cas de
» démence (1). » La démence désigne toute aliénation
mentale privant l'agent de sa raison, or la monomanie
en est synonyme et représente en petit ce que la démence
est en grand. On peut donc définir la monomanie : une
espèce d'aliénation mentale, dans laquelle une seule idée
semble absorber toutes les facultés intellectuelles.

Tout le monde connaît le portrait du monomane d'Argos peint par Horace dans les vers suivants :

« . . . . Fuit haud ignobilis Argis,
» Qui se credebat miros audire tragœdos,
» In vacuo lætus sessor plausorque theatro;
» Cetera qui vitæ servaret munia recto
» More, bonus sanè vicinus, amabilis hospes,
» Comis in uxorem, posset qui ignoscere servis,
» Et signo læso non insanire lagenæ,
» Posset qui rupem et puteum vitare patentem.
» Hic ubi, cognatorum opibus curisque refectus,
» Expulit helleboro morbum bilemque meraco,
» Et redit ad sese : « Pol, me occidistis, amici,
» Non servâstis! ait, cui sic extorta voluptas,
» Et demptus per vim mentis gratissimus error (2)! »

Les scoliastes disent que ce monomane avait nom Lycas.
Aristote parle sans doute du même dans son traité *De
mirabilibus*.

Qui n'a pas ri à la lecture des prouesses du monomane

(1) M. P.-E. Vigneaux, à son cours de Droit Pénal (1872-1873),
professé à la Faculté de Droit de Bordeaux. (*Des cas de non-culpabilité.*)

(2) Horace, *Épîtres*, Liv. III, Épit. 2, v. 128 à 140.

de Séville, qui se croyait Neptune, racontées par le meilleur des romanciers espagnols, Cervantès (1).

— La monomanie rentrant dans le cas de démence, la solution ne présente plus de difficultés. L'article 64, C. P. (2) déclare non-coupable tout individu en état de démence au moment de l'action : le monomane jouira du même bénéfice. La monomanie constitue donc un cas de non-culpabilité et, par conséquent, d'acquittement et non un cas d'excuse. C'est là l'opinion de MM. Chauveau et Faustin Hélie, de Rossi, Bertault, Trébutien, Dalloz (3) et de la grande majorité des auteurs. M. Le Sellyer (4) voit dans la monomanie une circonstance atténuante : cet auteur est seul de son opinion.

Le juge devra sévèrement examiner si l'idée fixe du monomane a été la cause de l'action, c'est-à-dire si le monomane a commis un fait rentrant dans son idée fixe. Quant à la constatation de la monomanie, c'est un cas de médecine légale.

A la décision ci-dessus donnée, on va objecter que, dans notre ancienne jurisprudence, la folie (et à plus forte rai-

---

(1) Voy. *Don Quichotte de la Manche*, 2ᵐᵉ part., Ch. I, p. 10 et suiv., traduction de Brotonne.

(2) Voy. p. 68, note 2, l'article 64, C. P.

(3) Voy. MM. Chauveau et F. Hélie, *Théorie du Code Pénal.*
    de Rossi, *Traité de Droit Pénal.*
    Bertault, *Commentaire du Code Pénal.*
    Trébutien, *Cours élémentaire de Droit criminel*, t. I, p. 124.
    Dalloz, *Répertoire de Jurisprudence.*

(4) Voy. M. Le Sellyer, *Traité de la Criminalité.*

son la monomanie qui en est un diminutif) n'était pas précisément une cause de non-imputabilité, mais qu'elle y
figurait plutôt comme une cause d'exemption, un tempérament assigné à la pénalité. Et même pour certains crimes
tels que celui de lèse-majesté, ceux où le procès était fait
au cadavre (ce qui n'existe plus aujourd'hui) (1), on n'ad-
mettait pas que la folie pût dispenser de la peine. Le Code
Pénal de 1791 et le *Code des délits et des peines* du 3 brumaire an IV (25 octobre 1795), ajoutera-t-on, ne possédaient pas de disposition spéciale pour le cas de folie.

Que nous importe ce qui avait lieu autrefois, occupons-
nous de ce qui se passe de nos jours. Le Code Pénal
actuel a voulu consacrer par une règle positive le principe
de raison qu'il ne pouvait y avoir d'imputabilité pour un
fou (2). En conséquence, l'individu en état de folie, de
démence, de monomanie au moment de l'action, sera considéré comme non-coupable et acquitté.

Pas plus que la monomanie, l'épilepsie, le délire, les

---

(1) Depuis le *Code des délits et des peines* du 3 brumaire, an IV
(25 octobre 1795), on ne connaît plus les procès qui, dans certains
cas, étaient faits aux cadavres ou à la mémoire.

C. D. P. ARTICLE 7, § 1er : « L'action publique s'éteint par la mort
du coupable. »

La législation actuelle a reproduit la même disposition.

ARTICLE 2. § 1er, C. I. C. — *L'action publique, pour l'application de
la peine, s'éteint par la mort du prévenu.*

(2) Ce principe se retrouve dans plusieurs textes du Droit Romain.
Ulpien le pose très nettement, à l'occasion de la loi Aquilia :

« *Quæ enim in eo culpa sit, cùm suæ mentis non sit?* » — Voy. Dig.,
L. IX, t. II. L. 5, § 2, Ad legem Aquiliam.

passions, le somnambulisme (1) ne constitueraient des excuses légales ; ils seront, tantôt des cas de non-culpabilité,
tantôt des circonstantes atténuantes. Quant à la colère, à
la douleur, la loi ne couvre le crime commis dans un moment de colère ou de douleur, du voile de l'excuse légale,
que lorsque le crime à été provoqué par des coups ou blessures, par l'adultère de l'épouse dans la maison conjugale (2). Voilà uniquement les justes causes de colère et
de douleur que reconnaît la loi : elles dépouillent le crime
de son caractère et l'abaissent au rang des délits.

IV

Faut-il admettre en faveur du duel (3) l'excuse de la provocation ?

Le doute pourrait très-bien naître de la jurisprudence
même de la Cour de Cassation, qui déclare formellement

(1) On s'est demandé si le crime commis en état de magnétisme
était punissable. La question est vivement discutée; nous nous rangerions néanmoins du côté de l'affirmative.

(2) Voy. la Section I du Chapitre IIme.

(3) Les dispositions pénales de notre ancien Droit contre le duel
furent très-rigoureuses. Richelieu punissait de mort les duellistes :
Beccaria critique peut-être avec raison une semblable pénalité (Voy.
Beccaria, *Traité des délits et des peines*, § x).

Ni le Code du 3 brumaire, an IV (25 octobre 1795), ni le Code de

que la provocation violente peut exister « *par la seule menace avec une arme meurtrière approchée du corps.* »

ARRÊT du 15 *messidor,* an XIII (1).

Mais nous ne trouvons pas même un cas d'excuse dans le duel. En effet, nous ne saurions voir l'excuse de la provocation où nous ne voyons plus l'atténuation des facultés morales et le trouble d'une âme qui cesse d'être libre. On a, froidement et de propos délibéré, mis la vie humaine en convention : le duelliste appelle sur lui le coup qui va le frapper. Vous êtes blessé vous-même, dites-vous peut-être, dans ce noble combat où vous avez tué votre adversaire. Qu'importe? Nous défions qu'on puisse logiquement un motif d'excuse dans « ces suicides concertés, qui sont » le résultat d'un compromis (2). » Notre solution juridique est conforme à notre conviction morale. Ni justification, ni excuse.

1810 n'ont parlé du duel, tandis que la plupart des législations étrangères, et entr'autres celle d'Angleterre, s'en occupent. L'opinion la plus accréditée dans la doctrine est que le duel rentre dans les textes généraux de l'homicide [Art. 595 à 304, C. P., — Voy. Code Tripier (grand format), p. 879-880]. La jurisprudence a toujours décidé de même depuis l'ARRÊT de la Cour de Cassation du 22 *juillet* 1837 (Sirey, 1837).

Quoi qu'il en soit, il est permis de faire des vœux pour que le législateur remédie au plus tôt à cette lacune, en nous dotant d'une bonne loi sur le duel.

(1) Voy. MM. Chauveau et F. Hélie, *Théorie du Code Pénal,* t. IV.

(2) Procureur général Dupin.

V

Dans l'hypothèse de l'article 336, C. P., les fins de non-recevoir tirées de la réconciliation des époux et de l'interdiction du mari constituent-elles des excuses légales ?

Les fins de non-recevoir tirées de la réconciliation des époux et de l'interdiction du mari ne doivent jamais, dans l'hypothèse de l'article 336, C. P. (1), être rangées parmi les excuses légales. Le mari veut bien pardonner, ou le mari, frappé d'incapacité, ne peut plus rendre une plainte valable. Ici la femme n'échappe à toute pénalité que par une suite du mécanisme de notre législation criminelle : les lois, dans l'intérêt du repos des familles, ont enchaîné l'action publique en la subordonnant à la condition de la plainte.

VI

L'article 370 subsiste-t-il encore dans notre Code Pénal ?

L'article 370, C. P. était ainsi conçu :

« Lorsque le fait imputé sera légalement prouvé vrai, l'auteur de l'imputation *sera à l'abri de toute peine.*

(1) Voy. p. 152, les dispositions des articles 336, 339, C. P., et les explications qui suivent.

« Ne sera considérée comme preuve légale, que celle qui résultera d'un jugement ou de tout autre acte authentique. »

Le fait imputé était la calomnie mise au jour par la voie de papiers étrangers, ainsi que l'indique l'article 369 C. P.

ARTICLE 369 : « Les calomnies mises au jour par la voie de papiers étrangers pourront être poursuivies contre ceux qui auront envoyé les articles ou donné l'ordre de les insérer, ou contribué à l'introduction ou à la distribution de ces papiers en France. » (1)

Le paragraphe premier de l'article 370, C. P., contenait une excuse légale absolutoire. Cet article ayant été abrogé par la loi du 17 mai 1819, art. 26 (2), l'excuse qu'il prévoyait a disparu de nos lois.

(1) Cet article a été abrogé par la loi du 17 mai 1819, art. 26. Voy. [Code Tripier (grand format), p. 894, note 1], les articles 367, 368, 377 et suiv., C. P., également abrogés.

(2) Voy. p. 458, le texte de l'article 26 de la loi du 17 mai 1819.— (Cette loi a reçu de la loi du 22 mars 1822 quelques légères modifications).

CONCLUSION

Si étendus que soient les développements donnés à cet ouvrage, courte sera la conclusion.

Elles ne sont plus ces lois cruelles et arbitraires,
nées un jour de la tyrannie et de l'ignorance, toutes
deux également haineuses. Ils ne sont plus ces châtiments atroces où l'on prodiguait à l'envi les tour-
ments et la torture, où souvent l'innocence, dans
les convulsions de la douleur, s'avouait coupable
de fautes qu'elle ne saurait commettre, de crimes impossibles ou chimériques. La civilisation
toujours grandissante est venue réformer la justice
et la société. Nous possédons actuellement une
sage mais vigoureuse législation. La pénalité y est
réglée d'après l'équité, dans l'intérêt de la tranquillité et de la prospérité de tous. La loi commande
et nous obéissons en pratiquant ce qu'elle ordonne,
en évitant ou en repoussant ce qu'elle défend. Cha-

que membre de la société doit cette obéissance ;
s'il s'y soustrait, il commet un acte coupable, et, par
le fait, il est punissable. Mais parmi les coupables,
tous ne le sont pas au même degré, aussi la loi
a-t-elle créé des distinctions et proportionné le châtiment au délit. Elle a parfois usé d'indulgence
envers ses justiciables, en modifiant la pénalité. Au
nombre des faits et des circonstances modificatifs
de la peine figurent en première ligne les excuses,
divisées en deux branches principales, selon qu'elles
entraînent une exemption ou une atténuation de la
peine. Tel ou tel coupable est appelé, suivant le but
de la loi, à jouir du bénéfice de l'excuse; mais les
juges, dépositaires et administrateurs impartiaux de
cette même loi, ne pourront jamais rechercher, en
dehors des cas fixés par elle, des causes d'excusabilité pénale.

Quel tribut de louanges n'est pas dû au législateur qui, s'inspirant des vrais principes de justice
et d'humanité, a ainsi apporté quelques adoucisse-
ments aux peines rigoureuses qu'il a instituées.
Cependant, quelque grande que soit l'amélioration
de notre législation pénale, elle n'a point encore
atteint son plus haut point de perfection. Espérons
qu'architecte prudent, le législateur continuera de
baser son édifice sur l'amour que chaque homme a

pour son bien-être; que moraliste habile, il saura réunir le concours des intérêts particuliers à former ensemble le bien général ; et qu'enfin, philosophe profond et sensible, il laissera ses frères jouir en paix de la part de bonheur que leur a départie l'Être suprême. Sa tâche lui sera facile, et le succès couronnera ses efforts, car il est une philosophie qui ne se repose jamais : sa loi est le progrès ; un point qui était invisible hier est son but aujourd'hui, et sera son point de départ demain.

Et maintenant voici achevée cette longue mais intéressante question des *Excuses légales*. Je n'ai point eu l'intention de faire un livre destiné à prendre place à côté des œuvres des maîtres de la science ; c'est uniquement captivé par l'attrait que m'a toujours offert cette partie de notre législation, qu'on nomme le *Droit Pénal,* que j'ai écrit ce traité. Puisse-t-il recevoir du public un accueil favorable et mériter toute son indulgence. *Quid potui feci, faciant meliora potentes.*

TABLE DES MATIÈRES

CHAPITRE PRÉLIMINAIRE

INTRODUCTION HISTORIQUE. — ORIGINE DES EXCUSES LÉGALES. —
NOTIONS GÉNÉRALES SUR LES EXCUSES LÉGALES.

CHAPITRE PREMIER

DES EXCUSES LÉGALES ABSOLUTOIRES

ERRATA

Page 32, ligne 1, *après ce mot* : L'autre, *lisez :* dont les rédacteurs furent Lamoignon, Talon et Pussort.

— 151, *aux traités d'extradition mentionnés dans la note, ajoutez celui du 15 août 1874, entre la France et la Belgique.*

— 279, ligne 22, *après ces mots* : décide le contraire ; *lisez* : On doit, croyons-nous, distinguer suivant les cas d'excuse.

— 298, ligne 6 (note 2), *au lieu de* Vuolsio, *lisez :* Wolfio.

— 299, ligne 8 (note 3), *au lieu de* Lovuenklaio, *lisez* : Lewenklaio.

— 303, ligne 10 (note), *au lieu de* Vuolsio, *lisez :* Wolfio.

— 309, ligne 5 (note 2), *au lieu de* Vuolsio, *lisez :* Wolfio.

— 309, (note 3), *lisez à la fin de la note* : Friderico Sylburgio interprete.

— 317, ligne 9 (note 2), *au lieu de* Levuenklaio, *lisez* : Lewenklaio.

— 439, ligne 2 (note 2), *au lieu de* Vuolfio, *lisez :* Wolfio.

Nous avons dit, p. 35 : L'Assemblée constituante (1789) créa le Tribunal de Cassation,....., on doit seulement entendre par là que l'Assemblée a remanté et organisé définitivement ce Tribunal ; car son origine remonte à une époque beaucoup plus reculée. Ainsi l'attestent Fléchier (*Oraison funèbre de Michel Le Tellier*, 3e part., 1686), Bossuet, (*Oraison funèbre de M. Le Tellier*, 3e part., 1686), et le duc de Saint-Simon (*Mémoires authentiques* 1690-1723).

Bordeaux. — Impr. centrale A. de Lanefranque, rue Permentade, 23-25.

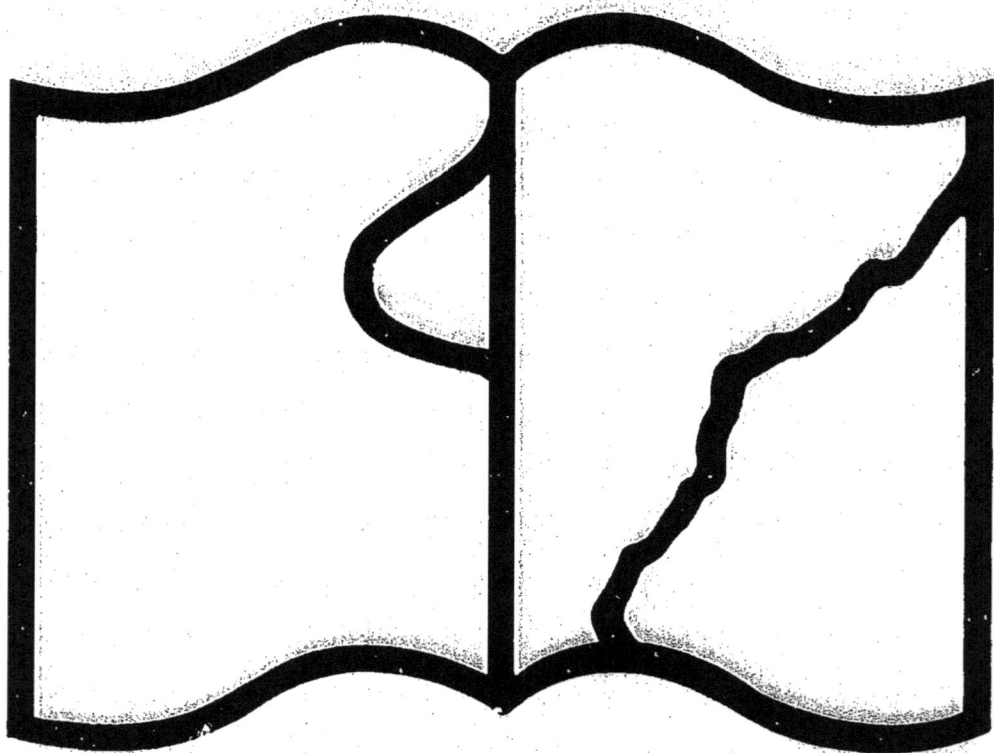

Texte détérioré — reliure défectueuse

NF Z 43-120-11

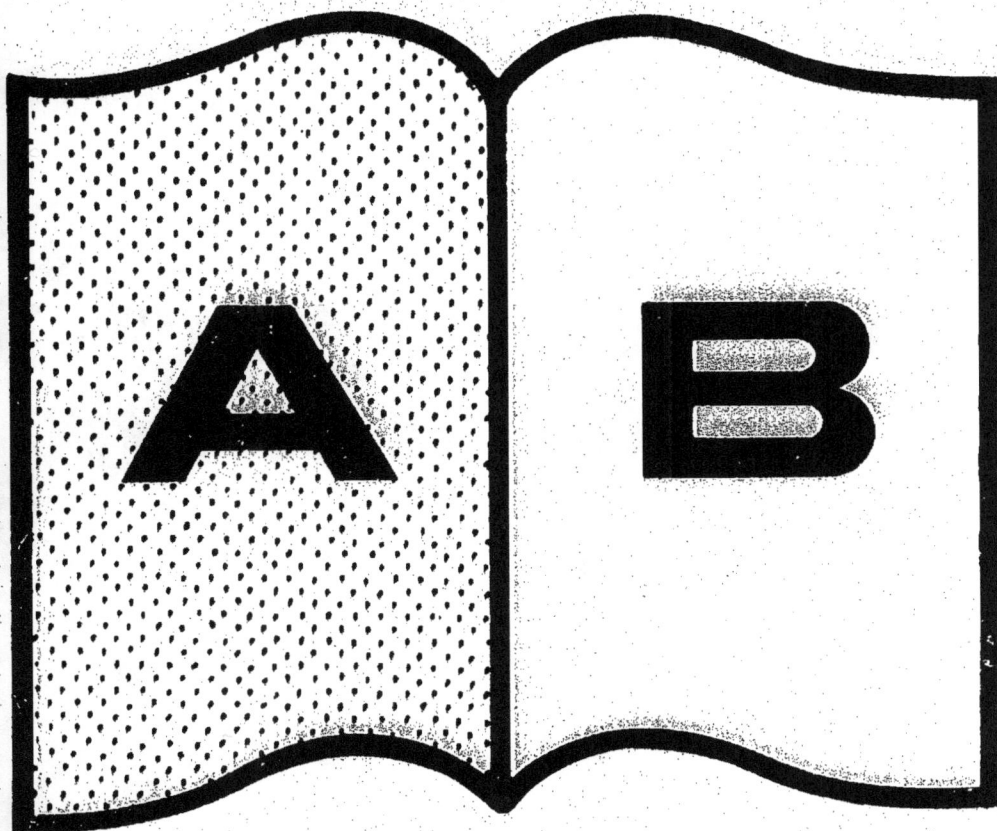

Contraste insuffisant

NF Z 43-120-14

www.ingramcontent.com/pod-product-compliance
Lightning Source LLC
Chambersburg PA
CBHW060904220326
41599CB00020B/2841